U0925420

LEGISLATION

立法论丛

学术顾问／周　云　马春文　朱力宇　冯玉军　曾粤兴
主　　编／李婉琳
副主编／周　元　樊　安　杨　成

第二辑

中国政法大学出版社
2019・北京

图书在版编目（CIP）数据

立法论丛. 第二辑/李婉琳主编. —北京：中国政法大学出版社，2019.3
ISBN 978-7-5620-8931-5

Ⅰ.①立… Ⅱ.①李… Ⅲ.①立法—文集 Ⅳ.①D901-53

中国版本图书馆 CIP 数据核字(2019)第 052011 号

出版者　中国政法大学出版社
地　址　北京市海淀区西土城路 25 号
邮寄地址　北京 100088 信箱 8034 分箱　邮编 100088
网　址　http://www.cuplpress.com（网络实名：中国政法大学出版社）
电　话　010-58908285(总编室) 58908433（编辑部）58908334(邮购部)
承　印　固安华明印业有限公司
开　本　720mm×960mm　1/16
印　张　23.75
字　数　360 千字
版　次　2019 年 3 月第 1 版
印　次　2019 年 3 月第 1 次印刷
定　价　89.00 元

云南省地方立法研究院概况

云南省地方立法研究院成立于2012年6月18日，其成立既是云南省人大常委会加强地方科学立法、民主立法、依法立法工作的一项新举措，又是昆明理工大学开放办学的一项新成果。研究院集理论研究、研究生培养、在职培训、咨询服务为一体，着力打造成为我国地方立法工作的高端人才培养基地和研究基地。研究院的建设主要以昆明理工大学法学学科优势和学术力量为依托，云南省人大常委会的立法专家为智力支持，面向全省乃至全国聘请专、兼职研究员。目前，研究院院长由昆明理工大学法学院院长李婉琳教授兼任。研究院下设环境资源立法研究所、行政立法研究所、经济立法研究所、社会立法研究所以及人大制度研究所5个研究机构。专职研究人员63人，其中，教授11人、副教授32人、讲师20人，具有博士学位的39人，兼职研究人员20余人。

研究院成立以来，以地方立法问题为导向、以立法项目为载体，积极开展教学与科研工作，并参与了大量地方立法实践活动，服务社会需求。现有中国法学会理事1人，中国法学会立法学研究会理事4人，云南省人大常委会立法专家顾问6人，云南省人民政府法律顾问2人。研究院不仅参与了大量地方性法规、政府规章及规范性文件的立项、起草、调研、论证、评估、备案审查等工作，还在人才培养、立法项目研究、学术交流等方面取得了突出成绩。

目录 | CONTENTS

立法评析

专题:环境保护立法

域外镜像

专 论

贯彻党的十九大精神　做好地方立法工作

周　云*

党的十九大是在全面建成小康社会决胜阶段、中国特色社会主义进入新时代的关键时期召开的一次十分重要的会议。习近平总书记所作的政治报告，站位高远、主题鲜明、思想深邃，从始至终贯穿着一条鲜明的主线，这就是新时代坚持和发展中国特色社会主义；报告闪耀着一个思想灵魂，就是习近平新时代中国特色社会主义思想。报告深刻阐述了新时代中国共产党的历史使命，确立了习近平新时代中国特色社会主义思想的历史地位，提出了新时代坚持和发展中国特色社会主义的基本方略，确定了全面建成小康社会、开启全面建设社会主义现代化国家新征程的目标，对新时代推进中国特色社会主义伟大事业和党的建设新的伟大工程作出了全面部署。这是一篇光辉的中国化的马克思主义纲领性文献，是我们党迈进新时代、开启新征程、续写新篇章的政治宣言和行动指南。

结合所从事的工作来学习、领悟和思考，使我感受较深的是党的十九大报告把“坚持全面依法治国”作为新时代坚持和发展中国特色社会主义的基本方略之一。报告中提出的“两步走”战略中都有对法治中国的清晰描述。在第一阶段基本实现社会主义现代化的目标中，报告对法治中国的描述是“人民平等参与、平等发展权利得到充分保障，法治国家、法治政府、法治社会基本建成，各方面制度更加完善，国家治理体系和治理能力现代化基本实现”。在第二阶段，我国建成富强民主文明和谐美丽的社会主义现代化强国的目标中，报告对法治中国的描述是“物质文明、政治文明、精神文明、社会文明、生态文明将全面提升，实现国家治理体系和治理能力现代化，成为综

* 周云：云南省人大法制委主任委员。

合国力和国际影响力领先的国家”。可见现代化强国之强离不开法治之强。报告中提出的现代化强国建设目标中，实际上都深刻地嵌入了法治的因素，无论是富强、民主、文明、和谐还是美丽，这些目标的实现无一不需要通过法治进行保障，没有法治基因的深刻融入，这些目标都难以真正实现。报告提出的“两步走”战略，不仅为国家发展强盛勾勒出了美好蓝图，更为法治中国设定了宏伟目标。目标指引方向，使命引领未来。要实现法治中国目标，就必然要全面深化“依法治国”实践。纵观历史，横看世界各国的发展进程，可以得出这样一个结论，正如报告中所阐述的全面依法治国是一场深刻的革命，必须坚持厉行法治、推进科学立法、严格执法、公正司法和全民守法。

法治是固国之本、强盛之基，而法治的基石又在立法。总书记在报告中提出：“推进科学立法、民主立法、依法立法，以良法促进发展、保障善治。”这是对新形势下立法工作提出的总体要求。作为在人大立法机关工作的同志，要做政治上的明白人，当工作中的实干家。自觉地以党的十九大精神武装头脑、指导实践、推进工作。要坚持学以致用、以用促学，立足本职岗位，在立法实践中不断探索新时代科学立法、民主立法、依法立法的路径和方法，努力提高地方立法的质量。以我们的工作促进良法善治，在推进云南法治建设中，让人民群众共享立法带来的制度红利，有更多的获得感。

一、要在立法工作中做到旗帜鲜明地“讲政治”

立法是国家重要的政治活动，在地方立法工作中旗帜鲜明地“讲政治”是立法工作必须遵循的重大政治原则，也是必须遵守的政治纪律。如何做到“讲政治”，我的理解是要体现和落实在两个方面。一是要坚持以习近平新时代中国特色社会主义思想为指导来做好地方立法工作。习近平总书记关于全面依法治国和有关立法工作的重要论述是新时代中国特色社会主义思想的重要组成部分，为立法工作提供了科学的理论指导和行动指南，只有坚持以这一科学的思想为指导，才能确保和增强地方立法工作的方向性、原则性和系统性。二是要切实把党的领导贯彻到地方立法工作的全过程和各方面。地方立法工作中“讲政治”最根本的一条就是要坚持党对立法工作的领导，这是做好立法工作的政治保证。所以我们一定要牢固树立“四个意识”，始终保持政治上的清醒和坚定。在法规的立项、组织起草、调研论证、审议完善等各个环节上，在立法所调整规范的各个领域和方面，都要自觉坚持党的领导，确保每一项立法都体现党的主张，反映人民的意志，保证立法工作的正确方向。

二、要自觉地遵循客观规律，坚持做到科学立法

科学立法的核心在于立法要尊重和体现客观规律，包括经济规律、自然规律、社会发展规律和立法活动规律，使所制定的法律法规能够真实反映和符合客观规律的要求。首先，地方立法所要遵循的客观规律是事物发展的一般规律，在具体工作中的衡量标准就是要从实际出发，顺应新时代的发展要求，把立法工作放到全省经济社会发展全局中去谋划，紧紧围绕省委工作大局，深入分析研判和准确把握立法需求，使立法主动适应改革和经济社会发展需要，通过“立改废”等多种方式，确保全省重大改革于法有据。使所制定的法规符合中央、省委要求，反映人民意愿。其次，科学立法是一种指导理念，从实践层面来讲也可以说是一种系统的立法技术。在立法工作中人大及其常委会要把牢立法权，发挥好主导作用，在社会主义法律体系框架下，加强组织协调，综合运用立法规划、法规清理、“立改废”等形式，确保所制定的地方法规与上位法之间的统一性，与同位法规之间、条文之间的协调性和可操作性，以实现“不抵触、有特色、可操作”的目的。使制定的法规真正做到“务实、有效、管用”。再次，要认真把握立法活动的自身规律。从立法技术层面加强对法律责任的界定、法律规范构造、法条词语运用、法规体例与内容安排等技术问题的研究，实现法律法规体系的内部和谐。最后，要完善科学的立法制度机制，不断提高立法的规范化、精细化水平。要在法规立项、起草、调研论证、审议等环节健全和完善工作制度和程序。要建立专家、学者参与立法的机制，对争议较大的重要地方立法事项要引入第三方进行评估，对立法中涉及的重大利益调整要进行论证咨询。要重视立法评估建设，建立和完善立法前、立法中和立法后的评估机制，并使之规范化、制度化，实现立法过程的科学化。

三、要拓展社会有序参与立法的途径，坚持推进民主立法

民主立法的核心在于立法要为了人民、依靠人民，坚持人民的主体地位，体现人民的利益和需求。首先，要坚持开门立法，使立法工作更加公开和透明。制定立法规划、计划要公开。要广泛征求各方面的意见，选择社会需要最迫切、人民群众最关切的立法项目并向社会公开；法规草案的起草要公开。

要通过立法座谈会、听证会、论证会、实地调研等方式让公民、利害关系人和社会团体充分发表意见，广泛地汇集民意，防止立法部门化，部门利益法律化；征求意见及论证审议要公开。要广泛听取社会各方面的意见，不仅要广泛地“听”，还要认真地“取”，最大限度地集中民智，在不同的意见中寻求共同点，“找到最大公约数，划出最大同心圆”；立法文件和资料也要公开。除保密资料外，尽可能地公开和允许查阅，通过信息公开保障和促进立法民主。其次，要发挥好专家、学者和基层立法联系点的作用。充分发挥立法专家库、立法研究会和立法研究院三位一体智库平台的作用。在立法过程中邀请专家、学者参与立法的调研、起草、论证、评估等活动，借助“外智、外脑、外力”来推进地方立法工作。要发挥好基层立法联系点的作用，搭建起立法工作联系基层人民群众的直通车，使立法工作更接“地气”。最后，要充分发挥人大代表在立法工作中的作用。要健全和完善地方立法听取代表意见的制度机制。重视人民代表大会召开期间代表提出的法规议案，充分运用省人大常委会已建立的代表履职网络平台，将法规草案发送代表征求意见，邀请代表列席常委会、相关论证会等，发表对法规草案的修改意见，还可以委托州市县人大常委会法制工作机构听取代表小组对立法工作的意见、建议。有的重要法规还可以提请人代会讨论审议，以此来提高地方立法的民主化程度。

四、要坚决维护国家法制统一，切实做到依法立法

十九大报告将依法立法与科学立法、民主立法相并列，说明了我们党在新的历史时期对立法工作提出了更高的要求。在地方立法中坚持做到依法立法，就是要严格按照《中华人民共和国宪法》和《中华人民共和国立法法》的规定来开展立法工作，确保每一项立法都符合宪法精神和国家法律的要求，具体工作中要做到三个“不抵触”。一是不与立法权限相抵触，做到“不越权”。要认真厘清地方立法的权力边界，严格在本级立法权限内开展立法工作，不能突破地方立法的事权范围。二是不与立法程序相抵触，做到“不越轨”。任何立法活动都离不开一定的程序，地方立法不仅要严格按照法定的权限立法，也要按照法定程序立法。严格执行法规立项、起草、审议、修改、表决、废止等方面的程序规定，使制定的法规立之有序。三是不与上位法的规定相抵触，做到“不越线”。不与法律、行政法规相抵触，这是地方立法不可逾越的红线，对上位法规定的事项作具体细化和延伸规定时，比如在行政

处罚、行政许可和行政强制上作出规定时，就必须严格遵守国家“行政三法”中对地方立法权限的规定，做到于法有据。对上位法没有作出规定的内容，地方立法在规范制定和责任设定上，必须严格遵循上位法的基本原则和精神，切实维护国家法制的统一。

新时代中国特色社会主义立法新理念新思想新战略初探

冯玉军*

立法是国家的重要政治活动，立法工作关系党和国家事业的发展全局，在全面建设小康社会、全面深化改革、全面依法治国、全面从严治党的战略布局中，将发挥越来越重要的作用。建设中国特色社会主义法治体系，必须坚持立法先行，发挥立法的引领和推动作用，抓住提高立法质量这个关键。习近平总书记在党的十九大报告中指出"经过长期努力，中国特色社会主义进入了新时代，这是我国发展新的历史方位"。中国特色社会主义进入新时代，全面依法治国，法律体系完善和立法体制改革，也进入了新时代。在这样的形势背景下，回顾法律体系形成完善和立法工作的伟大成就，凝练新时代中国特色社会主义立法新理念新思想新战略的核心内容，展望法律体系继续完善的艰巨任务与新时代立法工作的伟大使命，对于"深化依法治国实践"和中国特色社会主义法治理论研究，"推进科学立法、民主立法、依法立法，以良法促进发展、保障善治"〔1〕，具有重要意义。

一、新时代与立法工作重心的转移

回首改革开放之初，严重破坏民主与法制、废弃宪法、践踏公民权利的"文革"刚刚结束，坚持"大胆探索、先易后难、有比没有好、宜粗不宜细"的立法原则，"有法可依、有法必依、执法必严、违法必究"成为治国理政的基本方针。邓小平提出："为了保障人民民主，必须加强法治。必须使民主制度化、法律化，使这种制度和法律不因领导人的改变而改变，不因领导人的

---

* 冯玉军：中国人民大学法学院教授，博士生导师。

〔1〕 习近平：《决胜全面建成小康社会，夺取新时代中国特色社会主义伟大胜利——在中国共产党第十九次全国代表大会上的报告》（2017年10月18日），人民出版社2017年版，第38~39页。

看法和注意力的改变而改变。”[1]随后40多年立法工作的飞跃发展可以分为三个阶段：

1978年~1996年，以制定现行《中华人民共和国宪法》（以下简称《宪法》）《中华人民共和国民法通则》（以下简称《民法通则》）《中华人民共和国刑法》（以下简称《刑法》）《中华人民共和国刑事诉讼法》（以下简称《刑事诉讼法》）等重要法律为标志，确定了建立社会主义市场经济法律体系的战略取向。

1997年~2011年，立法步伐不断加快，保障人权、限制公权、程序公正等法治原则在法律体系的建构和实施中逐步体现，多部支架性法律出台，中国特色社会主义法律体系宣告形成。

2012年至今，法律体系形成后，立法供不应求和结构失衡的矛盾基本解决，前30多年的立法量变逐渐累积达到了质变阶段，立法工作的重心从解决“无法可依”的规模和数量问题，转变为解决“良法善治”的质量问题。由此，立足实践不断完善和发展法律体系，提高立法质量被提上重要议程。

这个认识并不是一蹴而就的，而是在过去几年中党的历次重大决策和大会报告中不断深化、逐步清晰明确的。党的十八大作出全面推进依法治国的战略部署；三中全会把“完善和发展中国特色社会主义制度，推进国家治理体系和治理能力现代化”作为全面深化改革的总目标；四中全会由线到面、由面到体，凝聚全党全国人民智慧，确立了“建设中国特色社会主义法治体系，建设社会主义法治国家”的战略目标。十九大报告指出：“全面依法治国是国家治理的一场深刻革命，必须坚持厉行法治。”同时要“成立中央全面依法治国领导小组，加强对法治中国建设的统一领导。加强宪法实施和监督”。[2]

这些创新思路和观点，既是对中外法治文明经验的高度总结与凝练，又是扎实推进依法治国的行动指南。也揭开了科学民主立法，不断提高立法质量，推进和实现立法精细化、良善化和治理现代化，让每一部法律都成为精品的新时代。

回顾改革开放以来立法工作的发展演变，呈现出以下八个突出特点：

---

〔1〕 邓小平：“解放思想，实事求是，团结一致向前看”，载《邓小平文选》第2卷，人民出版社1994年版，第140~153页。

〔2〕 习近平：《决胜全面建成小康社会，夺取新时代中国特色社会主义伟大胜利——在中国共产党第十九次全国代表大会上的报告》（2017年10月18日），人民出版社2017年版，第38页。

1. 从无法可依到有法可依，形成了中国特色法律体系。

2. 从立法快到立法准，在实现立法量的积累之后，更加强调立法的内涵与效果。

3. 从立法忙到立法难，从抄袭照搬到治理创新，突出实践导向和解决问题。

4. 从立法部门独立作战、偏重职能（部门）立法到多部门协同作战，注意中央和地方的事权平衡，多领域、多部门的综合协调立法。

5. 从市场经济立法为主到注重社会民生立法和生态立法为主。

6. 从学科逻辑、分类立法到问题导向、实践立法。

7. 从集权主导的有限立法到放权主导的创新立法。

8. 从“摸着石头过河、实验试错立法”到强调战略自信、新理念引领立法。

展望新时代的立法工作，在全面依法治国的战略布局之下，习近平新时代中国特色社会主义思想对完善以宪法为核心的中国特色社会主义法律体系和科学民主立法起到了重要指引作用。主要内容包括：

第一，习近平新时代中国特色社会主义思想是根本遵循。主要内容包括：坚持党中央集中统一领导，把加强党的领导贯彻落实到国家立法、政府立法、地方立法各个环节；以统筹推进“五位一体”总体布局和协调推进“四个全面”战略布局统领立法工作；坚持立法决策与改革决策相衔接，积极发挥立法的引领推动作用。

第二，完善以宪法为核心的法律体系是基本任务。主要内容包括：完善以宪法为统帅的中国特色社会主义法律体系，把国家各项事业和各项工作纳入法制轨道；切实推进公民权利保障、市场经济、民主政治、先进文化、民生与社会治理、生态文明等重点领域立法。

第三，树立宪法权威、完善宪法监督体制机制是前提保障。

第四，完善立法体制和人大制度是内在要求。主要内容包括：加强党对立法工作的领导；发挥人大在立法工作中的主导作用；加强和改进政府立法制度建设；实现立法和改革相衔接；赋予设区的市地方立法权等。

第五，深入推进科学立法、民主立法、依法立法，着力提高立法质量是重要途径。主要内容包括：加强对立法工作的组织协调，不断健全人大主导立法工作的体制机制等。

第六，加强重点领域立法是核心内容。

第七，以良法促进发展、保障善治是最终目标。

二、中国特色社会主义法律体系的形成

法律是治国之重器，良法是善治之前提，完备而良善的法律规范体系不仅是建设法治体系的第一要义，而且是法治国家的基本标志以及政权稳定和社会发展的基本保障。新中国成立后特别是改革开放以来，中国共产党领导中国人民经过坚持不懈的努力，到 2010 年底，形成了立足中国国情和实际、适应改革开放和社会主义现代化建设需要、集中体现中国共产党和中国人民意志，以宪法为核心的中国特色社会主义法律体系。我国国家和社会各方面总体上实现了有法可依。习近平对新中国成立以来立法工作的成就给予高度评价，他说："我国形成了以宪法为统帅的社会主义法律体系，我们国家和社会生活各方面总体上实现了有法可依，这是我们取得的重大成就。"[1]

中国特色社会主义法律体系，是以宪法为统帅，以法律为主干，以行政法规、地方性法规为重要组成部分，由宪法及宪法相关法、民商法、行政法、经济法、社会法、刑法、诉讼与非诉讼程序法等多个法律部门组成的有机统一整体。它的形成，体现了中国特色社会主义的本质要求，体现了改革开放和社会主义现代化建设的时代要求，体现了结构内在统一而又多层次的国情要求，体现了继承中国法律文化优秀传统和借鉴人类法治文明成果的文化要求，体现了动态、开放、与时俱进的发展要求，是中国社会主义民主法治建设的一个重要里程碑。

法律体系的形成并不等于法律体系的完备，社会实践是法律的基础，法律是实践经验的总结、提炼。社会实践永无止境，法律体系必将随着社会关系的变化、改革开放的进程以及中国特色社会主义实践的发展不断完善和发展。事实上，我国现有法律体系中不协调、相互冲突的问题依然突出，使执法者和司法者无所适从；立法的地方立法缺乏应有的科学性与合理性，有些法存在适用漏洞，有些法过于笼统没有针对性和可执行性，有些法的规定已经过时而未能及时修改或废除，部分法的规定过分超前而未能反映客观规律和人民意愿；部门利益和地方保护主义法律化以及争权诿责现象较为突出。面对党和国家未来更为艰巨的使命，习近平强调要进一步加强和改进立法工

〔1〕 习近平：《习近平谈治国理政》，外文出版社 2014 年版，第 144 页。

作。他指出："形势在发展，时代在前进，法律体系必须随着时代和实践发展而不断发展。我们要加强重要领域立法，确保国家发展、重大改革于法有据，把发展改革决策同立法决策更好结合起来。要坚持问题导向，提高立法的针对性、及时性、系统性、可操作性，发挥立法引领和推动作用。"〔1〕必须"加快完善法律、行政法规、地方性法规体系，完善包括市民公约、乡规民约、行业规章、团体章程在内的社会规范体系，为全面推进依法治国提供基本遵循。"〔2〕完善以宪法为核心的法律体系，有助于夯实中国特色社会主义永葆本色的法制根基，推进社会主义法治国家和现代化建设，为实现国家繁荣富强和中华民族伟大复兴提供科学系统的法制保障。

完备的法律规范体系是法治体系的第一要义。正所谓"小智治事，中智治人，大智立法"。〔3〕从法学理论角度看，法律体系的概念相对宽泛，即指一国现行有效的法律规范的总和；法律规范体系的概念则相对具体明确。法律规范作为法律的基本组成单位，必须清晰明确地规定法律主体的权利义务范围、权力行使边界以及责任归责等具体事项，通常是由假定、处理、后果三要素构成的逻辑规范。其中，假定是适用法律规范的前提，只有符合法定条件，法律规范才能适用。如果法律规范对其适用条件或场合规定不明确、设计不科学，势必会导致随意适用法律规范处理问题的情形，有悖于法治的确定性、明晰性、逻辑性。处理是指对法律规范调整的行为进行高度抽象而归纳出来的行为模式，分为可以做什么、应当做什么和不得做什么三大类型。后果则是依照或违反法律规范设定的行为模式而行为所产生的法律上的后果，包括奖励、授权等肯定式后果和惩罚、制裁等否定式后果。

完备的法律规范体系对立法工作，即规范性法律文件的制定提出了更高的要求：一是彰显价值。体现中国特色社会主义的本质要求，体现改革开放和现代化建设的时代要求，体现结构内在统一而又多层次的国情要求，体现继承中国法制文化优秀传统和借鉴人类法治文明成果的文化要求，体现动态、

〔1〕 习近平：《在庆祝全国人民代表大会成立六十周年大会上的讲话》（2014年9月5日），人民出版社2014年版。

〔2〕 习近平："加快建设社会主义法治国家 坚定不移走中国特色社会主义法治道路"，载《求是》2015年第1期。

〔3〕 中共中央文献研究室编：《习近平关于全面依法治国论述摘编》，中央文献出版社2015年版，第12页。

开放、与时俱进的发展要求，恪守以民为本、立法为民理念，按照宪法法律的相关原则，兼顾实质正义与程序正义。二是体系融贯。构建以宪法为核心，上下有序、内外协调，各部门法和同一法律部门不同法律规范之间协调一致、有效衔接、调控严密的法律规范体系。三是保证实施。对权利义务和责任的设定要明确具体，提高立法的针对性和可执行性，坚决反对打法律“白条”，防止法律规范空洞抽象、逻辑模糊或自相矛盾。四是立法评估。法律规范体系是反映法治体系规范基础的指标，可对其从立法完备性、科学性和民主性等角度进行评估，其中立法完备性是法律规范体系形式上是否完备的要求，立法科学性是对法律规范体系内容上是否合乎社会需求及最佳效果的要求，立法民主性是对法律规范体系制定过程及结果是否民主的要求。五是漏洞填补。社会事务千变万化而法律相对稳定不变，这就存在国家法律、行政法规、地方性法规等难以穷尽待调整之事的矛盾情形，对此法律规范要有预防处置办法。例如新颁布的《中华人民共和国民法总则》第 10 条规定：“处理民事纠纷，应当依照法律；法律没有规定的，可以适用习惯，但是不得违背公序良俗。”第 11 条规定：“其他法律对民事关系有特别规定的，依照其规定。”其中预留了包括市民公约、乡规民约、行业规章、团体章程在内的社会规范体系（习惯）的适用空间，并作了必要限制。

三、树立宪法权威，完善宪法监督体制机制

宪法是国家的根本大法。在论及宪法的重要性、权威性时，习近平指出：“我国宪法以根本法的形式反映了党带领人民进行革命、建设、改革取得的成果，确立了在历史和人民选择中形成的中国共产党的领导地位。”〔1〕“我国宪法以国家根本法的形式，确立了中国特色社会主义道路、中国特色社会主义理论体系、中国特色社会主义制度的发展成果，反映了我国各族人民的共同意志和根本利益，成为历史新时期党和国家的中心工作、基本原则、重大方针、重要政策在国家法制上的最高体现。……我们要更加自觉地恪守宪法原则、弘扬宪法精神、履行宪法使命。”〔2〕

---

〔1〕 习近平：《关于〈中共中央关于全面推进依法治国若干重大问题的决定〉的说明》（2014 年 10 月 29 日）。

〔2〕 习近平：《在首都各界纪念现行宪法公布施行三十周年大会上的讲话》（2012 年 12 月 4 日），载《十八大以来重要文献选编》（上），中央文献出版社 2014 年版，第 88 页。

宪法实施是宪法保持生命力的关键，也是建设社会主义法治国家的基本要求。依宪治国，就是要坚持人民的主体地位，保障人民的基本权利，同时用宪法约束公权力，把公权力关进宪法制度的笼子。由此，树立宪法权威，加强宪法实施和监督，依宪治国、依宪执政，是全面推进依法治国的重要举措。必须加快建设包括宪法实施和执法、司法、守法等方面的体制机制，坚持依法行政和公正司法，从而确保宪法法律全面有效实施。习近平指出："依法治国是党领导人民治理国家的基本方略，法治是治国理政的基本方式，要更加注重发挥法治在国家治理和社会管理中的重要作用，全面推进依法治国，加快建设社会主义法治国家。实现这个目标要求，必须全面贯彻实施宪法。"〔1〕习近平强调："宪法的生命在于实施，宪法的权威也在于实施。我们要坚持不懈抓好宪法实施工作。"〔2〕他指出："宪法是国家的根本法。法治权威能不能树立起来，首先要看宪法有没有权威。必须把宣传和树立宪法权威作为全面推进依法治国的重大事项抓紧抓好，切实在宪法实施和监督上下功夫。"〔3〕十八届四中全会决定将每年12月4日定为国家宪法日，建立宪法宣誓制度，有利于在全社会增强宪法意识、彰显宪法权威，增强公职人员宪法观念，激励公职人员忠于和维护宪法。

完善宪法监督制度的途径：一是坚持宪法至上原则，使宪法具有最高的法律效力，约束公权力，监督和纠正一切违反宪法的行为，其他权威必须在宪法和法律范围内活动，维护社会基本共识。二是坚持党对宪法监督工作的领导与完善宪法监督制度相统一，使各种国家行为都受到宪法的约束。习近平指出："我们讲依宪治国、依宪执政，不是要否定和放弃党的领导，而是强调党领导人民制定宪法和法律，党领导人民执行宪法和法律，党自身必须在宪法和法律范围内活动。"〔4〕"各级党组织和全体党员要带头尊法学法守法用法，任何组织和个人都不得有超越宪法法律的特权，绝不允许以言代法、以

---

〔1〕 习近平：《在首都各界纪念现行宪法公布施行三十周年大会上的讲话》（2012年12月4日），载《十八大以来重要文献选编》（上），中央文献出版社2014年版，第88页。

〔2〕 习近平：《在首都各界纪念现行宪法公布施行三十周年大会上的讲话》（2012年12月4日），载《十八大以来重要文献选编》（上），中央文献出版社2014年版，第88页。

〔3〕 习近平：《关于〈中共中央关于全面推进依法治国若干重大问题的决定〉的说明》（2014年10月29日），载《习近平关于全面推进依法治国论述摘编》，中央文献出版社2015年版，第47页。

〔4〕 中共中央文献研究室编：《习近平关于全面依法治国论述摘编》，中央文献出版社2015年版，第21页。

权压法、逐利违法、徇私枉法。”[1]三是坚持人民代表大会的政治制度，健全宪法解释程序机制，建立承担宪法监督职能的具体机构，明确宪法监督的具体程序。习近平指出：“各级人大及其常委会要担负起宪法法律赋予的监督职责，维护国家法制统一、尊严、权威，加强对‘一府两院’执法、司法工作的监督，确保法律法规得到有效实施，确保行政权、审判权、检察权得到正确行使。”[2]四是加强备案审查制度和能力建设，把所有规范性文件纳入备案审查范围，依法撤销和纠正违宪违法的规范性文件，禁止地方制发带有立法性质的文件。五是在宪法监督的基础上，进一步加强党内监督、人大监督、民主监督、行政监督、司法监督、审计监督、社会监督、舆论监督，努力形成科学有效的权力运行和监督体系，增强监督合力和实效。[3]

四、推进立法体制改革、完善人大制度

改革开放以来，根据《宪法》《立法法》《地方各级人民代表大会和地方各级人民政府组织法》等关于制定法律、行政法规、地方性法规以及规章的规定，我国逐渐构建起统一而又分层次的立法体制。从现实发展看，现行立法体制总体上适应改革开放以来我国经济社会发展需要，功不可没，但也暴露出不少问题。习近平指出：“各有关方面都要从党和国家工作大局出发看待立法工作，不要囿于自己那些所谓利益，更不要因此对立法工作形成干扰。要想明白，国家和人民整体利益再小也是大，部门、行业等局部利益再大也是小。彭真同志说立法就是在矛盾的焦点上‘砍一刀’，实际上就是要统筹协调利益关系。如果有关方面都在相关立法中掣肘，都抱着自己那些所谓利益不放，或者都想避重就轻、拈易怕难，不仅实践需要的法律不能及时制定和修改，就是弄出来了，也可能不那么科学适用，还可能造成相互推诿扯皮甚至‘依法打架’。这个问题要引起我们高度重视。”[4]

---

〔1〕 习近平：《决胜全面建成小康社会，夺取新时代中国特色社会主义伟大胜利——在中国共产党第十九次全国代表大会上的报告》（2017年10月18日），人民出版社2017年版，第39页。

〔2〕 习近平：《在庆祝全国人民代表大会成立六十周年大会上的讲话》，载《人民日报》2014年9月6日，第2版。

〔3〕 习近平：“加快建设社会主义法治国家 坚定不移走中国特色社会主义法治道路”，载《求是》2015年第1期。

〔4〕 习近平：《在十八届中共中央政治局第四次集体学习时的讲话》（2013年2月23日）。

古人云："法令行则国治，法令弛则国乱。"[1]"明法者强，慢法者弱。"[2]在改革进入攻坚区和深水区的历史新阶段，如何更好地发挥立法的引领和推动作用，关系到全面深化改革能否顺利推进，更关系到改革的成果能否巩固和持久。由此，按照社会经济发展的趋势，回应人民群众的最大需求，不断调整和优化立法体制改革，成为完善中国特色社会主义法律体系的重要保证。立法体制的完善主要应着眼于以下几个方面：

(一) 加强党对立法工作的领导

党领导人民制定宪法和法律，是党的领导在社会主义法治建设方面的具体体现，也是党坚持依法执政的重要内容。加强党对立法工作的领导，完善党对立法工作中重大问题决策的程序。党的领导为立法工作提供科学的思想指导、政策引导和组织领导，对于确保立法代表最广大人民的根本利益、始终保持立法的正确方向，对于维护社会主义法制的统一和尊严、有效防止立法中的地方和部门保护主义具有重要意义。

坚持党对立法工作的领导，要全面贯彻落实党中央确定的立法工作目标任务，严格落实立法工作向党中央和省区市党委请示报告制度。需要党中央和省区市党委研究的重大立法事项、法律规章起草及审议中涉及的重大体制、重大政策调整问题等事项，中央和地方立法机关党组应及时向党中央和同级党委请示报告，把党的领导贯彻到立法工作的全过程和各个方面。中央和地方立法机关党组，应当在所在单位发挥领导核心作用，认真履行政治领导责任，做好理论武装和思想政治工作，负责学习、宣传、贯彻执行党的理论和路线方针政策，贯彻落实党中央和上级党组织的决策部署，发挥好把方向、管大局、保落实的重要作用。习近平指出："各有关方面都要从党和国家工作大局出发看待立法工作，不要囿于自己那些所谓利益，更不要因此对立法工作形成干扰。要想明白，国家和人民整体利益再小也是大，部门、行业等局部利益再大也是小。"[3]改革开放以来的立法实践证明，只有充分发挥党委凝聚各方智慧、协调各方力量的作用，立法工作中的重大问题才能得到有效解决；只有坚持党的领导，才能保证党的理论和路线方针政策得到贯彻执行。

---

〔1〕(东汉) 王符：《潜夫论·述赦》。

〔2〕(战国) 韩非：《韩非子·饰邪》。

〔3〕习近平：《在十八届中央政治局第四次集体学习时的讲话》(2013 年 2 月 23 日)。

坚持党对立法工作的领导，党本身也要遵守《宪法》和《立法法》以及其他法律的规定，认真履行党要管党、从严治党的责任。党组议事决策应当坚持集体领导、民主集中、个别酝酿、会议决定，重大决策应当充分协商，实行科学决策、民主决策、依法决策。在对立法工作作具体指导的过程中，要坚持运用法治思维、法治原则、法治方式，实现党对立法工作领导的制度化、规范化、程序化，从制度上、法律上保证党的路线方针政策的贯彻实施，使这种制度和法律不因领导人的改变而改变，不因领导人的看法和注意力的改变而改变。

（二）健全有立法权的人大主导立法工作的体制机制

作为我国政治制度中最重要的顶层设计，人民代表大会制度体现、协调和处理人民代表大会与公民，人民代表大会与国家行政机关、司法机关的关系，是人民参政议政、决定国家和社会公共事务的基本方式。《宪法》规定：人民行使国家权力的机关是全国人民代表大会和地方各级人民代表大会。《立法法》对全国人民代表大会及其常委会、地方人民代表大会及其常委会的立法权限作了系统界定。党的十九大报告指出："要支持和保证人民通过人民代表大会行使国家权力。发挥人大及其常委会在立法工作中的主导作用，健全人大组织制度和工作制度，支持和保证人大依法行使立法权、监督权、决定权、任免权，更好发挥人大代表作用，使各级人大及其常委会成为全面担负起宪法法律赋予的各项职责的工作机关，成为同人民群众保持密切联系的代表机关。"[1]

充分发挥人大在立法工作中的主导作用。首先，要在党中央集中统一领导下，全国人大及其常委会加强立法工作组织协调。按照立法规划、计划，把好立项关，科学合理地安排立法进度。凡涉及改革任务举措的立法项目，有关专门委员会、常委会工作委员会要主动与中央全面深化改革领导小组办公室等有关方面沟通协调，共同做好立法起草、论证、协调、审议工作。其次，要明确全国人大同全国人大常委会的立法权限划分，逐步增强全国人大自身的立法职能以体现立法的人民性和民主性，同时以全国人大及其常委会为中心展开有效的法律监督，保证行政立法和地方立法与宪法法律的统一，

〔1〕 习近平：《决胜全面建成小康社会，夺取新时代中国特色社会主义伟大胜利——在中国共产党第十九次全国代表大会上的报告》（2017年10月18日），人民出版社2017年版，第37页。

从体制机制和工作程序上有效防止部门利益和地方保护主义法律化，解决立法授权过于笼统、适用范围和期限不明确、缺乏有效监督的问题。再次，对于法律需要制定修改、清理配套法规的，有关专门委员会、常委会工作委员会要督促有关单位和地方按照要求制定、修改、清理配套法规。最后，尊重人大代表主体地位，把办理好人大代表依法提出的议案、建议与立法工作紧密结合起来，邀请相关人大代表参与立法评估、调研、审议等工作，为人大代表提供相关立法参阅资料，听取其意见和建议。

（三）加强和改进政府立法制度建设

我国的政府立法有三种形式：行政法规、部委规章和地方政府规章。其中，行政法规的制定主体为国务院，部委规章是国务院各部门（包括国务院各部、委员会、中国人民银行、审计署和具有行政管理职能的直属机构）根据法律和国务院的行政法规、决定、命令，在本部门的权限范围内，按照法定程序制定的执行性规范文件，地方政府规章是省级人民政府和较大的市的人民政府（包括省会所在市的人民政府和经国务院批准的较大的市的人民政府）根据法律、行政法规和地方性法规，按照法定程序制定的执行性规范文件。地方政府规章的内容不得与法律、法规相违背，其效力低于宪法、法律、行政法规和地方性法规。习近平认为，“能不能做到依法治国”的关键，一看“党能不能依法执政”，二看“各级政府能不能依法行政”。[1]而做到依法行政的一个重要前提，则是在不与宪法、法律相抵触的前提下民主、科学地推进政府立法工作。

加强和改进政府立法制度建设，完善行政法规、规章制定程序，完善公众参与政府立法机制。重要行政管理法律法规由政府法制机构组织起草的意义在于：明确政府立法在国家立法体制中的地位，加强政府立法工作，运用法律手段促进各地方各领域的经济社会协调发展，实现社会全面进步，体现了民主立法和科学立法相结合，人民参与和专家、专门机关相结合。首先，要对行政法规的制定权限作细致规定：国务院法制机构应当及时跟踪了解国务院各部门落实立法计划的情况，加强组织协调和督促指导。国务院有关部门认为需要制定行政法规的，应当向国务院报请立项；行政法规由国务院有关部门或者国务院法制机构具体负责起草，重要行政管理的法律、行政法规

〔1〕 习近平：“加快建设社会主义法治国家”，载《求是》2015年第1期。

草案由国务院法制机构组织起草；行政法规的决定程序依照《中华人民共和国国务院组织法》（以下简称《国务院组织法》）的有关规定办理。其次，要明确规章制定的权限：制定部门规章时，没有法律或者国务院的行政法规、决定、命令的依据，部门规章不得设定减损公民、法人和其他组织权利或者增加其义务的规范，不得增加本部门的权力或者减少本部门的法定职责；没有法律、行政法规、地方性法规的依据，地方政府规章不得设定减损公民、法人和其他组织权利或者增加其义务的规范。再次，应当制定地方性法规但条件尚不成熟的，因行政管理迫切需要，可以先制定地方政府规章。规章实施满两年需要继续实施规章所规定的行政措施的，应当提请本级人民代表大会或者其常务委员会制定地方性法规。最后，要求政府法制机构勇于担责，对各项重要的政府立法从事前、事中以及事后进行严格审查和监督，力求使政府的每一个立法活动从程序到实体内容都符合宪法和法律。

（四）实现立法和改革决策相衔接

改革是“变”，法治是“定”，二者既相互冲突，又辩证统一。习近平强调：“我们要着力处理好改革和法治的关系。改革和法治相辅相成、相伴而生。”〔1〕“凡属重大改革都要于法有据。在整个改革过程中，都要高度重视运用法治思维和法治方式，发挥法治的引领和推动作用，加强对相关立法工作的协调，确保在法治轨道上推进改革。”〔2〕应该以法治推动改革，用法治规范改革，推进全面深化改革和法治社会建设同步、有序、健康发展。具体说来，“要实现立法和改革决策相衔接，做到重大改革于法有据、立法主动适应改革发展需要。在研究改革方案和改革措施时，要同步考虑改革涉及的立法问题，及时提出立法需求和立法建议。实践证明行之有效的，要及时上升为法律。实践条件还不成熟、需要先行先试的，要按照法定程序作出授权。对不适应改革要求的法律法规，要及时修改和废止。”〔3〕同时，要切实维护法制统一和尊严。完善立法体制，必须满足维护法制统一的要求，使立法符合我国法律体系的渊源结构和效力层级的制度设计，维护宪法和法律的权威，禁止规范性法律文件与宪法、法律相抵触和冲突。

---

〔1〕 习近平：《在省部级主要领导干部学习贯彻党的十八届四中全会精神全面推进依法治国专题研讨班上的讲话》（2015 年 2 月 2 日），中央文献出版社 2015 年版，第 52~53 页。

〔2〕 习近平：《在中央全面深化改革领导小组第二次会议上的重要讲话》（2014 年 2 月 28 日）。

〔3〕 习近平：《在中央全面深化改革领导小组第六次会议上的重要讲话》（2014 年 10 月 27 日）。

“发挥立法的引领和推动作用”被写入《立法法》的第1条“制定宗旨”，同时《立法法》第13条规定：“全国人民代表大会及其常务委员会可以根据改革发展的需要，决定就行政管理等领域的特定事项授权在一定期限内在部分地方暂时调整或者暂时停止适用法律的部分规定。”针对现行授权立法规定比较原则化，有些授权范围过于笼统、缺乏时限要求等问题，《立法法》授权决定应当明确授权的目的、事项、范围、期限以及被授权机关实施授权决定应当遵循的原则等；被授权机关应当在授权期限届满的6个月以前，向授权机关报告授权决定实施的情况。

(五) 赋予设区的市地方立法权

在全面深化改革的新阶段，推进地方立法主体扩容、促进省市地方及时高效立法，成为发挥地方经济社会发展积极性、提升地方依法行政和制度创新水平的关键举措。具体就是《立法法》依法赋予设区的市地方立法权（即在现在27个省、自治区的人民政府所在地的市，4个经济特区所在地的市和18个经国务院批准的较大的市之外，新增其他设区的市和自治州的地方立法权）；同时明确设区的市可以对“城乡建设与管理、环境保护、历史文化保护等方面的事项”制定地方性法规，法律对较大的市制定地方性法规的事项另有规定的，从其规定。原有49个较大的市已经制定的地方性法规，涉及上述事项范围以外的，继续有效。同时考虑到设区的市数量较多，地区差异较大，这一工作将本着“政策从宽、落实从严、逐步放权”的精神予以推进。此外，“地方人大及其常委会要抓紧制定和修改与法律相配套的行政法规和地方性法规”[1]。

2018年3月，第十三届全国人大一次会议审议通过《中华人民共和国宪法修正案》，在宪法第3章“国家机构”第100条增加一款，作为第2款：“设区的市的人民代表大会和它们的常务委员会，在不同宪法、法律、行政法规和本省、自治区的地方性法规相抵触的前提下，可以依照法律规定制定地方性法规，报本省、自治区人民代表大会常务委员会批准后施行。”增加这一规定有利于设区的市在宪法、法律的范围内制定体现本行政区域实际的地方性法规，更为有效地加强社会治理，促进经济社会发展，也有利于规范设区

〔1〕 习近平：《在首都各界纪念现行宪法公布施行三十周年大会上的讲话》，载《人民日报》2012年12月5日，第2版。

的市制定地方性法规的行为。

（六）切实维护法制统一和尊严

全国人大及其常委会在社会主义法治国家建设中担负着重要职责，必须坚持依法治国首先要坚持依宪治国，全面贯彻实施宪法，履行宪法监督职责，坚决维护法制统一和宪法法律尊严。具体措施包括：履行宪法法律监督职责，健全备案审查制度；落实备案审查衔接联动机制，制定备案审查工作规程，建立全国统一的备案审查信息平台，实行有件必备、有备必审、有错必纠。以第十二届全国人大常委会2013年~2017年的工作为例，“五年来，共接受报送备案的规范性文件4778件，对188件行政法规和司法解释逐一进行主动审查，对地方性法规有重点地开展专项审查，认真研究公民、组织提出的1527件审查建议，对审查中发现与法律相抵触或不适当的问题，督促制定机关予以纠正，保证中央令行禁止，保障宪法法律实施，维护国家法制统一。”〔1〕

五、深入推进科学立法、民主立法、依法立法

习近平指出：“人民群众对立法的期盼，已经不是有没有，而是好不好、管用不管用、能不能解决实际问题；不是什么法都能治国，不是什么法都能治好国；越是强调法治，越是要提高立法质量。这些话是有道理的。我们要完善立法规划，突出立法重点，坚持‘立改废’并举，提高立法科学化、民主化水平，提高法律的针对性、及时性、系统性。”〔2〕党的十七大以来，党中央反复强调提高立法质量，新《立法法》亦将提高立法质量明确为立法的一项基本要求。习近平指出：“推进科学立法、民主立法，是提高立法质量的根本途径。科学立法的核心在于尊重和体现客观规律，民主立法的核心在于为了人民，依靠人民。要完善科学立法、民主立法机制，创新公众参与立法方式，广泛听取各方面意见和建议。”〔3〕

---

〔1〕 张德江：《全国人民代表大会常务委员会工作报告》（第十三届全国人大一次会议，2018年3月11日）。

〔2〕 中共中央文献研究室编：《习近平关于全面依法治国论述摘编》，中央文献出版社2015年版，第43页。

〔3〕 习近平：《关于〈中共中央关于全面推进依法治国若干重大问题的决定〉的说明》（2014年10月29日），载《中国共产党第十八届中央委员会第四次全体会议文件汇编》，人民出版社2014年版，第84页。

（一）科学立法

坚持科学立法，核心在于立足中国国情和实际，遵循和体现客观规律，增强立法工作的科学性、协调性和系统性，使制定出来的法律经得起实践和历史的检验。总结我国比较成功的立法实践经验，科学立法的一般要求是：①力求使法律规范符合客观实际和客观规律，符合改革发展的客观要求。②努力使法律规范更多体现科研进步的成果，以增进人民的福祉，维护人民的权益。③努力保证法律规范的和谐、统一。④努力使法律规范能够准确表达所要表达的国家意志。

科学立法的具体措施和方式包括：

一是坚持以科学发展观统领立法工作，即坚持以人为本，树立全面、协调、可持续的发展观，按照统筹城乡发展、统筹区域发展、统筹经济社会发展、统筹人与自然和谐发展、统筹国内发展和对外开放的要求推进立法工作。

二是创新立法思维，处理好改革和法治的关系，依据改革举措，从经济社会发展的实际问题和重点领域出发，制定科学的立法规划和立法工作计划，按照立法项目的轻重缓急组织实施。

三是坚持立、改、废、释并举，更加注重法律修改和法律解释，需要修改的法律按照程序及时修改，使重大改革于法有据、有序进行，使需要得到法律授权的重要改革举措按法律程序进行，实现从粗放型立法向集约型立法的转变。

四是划清中央与地方、权力机关与行政机关的立法权限，为科学立法提供制度保障；建设、完善立法决策支持系统，为科学立法提供智力支持。

五是适应全面深化改革的法制需求，健全立法机关主导、社会各方有序参与立法的途径和方式，建立科学、系统的立法工作机制，诸如立法选项机制、法案起草机制、立法论证机制、立法协调机制、立法后评估工作机制、法的清理工作机制、法律法规配套机制等。健全向下级人大征询立法意见机制，健全法律、法规、规章起草征求人大代表意见制度；建立基层立法联系点制度；探索委托第三方起草法律法规草案等。

六是加强人大对立法工作的组织协调，健全立法协调、审议和表决程序机制。列入常务委员会会议议程的法律案，各方面意见比较一致的，可以经两次常务委员会会议审议后交付表决；调整事项较为单一或者部分修改的法律案，各方面的意见比较一致的，也可以经一次常务委员会会议审议即交付表决；对多部法律中涉及同类事项的个别条款进行修改，一并提出法律案的，经委员长会议决定，可以合并表决，也可以逐个表决；必要时采用集成式“打包立法”方式，除宪法修改外，通过一个集成的修法决定，将需要修改的若干法律一揽子修改。

（二）民主立法

民主立法是社会主义民主政治的内在要求，是坚持党的领导、人民当家作主和依法治国有机统一的具体体现，是我国民主进程在立法工作中的集中反映。坚持民主立法，对于保障公民行使国家管理权、提高立法质量、实现公平正义、维护社会和谐稳定，具有重要意义。我国立法的目的就是使人民通过立法活动，行使管理国家事务、管理经济和文化事业、管理社会事务的权力，实现当家作主。为此，立法主体、程序、内容都应当体现人民的意志，发扬社会主义民主，健全立法机关和社会公众沟通机制，开展立法协商，充分发挥政协委员、民主党派、工商联、无党派人士、人民团体、社会组织在立法协商中的作用，探索建立有关国家机关、社会团体、专家学者等对立法中涉及的重大利益调整论证咨询机制。拓宽公民有序参与立法途径，健全法律法规规章草案公开征求意见和公众意见采纳情况反馈机制，广泛凝聚社会共识。

民主立法，必须通过民主的方法开展立法工作，科学合理地规定公民、法人和其他组织的权利与义务、国家机关的权力与责任。就立法机关内部而言，主要是立法主体提高人民性和民主性，进一步完善代议民主，发挥人大立法主导作用，增加人大代表列席人大常委会会议人数，更多发挥人大代表参与起草和修改法律的作用，保障人大代表依法履职，协调人大和常委会、专门委员会、常委会机构的工作关系。改进立法机关组成人员的产生和组成，完善立法程序，确保其真正代表和反映民意。坚持立法公开原则，在立法的起草阶段广泛听取意见，审议阶段提高开放程度，通过阶段坚持程序透明，公布阶段力求广为人知，将“开门立法”精神贯穿在立法全过程。就立法机关外部而言，主要是健全立法机关和社会公众沟通机制，开展立法协商，在立法过程中扩大公众有序参与。在通常情况下，无论国家层面的立法还是地方层面的立法，参与的人愈多，各种主张和意见的博弈愈充分，为各方（或多数人）所接受的方案愈符合实际，符合经济和社会发展的客观要求。让更多的人参与到立法过程中来，发挥最大多数人的聪明才智，可以最大避免由于个别人的观点而导致立法不恰当，从而更有利于立法的科学化。

民主立法，必须坚持以人为本，依照法定程序，集体行使职权，在立法工作中深入调查研究、广泛征求意见、反复研究论证，把民主立法的理念和做法贯穿在全部立法工作的始终。要坚持把民主立法的过程作为推动国家治理体系和治理能力改革创新的过程，坚持把民主立法的过程作为统一思想、寻找并凝聚共识的过程。要加强立法工作组织协调，完善代议民主和法律起草、审议的协调协商机制，充分发挥全国人大代表和全国人大专门委员会在立法工作中的作用，通过询问、质询、特定问题调查、备案审查等途径积极回应社会关切，最大限度地凝聚共识、凝聚智慧。通过座谈、听证、评估、民意调查、聘请立法顾问、公民旁听法案审议、公布法律草案等拓展公民有序参与立法的途径、形式和程序，健全公众意见表达机制和听取、采纳公众意见情况说明制度，使立法更加充分地体现广大人民群众的意愿，保证人民群众的意见和建议得到充分表达，合理的诉求、合法的利益得到充分体现。要改革法案审议制度、代表会议制度、会议议程制度，健全立法专家咨询制度，发挥立法工作机构的作用，建立和完善公众意见汇集和反馈机制等。除依法需要保密的外，所有的法律、行政法规、地方性法规和政府规章的草案，都要通过互联网等传媒向社会公布，公开听取社会各方面的意见。

（三）依法立法

依法立法是指立法应当严格依照宪法法律设定的权限和程序进行，确保每一项立法都经得起合宪性审查，经得起实践和历史的检验。坚持依法立法，核心在于严格依照法定权限和程序行使立法权，完善立法体制机制，优化立法职权配置，维护国家法制统一。

当前的立法工作强调实现依法立法，关键在于合理划分中央与地方、权力机关与行政机关的立法权限，明确规定全国人大及其常委会法律保留的事项，依法严格进行立法授权，防止部门利益和地方利益法律化。

六、加强重点领域立法

完善和发展中国特色社会主义法律体系，当务之急是加强重点领域立法。必须坚持问题导向，以人民群众普遍关心的问题为重点加强立法工作，科学民主地制定关系国计民生的法律。习近平多次强调：“我们要加强重要领域立法，确保国家发展、重大改革于法有据，把发展改革决策同立法决策更好结合起来。要坚持问题导向，提高立法的针对性、及时性、系统性、可操作性，发挥立法引领和推动作用。”〔1〕结合十八大以来党的立法方针和国家立法的实际进展，“重点领域立法”主要体现在以下几个方面：

（一）完善民主政治法律体系

制度化、规范化、程序化是社会主义民主政治的根本保障。加强社会主义民主政治建设，首先要适应党和国家领导制度、组织制度改革的需要，修改《国务院组织法》《中华人民共和国人民法院组织法》《中华人民共和国人民检察院组织法》，使国家机关的组成、职责与行使职权的原则、程序以及问责制度法定化、规范化。其次，坚持和完善人民代表大会制度，发展更加广泛、更加充分、更加健全的人民民主，从各层次各领域扩大公民有序政治参与，规范选举制度的程序，充分发挥我国社会主义政治制度优越性。再次，要坚持和完善中国共产党领导的多党合作和政治协商制度、民族区域自治制度以及基层群众自治制度，充分保障人民当家作主的民主权利，推进社会主义民主政治法治化。最后，在建构国家安全法律制度体系方面继续取得重要进展，推进社会主义价值观融入法治建设等方面的立法项目，推进国家反腐败立法，制定《中华人民共和国监察法》以及修改完善相应的法律，积极稳妥推进政治体制改革。

完善中国特色社会主义法律体系，必然包括构建更加完善的基本人权体系。基本人权纳入法律体系之中，既意味着制度层面的规范完善，更意味着在法律价值层面的价值确认。但是，与全面依法治国、构建完善的法律体系的战略要求相比，人权保障是我们目前法治建设和国家建设中的短板，在若干重要方面，应当予以完善。我国目前人权法律规范体系主要包括以下内容：①人权法的核心是《宪法》中有关基本权利的规定；②几个专门的权益法，即《中华人民共和国妇女权益保障法》《中华人民共和国未成年人保护法》《中华人民共和国老年人权益保障法》以及《中华人民共和国残疾人保障法》等；③各个部门法中的人权条款，尤其是《刑法》《刑事诉讼法》和行政法中的若干人权条款。从规范体系的角度看，我国目前人权法体系的问题主要有：具体的基本权利清单还不够完整，有些重要的权利有待补充或调整。从人权

〔1〕 习近平：《在庆祝全国人民代表大会成立六十周年大会上的讲话》，人民出版社2014年版，第9页。

保障的制度机制来看，人权保障的专门机制不够完善，甚至可以说是还很欠缺。现有的若干人权机构本身的功能也没有充分发挥出来。

（二）完善市场经济法律体系

经济体制改革是全面深化改革的重点，必须进一步加强市场经济法治建设，坚持和完善基本经济制度，通过科学、系统的经济法律体系建构，形成完善的现代市场体系、宏观调控体系、开放型经济体系，促进经济发展方式转变，使市场在资源配置中起决定性作用，提高经济立法质量和整体效益，推动国民经济更有效率、更加公平、更可持续地发展。为此，我们要从根本上认识社会主义市场经济的本质是法治经济，以民法典编纂为核心全面加强市场法律制度建设，加强宏观调控，维护公平竞争的市场秩序。在全面保护产权制度中须以公平为核心原则，完善、激励、创新各项产权制度等。

当前的主要立法任务有：推进涉及产权保护的立法项目，依法保障各类市场主体的合法权益，加强知识产权保护，健全社会信用体系，建设法治化经营环境；编纂完整、统一的民法典，推进民法典各分编的编纂，为民事基本制度的稳定发展确立航向；落实税收法定原则，健全完善税收立法和征管体制，制定和修改一系列税法制度；完善金融监管和食品药品安全治理法律体系，加强人大预算决算审查监督、国有资产监督职能；完善保险、财税、发展规划、竞争法等法律规范体系；规范财政转移支付行为，深入研究农村金融和农民合作社立法，促进不同区域间的经济社会协调、平稳发展。

（三）完善先进文化法律体系

广义的文化，是指人类社会实践过程中的精神创造活动及其结果，涵盖道德、艺术、宗教、哲学等社会意识形态在内的全部具有价值性和艺术性的社会领域，其所指与“精神文明建设”的范围近乎等同。狭义的文化，是指以文学艺术的创作、传播为主的文化领域。党的十九大报告指出：“文化是一个国家、一个民族的灵魂。文化兴国运兴，文化强民族强。没有高度的文化自信，没有文化的繁荣兴盛，就没有中华民族伟大复兴。要坚持中国特色社会主义文化发展道路，激发全民族文化创新创造活力，建设社会主义文化强国。”文化立法是维护国家文化主权、实现公民文化权益、推动文化和谐发展、形成文化公共秩序的必要条件和重要基础。新时代的文化立法必须以马克思主义为指导，坚守中华文化立场，坚持“两为”和“双百”方针，弘扬社会主义核心价值观和中华优秀传统文化，创建群众性精神文明。其立法范围要涵盖公共文化服务、文艺创作、遗产保护、教育科学文化卫生体育事业、广播影视、文化旅游产业、新闻出版、互联网建设管理、精神文明建设等诸多领域。

改革开放以来，在“以经济建设为中心”的思想指导下，不断加快经济立法、完善社会主义市场经济法律体系始终是立法工作的重点。而以党的十七届六中全会《中央关于深化文化体制改革推动社会主义文化大发展大繁荣若干重大问题的决定》（以下简称《决定》）为标志，我国的文化立法开始受到前所未有的关注和重视。面对文化领域只有“三部半”立法（《中华人民共和国文物保护法》、《中华人民共和国著作权法》、《中华人民共和国非物质文化遗产法》和《中华人民共和国档案法》）的深深缺憾，该《决定》明确指出：“加快文化立法，制定和完善公共文化服务保障、文化产业振兴、文化市场管理等方面法律法规，提高文化建设法制化水平。”

党的十八大以来，第十二届全国人大及其常委会共制定法律 25 件，其中就有 4 部重要的文化领域立法：规范文化事业的《中华人民共和国公共文化服务保障法》、规范文化产业的《中华人民共和国电影产业促进法》、规范网络使用行为维护网络文化安全的《中华人民共和国网络安全法》、传承人类文明坚定文化自信的《中华人民共和国公共图书馆法》，如果再加上 2018 年 4 月 27 日由第十三届全国人大常委会第二次会议通过的《中华人民共和国英雄烈士保护法》，可以说，“文化立法的春天”已经到来了。下一步的文化立法，我们要：①深入研究文化建设的基本规律，全面检视文化体制改革的经验教训，围绕完善文化管理体制、完善公共文化服务体系、加强文物保护利用和文化遗产保护传承、健全现代文化产业体系和市场体系这几个方面推进基础性文化立法，进而分别统合文化管理、文化事业促进、文化遗产保护、文化产业发展、互联网管理各自领域的单项立法。②要处理好重点与非重点、全局与局部、规划稳定性与改革变动性的关系，对相关立法项目采取动态调整、滚动指导的方式组织实施，提高法律的针对性、及时性、系统性，发挥立法对国民文化生活起到系统集成、引领凝聚的规范作用，保证和推动新时代社会经济发展与文明和谐的平衡。③要通过将社会主义核心价值观入法入规，体现共识、凝聚力量，实现国家和社会的长治久安。明显违反核心价值观的法律法规必须要修改，没有反映核心价值观要求的必须以适当方式适时予以体现，将核心价值观融入法律法规的指导思想、立法宗旨、基本原则和规范内容之中。

(四) 完善民生立法和社会治理法律体系

我国社会转型过程中日益突出的民生和社会失序问题需要通过法治手段予以解决，社会法律体系作为中国特色法律体系的重要组成部分，攸关民生问题、生存保障和民族未来。

民生立法应该反映人民群众的利益诉求，以人本主义和实现社会公平正义为指导，构建反映民主、公平、人权等价值的规范体系，通过不断完善社会法律体系保障民生，弘扬文化自信，强化立法、执法、司法各环节的公众参与，促进社会主义政治、经济和社会发展。具体包括：健全公民权益保障和利益协调机制，完善妇女、儿童、老人、残疾人权益保护法律法规，健全健康医疗和药品、医疗器械监管法律体系，完善社会保障再分配，促进社会公平正义；完善社会组织立法，制定社会组织行为规范和活动准则，改革社会组织登记制度，对社会组织进行分类管理，依法加强对社会组织的监管，通过税收优惠、财政补助等措施扶持社会组织的发展，鼓励、引导、规范社会组织参与社会管理，提供公共服务；完善多元化的群众利益表达和保护机制，建立让基层群众、组织和社区等利益相关方能够表达意见、协商讨论的制度化平台，满足公众参与感，拓展公民参与社会治理的渠道，畅通群众协商的有效渠道，构建法治民主监督机制，规范群众参与决策的程序，发展多元纠纷解决机制，健全社会矛盾化解体系。

(五) 完善生态文明法律制度

生态法治建设是实现“美丽中国”理想图景的必由之路，保护环境是国家的基本国策。习近平指出：“只有实行最严格的制度、最严密的法治，才能为生态文明建设提供可靠保障。”“要建立责任追究制度，对那些不顾生态环境盲目决策、造成严重后果的人，必须追究其责任，而且应该终身追究。”[1]要加快建立有效约束开发行为和促进绿色发展、循环发展、低碳发展的生态文明法律制度，强化生产者环境保护的法律责任，大幅度提高违法成本。建立健全自然资源产权法律制度，完善国土空间开发保护方面的法律制度，制定、完善生态补偿和土壤、水、大气污染防治及海洋生态环境保护等方面的法律法规，促进生态文明建设。

---

〔1〕 习近平：《习近平谈治国理政》，外文出版社2014年版，第210页。

（六）完善程序法律体系

中共十八届四中全会决定是我国加快建设法治国家的纲领性文件。该决定提出“推进以审判为中心的诉讼制度改革”，这一论断明确了改革我国诉讼制度的目标和基本任务。以审判为中心，不仅是一个法律概念的提出，一种诉讼理念的转变，而且应当体现为新型的诉讼制度安排。准确理解、切实贯彻以审判为中心，无疑是当前需要回答和解决的重大理论和实践课题。对民事程序法、刑事程序法、行政程序法，甚至非诉讼程序法的完善，关系到中国特色社会主义法律体系的程序化、科学化，都应当在“推进以审判为中心的诉讼制度改革”理念下进行。在非诉讼解决机制领域的主要立法工作是：制定《社会调解法》，建立联动解纷模式，完善《中华人民共和国仲裁法》，增强非诉程序法律效力。在具体非讼程序法的完善方面，需要统一非讼程序称谓，调整非讼程序类型，完善宣告失踪和宣告死亡程序，完善公示催告程序，完善督促程序，等等。

面向未来，根据党的十九大精神，还会有一系列的重要立法任务，这要求立法工作者坚持以新时代中国特色社会主义思想为指导，坚持法律体系形成完善的成功经验，坚持从中国国情和实际出发，借鉴世界法治文明发展成果，坚持推进科学立法、民主立法、依法立法，着力提高立法质量。

理论前沿

以全国性整体规划消除贫困

——兼论立法规划及其在精准扶贫中的作用*

朱力宇**

摘要：我国社会主要矛盾目前最主要和突出的表现之一是：区域性整体贫困地区人民与其他地区人民相比，对美好生活的需要和全国的发展之间表现出更大更多的不平衡不充分的矛盾。《中华人民共和国国民经济和社会发展第十三个五年规划纲要》（以下简称《十三五规划》）对消除区域性整体贫困实现了从《中华人民共和国国民经济和社会发展第十二个五年规划纲要》（以下简称《十二五规划》）的“政策倾斜”到“政策倾斜和精准扶贫相结合”的转变。我国已经形成了覆盖全国的纵横交错而有序的经济和社会发展规划网和立法规划网，这两种规划网科学匹配。就科学立法的角度而言，立法规划有助于精细、准确地进行扶贫。我国编制实施国民经济和社会发展规

* 资助项目：教育部人文社会科学研究规划基金项目“中国共产党领导立法的历史变迁”（17YJA820022）。本文是在作者的《在经济发展中有计划地解决区域性整体贫困问题》（该文载于《光明日报》2016年12月7日，第3版）、《地方立法权扩大与我国的城镇化、实施脱贫攻坚及保障少数民族权利——以云南省为基本例证》（该文载于《立法论丛》第1辑，中国政法大学出版社2016年版）、《以全国性整体规划解决区域性整体贫困——中国脱贫工作的重要方式之一》（该文为提交给中国人权研究会于2017年12月7日~8日在北京主办的以“构建人类命运共同体：南南人权发展的新机遇”为主题的《南南人权论坛》的论文）、《在经济发展中有计划地精准解决中国的贫困问题》（该文为提交给中国人权研究会于2017年12月19日在广州主办的“新时代中国人权事业的发展”研讨会的论文）和《论我国的立法规划与精准扶贫》（该文为提交给中国人权研究会和中共湖北省委宣传部于2018年7月19日在长沙主办的“改革开放与中国人权事业的发展进步”研讨会论文）和《论立法规划及其在精准扶贫中的作用》（该文为提交给由中国人权研究会与中国人权发展基金会于2018年9月18日~19日共同举办的以“消除贫困：共建一个没有贫困、共同发展的人类命运共同体”为主题的“2018·北京人权论坛”的论文）等文章部分内容的基础上写就的。当然，也有写作中本人对消除我国贫困的一些新思考。

** 朱力宇：中国人民大学法学院教授，人权研究中心执行主任。

划与立法规划有基本经济制度、市场经济体制、根本政治制度和基本政治制度等方面的因素。到2020年，我国只是消除了绝对贫困，而此之后相对贫困还会存在。所以，还要继续强化扶贫攻坚的“中央统筹、省负总责、市县抓落实的管理体制”，并且将其纳入法治的轨道。

关键词： 自然禀赋不足；《十三五规划》；立法规划；科学立法；非区域性个体贫困

众所周知，我国自改革开放以来，实现了“迄今人类历史上最快速度的大规模减贫”，成为世界上率先完成联合国千年发展目标的国家。[1]习近平总书记在中国共产党第十九次全国代表大会上的报告中回顾2012年~2017年5年期间所取得的改革开放和社会主义现代化建设的成就时宣布：“脱贫攻坚战取得决定性进展，6000多万贫困人口稳定脱贫，贫困发生率从10.2%下降到4%以下。”[2]至2018年8月，我国贫困人口减少6853万，贫困县摘帽100多个，[3]贫困地区群众生产生活条件明显改善，贫困群众收入水平明显提高、获得感明显增强，中国特色的脱贫攻坚制度体系不断完善，创造了我国减贫史上的最好成绩，谱写了人类反贫困史上的辉煌篇章。[4]

上述伟大历史性成就的取得，与我国长期坚持编制和实施国民经济和社会发展规划作为解决贫困问题的重要方式是分不开的；同时，我国《中华人民共和国立法法》（以下简称《立法法》）关于立法规划的规定，已经并且将继续在精准扶贫中发挥重要作用。我认为，这两种规划都是用全国性整体规划来解决区域性整体贫困的，需要在理论上继续进行研究，在实践中继续进行探索。如何将这两种规划有机结合起来继续消除我国的贫困，也是本文拟深入研究的问题。

---

〔1〕 国务院新闻办公室：《发展权：中国的理念、实践与贡献》，载《人民日报》2016年12月2日，第10版。

〔2〕 习近平：《决胜全面建成小康社会，夺取新时代中国特色社会主义伟大胜利——在中国共产党第十九次全国代表大会上的报告》，人民出版社2017年版，第5页。

〔3〕 参见中国发展网，http://www.chinadevelopment.com.cn/news/zj/2018/08/1334981.shtml，最后访问时间：2018年9月13日。

〔4〕 参见《人民日报》2018年8月20日，第1版。

一、我国的区域性整体贫困：因自然禀赋不足和历史原因而导致

在我国960多万平方公里的广袤土地上，由于地理和生态环境的原因，在西部地区和很多山区，一直存在相当大面积的因自然禀赋不足而形成的整体贫困地区。这些地区的特点包括：是深山石山、交通不便、边远高寒、基础设施薄弱、荒漠化和水土流失严重，而且水土、光热等条件难以满足日常生活生产需要，生态环境脆弱，不具备基本发展条件。例如，西北地区是中国地理分区之一，其重要特点之一就是荒漠广布，在行政区划上包括陕西、甘肃、青海、宁夏、新疆等省和自治区和内蒙古最西部。又如，西南地区也是中国地理分区之一，其重要特点之一就是地形结构复杂，主要以高原、山地为主，在行政区划上包括四川、贵州、云南、西藏、重庆等省、自治区和直辖市。在上述西北和西南地区及很多山区，由于自然禀赋不足，经济和社会的发展相对于其他地区或行政区划，十分滞后；一些地区甚至属于“不适于人类居住”的“不毛之地”。我国的区域性整体贫困地区，即所谓的成片贫困区县，也主要集中分布在这些地区。同时，由于历史的原因，如中国历朝历代几千年中的动乱或战乱而导致的民族迁徙，使许多少数民族世代也大都聚居生活在上述区域性整体贫困的边疆和山区。

简言之，我国的贫困人口，大都居住在民族地区、边疆地区和山区等集中连片贫困地区，他们生存的贫困状况即本文所谓的区域性整体贫困。

习近平总书记在中国共产党第十九次全国代表大会的报告中指出：“中国特色社会主义进入新时代，我国社会主要矛盾已经转化为人民日益增长的美好生活需要和不平衡不充分的发展之间的矛盾。”〔1〕我认为，这一矛盾目前最主要和最突出的表现之一就是：区域性整体贫困地区的人民与其他地区的人民相比，在经济和社会的发展中相对还很落后，因而在这些地区人民对美好生活的需要和全国的发展之间，表现出更大更多的不平衡不充分的矛盾。根据辩证唯物主义的原理，主要矛盾中还有矛盾的主要方面。所以，我认为，解决这些地区人民的脱贫问题，实际上也是解决新时代我国目前社会主要矛盾的主要方面，是经济、社会发展和法治建设的重中之重。

---

〔1〕 习近平：《决胜全面建成小康社会，夺取新时代中国特色社会主义伟大胜利——在中国共产党第十九次全国代表大会上的报告》，人民出版社2017年版，第11页。

二、国民经济和社会发展规划网：政策倾斜和精准扶贫相结合

我国在消除贫困方面，有三个经常使用的名词或概念：扶贫，减贫，脱贫。这三者之间，既有紧密联系，但又不完全相同。我的理解是，扶贫是指以各级人民政府作为主要责任主体为消除贫困制定各种政策并进行相应工作；减贫是贯彻落实有关政策并进行相应工作而使消除贫困取得的阶段性成果；脱贫则是通过扶贫和减贫，使贫困消除达到的目标性成果。

2013年11月3日，习近平总书记来到湖南省湘西土家族苗族自治州花垣县排碧乡十八洞村，在武陵山腹地偏僻的苗寨[1]，首次提出了要“精准扶贫”。由此我国启动了新一轮也是更大规模和更科学化的脱贫攻坚工程，其重要特色是通过实行“精准扶贫”的政策并进行相应的工作，保证包括区域性整体贫困地区人民在内的全体人民在全国的共建共享发展中，有更多获得感，以达到共同富裕，实现在2020年“全面建成小康社会”的总目标。

市场经济的理论与实践发展表明，现代市场经济一方面是在市场机制基础上运行的，同时又离不开国家的宏观调控。而在中国，这种市场经济体制与其他国家相比，国家和政府的宏观调控力度更强，因此也可以更加有执行力地以国民经济和社会发展规划来解决包括区域性整体贫困在内的脱贫问题。如前所述，多年来，在我国史无前例地解决人民的生存权和发展权的伟大进程中，通过编制国民经济和社会发展规划来逐步消除贫困，是重要方式之一。例如，2011年至2015年《十二五规划》，以及2016年至2020年的《十三五规划》均对消除贫困作出了宏观而具体的规划。应该说，这种方式不是所谓的“计划经济”，而是在市场机制基础上，“有计划地解决减贫和脱贫问题”。

与《十二五规划》相比，《十三五规划》设置了专篇即第13篇“全力实施脱贫攻坚”和专章即第56章“推进精准扶贫精准脱贫”、第57章“支持贫困地区加快发展”和第58章“完善脱贫攻坚支撑体系”，不仅对扶贫、减贫、脱贫工程进行了宏观的规划，而且力求具体和精准。例如，在直接与解决区域性整体贫困有关的第56章第1节“创新扶贫开发方式”中提出，“根据致贫原因和脱贫需求，对贫困人口实行分类精准扶持。通过发展特色产业、转移就业、易地扶贫搬迁、生态保护扶贫、教育培训、开展医疗保险和医疗救

〔1〕 需要指出的是，这里既是西南山区，又是少数民族聚居地区，即区域性整体贫困地区。

助等措施，实现约5000万建档立卡贫困人口脱贫”。又如，在第57章中提出，“把革命老区、民族地区、边疆地区、集中连片贫困地区作为脱贫攻坚重点，持续加大对集中连片特殊困难地区的扶贫投入力度，增强造血能力，实现贫困地区农民人均可支配收入增长幅度高于全国平均水平，基本公共服务主要领域指标接近全国平均水平”。

可以说，《十三五规划》针对区域性整体贫困地区的消除贫困实现了从《十二五规划》的“政策倾斜”到“政策倾斜和精准扶贫相结合”的转变，即以各级人民政府作为主要责任主体对扶贫、减贫和脱贫进行科学、精细、准确地制定、贯彻、落实有关政策和相应的各种工作。

需要指出的是，自改革开放以来，我国已经逐步形成了从省、自治区、直辖市到县级以上地方各级人民政府，根据国务院的国民经济和社会发展规划编制同期本级政府的经济和社会发展规划的制度性方式，以消除贫困。同时，还根据不同的贫困问题，在各专门领域制定了相关的精细纲要。例如，国务院办公厅印发的《农村残疾人扶贫开发纲要（2011年~2020年）》规定：“到2015年，农村残疾人生活总体达到小康，基本生活得到稳定的制度性保障，参与社会和自身发展状况显著改善；农村残疾人社会保障体系和服务体系基本框架建立，保障水平和服务能力明显提高。”“到2020年，稳定实现农村残疾人不愁吃、不愁穿，全面保障平等享受基本医疗、基本养老、教育、住房和康复服务。农村残疾人家庭收入达到或接近当地平均收入水平，基本公共服务覆盖农村残疾人并不断提高水平，残疾人生存有保障，生活有尊严，发展有基础。”[1]为完成这一总体目标任务，该纲要还编制了执行评估指标体系，对农村残疾人家庭人均纯收入等，至2015年和2020年的具体目标值，分别进行了明确；并要求各省、自治区、直辖市人民政府市根据该纲要，制定具体实施办法。[2]

可以说，我国已经形成了从中央人民政府到地方县市级以上人民政府和各职能工作部门的、覆盖全国的纵横交错而有序的经济和社会发展规划网，这一规划网完全可以实现政策倾斜和精准扶贫相结合。

---

〔1〕 参见网址：http://www.gov.cn/zwgk/2012-01/19/content_2048622.htm，最后访问日期：2018年9月5日。

〔2〕 参见网址：http://www.gov.cn/zwgk/2012-01/19/content_2048622.htm，最后访问日期：2018年9月5日。

三、立法规划：解决区域性整体贫困的重要方式之一

从立法学理论来说，立法规划是一定的国家机关，依照法定的职权，在立法政策与原则的指导下，根据一定的方式、程序与技术，对立法的目标、进程所进行的系统安排与设计。〔1〕我国从80年代初就开始制定立法规划。国务院最早于1981年制定了1982年至1986年的经济立法规划；1986年国务院制定了“七五”期间的立法规划；此后均按年度制定年度立法计划。1988年七届全国人大常委会印发了《全国人大法律委员会关于五年立法规划的初步设想》，1991年七届全国人大常委会正式制定了1991年10月至1993年3月的立法规划。此后，各届全国人大常委会根据任期，都制定了五年立法规划和年度立法计划。此外，许多有地方立法权的各级人大及其常委会，自1988年起也逐渐开始制定立法规划。〔2〕

为了继续全面推进依法治国，加强法治建设的立法基础，第十二届全国人大三次会议于2015年3月15日审议通过了关于修改《立法法》的决定，其中包括增加了关于立法规划的规定。修改后的《立法法》第52条第1款规定：“全国人民代表大会常务委员会通过立法规划、年度立法计划等形式，加强对立法工作的统筹安排。编制立法规划和年度立法计划，应当认真研究代表议案和建议，广泛征集意见，科学论证评估，根据经济社会发展和民主法治建设的需要，确定立法项目，提高立法的及时性、针对性和系统性。立法规划和年度立法计划由委员长会议通过并向社会公布。”这一规定使全国人大及其常委会多年来实行的准法定的、类似惯例性的立法规划，正式成为一项法定的立法制度。

2001年11月16日国务院公布、2017年12月22日修订的《行政法规制定程序条例》和《规章制定程序条例》对编制、执行行政法规和规章的立法工作计划一直都有规定。例如，《行政法规制定程序条例》第7条规定：“国务院于每年年初编制本年度的立法工作计划。”又如，《规章制定程序条例》第13条第1款规定：“国务院部门，省、自治区、直辖市和设区的市、自治

〔1〕 因此，本文所论述的立法规划是广义的，即在我国根据《宪法》和《立法法》有权制定规范性文件的国家机关，包括各级国家权力机关和行政机关。

〔2〕 为行文方便，本文对立法规划和立法计划不在概念上进行区别，通常统称为立法规划；有时会根据有关法律法规的规定，将权力机关的称为立法规划，将行政机关的称为立法计划。

州的人民政府，应当加强对执行年度规章制定工作计划的领导。对列入年度规章制定工作计划的项目，承担起草工作的单位应当抓紧工作，按照要求上报本部门或者本级人民政府决定。”

所以也可以说，以2015年《立法法》修改后增加的关于立法规划的规定为标志，我国已经正式形成了从中央到地方、从权力机关到行政机关，覆盖全国的纵横交错而有序的立法规划网。这一规划网与前述经济和社会发展规划网是科学匹配的。

从科学立法的角度看，立法规划是引导立法进程，控制立法准入，实现立法有序化，促使立法科学化的一种方式，对立法的有序进行、立法的宏观整体性和体系性的把握具有重要意义。正如有学者曾经指出，立法规划的“主要任务和目的在于使立法工作有计划、有步骤、有目的地进行，从而使立法工作科学化、系统化。”〔1〕立法规划源于立法的内生性需求，它适应了国家或个人对制度需求的预期和理性选择。在立法资源有限的前提下，立法规划在立法需求与供给关系中可以节约立法成本，优化立法次序，寻求立法均衡，从而实现科学立法、民主立法、有序立法和有效率地立法。〔2〕

所谓科学立法，除了必须遵循经济和社会发展的客观规律外，还需要遵循法律自身发展的规律，遵循立法过程的规律，把握立法现象背后的规律。所谓民主立法或立法的民主化，主要的和实质性的意义是指立法机关行使立法权的民主化，〔3〕包括立法主体的民主化、立法内容的民主化以及立法过程的民主化。立法主体的民主化，是指行使立法权的国家机关的产生要民主；立法内容的民主化，是指立法要体现和反映最广大人民群众的根本利益和意志；立法过程的民主化，是指使广大人民群众更广泛地参与国家和地方的立法。所谓有序立法，是指对一定时期的立法任务根据需要与可能、轻重缓急，有重点、有步骤地进行安排，避免重复交叉、冲突抵触、分散遗漏，提高立法的自觉有序，也可以使立法主体有意识、有准备地进行立法，确保重点立法项目的顺利进行。〔4〕党的十九大报告提出的“依法立法”，则从更高的层面上涵盖了“有序立法”。所谓有效率地立法，是指在资源有限的前提下，有

〔1〕 周旺生：《立法学》，北京大学出版社1998年版，第502页。

〔2〕 参见苗连营：《立法程序论》，中国检察出版社2001年版，第167页。

〔3〕 参见李林：《立法理论与制度》，中国法制出版社2005年版，第56页。

〔4〕 参见苗连营：《立法程序论》，中国检察出版社2001年版，第168页。

效利用立法资源、降低立法成本、实现最佳立法效益，即以尽可能少的成本获得最高的立法收益。所以，就科学立法的角度而言，立法规划是有助于精细、准确地进行扶贫工作的。

从世界各国看，立法规划并非一项普遍的法定立法制度。在国外，有的国家，如英国、美国、苏联和原东欧社会主义国家等均有立法规划〔1〕，而有的国家则并不存在规范化、制度化的成文立法规划。而且，在实行立法规划国家中，其立法规划制度也存在很大差异。例如，英国的立法规划由内阁下设的立法规划委员会制定，但立法规划仅涉及政府法案，即仅是政府计划在新的立法年度向议会提出并希望获得批准的政府法案，并不包括议员法案在内的其他法案。又如，美国的立法规划由总统向议会提出，由于美国议员也有权提出议案，议会和议员依照政治惯例虽然会充分考虑总统的立法规划，但这对他们并没有实质约束力，仅体现为一种立法建议权。所以，尽管国外也存在类似的制度，但在规划主体、规划对象、规划程序、规划约束力等方面与我国存在较大差异。〔2〕

我国立法规划的实践和制度与国外有关国家相比，是别具特点、独树一帜的，即立法规划的产生发展与当代中国的立法发展具有极强的一致性，在形式上已经制度化与规范化。如前所述，立法规划现在已经成为指导我国各级有权立法的机关进行立法，形成完备的法律体系，实现依法治国基本方略的一项重要立法制度。将立法规划正式纳入《立法法》的规范和调整中，是我国立法实践发展的必然结果。

总之，立法规划是在对社会发展规律和立法规律科学认识的基础上，根

〔1〕 需要指出的是，虽然我国与苏联和东欧等社会主义国家的立法规划有很大的相似性，但是在苏东剧变之后，这些国家已不再制定系统的立法规划。

〔2〕 需要指出的是，国外对“立法规划（立法计划）”一词的理解并不一致。英国和美国对立法规划（立法计划）的理解与我国近似，但在加拿大，尽管有“立法计划（planning of legislative program）”的表述，但主要指对政府议案、议员议案整个形成过程的安排，包括立法政策的形成，立法风险，立法对财务、资产、人事、环境能源的影响与评估，法案的起草，提出和审议表决过程，类似于我国对立法程序和过程的安排，而不包括我国立法规划中对立法项目制定先后顺序的选择性安排。有加拿大学者也认为需要集中的立法规划，“This is ongoing discussion about more centralized planning, but currently there is little by way of centralized priority setting.”显然，加拿大并没有类似于我国的立法规划制度。参见2008年6月19日至20日在北京举办的中加立法国际研讨会关于“立法规划”议题的讨论论文，See Edgar Schmidt，“The Planning and Making of Federal Government Legislation”；Richard Denis，“The Law-making Process in Canada—Planning and Drafting Legislation”.

据立法预测所获取的未来立法发展趋势的相关信息，通过一定的方式和程序，对立法进程的整体安排与设计。立法规划这一制度的法治化过程，同样是立法科学化、民主化、有序化和效率化的过程。其实行的结果，必然而且已经使我国各级有权立法的机关进行的立法更加“精准”。就此而言，通过立法规划进而立法，逐步进行包括解决区域性整体贫困在内的脱贫攻坚工程，具有直接重要的法律意义和影响，也是进行精准扶贫工作的重要方式之一。

四、我国编制国民经济和社会发展规划与立法规划的制度性因素

在改革开放的进程中，国民经济和社会发展规划一直是我国制定立法规划的重要依据，两者须臾不可分离，两者都属于全国性整体规划。[1]就消除贫困而言，从中央到有关地方，可以在立法规划中，将以全国性整体规划解决包括区域性整体贫困在内的脱贫工程，列入优先和重点的立法工作，以法治方式保障消除贫困，更好地进行精准扶贫。

我认为，我国通过编制国民经济和社会发展规划与立法规划，即以全国性整体规划解决区域性整体贫困的最重要的制度性因素主要是：

第一，我国一直坚持和完善社会主义基本经济制度和分配制度，毫不动摇地巩固和发展公有制经济，毫不动摇地鼓励、支持、引导非公有制经济发展，建立和完善使市场在资源配置中起决定性作用的经济体制，同时也注意发挥政府对经济的宏观调控作用，从而推动经济和社会更有效率、更加公平、更可持续地发展。这一基本经济制度和市场经济体制与其他国家相比，国家和政府的宏观调控力度更强，因此可以通过编制国民经济和社会发展规划和与之配套的立法规划，从宏观上综合调控、精准解决包括区域性整体贫困在内的脱贫问题。[2]

第二，人民代表大会制度是我国的根本政治制度。这一制度坚持人民当家作主，各级人民代表大会及其常委会按照民主集中制原则统一行使权力，

---

〔1〕关于国民经济和立法规划的关系，还可以参见朱力宇：“地方立法权的扩大与我国的城镇化、实施脱贫攻坚与保障少数民族权利——以云南省为基本例证”，载曾粤兴主编：《立法论丛》（第1辑），中国政法大学出版社2016年版，第29~30页。

〔2〕需要指出的是，作为宏观调控市场经济的国民经济和社会发展规划和指引立法的立法规划，在我国不是指令性计划，并不具有必须完成的强制约束力，完全可以依据执行过程中国内外经济和社会发展的基本趋势和重大形势的变化，进行一定程度调整。当然，这并不能否认这两种规划的调控和指引作用。

凡重大问题都必须经过集体讨论决定；同时明确划分国家的行政权、监察权、审判权、检察权和武装力量领导权，实行合理分工；中央和地方国家机构职能的划分，遵循在中央统一领导下充分发挥地方的主动性、积极性的原则。这种政治制度决定了我国的许多重大决策，不仅必须通过专门的人民代表机关，按照少数服从多数的原则作出决定，而且各级国家权力机关的人民代表还对它的执行机关即行政机关的工作，拥有指导和监督之权。因此，有国家和地方立法权的各级人民代表大会及其常委会在“议行合一”的体制下，可以依据全国的国民经济和社会发展规划，编制自己的立法规划，同时也可以有效率地审议批准同级人民政府编制的国民经济和社会发展规划，从而使解决包括区域性整体贫困在内的脱贫工作，可以有效地落实而不会空转和扯皮。

第三，中国共产党领导的多党合作和政治协商制度是我国基本政治制度之一。这一制度从根本上讲完全不同于西方资本主义国家的多党制或两党制，其显著特征在于：共产党领导、多党派合作，共产党执政、多党派参政，各民主党派不是在野党和反对党，而是同共产党亲密合作的友党和参政党；共产党和各民主党派在国家重大问题上进行民主协商、科学决策，集中力量办大事。这其中就包括协商解决包括区域性整体贫困在内的脱贫大事。

第四，民族区域自治制度也是我国的基本政治制度之一。这一制度是在国家统一领导下，在各少数民族聚居的地方实行区域自治，设立自治机关，行使自治权。《中华人民共和国宪法》规定：“国家从财政、物资、技术等方面帮助各少数民族加速发展经济建设和文化建设事业。”与一般的行政地方相比，中央政府在财政、税收和工农业发展等方面向民族自治地方提供更多的经济优惠政策。在资金投入上，近年来中央政府持续加大对民族自治地方的财政转移支付力度，并设立各种专项资金和临时性补助，扶持民族自治地方发展经济、社会和文化事业。此外，中央政府还采取对口支援的形式，让经济和社会相对发达的汉族地区支援贫困的少数民族地区。

第五，也是最根本的，是中国共产党对一切工作的领导。共产党总揽全局、协调各方、长期执政，使得我国的各项政策和法律具有极大的稳定性和延续性，不会因为两党或多党竞选，导致因执政党更迭而发生经济和社会发展的改变和断裂。这种领导和执政方式，使人民群众有了稳定和信任的预期，其中包括对消除贫困的信心。

第六，同样重要的是，上述两种规划，需要在消除贫困的工作中予以真正的落实和实现。国民经济和社会发展规划要由各级人民政府作为主要责任主体，通过多种渠道和具体工作予以落实，立法规划要由有立法权的各级人大及其常委会和人民政府及其职能部门，通过相关的立法予以实现。当前，我国已经形成了并且还要继续强化习近平总书记提出的“中央统筹、省负总责、市县抓落实的管理体制”，〔1〕所以，尽管“脱贫攻坚任务艰巨”，是党的十九大报告指出的“面临困难和挑战之一”，但是我们可以毫无怀疑地展望，到2020年，我国农村贫困人口如期脱贫，贫困县全部摘帽，解决区域性整体贫困，全面建成小康社会的任务，一定能够完成。

五、2020年之后：继续以全国性整体规划解决非区域性个体贫困

应该指出的是，“虽然中国规划将在2020年解决区域性整体贫困问题，但是在根绝贫穷和防止返贫方面，还有更多更艰巨的工作要做。”〔2〕因为我认为，到2020年，我国只是解决了绝对贫困问题，而相对贫困在我国还是会存在的。其原因至少有以下两点。

一是“易返贫”的原因。虽然中国贫困发生率在2015年下降到5.7%，在2016年又下降到4%以下，但是，“不少贫困户稳定脱贫能力差，因灾、因病、因学、因婚、因房返贫情况时有发生，新的贫困人口还会出现”。〔3〕据国务院扶贫办2018年8月17日的消息，2017年申请脱贫摘帽的中西部20个省区市125个贫困县中，40个贫困县实现脱贫摘帽。截至目前，我国已有68个贫困县实现了脱贫摘帽。贫困县退出的主要衡量标准是贫困发生率中部地区降至2%以下，西部地区降至3%以下，评估检查结果显示，40个县中，25个中部地区贫困县综合贫困发生率全部低于2%，15个西部地区贫困县全部低于3%，均符合退出条件。中部地区贫困发生率最高的山西吉县由2013年的31.7%降至2017年的0.32%，西部地区贫困发生率最高的广西龙州由31.79%降至1.91%，均明显低于全国平均水平。〔4〕尽管如此，即使到2020年全国贫困发生率下降到0.5%以下（在任何国家都不可能是0%），以全国14亿人口

---

〔1〕参见《人民日报》2018年6月12日，第1版。

〔2〕朱力宇：“在经济发展中有计划地解决区域性整体贫困问题”，载《光明日报》2016年12月7日，第3版。

〔3〕国务院新闻办公室编：《中国的减贫行动与人权进步》，人民出版社2016年版，第33页。

〔4〕参见《光明日报》2018年8月18日，第1版。

计算，至少还是会有五六百万贫困人口的。

二是上调贫困现行标准的原因。我国于2011年确定的贫困线是，农村（人均纯收入）贫困标准为2300元，换算后约等于每天人均1美元，比2010年的1274元贫困标准提高了80%。按2011年大幅上调提高后的贫困标准，我国国家扶贫标准线与世界银行的名义国际贫困标准线的每天人均1.25美元距离大为接近。2014年，我国又将贫困标准（人均纯收入）上升至2800元，按购买力平价计算，约相当于人均每天2.2美元，略高于世界银行2015年10月上调的1.9美元的贫困标准。我国的这一上调充分考虑了各地区发展水平差异和不平衡性。2015年12月15日，中国国务院扶贫办主任刘永富表示，等扶贫任务完成后，“我们还会根据当时情况，适当提高扶贫标准。”[1]这也就意味着，到2020年以后，我国的相对贫困人口还是会存在的，而其人数的变化是国家和政府主动调整贫困线的动态过程的结果。实际上，贫困标准上调的不只是数字，还是国家为了将来制定和修订新的扶贫政策和法律法规规章而确定更加精准的贫困界限。

本文将上述两种原因造成的新绝对贫困，称之为“非区域性个体贫困”。与区域性整体贫困相比，前者并非是由于自然禀赋不足而形成的成片区县为“不毛之地”的区域性贫困，也并非是由于历史原因形成的这些地区人民群众的整体性贫困，而主要是在不平衡不充分的发展中，形成分散在全国城乡中的个体贫困。所以我认为，在2020年之后我国在消除贫困方面，面临的重大任务，将主要是解决分散在全国城乡中的人民群众主要因上述两种原因而造成的非区域性个体贫困。要完成这一任务，编制新的国民经济和社会发展规划和相应的立法规划，仍然是重要的两种方式，即要以全国性整体规划来解决非区域性个体贫困。但是，需要在编制这两种规划方面进行一定程度上的调整和重点倾斜。也就是说，在原来的区域性整体贫困地区，编制立法规划和进行立法，应当以逐步缩小贫富差距为目标之一，不断地向完善社会保障体系倾斜；即使在自然资源和生态保护的规划中，也应当更注重考虑如何消除相对贫困的问题。

笔者作为法学和立法学的研究者，更关注的是如何继续将前述我国扶贫攻坚的管理体制，切实地纳入科学立法、严格执法、公正司法、全民守法的法治轨道。

---

〔1〕 参见网址：http://news.xinhuanet.com/fortune/2015-12/15/c_1117470517.htm，最后访问日期：2018年8月13日。

立法论证制度*

江国华　易清清**

摘要：立法论证是在从法案到法这一立法过程中，通过定性或定量分析，对立法规范的合法性、合理性、必要性、有效性等进行充分论证，以供立法机关决定是否立项、审议、表决通过的一项立法工作制度。我国在立法论证的制度建设和实务工作开展中都取得了一定成果，但仍有极大的完善空间。规范模式上，需突破现有的碎片化状态，转向统一的中央立法与有特色的地方立法相结合的方式；主体设置上，应从单一转向实施主体、监督主体与参与主体三位共建模式；论证标准及指标上，可凝练出核心论证标准和细化的论证指标，以提高立法论证的可操作性；论证程序上，当因各立法阶段的不同，有所侧重；论证结果及其应用上，要逐步建立结果应用反馈机制，以保障立法论证提高立法质量这一价值的实现。

关键词：立法论证；规范模式；论证主体；论证标准和指标；论证程序

引　言

因应国家治理的现实需求，立法论证作为保障和提高立法质量的重要工具，理应得到重视。

立法论证覆盖立项、起草、审议等重要立法过程，我国在法治建设的进程中，很早就认识到了立法论证的重要性。2008 年有人大代表介绍了香港立

---

* 本文系教育部哲学社会科学研究重大课题攻关项目“法律制度实施效果评估体系研究”（批准号：16JZD011）阶段性成果。

** 江国华：国家 2011 计划司法文明协同创新中心首席科学家，武汉大学法学院教授、博士生导师，研究方向为宪法学与行政法学；易清清：武汉大学法学院硕士研究生，研究方向为宪法学与行政法学。

法论证经验，建议法案在出台前进行可行性等论证，[1]2009年四川省在制定《四川省雷电灾害防御管理规定》时进行了专门立法论证，并出具了长达10页的成本效益分析报告。2010年全国人大法制委组织欧盟立法项目考察团对国外规制影响评估制度进行了考察，国务院2011年发布的《中国特色社会主义法律体系》白皮书中也指出要建立健全立法前论证机制。[2]2015年新修改的《中华人民共和国立法法》（以下简称《立法法》）强调了立法前论证工作的开展，国务院2015年颁布的《法治政府建设实施纲要（2015~2020）》则明确了要通过立法前评估健全立法项目论证制度。《全国人大常委会2018年立法工作计划》也做出了健全立法论证机制的制度安排。

尽管我国存在制度与实践层面的立法论证，但对立法论证的理论研究总体比较缺乏。且通过对相关立法论证规范和实务的分析可以发现，我国立法论证制度仍存在缺少统一的立法论证工作规定、论证主体设置单一、缺乏核心的论证标准和细化的论证指标、论证程序规定不明、论证结果应用流于形式等问题。基于此，以提高立法质量为出发点，结合我国立法工作实际，本文建议未来可采用统一的中央立法论证指导与有特色的地方立法工作规定相结合的规范模式，在完善论证监督和参与主体设置的同时，统一核心论证标准和细化论证指标体系，明确各论证阶段的程序规定，逐步建立论证结果应用反馈机制，从而完善我国的立法论证制度。

一、立法论证的基本意涵

立法论证作为立法活动中不可或缺的重要环节，已在西方漫长的法治进程中实践较久，并得到了相应的制度保证。国外法律论证（Legal Argumentation）理论研究，也发生了由传统的司法论证到立法论证的转向。但就我国而言，尽管我国已存在制度和实践层面上的立法论证，但由于相关理论研究总体比较缺乏，导致了立法论证概念不一、各种概念名词混用的乱象。

---

〔1〕 罗范椒芬建议，每一部法律在向省、市、县征求意见的时候，是否也可以要求各级政府评估法律草案在当地实施的可行性、实施的能力和实施的规划。参见：新京报："代表建议人大立法先评估 法律起草应避免利益部门牵头"，载 http://news.xinhuanet.com/politics/2008-12/24/content_10550385.html，最后访问日期：2018年5月6日。

〔2〕 原文："建立健全立法前论证和立法后评估机制，不断提高立法的科学性、合理性，进一步增强法律法规的可操作性。"

（一）立法论证的概念

国外的立法论证，主要面向如何证成拟将产生效力的立法规范的正当性和合理性。在论证过程中，立法规范是解决一定社会问题、调整一定社会关系或者达到一定立法目的的合理的工具或者手段。立法论证通过衡量评价立法目的和手段，从而证成立法的正当性和合理性。与之相关的立法论证理论研究，主要涉及立法论证的标准和要求、立法论证与民主正当性关系、影响论证质量的因素等方面。[1]

我国理论界对立法论证这一术语的概念界定主要可以分为广义和狭义两种：一是认为立法论证是指一定的主体对立法运行中出现的有关问题提供论述与证明，从而为立法机关的立法提供参考与决策的依据。包括在立法之前对立法的必要性和可行性提供立法论证的价值论述与证明，在立法过程中对立法出现的内容与形式方面的问题提供论述与证明，以及在立法完成后对立法的实际可操作性以及立法的质量评价提供论述与证明。[2]二是基于狭义的立法即法律的制定，指出立法论证是在制定法律的过程中，立法者旨在说服别人接受自己围绕立法议案所提出的主张而作的一种说理活动（与之相应的是立法论辩制度）。[3]

我国立法实务中对立法论证的概念界定主要以2013年《广东省人民代表大会常务委员会立法论证工作规定》为代表，在多地有关立法的条例和工作规定中都有相似条款载明，认为“立法论证，是指按照规定的程序，邀请专家、学者、实务工作者和人大代表，对立法中涉及的重大问题、专业性问题进行论述并证明的活动”，并根据不同立法阶段，将立法论证分为立项论证、起草论证和审议论证。[4]不难看出，广义的立法论证探讨范围太过宽泛，不利于立法论证的制度化、精细化建设和完善，狭义的立法论证又将处于关键环节的立法准备阶段排除在外，不利于从源头把控立法质量。实务中对立法

---

〔1〕 参见王锋：“由司法论证转向立法论证——中西比较视域下对我国立法论证的思考”，载《烟台大学学报（哲学社会科学版）》2015年第6期。

〔2〕 参见汪全胜：“立法论证探讨”，载《政治与法律》2001年第3期。

〔3〕 参见李晓辉：“立法论证：走向民主立法的新阶段”，载《学习与探索》2010年第3期。

〔4〕 参见《广东省人民代表大会常务委员会立法论证工作规定》第2条第1款“本规定所称立法论证，是指按照规定的程序，邀请专家、学者、实务工作者和人大代表，对立法中涉及的重大问题、专业性问题进行论述并证明的活动”，第3条“根据立法活动的阶段性特点，立法论证可以分为立项论证、起草论证和审议论证”。在2013年广东省出台此规定后，多个省市进行效仿。

论证的阶段节点划分虽较为合理，但其出于节约立法成本的考量将论证对象限定为涉及重大、专业问题的法案，限缩了立法论证的应用范围，从长远来看亦不利于立法质量的普遍化提高。因此，本文以提高和保障立法质量为出发点，结合立法工作的具体流程，考虑到我国立法一旦进入审议程序，未获通过的数量极少的立法现状，结合国外立法论证理论和实践现状，以实务中对立法论证的界定为基础，前移立法质量关口，将立法论证界定为在法案表决前的立项、起草和审议即从法案到法这一立法过程中，就法该不该立、何时立以及如何立等问题，通过定性和定量分析就其合法性、合理性、必要性、有效性等进行充分论证，以供立法机关参考决定是否将相应立法规范列入年度立法计划项目、列入审议议程、表决通过。

（二）立法论证与相关概念辨析

在我国立法工作从“速度型”向“质量型”的转型过程中，与提高立法质量相伴而生了诸多立法专业术语如立法评估、立法后评估、立法前评估、表决前评估、成本效益分析、立法论证会等概念，且多出现概念混用状况，呈现出非常不规范的状态。其中较为明显的便是将立法论证与立法项目论证、立法论证会等同。[1]

其一，立法论证与立法前评估、表决前评估。姜明安指出立法前评估的实质就是一种立法论证。[2]立法论证作为一种论述与证明，起到的是为立法提供参考和决策的依据的作用，立法论证有着确保立法具备一定条件、促进立法进程和保障法律实施的重要功能。[3]如果细看我国有关立法前评估的规范性文件和评估实践，可以发现一个有趣的现象，即在有关立法的规范性文件中，都是将立法前评估作为立法项目论证的一部分，决定是否将某一立法方案纳入立法规划，最为典型的是国务院2015年颁布的《法治政府建设实施纲要（2015~2020）》要通过立法前评估健全立法项目论证制度。但在对具

〔1〕 参见相关新闻报道，如马北北：“北京：要立法先要通过立法论证”，载《中青在线》2017年1月18日，http://news.cyol.com/content/2017-01/18/content_15340214.htm，将立法论证与立法项目论证混同；浙江省人民政府发布的新闻“温州市召开立法专家论证会”，将立法论证会的召开，等同于立法论证，http://www.zjfzb.gov.cn/n133/n193/n196/c131668/content.html，最后访问日期：2018年5月5日。

〔2〕 参见姜明安：“改进和完善立法体制《立法法》呈现七大亮点”，载《行政管理改革》2015年第4期。

〔3〕 参见史银升、赵会生：“立法论证刍议”，载《人大建设》2002年第1期。

体法规的立法前评估操作中通常采取的是对已经列入年度立法计划后起草的草案进行立法前评估[1]，这也从侧面说明我国的立法工作规范呈现出概念术语繁多、缺少统一工作程序规范的现实问题。表决前评估[2]是指在法律草案表决前进行的评估，其处于法案出台的最后一个环节，所在的立法阶段更具封闭性。立法论证所涉的立法阶段涵盖了立法前评估和表决前评估的阶段，且其涵盖的法案对象比另二者都广，从这一角度而言，立法前评估和表决前评估是立法论证的子概念。

其二，立法论证与立法项目论证、立法论证会、成本效益分析。由于立法实践中对科学立法、民主立法的理解主要停留在征求专家和群众意见上，实务中的立法论证常表现为立法论证会、听证会等形式，其中以立法项目论证最受重视，并在各地立法实践中得到推行。立法论证包括立项、起草和审议论证，立法项目论证是其重要组成部分，也是立法论证实务经验较为丰富的子项目。立法论证会是目前我国立法论证制度在实务中的具体表现方式，是立法论证活动的载体，也是论证获取论证信息的重要途径和方法。成本效益分析作为一种分析方法，广泛见于立法的论证和评估中，立法成本和效益是论证立法是否具备有效性的重要指标。三者概念虽有所交叉，但其实界限较为清晰，立法实务工作中可能基于政策宣传或其他考量，在进行立法工作的媒体宣传时，侧重于立法论证的不同面向，会导致其概念在形式上或使用上的混用。

---

〔1〕 如2011年青岛对《青岛市建筑废弃物资源化综合利用管理条例（草案）》和《青岛市实施〈中华人民共和国标准化法〉（草案）》的前评估；宁波市委和法制办对列入市政府2016年规章立法计划的《宁波市人民政府2016年规章立法计划》《宁波市先进制造业促进办法》牵头开展论证和调研。

〔2〕 全国人大以及广东、江苏等曾于2013年较为密集地开展了表决前评估工作，参见：https://www.baidu.com/s?wd=%E8%A1%A8%E5%86%B3%E5%89%8D%E8%AF%84%E4%BC%B0&rsv_spt=1&rsv_iqid=0xd35f0f600000b642&issp=1&f=8&rsv_bp=0&rsv_idx=2&ie=utf-8&tn=baiduhome_pg&rsv_enter=1&rsv_sug3=8&rsv_sug1=4&rsv_sug7=100&rsv_sug2=0&inputT=7572&rsv_sug4=7572，最后访问日期：2018年10月5日。

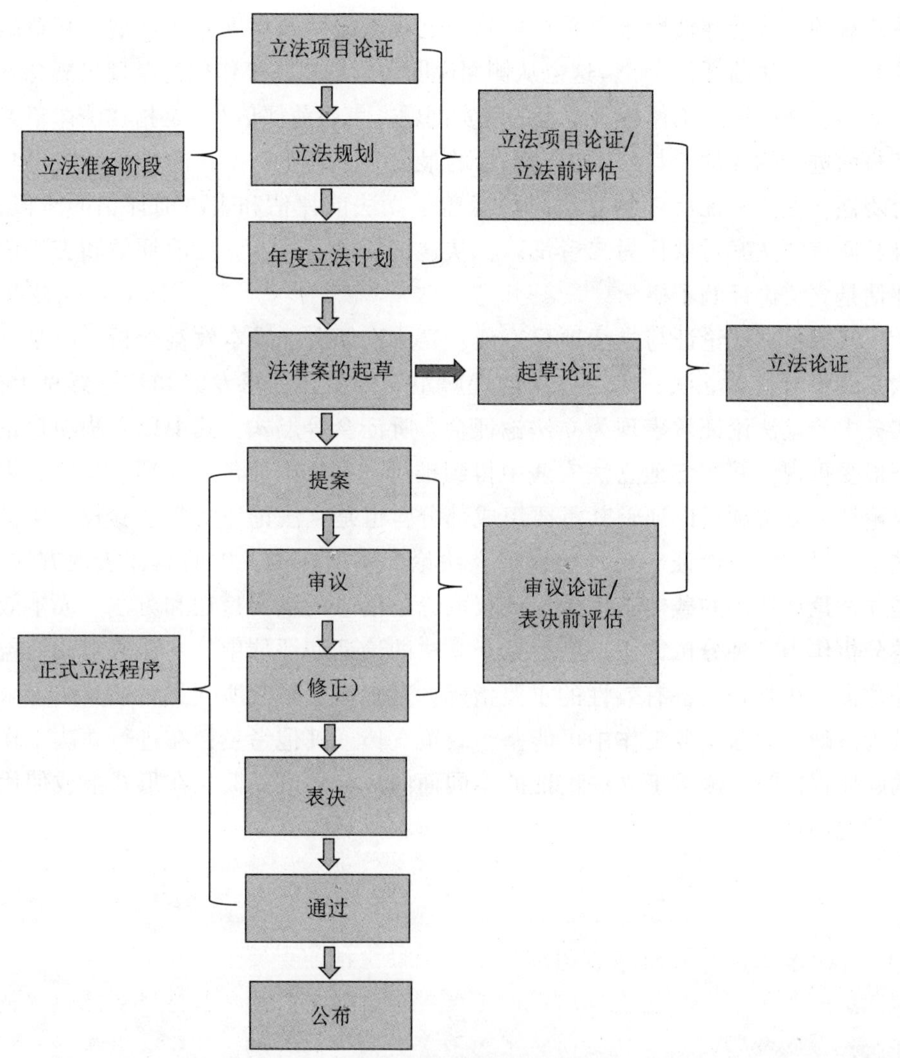

图1　立法论证与相关概念辨析〔1〕

二、立法论证的逻辑起点与价值预设

我国国家治理阶段已由形式法治迈向实质法治，这一转型对我国的法治

〔1〕 参见池海平、巢容华：《立法学研究》，武汉出版社 2003 年版，第 286～394 页；曹海晶：《中外立法制度比较》，商务印书馆 2004 年版，第 241～266 页。

建设特别是立法工作提出了更高的质量要求。立法论证因其提高和保障立法质量的重要特性，因实现科学立法、民主立法的现实需要，以其独特的减少立法试错成本、提高法律运行效率、防止立法腐败等制度价值，逐渐走入立法理论与实务工作者的视野。

（一）立法论证的逻辑起点

我国“无法可依”的局面随着改革开放以来立法工作的加速推进得到了根本性改变，“有法可依”不再是衡量国家法治建设的主要标准。2011 年，中国特色社会主义法律体系宣告形成，标志着我国立法工作从重数量和体系建设到重质量和实施建设的立法需求转变。[1]《中共中央关于全面推进依法治国若干重大问题的决定》中载明，“法律是治国之重器，良法是善治之前提。建设中国特色社会主义法治体系，必须坚持立法先行，发挥立法的引领和推动作用，抓住提高立法质量这个关键”。习近平总书记在党的十九大报告中亦指出：“全面依法治国是国家治理的一场深刻革命，必须坚持厉行法治，推进科学立法、严格执法、公正司法、全民守法。”这一系列思路和观点，因应我国从形式法治迈向实质法治的国家治理现实需要，对立法工作提出了更高的质量要求。

就我国现行法律体系而言，立法质量不高并非个案，而是一种较为普遍的现象。[2]立法质量问题的产生，在很大程度上与立法程序密不可分。立法程序与立法质量之间是一种过程与结果的辩证关系，立法程序直接影响立法结果的优劣。[3]从这一视角出发审视我国立法质量问题，不难发现立法准备阶段论证工作的不完善，是影响我国立法质量提升的重要原因。其主要表现为：一方面，由于忽视立法调查和立法项目论证的重要性，对立法需求和发展趋势判断失误、对立法技术把控不严、缺乏对立法的必要性和可能带来的影响衡量等问题，导致众多耗费了大量人力物力财力的法案在正式提交、审议和表决的过程中被搁置或否决，造成立法方案的“胎死腹中”而浪费立法

---

〔1〕 参见俞荣根：“地方立法前质量评价指标体系研究”，载《法治研究》2013 年第 5 期。

〔2〕 有学者对其进行了专门研究论述，指出我国立法存在法律体系不完备、立法空白仍存，立法可操作性弱、立法过时，法规规章异常发达、立法层次低，法律规制过于宽松、惩戒力不足，法律、法规、规章以及地方立法间重复建设现象普遍等较为突出的质量问题。参见郑功成：“全面提升立法质量是依法治国的根本途径”，载《国家行政学院学报》2015 年第 1 期。

〔3〕 参见黄文艺：“论立法质量——关于提高我国立法质量的思考”，载《河南省政法管理干部学院学报》2002 年第 3 期。

资源；[1]另一方面，在立法实践中，立法审议阶段更侧重于对草案的形式审议，立法项目一经确定后，只要起草工作能够顺利完成，草案在不经过大的实质性修改变动的情形下，整体获得通过也不成难题，起草阶段的工作则悄然在立法过程中起到实质性的作用。而一旦未经充分论证的法律法规得以通过实施，又可能产生高昂的经济、社会、环境成本和难以解决的问题。

立法程序的不完善直接影响立法质量，而立法的过程本身是一个反复论证的过程，法律的正当性实质上依赖于立法论证，[2]立法质量与支撑其的论证存在法律的正当性存在着极强的正相关性。其中，立法论证的缺失和不完善，法案未经充分论证评估就草草出台，是立法质量迟迟得不到有效提升的根本原因。[3]冯玉军教授在对中国法律规范体系与相关立法活动进行宏观的立法效果评价后认为，我国立法机制的完善应以建立立法项目征集和论证机制为首要环节，健全科学合理的法案起草工作机制，建立立法提请审议前的内容评估和立法实施效果的后评估机制。[4]其虽未明确指出应当建立健全立法论证制度，但其基本理念与立法论证不谋而合，这也从另一侧面反映出我国立法论证理论研究的价值所在。

故而，因应依法治国基本方略和国家治理新阶段对提高立法质量的新需求，完善立法程序成为我国现阶段提高立法质量的重中之重，其中，立法论证制度的完善，是现行立法形势下提高和保障立法质量的重要突破口。

（二）立法论证的价值预设

将立法质量控制关口前移，结合定性和定量方法对立法进行形式和实质论证，可以在立法准备阶段就有效地将不合理、不科学、可能造成法律冲突的法规排除在外，促进立法技术和质量的提高。[5]具体而言，立法论证除促进立法科学化、民主化的主价值外，通过论证也可以尽可能预防风险以减少

---

〔1〕参见李向东：“行政立法前评估制度初探——从新交通法规‘闯黄灯’条款谈起”，载《中国行政管理》2013年第3期。

〔2〕A Danial Oliver-Lalana, “Towards a Theory of Legislative Argument”, *Legisprudence*, Vol. 4, No. 1 (May 2010), pp. 3~4.

〔3〕参见姜明安：“改进和完善立法体制《立法法》呈现七大亮点”，载《行政管理改革》2015年第4期。

〔4〕参见冯玉军：“中国法律规范体系与立法效果评估”，载《中国社会科学》2017年第12期。

〔5〕参见王保民：“立法评估：一种提高立法质量的有效途径”，载《青岛行政学院学报》2007年第6期。

立法的试错成本，同时还能提前协调各方面的利益、减少法律实施的阻力以提高法律运行效率，另外，通过改善立法过程促进立法透明化，亦可以达到提高社会法律意识之效果。因此，立法论证制度的构建和完善具有非常重要的意义与价值。

其一，在定量与定性相结合的分析中，促进立法决策科学化。科学立法要求证明立法决策的正当化，何者为正当决策，衡量和评价的标准又是什么？这一要求在国外的体现是通过评估立法规范的影响（Legislation Assessment），进行成本效益分析，作为衡量其立法决策优劣的标准，即通过预先明确可能的成本和收益，在成本远小于收益或收益尽可能最大化的情况下，才能证明立法决策是科学和正当的，是必要和可行的。[1]立法论证通过对不同立法方案（如不进行立法规制、修改旧法等）的论证，为决策者提供参考和依据，优化立法秩序和顺序，从而更高效合理地配置资源，遏制不良和过度立法，防止资源浪费，节省立法成本。

其二，在论证的动态过程中，实现立法民主化。一般而言，民主是指少数服从多数。民主立法亦有两个维度，一是民主立法的广度，二是民主立法的深度。民主立法的广度通过社会公众参与立法的普遍性来体现，深度则体现为社会公众参与立法的充分程度。立法论证通过立法调查和调研等方式充分收集和分析立法信息，增进立法机关对立法需求和立法所要解决的问题的理解，在扩大民众参与面的同时，可以通过相应的论证反馈，建立起公众与立法结果间的深度互动机制，从而实现立法内容的民主。

其三，通过风险预测和影响论证，减少试错成本。立法论证通过对经济、社会和环境可能产生影响的分析，预测立法可能带来的不确定性和风险，给立法、执法和守法主体一个较为稳定的预期，从而保障经济、社会和环境的可持续发展。前文已经指出，一旦有问题的立法决策作出，将会产生不可逆的损失和一系列棘手的问题，而立法论证是减少立法试错成本的良药。如2016年实施的《机动车驾驶证申领和使用规定》的禁止闯黄灯条款，引起轩然大波就是缺少立法论证的典例。

其四，协调各方利益关系，提高法律运行效率。立法论证在收集信息和反映立法问题的过程中，一是需要向与该法案有联系的部门征求意见，做到

---

〔1〕 参见汪全胜："立法成本效益评估制度的适用范围考察"，载《法学论坛》2016年第1期。

立法协调，并整合各部门间利益；二是会征求利益相关主体的意见，从利益相关者角度分析和衡量法律立法的可行性，可能带来的影响和后果；三是向社会公开征求意见，协调各方利益。由此可见，通过对立法论证制度的程序设计，可以将立法涉及的利益主体联系在一起，通过利益的博弈来达成一致，从而协调各方目标和利益，减少法律运行阻力，从而提高法律运行效率。基于这个意义，立法论证可以说是统筹不同利益的协调工具。并且，立法论证还通过对立法的有效性分析，预测法律的可行性，将高成本难以执行的立法扼杀在摇篮之中，并尽早寻求其它解决方案。如 2010 年《广州市控制吸烟条例》(以下简称《条例》) 发布后，广州市职能部门共检查各类公共场所 12 万余场次，发出整改通知书 4000 多份，但最终仅对 1 名个人和 5 家企业实施处罚，累积罚款 26 550 元。执法的缺位是一方面，亦有公众反映将控烟的劝导责任交由酒店餐厅来承担很不现实也不符合市场规律。[1] 如果《条例》在设计时对相关条款进行了较为全面的论证，则可能可以避免这种守法、执法成本过高的条款出现。

其五，改善立法制定过程，提高社会法律意识，防止立法腐败。虽然立法论证并不直接针对正式立法程序问题，但它弥补了传统立法程序中重形式而轻实质利益整合的漏洞，这极大改善了法律的制定过程和质量，促进立法程序的健康可持续发展。强调社会公众参与是立法论证的一大特色，参与其中的除相关专家或科研机构外，很大一部分是作为利益相关人的普通大众，公民作为相关利益主体的发言权会受到制度保障。原商务部条约法律司巡视员郭京毅在任职期间出台和修订的系列规范性文件，[2] 在关键性条款上采用模糊用语，滥用法律解释权为自己留下权力寻租空间。这便是立法主体法治意识不强，没有进行立法论证，未充分咨询利害关系人的典例。公众的参与无疑提高了立法过程的透明度，也必然会促进社会公众对相关立法内容的理解和掌握，强化公民的法律意识，为依法治国奠定一定的社会思想基础，符合我国法治建设发展潮流。

---

〔1〕 参见林小昭："广州控烟难题"，载《第一财经日报》2012 年 1 月 11 日。

〔2〕 主要是《关于外国投资者并购境内企业的规定》《关于外商投资的公司审批登记管理法律适用若干问题的执行意见》等。

三、立法论证的规范渊源与构成要素

我国立法制度建设在从过去的“有法可依”到“科学立法”这一进程中，取得了引人注目的成果。在提高立法质量的实践探索中，立法论证的制度建设也逐渐反映在不同位阶的立法规范之中，其以“谁来论证”“论证什么”“如何论证”为逻辑连接的制度要素，在理论上也更为明晰。

（一）立法论证的规范渊源

我国立法论证实践由来已久，尽管相关的制度建设尚不成熟，但亦取得了相应的进展。特别是2015年新修改颁布的《立法法》在立法层面上提出了审议前评估的原则性标准，[1]随后出台的有关立法的法规、规章及地方立法都在实质上将立法论证制度纳入成文规范内。当然，在此之前，广东省在2013年就单独对立法论证进行了条例规范，并以其取得的良好效果，吸引了其它地方开展了立法论证的制度建设。其中较新和有代表性的规定可总结如下表[2]：

表1　我国中央层面有关立法论证的代表性规定

规范性文件	论证主体	论证阶段和对象	论证标准、指标及方法	论证结果及其应用	强制要求程度
2015年《立法法》	常务委员会工作机构	拟立法项目	及时性、针对性和系统性	决定是否编入立法规划和立法计划	应当
	常务委员会工作机构	拟提请常务委员会会议审议通过的法律案	（1）可行性；（2）法律出台时机；（3）法律实施的社会效果；（4）可能出现的问题。	在审议结果报告中予以说明	可以

〔1〕《立法法》第39条原文：“拟提请常务委员会会议审议通过的法律案，在法律委员会提出审议结果报告前，常务委员会工作机构可以对法律草案中主要制度规范的可行性、法律出台时机、法律实施的社会效果和可能出现的问题等进行评估。”

〔2〕如前文所述，由于我国立法时间对相关概念界定不明，经常混淆使用，难免会出现实质内容相同，但名称上不同的状态，因此本文从立法论证的实质内涵出发，将立法前的成本效益分析制度、完善后的立法项目论证制度和直接的前评估制度都总结在内。另外，相关规范性文件来源于北大法宝，但由于信息搜索可能存在遗漏，只能做到对最新规定进行梳理，难以做到对所有规定的穷尽分析。

续表

规范性文件	论证主体	论证阶段和对象	论证标准、指标及方法	论证结果及其应用	强制要求程度
	有关专门委员会和常务委员会工作机构	列入议程的法律案有关问题专业性较强	召开论证会	论证情况向常务委员会报告	应当
	国务院有关部门或者国务院法制机构	起草的重要的行政法规	召开论证会	草案及其说明	应当
2017年《行政法规制定程序条例》	报请立项部门	拟立法项目	(1)立法项目所要解决的主要问题;(2)依据的党的方针政策和决策部署;(3)拟确立的主要制度。	无	应当
	国务院法制机构	立法建议项目	(1)贯彻落实党的路线方针政策和决策部署,适应改革、发展、稳定的需要;(2)改革实践经验基本成熟;(3)在职权范围内;(4)有立法必要。	立项申请书	应当
	起草部门	重大利益调整事项	论证咨询	无	应当
	国务院法制机构	涉及重大利益调整的送审稿	论证咨询	无	应当
2017年《规章制定程序条例》	报请立项部门	立法建议项目	(1)制定规章的必要性;(2)所要解决的主要问题;(3)拟确立的主要制度。	说明	应当
	法制机构	立法建议项目	无	拟定立法工作计划	应当
	起草部门	草案	(1)制定必要性;(2)主要措施;(3)有关意见及协调处理情况。	起草说明	应当

续表

规范性文件	论证主体	论证阶段和对象	论证标准、指标及方法	论证结果及其应用	强制要求程度
	法制机构	涉及重大利益调整的送审稿	采取座谈会、论证会、听证会、委托研究等多种形式进行论证咨询。	无	应当
2017年全国人大《关于立法中涉及的重大利益调整论证咨询的工作规范》	起草部门或法制工作委员会	起草中的法律草案或列入议程的法律草案	采取论证会、听证会、委托研究、咨询等形式，一般对主要制度规范的（1）可行性；（2）法律出台时机；（3）法律实施的社会效果；（4）可能出现的问题等进行评估；（5）风险评估。	立法论证咨询报告	应当

表2　我国地方层面有关立法论证的代表性规定

规范性文件	论证主体	论证阶段和对象	论证标准、指标及方法	论证结果及其应用	强制要求程度
2018年《齐齐哈尔市人民代表大会及其常务委员会立法条例》	建议项目提出主体	立法建议项目	（1）立法必要性；（2）可行性；（3）立法依据；（4）制度创新；（5）需要解决的主要问题。	立项论证报告	应当
	常务委员会法制工作机构	立法建议项目	调研、评估、论证	决定是否列入立法规划和年度立法计划草案	应当
	人大专门委员会、常务委员会工作机构	立法建议项目	参与调查研究和论证工作	决定是否提案	应当
	专门委员会	拟提请审议通过的法律案	（1）立法的必要性；（2）主要内容是否科学合理；（3）重大问题的解决措施是否合法可行。	决定列入常务委员会会议议程	应当

续表

规范性文件	论证主体	论证阶段和对象	论证标准、指标及方法	论证结果及其应用	强制要求程度
	法制委员会或者有关专门委员会	列入议程的法规案	采取召开座谈会、论证会、听证会等形式，听取有关部门、专家和利害关系人的意见。(可以引入第三方评估)	决定是否通过	应当
2017年《山东省地方立法条例》	省人民代表大会常务委员会	无	及时性、针对性和系统性	决定是否编入立法规划和立法计划	应当
	法制委员会、有关的专门委员会和常务委员会工作机构	列入议程的法案	可以采取座谈会、论证会、听证会等多种形式听取意见。专业性较强，需要进行可行性评价的，应当召开论证会，听取有关专家、部门和省人民代表大会代表等方面的意见。	论证情况应当向常务委员会报告	应当
	常务委员会工作机构	拟提请审议通过的草案	主要制度规范的（1）可行性；（2）出台时机；（3）实施的社会效果；（4）可能出现的问题。	在审议结果报告中予以说明	可以
2017年《重庆市地方立法条例》	市人大常委会法制工作机构	立法建议项目	对各方面提出的立法意见和建议进行综合协调、研究论证	提出立法规划和年度立法计划的草案稿	应当
	起草单位（邀请人大机构提前参与）	法律草案	对主要问题进行论证，法规草案应当符合立法技术规范。	无	应当
	提案机关	法律草案	制定或者修改法规的（1）必要性；（2）可行性；（3）立法依据；（4）主要内容；（5）起草过程中对重大分歧意见的协调处理情况。	提案说明	应当
	市人大专门委员会、市人大常委会工作机构	拟提请通过的法案	主要制度规范的（1）可行性；（2）出台时机；（3）实施的社会效果；（4）可能出现的问题。	在审议结果报告中予以说明	应当

续表

规范性文件	论证主体	论证阶段和对象	论证标准、指标及方法	论证结果及其应用	强制要求程度
2016 年《江西省立法条例》	提出机构	立法规划和立法计划	立法依据，立法的必要性、可行性，法规拟规范的主要内容	立法建议说明	应当
	起草机构	提请审议前	阐明立法的必要性、可行性和主要内容以及起草过程中对重大分歧意见协调处理等方面的情况	起草说明	应当
2014 年《福建省人民政府法规草案和政府规章制定程序规定》	立项申请部门	立法建议项目	(1) 立法的必要性、可行性、协调性、可操作性以及出台的时机；(2) 立法拟确定的主要制度、规则、操作性措施和要解决的主要问题；(3) 法规、政府规章实施后预期成本效益情况和社会效果，对经济、社会和环境可能产生的影响；(4) 其他。	立法项目申报书	应当
	起草单位	涉及重大问题或者专业技术问题	召开论证会，听取有关方面的专家或者专业技术人员的意见	起草说明	应当
	省人民政府法制办公室	送审稿	进行形式审查和实质审查〔1〕	无	

〔1〕 实质审查的主要内容是：

（一）是否符合宪法、法律、法规的相关规定；

（二）是否符合本省改革、发展和稳定的实际需要；

（三）立法的必要性是否充分，拟采取的主要措施和拟确定的主要制度是否具有可行性和可操作性；

（四）是否与本省现行的法规和政府规章相衔接；

（五）是否全面征求意见，并对分歧较大的意见协调一致，对协调达不成一致的应当附有列明各方理据和无法协调一致的理由的说明；

（六）是否符合立法技术规范要求；

（七）需要审查的其他内容。

表 3　有关立法论证的直接规定

<table>
<tr><th>规范性文件</th><th>论证主体</th><th>论证阶段和对象</th><th>论证标准、指标及方法</th><th>论证结果及其应用</th><th>强制要求程度</th></tr>
<tr><td rowspan="4">2013 年《广东省人民代表大会常务委员会立法论证工作规定》</td><td>起草部门或者省人民政府法制办公室（起草论证）</td><td>需要进行立项论证的</td><td>（1）立法的必要性、可行性、合法性；（2）法规草稿文本或者法规拟规定的主要内容；（3）涉及的相关法律、法规和规章的情况；（4）法规实施对经济社会可能产生的影响评估；（5）其他需要说明的内容。〔1〕</td><td>立项建议说明</td><td>应当</td></tr>
<tr><td rowspan="2">有关专门委员会、工作委员会（审议论证）</td><td>未经听证特定立法事项草案〔2〕</td><td rowspan="2">无</td><td rowspan="2">论证报告</td><td>应当</td></tr>
<tr><td>其他草案〔3〕</td><td>可以</td></tr>
<tr><td>有关专门委员会、工作委员会（审议论证）</td><td>拟提请审议的法案</td><td>（1）必要性；（2）可行性；（3）合法性；（4）存在的主要问题。</td><td>无</td><td>可以</td></tr>
</table>

〔1〕《广东省人民代表大会常务委员会立法论证工作规定》还对具体指标进行了细化，其第 21 条规定："立项论证时，应当围绕以下内容对建议项目进行充分论证：（一）为解决实际问题制定地方性法规的必要性；（二）拟设定的主要制度、措施的科学性和可行性；（三）拟设定的管理主体的职权职责以及公民、法人和其他组织的权利、义务的合法性和可行性；（四）拟设定的行政许可、行政收费、行政强制、行政征收、行政处罚等重要制度的合法性和可行性；（五）调整范围、主要内容是否符合地方立法权限；（六）其他需要论证的内容。"

〔2〕《广东省人民代表大会常务委员会立法论证工作规定》第 23 条："省人大有关专门委员会、省人大常委会有关工作委员会起草地方性法规时，有下列情形之一，未通过听证会等其他方式公开听取意见的，应当组织起草论证：（一）设定行政许可的；（二）设定行政收费的；（三）设定行政强制的；（四）其他涉及社会公众切身利益的。"

〔3〕《广东省人民代表大会常务委员会立法论证工作规定》第 24 条："省人大有关专门委员会、省人大常委会有关工作委员会起草地方性法规时，有下列情形之一的，可以组织起草论证：（一）涉及本省经济社会发展重大问题，需要进行论证的；（二）涉及新情况、新问题，需要对未来发展趋势作科学论证的；（三）涉及技术问题、专业问题，需要为解决这些问题提供科学依据和最佳方案的；（四）其他复杂、牵涉面广的问题。"

续表

规范性文件	论证主体	论证阶段和对象	论证标准、指标及方法	论证结果及其应用	强制要求程度
2015年《常德市人大常委会立法论证工作制度》	主任会议决定进行立项论证，法工委具体组织实施（立项论证）	列入立法规划或计划前有立法权限、必要性、可行性争议	无	无	无
	人大有关专门委员会、工作委员会（起草论证）	起草阶段涉及技术问题、专业问题	无	无	应当
	人大有关专门委员会、工作委员会（审议论证）	列入议程的应当进行起草论证而没有论证的	无	无	应当

（二）立法论证的构成要素

对立法论证的制度要素进行细化和提炼，是研究这一制度的基础。本文参考国内外立法论证的实践，从其工作流程着手，以“谁来论证”、“论证什么”和“如何论证”为逻辑出发点，将其制度要素分解为论证主体、论证标准、论证指标和方法、论证程序、论证结果及其应用。

其一，“谁来论证”——论证主体。论证主体又分为论证的实施主体、参与主体和监督主体。实施主体承担着统筹立法论证全程工作的重要任务。参与主体与立法咨询、立法公开、立法协调制度的建设密切相关，其具象为与立法规范利益相关的主体、专家及其它社会公众。监督主体是为保障立法论证的启动、实施和结果应用而设，其理论上可包括论证实施主体的内部监督、立法不同阶段的机构间监督以及必要的外部监督。论证主体间主要存在以下两种法律关系：一是论证实施主体和论证监督主体之间的内部组织和运作关系；二是论证实施主体和参与主体在论证过程中形成的外部互动关系，以及论证实施主体与论证监督主体之间的外部监督关系。在论证主体的相互作用之下，论证工作才能顺利启动、展开和推进。论证主体的模式选择和权力配置中很大程度上决定了论证的实际效果，因而论证主体的构建的是立法论证制度中的关键问题。

其二，“论证什么”——论证标准。所谓论证标准，即是指在论证过程中用以衡量立法是否符合一定原则和要求的尺度。立法论证标准，内涵公众和立法者对立法规范的“应然”期待，是立法论证的核心内容。如前所述，立法论证是为论证立法规范的正当性，这一“正当性”又可以具象为二阶概念，即立法的有效性、合理性、合法性、成本小于收益等。立法论证标准，具有很强的正向价值导向性，是评价立法规范的抽象价值坐标。

其三，“如何论证”——论证指标及方法。论证指标的具体构建，是为论证标准这一价值预设而服务的。论证标准具有很强的价值导向，而其在具体论证过程中对论证对象衡量所用的一定概念和数值，即论证指标，则具有价值中立性，如成本、犯罪率等。论证方法是指论证实施主体依据论证指标收集相关数据和资料，对立法是否达到标准进行分析，从而得出结论的途径、工具、技术和方法。论证方法又包括获取论证所需信息的方法和论证分析方法，论证方法是直接为论证标准和指标服务的，对立法论证有着非常重要的工具性价值。

其四，“如何论证”——论证程序。立法论证作为立法程序的重要组成部分，关涉立法的正当性，其本身也应遵循一定的步骤、方式。论证程序是将各个静态的要素转化成动态论证过程的重要桥梁，有着确保论证活动有序开展和论证目标顺利达成的作用。由于立法论证跨越立项、起草、审议等不同的立法阶段，需因各不同立法阶段的特殊性，有所侧重地做相应的论证程序规范。各不同阶段论证程序的差异化规定，有利于通过立法论证保障立法质量的同时，不做论证的重复性工作，实现立法资源的高效化利用。

其五，论证结果及其运用。这是立法论证的最后一步，也是决定立法论证能否真正发挥其功能、实现其制度价值的关键所在。一般而言，论证结果主要以论证报告为载体呈现出来，内涵立法论证的核心实体内容，是对所要论证的立法规范的整体评价结果。而论证报告的运用主要需考虑的问题是，耗费大量立法资源所作的论证报告，能否对立法决策产生影响、产生何种程度的影响，是立法论证制度的“牙齿”所在。

四、立法论证的样本分析与实务评析

立法论证的价值体现，既在于相应制度建设，更在于立法论证实务的展开。囿于立法资料的非全部公开化，本文以可搜集到的立法论证实务样本为基础，对我国立法论证实务予以简要评析。

（一）立法论证的样本分析

与立法论证的规范渊源相呼应，我国中央和地方都开展了一定规模的立法论证实践。其中，较之地方立法论证实践而言，中央层面的立法论证实践开展与兴起较晚，且相应的论证标准、标准和方法较为单一。

1. 中央层面的前评估实践

就近期而言，2013 年是立法论证实践空前活跃的一年，中央层面的立法论证实践主要体现在人大常委会对相关法律草案的起草论证上。主要有全国人大常委会在 2013 年对《中华人民共和国旅游法（草案）》《中华人民共和国特种设备安全法（草案）》《中华人民共和国消费者权益保护法（草案）》《中华人民共和国商标法》修正案的起草论证，以及 2014 年对《中华人民共和国军事设施保护法修正案（草案）》《中华人民共和国安全生产法修正案（草案）》和 2015 年对《中华人民共和国航道法（草案）》的起草论证。近几年亦有相应的论证工作展开，但相应公开资料较少，难以对其进行具体分析。

而通过对这些草案的论证情况说明可以发现，这些草案的论证主体和内容大体相同，即都是全国人大常委会基于《立法法》规定的"可行性"、"出台时机"、"立法的可能影响"和"实施中可能出现的问题"等维度对相应立法规范进行分析论证。

2. 地方层面的前评估实践

自 2009 年四川省对《四川省雷电灾害防御管理规定》进行以成本效益分析为主要特色的立法论证后，逐渐有越来越多的省市选择通过立法论证提高立法质量。但通常是实验性地对具体立法规范对草案进行起草论证，短期内达到一定法治宣传效果，而没有通过出台相关规范性文件确立立法论证制度。广东省 2013 年率先出台《广东省人民代表大会常务委员会立法论证工作规定》前后，其省内开展了以立项论证为主的立法论证工作实践，其相应的论证主要是围绕其工作规定所确认的"立法的必要性、可行性、合法性""涉及的相关法律、法规和规章的情况""法规实施对经济社会可能产生的影响"等内容展开。

考虑到样本分析内容的多元化，但同时受相关立法资料公开所限，本文仅对其它省市可通过网络搜集到的一些立法论证开展情况及相关资料不完全汇总如下：

表4 立法论证实践举例

论证实践	论证权限主体	论证实施主体	论证标准及指标
2009年《四川省雷电灾害防御管理规定》	起草机关	法制办和气象局	(1) 立法成本；(2) 守法成本；(3) 执法成本。
2011年《青岛市建筑废弃物资源化综合利用管理条例（草案）》和《青岛市实施〈中华人民共和国标准化法〉（草案）》	起草机关	青岛理工大学、青岛社科院	(1) 立法成本、执法成本、守法成本；(2) 立法的经济效益；(3) 法规实施情况预测。
2012年《山东省专利保护条例（草案）》和《山东省辐射污染防治条例（草案）》	起草机关	山东社科院和山东大学	(1) 立法的条件和必要性；(2) 法规涉及的主要内容；(3) 立法技术；(4) 立法效益以及立法后的社会影响。
2013年《杭州市物业管理条例（草案）》	起草机关	从事法律行业的专家学者	(1) 草案的可行性、出台时机；(2) 实施效果及实施中可能出现的问题；(3) 分析法律实施的效益与成本。
2013年《江苏省爱国卫生条例（草案）》	起草机关	具有代表性的人员及专家学者	(1) 草案的立法基础、出台时机；(2) 具体规定的科学性和可操作性；(3) 重要制度实施的社会效果、法规实施中可能出现的问题。
2013年《广西壮族自治区实施〈中华人民共和国节约能源法〉办法（草案）》和《广西壮族自治区水能资源开发利用管理条例（草案）》	起草机关	具有代表性的人员及专家学者	(1) 草案主要制度；(2) 规定的可行性；(3) 审议出台和实施后可能出现的效果、产生的作用。

续表

论证实践	论证权限主体	论证实施主体	论证标准及指标
2013 年《甘肃省废旧农膜回收利用条例（草案）》	起草机关	甘肃省人大专门委员会及第三方评估主体	草案的实用性、专业性及影响力
2016 年《宁波市先进制造业促进办法》和《宁波市农村宅基地管理办法（修订）》	起草机关	浙江大学宁波理工学院	资料缺失

从我国立法论证的规范和制度实践现状可以看出，我国立法论证制度已经有了较为完备的制度基础，并且较为全面地进行了铺开，立法论证的各要素都进行了较好地完善落实。其主要特点有三：其一，在论证主体的选择上，体现出了以人大为主导的特色。多是由人大常委会的工作机构负责组织立法论证工作，强调人大对立法调研和论证的参与。其二，在论证对象的筛选和论证阶段的选择上，兼顾了不同立法阶段的特点，涵盖立法项目建议、草案起草、提案、审议等立法准备和表决前的各个立法阶段，程序上具备一定的连贯性。其三，逐渐注重对论证内容的具体化规定，探索多元化的论证方法，明确论证标准和尝试细化论证指标，指导性更加鲜明。

（二）立法论证的实务评析

虽然我国立法论证制度在论证阶段和论证对象的选择、论证程序和指标的细化、论证方法的多元探索方面取得了一定的效果，较好践行了科学立法、民主立法的要求。但从我国立法工作的现实困境中，仍然可以窥见我国的立法论证制度在制度设计上存在着一定的问题。

1. 缺少统一的立法论证工作规定

立法论证作为一项精细的立法技术，需要层次较高的规范指引。《立法法》虽然对立法论证进行了规定，但毕竟较为模糊。2013 年出台的《广东省人民代表大会常务委员会立法论证工作规定》引发了诸多省市竞相效仿，但其仅是有特色的地方立法，法律位阶制约了其影响和指导力，且规定本身并不乏可指摘之处。中央和地方权限之间的收放难以拿捏：一方面，中央层面的立法需要考虑全国整体情况，容易忽视立法的实施效果和对各方面的具体影响，在可操作性上表现无力，看似抓到了一般规律，但忽视了它的指导性。另一方面，由于地域变化的复杂性，地方也有自己的独特诉求，但在政府层面，由于税制和干部考核制的关系，地方利益和中央利益、不同层级之间的政府利益并不一致，地方在权衡利弊的过程中，难免有心无力，导致其立法行为脱离当地民众的实际利益。而统一立法论证指导的缺乏可能带来的问题主要集中在三个方面：

其一，论证形式主义。下位法简单抄袭上位法是我国的一大立法特色，作为提高立法质量的重要举措，立法论证首先要面对和解决的问题就是下位法针对性不强、重复立法的问题。这涉及地方对自身顽疾的治理，地方机关极易产生抵触心理，在没有相关较为统一的细则指示的情况下，很容易只是走过场地进行立法论证，导致立法论证并不能真正发挥其提高立法质量的作用。长此以往，形成立法论证无用、领导决策万能的尴尬局面，陷入制度建设的恶性循环。

其二，论证政绩主义。在依法治国的大背景和现行政绩评估体制下，有的地方机关进行有关立法论证的方式方法“创新”活动的初衷在于取得政绩，而非从根本上重视立法工作。当然，这需要一分为二来看待，这种政绩的追求是调动地方进行立法论证的重要举措，但不可否认的是，有的地方机关出于与其他单位或部门竞争的考量，为响应中央和上级的要求，提出与上位法或其他省市的法规十分相似甚至完全相同的规定，如深圳市2016年出台的《深圳市制定法规条例（修订版）》中的大部分内容，就与《立法法》规定完全相同，宿迁市2016年出台的《宿迁市人民代表大会常务委员会立法论证工作规定》几乎完全照抄《广东省人民代表大会常务委员会立法论证工作规定》，在浪费立法资源的同时，将规制规定复杂化，反而不利于立法论证实践的开展。

其三，论证片面化。虽然立法论证在规范上涵盖了立项、起草、审议等立法阶段，但从可搜集到的实践资料和相关实务政策宣传上来看，实务中更侧重于在立项和起草阶段的论证，审议论证并没有得到应有的重视。这固然与立法机关人力和时间资源有限，难以通过立法调研等形式进行立法论证有关，但如果放任其流于形式审议，仍然实现不了提高立法质量的初衷，也不利于发挥人大在立法中的主导作用。

2. 论证主体设置太过单一

我国有关论证主体的设置一贯秉承的是“谁立法，谁论证”的原则，论证权限主体一般都是立项申请机关、立法规划和立法计划的起草部门、法案起草部门、提请审议的单位、决定是否列入立法议程的立法机构。规定由这些机构进行论证的优势很明显：一是论证工作的开展更容易取得相关单位的配合和支持，能够及时了解立法的需求和实际情况；二是作为申请、起草和决定单位，对立法的相关问题更加了解和专业，且通常情况下掌握着立法的一手数据和资料；三是论证过程中发现问题后进行修正会更加便捷和高效；四是论证追责会更加明确。但将论证权限赋予这些部门机构自身，仍然有很大的隐患：一是客观性和公正性存疑，有学者将这种现象类比为相关部门“自己做自己的法官”，容易陷入论证形式主义，从而难以反映出立法可能会带来的真实的社会影响；二是立法论证涉及的面往往较广，需要有一定的法学、经济学、社会学、统计学等专业技术基础，而相关部门的工作人员往往缺乏这方面的培训和知识积累；〔1〕三是立法论证工作还需要不少时间和精力的投入，而在我国现行立法体制下，申请和起草部门一般是行政机关，其还需承担自身的业务工作，人力资源和时间资源都非常有限，难以保障立法论证的按时高效完成。但在利弊权衡下，由申请、起草和决定机构实施立法论证，是最合适的选择，世界各国的论证实践也已证明了这一点。

但我国立法论证实施主体的设置上仍然存在着其自由裁量权过大的问题，虽然规范上都要求其“应当”进行论证，但论证实施主体在采取何种步骤方法、形成什么样的论证报告上也有很大的监管漏洞，导致实践中多是通过举行论证会、听证会、座谈会这一单一形式进行论证，不利于立法论证真正作用的发挥。为规避这一漏洞，需要丰富立法论证主体的设置。且由于我国立法的民主化环境建设发展水平还没有达到一定水平、立法论证自身机制构建并不完善等原因，在监督和参与主体的权限设置和模式配套上，仍然有较大的进步空间。

我国在监督审查主体的设置上，主要是由立项审议、提案、决定是否列入议程的委员会进行审查，这些机构在审查的基础上，又有自身的论证要求，这是我国立法的正常程序。但并非没有弊端，此种监督设置缺陷有二：一是在大部分情况下，人大专门委员会、人大常委会工作机构就是相关法规的起

---

〔1〕 参见齐二石主编：《公共绩效管理与方法》，天津大学出版社 2007 年版，第 90 页。转引自汪全胜：“法律绩效评估的发生机制——以国家主导为视角”，载《法商研究》2008 年第 3 期。

草者，或者起草的指导者，自己监督自己，自己当自己的法官，客观性和公正性都难以保障；二是在多元监督发展趋势的大环境下，此种监督方式太过单一，独断易造成专权，有悖立法论证期待对立法机关进行系统化规制的初衷。

立法过程本身是一个多方主体进行博弈的过程，需要进行反复地利益衡量和沟通协商，让各方利益主体充分表达意见，从而增强立法的民主性、正当性，这是立法论证的应有之意。而落实公众参与无疑是落实民主立法的重要途径。我国立法论证的公众参与主要表现为立法调研、座谈、论证会等形式，随着我国民主化进程的推进，公众的立法参与越来越受到重视同时也得到了更多的保障，立法论证实践中也有着明显的倾向公众咨询的痕迹。但就立法论证的公众参与而言，仍然存在一些不足：一是，利害关系人的参与权得不到充分重视，[1]在选择参与主体时，总是不能明确界定利害关系人，“听证专业户”等现象层出不穷；二是，专家的参与缺乏长效的保障机制，虽然规范性文件对专家参与都进行了相应规定，在论证实践中，多是邀请相关高校的专家学者参加论证，进行论证意见的收集，但并无相关的反馈机制规定；三是，其它机关参与不够充分。一项法案的出台，并非一个部门就能独立完成立项、申请和实施等工作的，需要各机关的配合，各部门积极参与立法论证，有利于减少其实施阻力，并增强立法的科学性。

3. 缺乏核心的论证标准和细化的论证指标

论证标准和指标作为立法论证的核心内容，在大部分有关立法论证的规范性文件都有所涉及。而通过对我国立法论证的规范和实践现状可以发现，目前有关论证指标的规定主要有以下几类：一是以《立法法》中的规定为导向，在审议前论证法案的可行性、出台时机、法律实施的社会效果和可能出现的问题，这是中央层面立法论证的主流指标。二是以行政法规和规章制定程序为方向标，对立法项目的必要性、可行性和拟确定立法的主要制度的合法性、合理性等内容进行论证。《广东省人民代表大会常务委员会立法论证工作规定》和《福建省人民政府法规草案和政府规章制定程序规定》中对有关

〔1〕 主要体现在两方面：一是公众并没有成为行政立法前评估的实质参与主体，最直接的一点体现是，并没有相应的反馈机制；二是利害关系人的参与地位并未能得到保障，之前频发的“听证专业户”事件便是典例。

论证内容的规定，可以说是对我国现行立法论证标准的一个全面总结和概括。

从我国立法论证的规范和实践现状来看，不难发现，我国有关论证标准和指标规定，存在着中央和地方、地方各级政府之间的论证标准规定鱼龙混杂、各自为政、越来越复杂的问题，而且各级地方政府规定中还出现了一些照搬和简单叠加中央或其它地方的论证标准的现象。这与我国立法论证的概念界定混淆、争议较多有一定的关系，但“无论哪国的法律，也无论什么类型的法律法规，决定其立法质量的总有那么一些共通的不可或缺的质量因子”，[1]论证标准可以依据各级各类立法的具体情况而有所不同，但不论在中央还是地方，都应该确定决定立法质量的统一核心的论证标准，以防止立法论证制度在推广和开展的过程中被曲解，导致背离立法论证制度建设的初衷。

而在论证指标的设置方面，较少有对必要性、可行性的论证标准进行细化和具体的规定，一般都只停留在对论证标准的方向性制定上，这在一定程度上极大地削弱了立法论证的现实操作性，不利于各级立法论证在缺乏论证评估人才的情况下，进行立法论证工作的推广和开展。实务界的急切需要和理论研究的匮乏，凸显出立法论证标准和指标体系研究的重要性，这也是目前我国立法论证制度需完善的重点和难点。

4. 论证程序规定不明

论证程序的规定不明，主要会带来以下少三个方面的问题，一是各立法阶段的论证主体间权责不明。通观我国有关立法论证的理论、规范与实践，可以发现由于立法论证跨越的立法阶段较长，涵盖立法准备的立法项目论证、起草论证，和正式立法程序的提案、审议、表决前阶段的论证等，导致在立法进程的不同阶段，需要进行何种类型、达到何种程度的论证质量要求不明，各不同立法阶段的负责部门间相互推诿，将论证责任前置或后置而规避繁琐的论证工作等问题。这与我国立法论证缺少统一规范的工作指导与操作指南有密切关系，也与各地对立法论证的功能定位有关，但导致这些问题更为直接的原因是缺乏规范的论证程序，难以将不同阶段的立法论证有机衔接起来，发挥其应有的体系化作用。二是各立法阶段间的立法论证衔接不畅。我国立法论证实践中，出现了如前文在概念辨析中展现的立法前评估、立法项目论证、表决前评估等新概念，这些概念或有重复，或有交叉，与立法论证一同

---

〔1〕 俞荣根：“地方立法前质量评价指标体系研究”，载《法治研究》2013 年第 5 期。

出现在“立法质保”体系中，但这些概念间又缺乏统一的程序规范，即何种立法该由哪一主体以什么标准进行何种程序的论证评估等，导致实践中概念繁复、重复论证或论证真空现象层出不穷，给立法论证在实务部门中的推广和论证工作的开展带来了较大的阻碍，也不利于立法论证的理论研究。三是程序规定不够公开透明，难以实现良好的立法论证效果。

我们既需要关心立法论证的实质内容构建，更要注重对立法论证程序的规范，通过规范的论证程序厘清各论证主体间的权责关系、推动各阶段立法论证的协同运行，以达到合力保障立法质量的制度目标。

5. 论证结果应用流于形式

我国对论证报告应该包括哪些方面内容的要求侧面体现了有关论证标准的规定，但缺乏对论证报告内容的专门性规定。论证报告的载体多呈现为“立项建议说明”“起草说明”“论证报告”等“参阅材料”，其内容多是“论证什么，报告什么”。值得指出的是，我国在论证报告的内容规定上做得比较好的是海南省，海南省的实施意见中规定成本效益分析报告应有：所设制度的经济分析、比较分析的过程、结论和是否需要新的立法项目建议，并且需要回答以下问题：为什么要进行该项管理？管理介入的程度？采取何种方法？支出的成本是多少？谁负担这些成本？收益是多少？谁获得收益？预测立法的净效益以及对可近似达到该目标的替代方案进行说明。在论证报告的效力方面也有明确规定，即只有预期收益超过成本，才可能进行立法。

其实只要论证标准和指标等一经确定，论证报告的内容和形式其实并不是什么难以解决的问题。真正的难题在于论证结果即论证报告的立法运用上，一般而言，立法论证的结果以立法论证报告为直接表现形式，附录在立项申报书、起草说明和审议报告中，再无后文，很少提及相关机关在立法决策过程中对论证报告的反馈。产生这一问题的原因与我国立法论证机制建设还不够成熟有很大关系，但也与我国立法工作长期以来缺少对监督反馈的立法惯性不无关联，而如前文所述，论证报告的应用才是立法论证制度建设的关键之义，决定立法论证保障立法质量的主功能能否实现，若无相应的应用反馈机制建设，所进行的立法论证工作也不过是在空谈的基础上浪费立法资源。故而，论证结果的应用反馈，是我国立法论证制度建设中的又一重要难题。

五、立法论证的完善理路

立足于我国立法论证制度的规范和制度实践现状，基于国外成功经验和我国学者目前的研究，以解决我国立法论证现存问题与不足为出发点，结合我国的具体国情特色，本文拟对完善我国立法论证制度提出以下对策建议：采取统一的中央立法论证指导与有特色的地方立法工作规定相结合的规范模式、完善论证监督和参与主体设置、统一核心论证标准和细化论证指标体系、明确各论证阶段的程序规定、逐步建立论证结果应用反馈机制。

（一）规范模式：中央统一指导与有特色的地方规定相结合

单从立法论证的规范模式来看，从理论上可以分为两种模式：一是从上至下的规范模式，即由中央层面对立法论证的基本事项在较高层次的立法如《立法法》中进行规定，搭建立法论证制度的基本框架，以此为立法论证指明统一方向。但同时不作过于详细死板的规定，需要给地方留下结合本地实际进行探索和发挥的空间。从国外历史经验和我国的推行现状来看，此种做法的优势在于，一开始就能体现高层的重视，给各级立法机关施加外部压力，有利于其在实践层面的推广落实。但在各级各地立法需求不一的情况下，总结出一套切实可行而又宽紧适当的制度模式加以推广，其实行存在较大难度。二是由下而上的规范模式，即先放手让地方总结出其经验和共性，进行规范尝试，最后上升至中央层面的统一立法论证工作指导或规定。这也是我国在立法论证工作规范实践中正在采用的做法，这种做法的优势在于能积累丰富的实践经验，使得最后出台的中央层面立法更为成熟，不足之处在于缺乏中央的统一指导和规范，各级政府在实践规范中偏差较大，事后再通过中央统一立法论证规范进行纠正的成本较高。

基于我国立法论证工作各地规范和实践不一的现状，目前企图通过中央层面的统一立法论证工作规定来实现一步到位的效果并不现实，在我国立法论证规范化的过程中，采取中央统一指导与有特色的地方规定相结合，确立分阶段的规范目标，逐步制定或修改相关立法的模式更为稳妥。

（二）完善论证监督和参与主体设置

如前文所述，我国立法论证在实施主体的设置上存在论证实施主体自由裁量权过大的问题，但这一问题的产生不是由于其实施主体设置出现偏差，而是论证监督、参与主体设置缺位和立法论证制度尚未形成规范和体系导致的。因而，需要探讨我国立法论证监督主体和参与主体的设置。

1. 监督主体

由于立法论证的实施主体一般是各个提请立项、起草、审议的机构，机构部门的自利性决定了其公正独立进行论证的内在动力不足，要确保立法论证的质量，必须完善监督主体的设置。我国对立法论证的规定表现在对论证结果的审查上，对论证过程的关注非常少，且以机关的内部监督为主。这给论证部门留下了很大的捏造或隐瞒相关信息的空间，一份漂亮的论证报告背后可能潜藏着“恶法”出台的危机。为此，提出以下有关改进建议：

其一，改进论证机关的内部监督。主要有两种选择，第一种是在各级人大中成立专门的监督机关，专司立法论证监督之职，监督机关相对独立，配置相应的法律和经济学家，并有权指导论证实施主体的论证活动，对立法论证的启动、实施和提交的论证报告进行审查，并提出具有一定约束力的处理意见。第二种是利用和改造现有的论证机关，比如人大的法制机构及其相关专门委员会，由其承担监督职责。第一种方案具有很强的优势，但其将对现行的机构组织造成一定冲击，需要耗费相当的人力、物力、财力成本，因此很难实施。而第二种方案则有一定可行性，虽然现有的人大的论证机关存在自身可能就是起草机关、缺乏论证所需的经济方面的专长等问题，但可以通过对其改革实现其监督职能的更好发挥。建议构想如下：在立法论证监督的常态化制度设置上，通过完善常年法律顾问、经济顾问的聘任机制来弥补立法机关的专业知识匮乏和独立性不足等问题。与此同时，可以根据具体的立法方案，从相关部门或领域抽调人员组成临时论证监督审查小组，以解决相关立法部门人力和时间精力不足问题。其二，加强立法论证后续立法阶段有关机构的内部流程监督。立法论证贯穿于立法表决前的各个阶段，由承接前述立法工作的相关工作，对前一阶段的立法论证报告进行审查，未尝不失为一种值得探讨的方法。其三，在监督主体的权责设置方面，应当充分赋予监督机关相关权力，如有权启动相关立法论证工作，有权指导论证工作开展等以约束论证实施主体。

2. 参与主体

通过对我国相关规定的梳理以及与国外的对比可发现，受官僚主义风气的影响和经验欠缺的问题，我国立法过程中的信息公开和公众参与略显欠缺，存在利害关系的知情权和平等参与权得不到充分重视、专家的参与缺乏长效保障、其它主体参与不够充分等问题。由此，需要对咨询制度、公开制度和协调制度加以完善。其一，重新定位咨询制度，将咨询制度法定化、规范化。具体而言，首先要迈出“咨询就是向专家咨询，而忽视对利益相关人咨询”的误区；其次，要将咨询的基本原则法定化；再次，应当设立有关咨询时间、方法、对象等基本要求；最后，要注重咨询回应制度的构建，不管采纳与否，至少对主要争议观点要有所回应，并且最好能体现在最后提交的论证报告中。其二，加大公开和参与力度。《广州市规章制定公众参与办法》规定立项建议、立法计划拟定和正式的计划都公开征求意见，对公众参与也有较为细致的规定，值得借鉴推广。其三，完善部门协调机制。我国目前的协调主要有两种方式：一是由起草部门在起草阶段自行协调，二是法制机构在审查时进行协调。第一种方式中缺乏中立机关的参与，很容易滋生对部门利益过度保护的问题，第二种方式则由于法制机构的权威性不足而难以产生实质影响。因而建议参考监督机关的设置，通过增强协调机构的权威性来保障各部门有效的协调。简而言之，建议首先通过论证信息的尽早公开来保障利害关系人的知情权，并通过在论证信息收集过程中咨询利益相关人保障利害关系人的参与权；其次，建立专家数据库，完善政府的法律、经济顾问制度，与“外脑”保持充分联系，并且规范专家的选拔标准，使其能够以尽量客观中立的态度来参与论证；最后，在论证过程中应积极主动通知和联系其他机关，认真听取相关部门意见。

（三）统一核心论证标准和细化论证指标体系

论证标准的具体类型具有多样性，从立法论证的概念和目的出发，参照我国立法论证实务中认可度比较高的标准，我国立法论证应将合法性、合理性、必要性、有效性，列为统一的核心论证标准，其它标准可以由各级立法机构在立法论证的过程中，自行再拟定。

1. 合法性与合理性

对立法合法性的论证，主要包括论证立法权行使主体有无相应的立法权限、是否与上位法相抵触、立法程序是否合法等方面。对立法合理性的论证，则可以从道德和科学规律两个方面进行论证，即避免立法的泛道德化，立法应符合客观的自然、经济和社会规律等。

表 5　合法性与合理性标准及其论证指标

论证标准	论证指标
合法性	立法权行使主体有无立法权限
	是否与上位法相抵触
	立法程序是否合法
	其他
合理性	手段和措施是否合理
	是否符合自然规律
	是否符合经济规律
	是否符合社会规律
	其他

2. 必要性标准及其论证指标

在进行必要性论证指标的构建时，可以参考欧盟在论证其规制必要性时进行的有关步骤：①界定问题，如市场失灵、规制失灵、干预必要性；②确定替代选项；③收集数据，如咨询利害关系人和专家等；④评估替代方案；⑤确定首选选项；⑥对首选选项进行彻底评估，定量分析可能的影响和风险；⑦提供检测和评价的大纲。[1]从这些评估步骤中，可以获得立法论证进行必要性评估的评估指标启发，可以将其设计如下：

表 6　必要性标准的论证指标

论证标准	论证指标
必要性	有无亟需解决的现实问题
	立法是否能实现确定的目标
	立法时机是否成熟

〔1〕 Andrea Renda, *Law and Economics in the RIA World*: *Improving the Use of Economic Analysis in Public Policy and Legislation*, Intersentia, 2011, p. 26.

续表

论证标准	论证指标
必要性	有无可替代性措施
	该措施是否效果最好/收益最大
	是否重复立法
	能否以更下位的细则方式加以规定
	其它

3. 有效性论证标准

有效性论证指在论证对经济、社会和环境三个领域影响的基础上，运用论证成本效益分析方法、风险分析法等论证方法加以分析，以判断立法是否能达成立法目标，解决拟解决的问题。表面上看它可能与必要性标准有所相似，但需要指出的是，有效性论证是针对单独立法方案的论证标准，而必要性标准是设定在对替代方案的有效性进行比较分析的基础上的，二者在这一层面有很大差别，属于不同的论证阶段。

从各地的论证实践来看，最难论证的便是立法的有效性。但在设置论证指标时，可以在经济、社会、环境作为一级指标基础上，将从经济、社会和环境领域的要素作为论证指标的二级论证指标，并在此基础上进一步细化，从而构建一个比较完整的论证指标体系。在具体论证实践的论证方案拟定时，可以根据论证情况，对相关要素和指标进行取舍。观察国内外的实践可以发现，在经济方面，主要是论证对宏观经济（经济增长、投资资本、国际收支、产业发展、财政税收、货币金融状况等）、市场机制（市场价格、消费者权益、不正当竞争、市场垄断、产品质量等）、市场主体（主要是企业和消费者）的影响。社会方面主要包括对社会生活（居民生活、家庭生活、社区建设和服务等）、就业（劳动者待遇、职业培训、就业质量、就业数量、工作环境等）、公共服务（公共文化、教育水平、公共安全、科技发展等）、社会保障（社会保险、社会福利、社会救济、社会安置、社会互助等）和社会基本价值（道德水平、社会风尚、法治意识、公民权利、社会公平正义、个人自由等）的影响。对环境的影响主要体现对环境各要素即土壤资源（土壤质量、土壤数量、土地使用等）、水资源（污染的水源排放、饮用水质的改善、淡水资源的保护、海洋水资源的保护、用水量等）、气候（温室气体、臭氧物质等排放)、空气质量（燃煤燃油、机动车船尾气排放、废气、尘和恶臭污染等)、固体废弃物、噪声、动植物资源、矿物资源和生态保护的影响。本文在此要素分类的基础上，结合国内外立法论证的实践规定和学者的理论研究，特别是《OECD 监管影响分析指引》[1]，将有效性论证标准的论证指标构想如下：

表 7　有效性论证标准的论证指标

一级指标	二级指标	三级指标	指标衡量
经济影响	对宏观经济影响	对经济增长影响	定量（国内生产总值、国民生产总值、经济增长率等)
		对投资资本影响	定量（分析资本收益率、流动性比率等)
		国际收支影响	定量（分析外贸依存度、外商投资、境外投资额度等)
		产业发展	定性或定量（分析对产业产量、产业产值、产业资产等的影响)
		财政税收	定性或定量（对税收收入、专项收入、罚没收入、财政支出等的影响)
		货币金融状况	定性或定量（对货币供应、利率、融资、贷款、证券市场等的影响)
	对市场机制的影响	市场价格影响	定量（物价指数、价格指数、通货膨胀率)
		不正当竞争	定性或定量

〔1〕参见席涛、吴秀尧等译：《OECD 监管影响分析：经济合作与发展组织（OECD）监管影响分析指引》，中国政法大学出版社 2015 年版。

续表

一级指标	二级指标	三级指标	指标衡量
经济影响	对企业的影响	对企业设立注册的影响	定性或定量
		对企业生产的影响	定性或定量（分析其直接裁量费用、人工成本、制造费用支出等）
		对企业经营的影响	定性或定量（分析对产品市场、经营管理费用的影响）
		对企业盈利的影响	定性或定量
		其它	
	对消费者的影响	消费者权益	定性或定量（对消费者投诉、诉讼和赔偿的影响）
		对收入水平的影响	定量（对工资水平的影响、个人所得税率等）
		对投资选择的影响	定性或定量（对房地产、金融、保险、储蓄等投资选择的影响）
		对消费水平的影响	定性或定量（对消费结构、恩格尔系数等的影响）
		其它	
社会影响	对社会生活的影响	对居民生活的影响	定性或定量（分析人均住房面积、平均预期寿命、幸福感指数等）
		对家庭生活的影响	定性或定量（如预期离婚率、生育率等）
		对社区建设和服务的影响	定性或定量（社区幼儿园、医院数量、社区公共服务设施开放率）
		其它	
	就业	对劳动者待遇的影响	定性或定量（休息休假待遇、工作报酬）

续表

一级指标	二级指标	三级指标	指标衡量
社会影响	就业	职业培训	定性或定量（培训机会、培训次数、培训人数）
		就业质量	定性或定量（加班次数时长、补贴影响）
		就业数量	定量（就业率、失业率、创业率）
		工作环境	定性或定量（安全保障、住宿饮食条件、工会覆盖）
		其它	
	公共服务	公共文化	定性或定量［文化遗产保护数量、广播（电视）节目覆盖、图书种类等］
		公共安全	定性或定量（交通事故发生数、食品药品事故数、每万人口警察数）
		科技发展	定性或定量（科技财政投入、科技市场预期成交额）
		其它	
	社会保障	社会保险	定量（各类保险覆盖率、结余率、支付率）
		社会福利	定量（养老院、孤儿院数量、社会福利机构从业人员增长等）
		社会救济	定量（自然灾害救济、城乡贫困补助等）
		社会安置	定量（社会安置人数、安置事业费、优待金额等）
		社会互助	定性或定量（社会救助团体数、社会救助基金、捐赠金额及数量等）
		其它	

续表

一级指标	二级指标	三级指标	指标衡量
社会影响	社会基本价值	社会道德水平	定性或定量（青少年犯罪控制、上访人数、廉政指数、社会纠纷调解情况）
		良好社会风尚	
		公民法治意识	
		公民权利保障	定性或定量（性别比例平衡、政治参与度、言论自由、公平感等）
		社会公平正义	
		个人自由	
		其它	
环境影响	土壤资源	对土壤质量的影响	定性或定量（对土壤重金属的含量、农药残留的影响）
		对土壤数量的影响	定量（对各类用地面积的影响、有机产品产量等的影响）
		对土地使用的影响	
		其它	
	水资源	污染的水源排放	定量（工业废水、生活污水排放量）
		饮用水质的改善	定性或定量（水质常规指标、饮用水消毒剂常规指标、水质非常规指标）
		淡水资源的保护	定性或定量（地表水资源量、地下水资源量）
		海洋水资源的保护	定性或定量（海水淡化工业用水量、海水淡化民用供水量）
		用水量的节约	定量（水量减少、水费减少）
		其它	

续表

一级指标	二级指标	三级指标	指标衡量
环境影响	气候影响	温室气体的排放	定量（水汽、氟利昂、二氧化碳、臭氧等）
		臭氧物质的排放	
		其它	
	空气质量影响	燃煤、燃油	定量（二氧化硫、氮氧化物、烟尘排放量、PM2.5、烟尘排放量等）
		机动车船尾气排放	
		废气、尘和恶臭污染	
		其它	
	固体废弃物影响	工业固体废弃物	定性或定量（废物生产量、综合利用量、储存量、处置量、倾倒丢弃量）
		危险固体废物	
		医疗废物	
		城市生活废物	
		其它	
	噪声影响	工业噪声	定量（工业噪声等级、建筑施工噪声等级、交通运输噪声等级、社会生活噪声等级）
		建筑施工噪声	
		交通运输噪声	
		社会生活噪声	
		其它	
	动植物资源影响	动植物数量、品种增加	定量
		濒危物种保护	定性或定量（濒危动植物种类等）
		动植物保护区	定性或定量（保护区的数量、面积、级别等）

续表

一级指标	二级指标	三级指标	指标衡量
环境影响		其它	
	矿物资源影响	对煤炭资源的影响	定性或定量（生产量、消费量）
		对石油资源的影响	
		对金属资源的影响	
		对非金属资源的影响	
		其它	
	生态保护影响	对生物多样性影响	定性或定量（植物多样性、动物数量等）
		自然保护区建设	定性或定量（保护区或名胜区的数量、面积、级别、管理费用等）
		风景名胜区建设	
		历史文化遗迹保护	定性或定量（文化遗产修复费用、景区面积、景区管理费用等）
		其它	

（四）明确各论证阶段的程序规定

从权责不明和衔接不畅的问题出发，论证程序的主要目标是规定各阶段应达到的立法论证要求，提高公开透明程度，以便其在外部监督下，完成内部立法论证的有效“接力”。

首先，随着立法质量把关关口的前移，立法项目论证阶段对立法建议项目的论证就应该对合法性和必要性进行衡量，以决定立法建议项目是否列入立法规划和年度立法计划。其次，由于在草案的起草阶段，立法所规定的主要制度已经基本明确，则需要进一步对立法内容的合法性、合理性、有效性进行全面的论证，形成专业的论证报告与起草说明以供提案机关和相关法制机构作出是否提案、是否列入审议议程的参考。再次，在审议阶段，虽然由于人力、时间、资源的限制，审议机关较难通过调查等形式进行立法论证，但也应当破除以往只进行形式审议，忽视实质审查的做法，可以选择通过专家论证会、论证咨询等配套制度，来改进审议机关的实质审议工作。此外，审议机关对相关修正也应作出充分的论证说明，以供表决参考。最后，在交付表决前，如果对有关重大问题，仍然难以决策，可以重新组织立法论证工作，决定是否交付表决或者是否通过表决。

（五）逐步建立论证结果应用反馈机制

由于论证标准不统一，论证报告的内容既不完善也缺乏规范。本文认为，可以根据论证标准，来确定论证报告的内容。即可以将论证报告的内容分为以下几个部分：①合法性和合理性论证；②立法必要性论证；③立法有效性论证；④立法的整体分析报告，即综合运用各种分析方法形成的如成本效益分析报告等；⑤根据前面的内容，提出对具体立法的框架性或具体制度建议等。

反馈机制的建设关涉相应制度能否走向实质化。[1]正如法律的生命在于实践，立法论证制度的生命也在于真正实现“立法质保”，[2]论证结果的应用是论证的终极目标与归宿。[3]立法论证结果对立法的决策影响，是立法论证制度必须考虑的一个重要问题。而我国在实践中通常只是将论证报告作为流于形式的“参考资料”，因而需要对论证报告的效力与应用问题进行规定和探讨。

本文认为，首先，应区分对待不同的论证标准，以必要性标准和有效性标准为例。即应当将立法的必要性标准列为立法的必备标准，如果立法方案不能达到这一标准要求，则可考虑不将该立法项目纳入立法计划或将草案搁置。针对有效性标准，正常情况下，进行影响的成本收益分析时，如果成本大于收益，则同前，不纳入立法计划或取消立法，但考虑到预期影响分析的不确定性以及立法价值和目标的特殊性，可以具体情况具体分析，将其作为立法方案制定的重要参考。其次，在决定立项、决定是否提请审议、草案的审议过程中，应当充分考虑论证报告的内容。可以参考美国的做法，在决定

---

〔1〕 参见江国华、梅扬：“重大行政决策公众参与制度的构建和完善——基于文本考察与个案分析的视角”，载《学习与实践》2017年第1期。

〔2〕 参见汪全胜：《法律绩效评估机制论》，北京大学出版社2010年版，第13~14页。转引自宋明、陈佳林：“特区立法评估回应机制研究”，载《中国经济特区研究》2012年第1期。

〔3〕 参见任尔昕等：《地方立法质量跟踪评估制度研究》，北京大学出版社2011年版，第1页。

是否将其列入立法计划或是否审议通过后，应当出具立法论证意见或审议说明。在意见或说明中，对论证报告的运用情况进行较为详细的论述，即采用了哪些论证内容和建议，没有采用的则需要原因说明，并及时将审议说明抄送至论证的监督主体和参与主体，通过这种方式来初步建立论证结果应用的反馈机制。

总之立法论证效力应该不仅局限于形式上的参考，应当对立法有实质上的建议效力，具有一定刚性的反馈机制构建，从而落实论证结果应用，避免论证流于形式。

六、结语

一国的法治建设水平，集中体现在其立法和司法领域。而在我国现行法治体系中，司法以立法为“准绳”，立法承担着法治建设“舵手”的重要作用，立法质量的重要性不言而喻。立法论证作为提高立法质量的重要工具，因应国家治理从“形式法治”转轨至“实质法治”的“科学立法”需求，在我国立法实务中已得到充分重视，相应论证实践和立法规范也已初具规模。立法论证规范建设和实务工作的开展，为其制度构建和理论研究提供了良好的素材，也应是未来立法学研究应该关注的重点。本文纵向回溯了我国立法论证的法律渊源和实务样本，横向借鉴了国外的规制影响评估（Impact Assessment）、成本效益分析（Cost & Benefit Analysis）、法律论证（Legal Argumentation）等制度或理论，针对我国立法论证制度现存问题，提出了相应完善措施。以期为后续研究者梳理相应研究素材的同时，提供一些思路。

论立法可行性评估

佴　澎　刘新星*

摘要：立法评估包括前评估与后评估，立法前评估实质就是对立法的可行性进行测量、分析和评价。法律可行性可以理解为立法目的具备实现的条件、因素和机会，因此，必要性、合法性、合理性与可操作性都是立法可行性评估的基本维度。立法可行性评估强调通过评估立法对经济、社会和环境的预期影响，从而证明法律配置资源的必要性、合法性、合理性与可操作性。为了测度立法的预期影响，立法可行性评估主要采用成本—效益分析法。我国的立法可行性评估目前处于探索阶段，相比立法后评估更应该受到重视。

关键词：评估可行性；立法前评估；立法可行性评估；成本—效益分析

党的十九大提出："推进科学立法、民主立法、依法立法，以良法促进发展、保障善治。"治国需要法律，善治需要良法。经历几十年的法治建设，中国特色社会主义法律体系基本形成，但正如《中共中央关于全面推进依法治国若干重大问题的决定》所指出：有的法律法规未能全面反映客观规律和人民意愿，针对性、可操作性不强，立法工作中部门化倾向、争权诿责现象较为突出……简言之，法律实施效果不如人意。找问题、找原因的方法很多，立法评估是目前最为系统而科学的方法。

事实上，自 2000 年开始，安徽、山东、甘肃、云南、上海就预先开展了立法评估，至今，全国各省市基本都开展过立法评估。国务院自 2006 年开始，连续多年开展立法评估。2008 年全国人大常委会工作报告中首次提出

* 佴澎：云南财经大学法学院党委委员、院长、教授、博士；刘新星：云南财经大学法学院副教授、博士。

"立法后评估"，并从2010年开始进行了迄今为止最高层次的立法后评估。[1]这些评估都属于"立法后评估"，即对已经实施一段时间的、现行有效的规范性法律文件的文本质量和实施效果进行评估，从而为立、改、废、修提供合理依据，提高立法质量。

评估是现代社会发明的一种工具，用以对观测到的社会变革进行终结性测量、分析和评价，同时为过程的合理调控生成形成性的数据。从社会管理角度出发，评估的最终目的在于促进政策实践，它不仅是国家社会监督的一部分，也是民主化政府管理的重要组成部分。[2]评估在世界范围内被广泛应用于法律机构、行政机构与公共管理部门。对应政策的实施规律与周期，评估也就包括前期、中期、后期等不同阶段。在政策出台前对其做可行性评估属于事前评估，在政策出台实施的中期与后期对其进行评估属于事后评估。[3]相应的，立法评估也包括前评估与后评估。立法前评估实质就是对立法的可行性进行测量、分析和评价。

一、评估什么

何谓"可行性"？有的研究不加区分的使用可行性与可操作性，有的研究将可接受性与可操作性视为可行性的两个维度，有的研究则认为可行性属于事前讨论的范畴，可接受性与可操作性属于事后讨论的范畴。据《现代汉语新词词典》，可行性指方案、计划、决策、工程等具有可以施行的种种条件、因素。据《社会科学大词典》，可行性指达到最优目标的条件已具备或经努力可以争取得到。因此，法律可行性可以理解为立法目的具备实现的条件、因素和机会。一套科学的法律体系必须具备一些基本的形式要素，否则立法目的很难实现（甚至不能被称作法律），比如：普遍性、公开性、明确性、不溯及既往、不相互矛盾、可操作性、稳定性、一致性，从中我们还可以推论衍生出必要性、合法性、合理性、规范性、可接受性等，这早已成为共识。法律因为具备了基本的形式要素才能一方面为人所知，另一方面为人所行。法

[1] 参见刘作翔、冉井富主编：《立法后评估的理论与实践》，社会科学文献出版社2013年版，第1~2页。

[2] 参见［德］赖因哈德·施托克曼、沃尔夫冈·梅耶：《评估学》，唐以志译，人民出版社2012年版，第2、5页。

[3] 参见李志军主编：《第三方评估理论与方法》，中国发展出版社2016年版，第29~30页。

律先要为人所知晓，才能被人所接受、所遵从。所有的形式要素实质都是使法律得以实现的条件与因素。法律具备可行性意味着法律应该同时具备上述基本形式要素。因此，可行性也可以说是法律体系总的形式特征。为此，可行性也成为立法者在形式上所应遵守的总体原则，其功能正在于使立法更加科学、规范、可行。如《中华人民共和国立法法》（以下简称《立法法》）第6条第2款概括提到："法律规范应当明确、具体，具有针对性和可执行性。"不同教材、著作对立法的形式原则虽归纳不同，但大致都涉及合法性、合理性、可操作性、规范性这四个方面。

可行性还是一种立法技术策略。周旺生教授从不同层面对立法技术做了非常详细的分类。根据目的和内容不同，立法技术包括立法活动运筹技术和法的结构营造技术。立法活动运筹技术又有宏观、中观、微观之分。宏观的立法活动运筹技术包括一般方法和基本策略。可行性便是一种立法活动的基本策略，其目的主要是帮助立法者科学确定立法活动方针和行动，正确作出立法决策。[1]因而，立法预测、立法规划和立法决策都需要运用可行性技术策略。在立法预测阶段，立法机关需要对立法的发展趋势、未来状况进行考察，确定所需的人力、物力、时间，搜集和分析政治、经济、文化和社会发展给立法将要规范的社会关系所带来的各种变化的信息；在立法规划阶段，立法机关需要先论证法律的实施效果尔后编制立法规划；在立法决策阶段，立法决策主体在选择哪种设计方案更优的时候，需要对可选方案，乃至对具体条款的不同设置进行比较抉择。[2]在上述过程中，立法主体实际都在做着运用一定技术策略分析、论证立法可行性的工作。这也说明立法可行性技术策略服务于立法预测、立法规划、立法决策阶段的主要任务。

综上，对立法的可行性进行评估就是对法律的必要性、合法性、合理性和可操作性进行整体评估；涉及人财物等资源的分配，涉及环境预测与风险预测，涉及法条设计的优化选择。在已开展的立法后评估中，立法的必要性、合法性、合理性、可操作性、实效性往往也是主要的评估指标。然而，立法是否确有必要，法案是否具备合法性、合理性与可操作性，这在法案审议通

---

〔1〕 参见周旺生：《立法学》，法律出版社2010年版，第382页。

〔2〕 关于立法预测、立法规划、立法决策的具体步骤，参见朱力宇、张曙光主编：《立法学》，中国人民大学出版社2013年版，第131~138页。

过之前就应该有所论证。如果法案审议通过前没有展开科学论证，在颁布实施后再进行评估，即使发现问题再修、改、废，试错成本已难挽回；如果在废止后继续未经事前评估而立新法，也不过是重蹈覆辙。

二、如何评估

立法可行性评估主要通过评估立法对经济、社会和环境的预期影响，从而证明法律配置资源的必要性、合法性、合理性与可操作性。法律作为一种传导机制，直接对劳动力、资本、技术、土地、资源和信息等投入要素发生影响，进而通过这些要素影响市场竞争秩序，影响经济增长、物价水平、就业范围、财政收支、社会保障、机会均等、社会公正、环境保护和生态平衡。[1]因而立法可行性评估对评估主体有较高的要求，要求评估主体必须精通法律专业知识，还必须具备专业化的评估知识与方法能力。

十八大以来，在中央大力推进科学决策、民主决策、健全决策机制和程序的指引下，第三方评估迅速发展起来。目前承担立法评估任务的机构不仅包括法律起草机构，也包括各类智库、高校科研机构、社会组织、大众传媒等第三方评估机构。第三方评估可以满足立法可行性评估工作的专业化要求。不过，由于我国第三方评估起步晚，在理论、方法的成熟度与评估机制的模式化方面与发展在前的美国、欧洲、德国相比，差距还很大。《立法法》第63条明确规定了“立法后评估”，第39、52条虽然没有明确规定“立法前评估”，但规定了“对法律草案中主要制度规范的可行性、法律出台时机、法律实施的社会效果和可能出现的问题”进行评估，编制立法规划要科学论证评估。可见，立法评估在法律上的地位是比较明确的，只是还未建立科学统一的评估机制，同时，第三方评估的法律地位还不明确。

不同于其他评价机制，评估强调在统一、透明的评价标准基础之上通过系统的数据进行反馈。因而，无论事前评估还是事后评估，最有效的评估总是很好地综合了定性方法与定量方法。评估主体对于那些不容易被化约为数字的观察点，需要用到定性评估方法，如：调查分析预测法（抽样、问卷、

---

〔1〕 参见席涛：“立法评估：评估什么和如何评估（上）——以中国立法评估为例”，载《政法论坛》2012年第5期。

访谈、资料检索)、专家判定法、同行评议法、加权优序法……[1]定性评估的优点在于操作容易，难度小，缺点在于评估者的主观性对结果影响过大，影响结果的科学性。定量评估方法包括：成本—效益分析法、成本—效果分析法、计量经济分析法、基于 ABMS 类模型的机理预测……[2]相比定性评估方法，定量评估方法更为客观，其结果主要基于客观数据，通过数学、统计学的模型计算所得，效率也更高，但操作难度大，对数据获取的质量与数量要求很高。

在国际上，美国的立法前评估采取成本—效益分析法、成本—效果分析法、风险分析法和敏感性分析法等量化方法，在评估对象不能够进行量化和货币化的情况下，作定性分析和陈述性评估。欧盟的立法前评估所采取的定量评估方法和美国相似，但更注重影响因素解析：如果法律影响不能量化或货币化，则应解释不能量化或货币化的原因；在评估法律对经济、社会和环境问题的具体影响时，必须分析谁受益、谁受损，影响的程度与范围社会是否可以接受。[3]事实上，成本—效益分析法在国内外都是一种运用比较广泛的技术经济分析法。成本—效益分析最早源于会计财务分析，后来被用于政府决策分析。

成本—效益分析在法律研究领域早已占有一席之地。美国新制度经济学鼻祖科斯为其奠定了合理性基础。[4]科斯指出，没有一种政策手段是普遍有效的，因为它们都有各自不同的运行成本，只有不同政策运行所带来的成本和收益进行比较选择，在此基础上确定的干预手段才能符合实际。科斯因此提出“交易成本”的概念，并推论出能最小化交易成本的法律才是最好的法律（科斯定理)。[5]通俗而言，成本就是一种潜在的、实际的付出，为了获得——所付出的、所放弃的都构成成本。当社会治理者希望通过立法解决问题时，不管付出还是收获，立法都将对立法者、执法者、公民个人、社会保

---

[1] 参见李志军主编：《第三方评估理论与方法》，中国发展出版社 2016 年版，第 126~148 页。

[2] 参见李志军主编：《第三方评估理论与方法》，中国发展出版社 2016 年版，第 148~194 页。

[3] 参见席涛：“立法评估：评估什么与如何评估——金融危机后美国和欧盟立法前评估改革探讨”，载《比较法研究》2012 年第 4 期。

[4] 参见周林彬等：《法律经济学：中国的理论与实践》，北京大学出版社 2008 年版，第 52~53 页。

[5] 参见［美］R. H. 科斯：“社会成本问题”，载胡庄君译、陈昕主编：《财产权利和制度变迁——产权学派与新制度学派译文集》，上海人民出版社 2002 年版，第 3~52 页。

障、公共财政、公共服务、企业发展、市场秩序、竞争秩序、社会秩序、社会公正、生态环境等诸多方面产生影响。成本—效益评估就是要将立法带来的所有影响量化、货币化，用总收益减去总成本所得之净收益代表法律合乎目的的可行性。净收益越大，法律可行性越充分。

关于立法成本的测度方法很多，如数量经济研究法、支出测算、工程学方法、生产率评估、一般均衡模型等方法；对立法收益也有不同的测度方法，如：支付意愿方法，即通过询问了解人们愿意为遵守法律所付出的金额；实际效益法，即通过观察人们的行为来判断人们实际上为法律规制所付出的数额。[1]成本—效益分析的关键在于要尽可能地进行货币化换算，这就带来两个问题：第一，并不是所有的立法影响都能被量化和货币化，而诸如生命、健康之类的影响是否适合用货币衡量换算仍存在争议。第二，一项法案净收益很大，但却将使部分弱势群体利益受损，应该被通过吗？

针对第一个问题，可以参考的方法有三种。第一种是不予采纳诸如社会公平等难以定量、仅能定性的成本与收益，但分析结论不对立法决策起决定作用，只是利用评估过程为立法决策搜寻信息，提供参考。第二种是欧盟的实践经验，即把难以量化的数据根据其重要性予以分类，比较衡量这些不同的分类指标，为他们打分从而形成一个分级量化系统，难以量化的指标因此而被粗略量化。[2]第三种是“多标准成本—效益评估方法”，通过测定一系列已知成本、已知效益以及事实上不确定的东西，尽可能地朝着充分利用成本—收益评估的方向迈进。[3]至于生命、健康之类的影响是否适合用货币衡量换算，对此质疑由来已久。不论是追求效用最大化的功利主义，还是追求财富最大化的效用经济学都曾受此质疑。即便如此，我们也不能否认成本—效益分析能为立法者提供科学、合理、有据的参考信息。

针对第二个问题，想使一项法案的实施不仅不会使任何一个人受损，还能至少使一个人获益，这是理想化的“帕累托最优”，在社会变革中根本不可

---

〔1〕 参见汪全胜、黄兰松：“论立法的正当性——以立法成本效益评估制度的建立为视角”，载《山东社会科学》2016年第1期。

〔2〕 参见赵雷：“行政立法评估之成本收益分析——美国经验与中国实践”，载《环球法律评论》2013年第6期。

〔3〕 参见席涛编译：《立法评估：评估什么与如何评估——美国、欧盟和OECD法律法规和指引》，中国政法大学出版社2012年版，第71页。

能实现。当然，有一种看法认为哪怕部分人因法律实施受损，只要净收益不为零，法律的长期绩效终将对所有人有利。问题是法律的长期绩效并不容易确定。社会力所能及的是：如果有人的境况由于法律实施而获益，有人因此而受损，获益的人就应该拿出一部分补偿受损的人，之后仍可能有剩余，这说明立法确实增进了社会效益。这便是“卡尔多—希克斯效率”。换句话说，如果评估的净收益不为零，同时，因此而受损的群体还能获得足够补偿，那么立法是可行的。还有一种做法是明确经济性立法必须实施成本—效益评估，但对一些特殊领域的立法绝对不适用成本—效益评估，如：涉及国家安全、秩序价值的军事立法、外交立法，涉及社会弱势群体权利保护和社会福利、社会救济方面的社会立法，细化上位法的执行性立法，涉及法律实施的程序性立法。[1]

三、问题与实践

科学立法需要科学的立法原理、科学的立法制度、科学的立法技术。在法学研究领域，立法原理和立法制度方面的研究系统而深入，成果颇丰。相比之下，立法技术方面的研究非常薄弱，立法主体、立法决策者、立法工作的具体实行者往往仅重视立什么法的问题，而不去考虑如何运用立法技术立先进之法、科学之法、完善之法。[2]立法评估就是一种系统科学的立法技术，它分为前评估与后评估。我国的立法前可行性评估目前处于探索阶段。

立法前评估就是对立法可行性进行评估，它包括立法的必要性、合理性、合法性和可操作性这些基本的维度；而立法对经济、社会和环境的预期影响是证明立法具备必要性、合理性、合法性和可操作性的统一标准；其评估结果之所以具备客观性、科学性，就是因为对立法预期影响的测度将采用成本—效益分析法统一量化运算。开展立法前可行性评估，我们有两个难题需要解决。

首先，根据世界各国评估实践经验，建立完善的制度指引规则才能保证立法前成本—效益评估的可控性、统一性与效率性。[3]党的十八届三中全会

---

〔1〕 参见汪全胜：“立法成本效益评估制度的适用范围考察”，载《法学论坛》2016 年第 1 期。

〔2〕 参见周旺生：《立法学》，法律出版社 2009 年版，第 381 页。

〔3〕 参见黄兰松、汪全胜：“论我国立法成本效益评估制度的实施困境及应对措施”，载《湖北社会科学》2016 年第 2 期。

提出，要健全立法起草、论证、协调、审议机制。对此，党的十八届四中全会继续强调，并同时提出应推进立法精细化，完善立法项目征集和论证制度。部分省市的人大常委会也发布了关于健全、完善立法起草论证协调审议机制的意见书，但仍缺乏具体办法。2004 年国务院发布《全面推进依法行政实施纲要》第一次明确提出：要积极探索对政府立法项目尤其是经济立法项目的成本效益分析制度。随后，上海市、重庆市、海南省人民政府陆续开始探索建立立法成本—效益评估制度。2010 年国务院发布《关于加强法治政府建设的意见》（已失效）中再次提出：积极探索开展政府立法成本效益分析、社会风险评估、实施情况后评估工作。到目前为止，立法成本—效益评估仅出现在政府规章中作为原则性规定，操作性不强。可以说 2007 年海南省人民政府发布的《关于开展立法成本效益分析工作的实施意见》仍是现有最为详细的规范指引，但其对诸如成本—效益的具体计算方法，如何量化无形成本与社会影响等许多具体问题仍缺乏具体规定。

其次，虽然法学研究强调立法公正，但究竟如何将抽象的公正具象化，如何测度公正使之在立法前一目了然，如何衡量法律的绩效，在理论上确属空白。[1]也正因为理论与实践均无积累，我们也没有专业的数据信息库，开展成本—效益评估所需要的很多相关数据可能需要重新搜集、重新累计、重新计算，并涉及信息获取部门与立法机构、评估主体之间的协调等诸多问题，这给评估工作带来很大难度。

于此，除了加紧制度建设，完善规范指引，立法机构应该积极组织开展立法前评估实践，重视理论研究、交流与研讨，使之呈规范化、专业化、模式化发展。就云南省来说，云南省人民代表大会常务委员会 2018 年立法计划项目中涉及经济规制类的法规，如《云南省水利工程管理条例》《云南省公路路政管理条例》《云南省财政监督条例（草案）》《云南省促进科技成果转化条例（草案）》等就可以展开探索，采用成本—效益分析法评估其立法可行性。

---

〔1〕 参见席涛："立法评估：评估什么和如何评估（上）——以中国立法评估为例"，载《政法论坛》2012 年第 5 期。

论我国地方立法中的权利思维与安全价值*

任瑞兴**

摘要：当前我国地方立法的价值理念需要以权利思维来进一步确立与强化，安全价值在我国地方立法中的实现程度需要进一步提升，以更好地发挥权利思维在我国地方立法中的价值引领作用。为此，需要强化地方立法工作者的主体性精神、重塑地方立法的“地方特色”和重构地方立法的“可操作性”。

关键词：地方立法；价值理念；权利思维；安全

引　言

作为地方法治中不可或缺的组成部分，地方立法是法治中国建设的重要内容，是我国立法工作中的重要事项，是自 2015 年《中华人民共和国立法法》修订以来尤其为社会各界所关注的一个重要问题。在一定的程度上可以说，地方立法问题已经成为近些年来法学界所高度关注的问题之一。根据笔者的有限阅读范围和了解程度，当前学界对于地方立法问题的研究呈现出不断拓展和趋向深入的态势。具体而言，我国法学界既分析地方立法的正当性与合理性等原理性方面又探讨地方立法的制度构建与程序规范方面；〔1〕既研

---

* 项目资助：本文为 2017 年度河南省哲学社会科学规划项目“法治思维中的公民权利质量保障研究”（2017BFX006）的阶段性成果。

** 任瑞兴：河南大学法学院副教授，《河南大学学报》（社科版）编辑，法学博士。

〔1〕 参见孟庆瑜主编：《地方立法与国家治理现代化》，法律出版社 2016 年版；李涛：“地方立法的公共理性问题”，载《扬州大学学报》（人文社会科学版）2017 年第 5 期；胡戎恩：《中国地方立法研究》，法律出版社 2018 年版。

究地方立法的科学性又探究地方立法的技术性；[1]既审视地方立法中的“硬件”支撑要素又细究地方立法中的“软件”匹配要素；[2]既关注地方立法的事前规划与论证又重视地方立法的事后评估与效益考量。[3]

当然，我们需要清醒地认识到，在有关地方立法研究成果不断丰富的同时，尚有不小的探讨空间需要进一步拓展和充实，这至少表现为：一是在时下地方立法的分析中，其过于偏重实践技术而疏忽价值取向。地方立法的价值取向问题不能被操作实践性的话语所淹没，恰恰相反，在关注地方立法的技术性和操作性问题的过程中，须臾也离不开其价值认知和价值评价的维度。二是在凸显地方立法的地方特色时，我们如何能够较好地协调局部利益与整体利益、法制安排的统一性与特殊性的关系，虽关注不少但仍有偏执于一端之弊。这需要学界同仁着力探究之。三是在地方立法的实践与理论中，法治的基本价值理念贯彻得的程度有待强化，以加强地方立法在法治中国建设格局中所应发挥的作用。

笔者在本文中所要关注的问题是，如何理解和强化权利思维在我国地方立法中的角色与作用，尤其是安全价值在我国地方立法中的贯彻程度。之所以关注这一问题，主要是因为权利思维既是现代法治的基本价值理念之一，也是法治中国建设的一种基本价值取向，而安全价值不仅构成了法制安排的统一性与权威性的内在要求，而且也与权利思维紧密关联。在笔者看来，上述我国地方立法研究所存在的问题，很大程度上是与权利思维与安全价值在地方立法实践和学术研究中的体现不够有着一定联系的。

一、权利思维：我国地方立法的一种价值理念

权利思维是现代法治社会中的一种基本思维方式和价值理念，其有别于

---

〔1〕 参见许超：“地方立法中可操作性原则的践行——以上海市人大的地方立法为例”，上海社会科学院2015年硕士学位论文；卫霞：“地方立法的必要性与科学性——以G省社会救助条例为例”，载《人大研究》2016年第6期；张显伟等：《地方立法科学化实践的思考》，法律出版社2017年版。

〔2〕 参见朱景文、沈国明主编：《地方立法的理论与实践（2016年辑）》，法律出版社2017年版；朱景文、沈国明主编：《地方立法的理论与实践（2017年辑）》，法律出版社2018年版。

〔3〕 参见汪全胜：《法律绩效评估机制论》，北京大学出版社2010年版；任尔昕等：《地方立法质量跟踪评估制度研究》，北京大学出版社2011年版；汪全胜等：《立法后评估研究》，人民出版社2012年版；夏正林、王胜坤、林木明：《地方立法评估制度研究》，法律出版社2017年版；周祖成、张印：《地方立法文本与实施效果研究》，中国法制出版社2018年版。

传统礼法社会中的以义务为重心的思维方式和价值理念。[1]权利思维形成于近代以降的工业革命、市场经济发展、主体性哲学思潮兴起和法治文明勃兴的历史变迁与社会转型之中。其中，权利思维与主体性哲学更是具有直接的相关性。在我国法治进程中，权利思维伴随着改革开放以来社会变革中主体性问题的讨论，生成于我国法理学界经由论辩而提炼出的权利本位范式。

换言之，时下权利思维的意蕴集中体现于权利本位范式之中。权利本位范式的核心观点可表述为："在整个法律体系中，应当以权利为起点、核心和主导。"[2]在权利与义务的关系之中和权利与权力的关系之中，贯穿着权利本位的精神旨趣。[3]一方面，权利本位的要义与旨趣在权利与义务的关系中主要表现为四点：第一，权利具有目的的属性，而义务具有手段的属性，在法律上之所以设定义务，其目的就在于保障权利的实现；[4]第二，与第一点紧密相关，比较而言，第一性的因素是权利，第二性的因素是义务，权利不仅构成了义务存在的依据而且成了义务所欲达至的意义归属；[5]第三，基于前两点的逻辑推演，权利具有主动性和独立性，义务具有被动性和依赖性，义务在很大程度上成了权利的对象化，义务需要仰赖权利来表现自身的价值；[6]第四，之所以在权利与义务的关系中反对义务本位而主张权利本位，其理论旨趣在于彰显社会个体的主体性地位、弘扬其自主意识，认可并拓展人们的自由空间。另一方面，权利本位的要义与旨趣在权利与权力的关系中体现为：国家的权力不仅来源于公民的权利而且服务于公民的权利，同时，国家的权力运行边界取决于公民的权利不能受到来自国家的侵犯。换言之，国家权力存在的正当性、国家权力配置和运作的合法性，不仅在于其切实保障社会个体的权利实现，而且在于其能够及时而有效地协调、制止、平衡权利主体之间的利益冲突、相互侵犯、分配不公等问题。之所以在权利和权力的关系中反对权力本位而主张权利本位，其理论旨趣在于将社会个体的权利从国家权力的管控和压制中摆脱出来，摒弃国家主义和官本位的人治观念，使得个人

[1] 参见尹奎杰："权利思维方式论"，载《法制与社会发展》2004年第1期。

[2] 张文显：《二十世纪西方法哲学思潮研究》，法律出版社2006年版，第427页。

[3] 参见张文显：《二十世纪西方法哲学思潮研究》，法律出版社2006年版，第427页。

[4] 参见张文显：《二十世纪西方法哲学思潮研究》，法律出版社2006年版，第427页。

[5] 参见张文显：《二十世纪西方法哲学思潮研究》，法律出版社2006年版，第427页。

[6] 参见张文显：《二十世纪西方法哲学思潮研究》，法律出版社2006年版，第427页。

权利获得足够的独立性和自主性，以实现私人领域与公共领域的合理界分，促使个人权利与国家权力之间的关系达致契合现代法治精神的状态。[1]

在一定程度上，我国法治建设不断走向扩展和深入的过程也就是这种权利思维的内涵与外延不断丰富和拓展的过程。同样地，作为法治之重要内容的立法实践和立法理论不断展开和提升的过程，也就是权利思维不断被其吸纳和在其中发挥价值理念指引的过程。简要回顾改革开放40年来我国宪法和基本法律的修订完善历程，就足以证明这一点。1982年宪法迄今的五次修改，如果说有一条红线贯穿其中的话，那么这条红线就是不断确立和保障公民权利、限制和规范国家权力的权利思维；这条红线同样也贯穿于改革开放40年来我国基本法律修订完善的历程当中，在权利思维的价值理念指引下，围绕着权利、义务与责任的逻辑关系，在不同主体和当事方之间更为科学合理地配置诸多类型的权利、义务和责任。这为我国的法治建设顺利推进提供了有力的立法保障。

与此同时，在改革开放40年来我国的地方立法进展中，权利思维的价值理念在地方立法原理、地方立法制度和地方立法技术等方面也得到了较大程度的体现。在地方立法原理上，表现为地方立法的基本原则在坚持地方特色的同时又要与中央立法不相抵触的精神，切实将权利思维在区域立法的指导思想上得以体现；在地方立法制度上，表现为不同地方的立法制度设计不断趋向多元化、民主化，使得权利思维在区域立法制度上兑现的广度和力度得以强化；在地方立法技术上，表现为各地因地制宜地发展出符合当地实际的立法技巧，将权利思维的一般性价值诉求通过多样的地方立法技术转化为特殊性的区域立法实践精神。

当然，我们必须正视在地方立法中由于其强调“地方特色”与“可操作性”而致使权利思维贯彻不够，进而导致体现着安全价值的法制安排之统一性、权威性和安定性受到威胁。地方立法的特性决定了地方立法要体现“地方特色”，“地方立法的主要任务之一，就是要用地方立法的形式，补中央立法之不足，反映地方之需求”。[2]这是地方立法的优势，但也会成为地方保护主义的挡箭牌而使得权利思维的价值理念在地方立法中难以落实，最终背离

---

〔1〕 参见张文显：《二十世纪西方法哲学思潮研究》，法律出版社2006年版，第427页。

〔2〕 周旺生：《立法学》，法律出版社2009年版，第282页。

法治的基本精神，破坏全国的法治大局。客观而言，这也恰是当前我国地方立法中的妙处与难处之一。其妙处在于，立基于全国立法的框架之中，依据当地实情而灵活和富有特色地将整体统一的法治精神与局部个别的法治样式巧妙地融合起来；其难处在于，面对全国统一的法治格局要求和迥异多样的地方情势与区域复杂因素，究竟如何把这两者明显的龃龉情形有效地衔接、统合起来，使权利思维的价值理念能够贯彻到地方立法之中。另一方面，地方立法贵在针对地方上的实际情况而使得其具有较强的“可操作性”。“可操作性”已经成为一个评价诸多种类的法律、政策甚至知识的重要标准。〔1〕但究竟如何理解“可操作性”，尤其是到底是对谁而言的“可操作性”之问题，构成了人们讨论地方立法的一个看似显而易见实则暗藏玄机的话题。例如，在行政法领域的地方性法规中的“可操作性”，究竟是对于行政执法者而言的“可操作性”？还是对于行政相对人的“可操作性”？这两者虽然都是“可操作性”，但其操作的主体是截然不同的，这种主体的不同直接反映了立法价值理念的差别。前者体现的是便于行政执法者执法的管理者思维，后者则体现的是服务于行政相对人的权利思维。在我国的地方立法实践中，在一定程度上仍然存在着追求体现管理者思维的“可操作性”，而压制抑或忽视体现权利思维的“可操作性”的情形。这种情形的存在说明了当前我国地方立法中权利思维的薄弱与不足。这种不足不仅损害了地方上的相关当事人的权利，而且也威胁着法律的权威性、统一性和安定性等安全价值。

二、安全价值：地方立法之权利思维的一种保障性价值

作为一种重要的法律价值，安全虽然未能在我国的法理学教科书中得到较详细的表述，但其在诸多的法律部门中均已被不同程度的关注，带有“安全”字样的国家立法也在增加中。〔2〕安全与权利思维的相关性在于：一方面，安全构成了人之权利的内在要素，同时安全作为一种相对独立的价值，其构成权利的一种保障性要素，缺失安全保障的权利思维在地方立法中难以彰显；另一方面，权利思维，作为现代法治的一种基本价值取向，其在地方立法中

〔1〕 钟金魁：“论‘可操作性’”，载《党政论坛》1991 年第 3 期。

〔2〕 据不完全统计，截至目前，我国已经颁布实施的直接关联安全方面的法律包括：《国家安全法》《反恐怖主义法》《反间谍法》《食品安全法》《中华人民共和国安全生产法》《保险法》《社会保险法》《道路交通安全法》和《网络安全法》等。

的贯彻能够在很大程度上保障相关主体的自由与安全预期，从而为区域空间内的法律主体提供基本的安全需求。

何谓安全？从汉语的词源和构词上看，安，甲骨文（房屋）+（女），表示房中有妇孺、家眷，有房有家是父系社会中男子的基本需求，顺利兴宅、娶亲，便能安居乐业，挫于兴宅、娶亲，则焦虑恐慌。[1]《说文解字》中说："安，静也。从女在宀下。"由此引申出安静、安定、安稳等意思。"'全'是'人'字下一个'王'字，意即人之最大、最高、最基本、最完美、最全面的方面。"[2]在《现代汉语词典》中"安全"被理解为"没有危险；不受威胁；不出事故"。[3]Safety 和 Security 是英语中"安全"的两种主要表述方式。根据《牛津高阶英汉双解词典》的解释，Safety 主要是指处于平安或没有危险、不受威胁的状态；Security 意指自由，或受保护、保障，免于伤害或担忧。[4]对此，有学者认为，这些"安全概念的界定普遍地使用反向解释"，即其在确定"安全不是什么"而非"安全是什么"，由此"安全的本质属性被消极化、被动化了"。[5]据此，该学者从社会学的意义上提出，"安全是特定的社会行为主体在实际生存和发展过程中所拥有的一种有保证或有保障状态"，安全有消极意义上的底线性安全和积极意义上的品质性安全。[6]林国治对"安全"的界定是：安全是"作为行为主体的人以及由其组成的各类组织、机构、集团、民族甚至国家等，在自由追寻或获取自身利益与价值时，其自身的生存与发展不受来自自然界、社会自身或环境等的威胁、侵害以及由此所达到的一种安定、平和、满足和免于恐惧与担忧的和谐状态"。[7]上述这些关于安全含义的理解，为笔者对于安全的分析提供了宝贵的启发作用。在笔者看来，在法学的意义上，安全乃是法律主体在社会活动中基于法律而使其生命、自由、

---

〔1〕 郭丽娟：《中国古代安全思想探源》，中国人民公安大学出版社 2016 年版，第 2 页。

〔2〕 颜烨：《安全社会学》，中国政法大学出版社 2013 年版，第 7 页。

〔3〕 中国社会科学院语言研究所词典编辑室编：《现代汉语词典》，商务印书馆 1984 年版，第 6 页。

〔4〕《牛津高阶英汉双解词典》（第七版），商务印书馆、牛津大学出版社 2009 年版，第 1759、1802 页。

〔5〕 杨敏等：《"以人为本"安全观的一种社会学探索：个体安全的理论与实证研究》，中国人民大学出版社 2013 年版，第 34 页。

〔6〕 杨敏等：《"以人为本"安全观的一种社会学探索：个体安全的理论与实证研究》，中国人民大学出版社 2013 年版，第 34 页。

〔7〕 林国治：《人类安全观的演变及其伦理建构》，中国社会科学出版社 2015 年版，第 19 页。

权利、财产等价值需求能得到保障而不被损害及不受到威胁之危险的客观状态和稳定的主观预期。诚如博登海默所言："在巩固国家、群体和个人通过政治斗争的手段而获得的自由和平等方面的进展的过程中，法律也践履着一种重要的安全功能。法律对于权利来讲是一种稳定器，而对于失控的权力来讲则是一种抑制器。从法律上对自由和平等进行规定的目的，就在于确使今天所赋予的权利不会在明天被剥夺掉。"[1]

根据博登海默的分析，在西方学界有学者主张"维续普遍安全必须是立法工作的最为重要的推动力"。[2]此言未免有拔高安全价值在立法中的地位之嫌，但其的确道出了安全价值在立法中的重要性。安全在我国地方立法中的地位与价值主要表现为两个方面：一是地方立法在凸显"地方特色"的过程中不仅要保障相关主体对地方性法规实施情况的预期之明确性、可靠性与稳定性，而且要保障这些主体对于地方性法规与基本法律及行政法规之间衔接关系的稳定预期，从而实现法制安排的秩序形式之统一性、稳定性与权威性；二是地方立法要能够有效协调区域性的民众权益诉求与全国整体性的民众权益诉求之关系，并在这种关系中对体现法治价值理念的权利思维形成稳定而有效的支撑，从而实现法制安排的价值理念之统一性、稳定性与权威性。当然，这两个方面的安全价值密切相关。法制安排的秩序形式上之安全对于法制安排的价值理念之安全具有外在的框架保障作用，而后者对于前者具有内在的精神引领作用。由此，我们可以说，安全价值在我国地方立法中的体现程度，在一定意义上反映了地方立法的外在形式合理性与内在实质合理性的水准。就目前我国地方立法中的安全价值实现情况看，其在凸显"地方特色"的过程中有偏执于地方保护主义而背离全国整体法制安排的秩序形式与价值理念之风险；其在强调地方立法的"可操作性"的过程中有陷入纯粹技术主义而被行政管理思维支配，从而架空权利思维在地方立法中的落实，最终导致地方立法背离法治精神而沦为管理工具的后果。

---

〔1〕［美］E. 博登海默：《法理学：法律哲学与法律方法》，邓正来译，中国政法大学出版社 1999 年版，第 293 页。

〔2〕［美］E. 博登海默：《法理学：法律哲学与法律方法》，邓正来译，中国政法大学出版社 1999 年版，第 256 页。

三、我国地方立法中的权利思维与安全价值之实现

基于前文的分析，当前我国地方立法贯彻权利思维的价值理念有待强化，对于安全价值的彰显也需要加强。对此，笔者将从强化地方立法工作者的主体性精神、重塑地方立法的“地方特色”和重构地方立法的“可操作性”三方面，来探讨我国地方立法中的权利思维与安全价值之实现。

首先，强化地方立法工作者的主体性精神是在地方立法中深入贯彻权利思维的第一要务。因为主体性精神构成了现代法治的思想根基，直接为权利思维提供内在的精神动力和逻辑证成。正如黑格尔所言：“现代世界是以主观性的自由为其原则的，这就是说，存在于精神整体中的一切本质的方面，都在发展过程中达到它们的权利的。”〔1〕作为哲学概念，“主体性实质上指的是人的自我认识、自我理解、自我确信、自我塑造、自我实现、自我超越的生命运动，及其表现出来的种种特性，如自主性、选择性和创造性等等；它是人通过实践和反思而达到的存在状态和生命境界，展现了人的生命活动的深度和广度，是人的生命自觉的一种哲学表达。”〔2〕欧洲文艺复兴运动、启蒙运动以来，人的主体性地位不断得以凸显。由此这种主体性精神为西方法治文明的铸就提供了不竭的思想动力。在我国，这种主体性正是发展社会主义市场经济的内在逻辑要求，市场经济需要经济活动主体具有独立、平等、自由的品性，呼唤法律对其诸多利益关系的调整与引导，需要以权利为本位的权利思维与法治样态。主体性精神意味着理性自由意识、平等独立意识、规则意识和责任意识，这些意识为现代法治的权利思维之价值理念提供了重要的支撑点。地方立法工作者是地方立法活动主导性的直接参与者，其主体性精神状况直接制约着权利思维在地方立法中的贯彻程度。因此，强化地方立法工作者的主体性精神就要从强化其理性自由意识、平等独立意识、规则意识和责任意识着手，从而确保将权利思维深入贯彻到地方立法之中。一般而言，地方立法工作者具有较高的法律专业素养，但其主体性精神囿于我国地方立法体制和运行机制而难以在参与地方立法的过程中充分展现出来，同时由于

---

〔1〕［德］黑格尔：《法哲学原理：或自然法和国家学纲要》，范扬、张企泰译，商务印书馆 1961 年版，第 291 页。

〔2〕郭湛：《主体性哲学：人的存在及其意义》，中国人民大学出版社 2011 年版，第 29 页。

一些地方立法工作者本身的综合素质有限而使得其主体性精神不足。有鉴于此，一方面，需要不断改进地方立法体制和运行机制，为地方立法工作者提供宽松的工作环境，激发其上述的四种意识；另一方面，需要采取措施提高地方立法工作者的综合素质，以保证其能够真正发挥出主体性精神。这种主体性精神的有效展现不仅推动了权利思维在地方立法中的贯彻而且也能促进安全价值在地方立法中的实现。

其次，重塑地方立法的“地方特色”，以有效协调地方性法规与基本法律及行政法规之间的衔接关系、地方性的民众权益诉求与全国整体性的民众权益诉求之关系，从而实现地方立法中法制安排的秩序形式上之安全价值和价值理念之安全价值。如前所述，“地方特色”既构成了地方立法的安身之本也可能成为地方立法的毁誉之所。为彰显地方立法中的安全价值，在其中深入贯彻权利思维的价值理念，地方立法的“地方特色”需要重塑。具体而言：一是地方立法工作者要能够“充分了解本地经济、政治、法制、文化、风俗、民情等对立法调整的需求程度，懂得如何通过地方立法有针对性地解决地方的特殊问题”。〔1〕在这一过程中，有效协调地方性的民众权益诉求与全国整体性的民众权益诉求之关系，既体现出地方立法的“地方特色”又能保证整体法制安排的统一性和权威性。二是地方立法工作者要充分认识到地方立法的复杂性，认识到地方立法在保障区域性权益上的重要性和实现全国整体性法治的作用。这种复杂性体现为：“地方立法有更多的关系需要处理”，“至少要处理六种关系：与宪法和法律的关系，与行政法规的关系，与部门规章的关系，与地方政府规章的关系，与上级或下级地方权力机关及其常设机关的地方性法规的关系”。〔2〕同时我们也要看到，地方是法治建设中相对独立的主体，其“在国家的利益格局中具有一定的独立性”，有“自己的独立意志和价值取向”，“由于地方在中国是实体性的存在，具有扭曲政策、法律、上级意图的实际能力，其行为之于上级决策而言，就可能一致，也可能不一致；之于法治而言，就或者积极，或者消极。”〔3〕由此，地方立法工作者要善于把握地方立法的这种复杂性，妥善处理诸种关系，发挥地方立法的积极作用，

〔1〕周旺生：《立法学》，法律出版社 2009 年版，第 282 页。
〔2〕周旺生：《立法学》，法律出版社 2009 年版，第 278 页。
〔3〕葛洪义：“‘地方法制’的概念及其方法论意义”，载《法学评论》2018 年第 3 期。

抑制其消极作用，既实现其秩序形式之安全价值又实现其价值理念之安全价值。

再次，以权利思维的价值理念重构地方立法的“可操作性”。一如前述，“可操作性”绝非那种通常所理解的符合实际、便于实施和易于上手操作的中立性的技术属性，而是带有浓郁的价值取向和主体选择偏好的价值判断问题。在地方立法的“可操作性”讨论和机制设计中，长期以来地方立法工作者总是习惯于站在有利于公权力行使者的立场上，进行地方立法活动，而忽视抑或无视普通公民和当事人的感受与需求，体现出典型的权力主导型的管控思维。这种管控思维的确是方便了公权力行使者的工作开展，但却为难了普通公民和当事人，增加了其办事的诸多成本，背离了现代法治的基本价值理念。因此，我们必须秉持现代法治的基本价值立场，以权利思维重构地方立法的“可操作性”。这意味着，在恪守法治的统一性前提下，我们必须坚持以保障公民权利和当事人权益为第一要义，公权力行使者是为实现公民权利和当事人权益而工作的原则，降低公权力运行的不确定性及成本，提高其确定性，进而强化其“可操作性”。当然，无论是谈宪法和法律的“可操作性”还是地方立法的“可操作性”，都有一种理性的自负之嫌，因为现实社会生活的瞬息万变决定了人们不可能事先制定出可便于上手的应对那些变动不居的诸多事态的方案，事先制定出来的法律或者法规只是为人们应对不断变化着的事务提供了一种大致的操作框架和方向，而不可能是那种理想中的可直接上手的操作图纸，这也是由人的理性有限所决定了的。实际上，以权利思维来重塑地方立法的“可操作性”，也就是要充分尊重和保障每一个具体情势中的当事人拥有一定的自由选择空间，使其更好地应对变化着的事态。而那种以管控思维来建构地方立法的“可操作性”，则体现的是一种理性的狂妄与独断症候。因此，我们以权利思维所重构的地方立法的“可操作性”也仅是一种有限的“可操作性”。

四、结语

综上所述，当前我国地方立法的价值理念需要以权利思维来进一步确立与强化，安全价值在我国地方立法中的实现程度需要进一步提升，以更好地发挥权利思维在我国地方立法中的价值引领作用。为此，需要强化地方立法工作者的主体性精神、重塑地方立法的“地方特色”和重构地方立法的“可操作性”。笔者承认，限于自身的学术兴趣和能力，本文主要是在我国地方立法的价值理念方面所进行的一种尝试性的分析，而对于地方立法中的制度性和技术性问题虽有涉及但未能详述。这也可能构成本文的一个遗憾与不足，敬请方家指教和补足。本文权当抛砖引玉。

我国立法对少数民族风俗习惯的态度：问题及改进

施蔚然*

摘要：我国立法对少数民族风俗习惯原则上持尊重态度，但这一总体状况下却隐藏着立法实践将尊重少数民族风俗习惯仅体现为原则规定的现象，过于强调了制定法对社会的引领及改造作用，对少数民族风俗习惯的认可显得不足。应将少数民族风俗习惯作为立法资源加以认真对待，除了直接吸收少数民族风俗习惯的有益养分之外，制定法还可以将少数民族风俗习惯作为强化民主立法、增强可操作性等方面的反思性资源。

关键词：制定法；少数民族风俗习惯；立法实践；立法资源

一般而言，制定法对少数民族风俗习惯多持尊重态度，《中华人民共和国宪法》（以下简称《宪法》）规定的“各民族都有保持或者改革自己的风俗习惯的自由”是典型代表，也是少数民族风俗习惯法律制度的基本原则。但在立法实践中，却并未将这种尊重态度贯彻始终，而是停留在原则规定上，进而体现出了对于制定法引领及改造社会作用的过度自信及立法对少数民族风俗习惯认可程度不够等问题，从提高立法质量的角度而言，实有必要对前述问题予以细察并加以改进。

一、立法权内涵及其与少数民族风俗习惯的关联

我国立法理论与实践不断发展，这使得人们对立法权问题的认识也不断深化。就立法权的概念而言，我国学者曾提出了以下四种有代表性的观点：

---

* 施蔚然：昆明理工大学法学院副教授，法学博士。

一是国家立法机关立、改、废法律的权力说；[1]二是特定国家机关产生与变更法律的权力说；[2]三是特定国家机关行使的包括立、改、废法律的综合性权力体系说；[3]四是实质立法权说。[4]李林正是从对以上四种观点的解读展开他的研究。他认为，我国对立法权的已有研究都或多或少地存在某些不足，[5]在逐项分析、评论之后，他对立法权进行了概念界定与阐释，即：与行政权、司法权相比较，立法权尤其是一种强调民主性的国家权力，立法权不仅涵盖立法行为，还涉及其他职能的行使。[6]

我们同意李林对立法权概念及其性质特征的梳理与评析意见，认为应当从政治学、宪法学、立法学等多种学科、多种视角对立法权及其性质特征进行结构意义和功能意义上的解读。具体到我国，虽然我们不实行分权原则，但立法、执法、司法的工作职能的区分是一种客观需要与事实存在，这可以从我国《宪法》的规定及法律实践中得到印证。就对立法权的认识而言，我们认为，强调立法权的民主特征对我国立法事业的健康发展尤其重要，这不仅是我国《宪法》《中华人民共和国立法法》（以下简称《立法法》）中的原则规定，也是立法工作取得成功的客观需要。如何实现立法的民主化？可以有很多进路，从我们的研究角度看，包括少数民族风俗习惯在内的我国各地的风俗习惯能够体现民主特征。而相较于一般意义上的风俗习惯，少数民族风俗习惯具有更为鲜明的特征，因此我们突出研究这一部分内容。

（一）少数民族风俗习惯体现了少数民族民众最大多数人的利益

各地少数民族风俗习惯虽然有不同的内容与特点，但都是少数民族从自身实践中得出的生活智慧，因此体现了最大多数人的利益。

从生产实践中形成的风俗习惯看，各地的少数民族风俗习惯都体现了最适合当地经济发展的行为。例如，我们在云南德宏傣族村寨姐村[7]观察到的

---

[1] 孙承谷：《立法权与立法程序》，人民出版社 1983 年版，第 7 页。

[2] 李步云、汪永清主编：《中国立法的基本理论和制度》，中国法制出版社 1998 年版，第 27 页。

[3] 周旺生主编：《立法学》，法律出版社 1998 年版，第 219 页。

[4] 分别参见郭道晖主编：《当代中国立法》，中国民主法制出版社 1998 年版，第 30 页、第 40 页。

[5] 参见李林："立法权与立法的民主化"，载高鸿钧主编：《清华法治论衡》（第一辑），清华大学出版社 2000 年版，第 251~255 页。

[6] 参见李林："立法权与立法的民主化"，载高鸿钧主编：《清华法治论衡》（第一辑），清华大学出版社 2000 年版，第 258~269 页。

[7] 按照法律人类学的学术惯例，本文均用虚构村名指代我们进行田野调查的村落。

当地农事活动大致分别是：一月，种植西瓜和甜脆苞谷，西瓜的种植亩数一般多于甜脆苞谷的种植亩数；春节前，在旱地种植甘蔗；三月，收获前一年种植的红土晒烟（烤烟）；四月，收获成熟的甜脆苞谷，四月底，收获西瓜；五月，栽种水稻；九月，收获成熟的水稻谷子；十月，种植烤烟；十二月，收获成熟的甘蔗。其中，旱地栽种甘蔗和橡胶，其余农作物则种植于水田之内。其他围绕生产形成的换工、有酬帮忙等风俗习惯都具有互惠性质，能够保证大家都获益，统计数据可兹证明：2004 年，姐村共有 1216 户，共计5969 人，人均收入为 1559 元。到了 2014 年，姐村共有 1376 户，共计 6621 人，人均收入为 8016 元。从经济指标的增长情况看，姐村傣族村民的风俗习惯给当地人带来了利益，所以他们自觉自愿地坚持了这种习惯。

在云南景迈村，傣族村民仍然保留着将茶树视为神树、认为破坏茶树及其保护设施的行为将带来恶果等风俗习惯，由这些风俗习惯形成的观念已经内化为当地傣族村民的行为习惯，这些行为习惯保护了当地环境，还使得该地形成了可持续发展的生态经济，这种状况也符合当地最大多数人的利益。

（二）少数民族风俗习惯体现了少数民族民众最广泛的参与

从少数民族风俗习惯的形式看，神话故事、宗教戒律、祖宗遗训、民间谚语、哲理故事、村规民约等都是“百姓身边的故事”，其作用机理是让人觉得真实可靠，同时，当事人本人完全可以参与其中。例如，就民间谚语而言，姐村傣族村民流传的谚语“小树弯了能撇直，大了就晚了”就具有很强的指导性。每家每户都有孩子，都面临孩子的教育问题，怎样教育？以上谚语让每个人都有参与感，将小孩比作“小树”，从树木的生长规律中发掘教育孩子的规律：如果要避免树木长成弯树，就要在树木还处于幼小时期着手，随时观察，一旦发现小树弯了，就要将其扶直，如果任其发展，小树弯曲地生长成一棵大树，再想将其修整成一棵直木就不可能了。其中的指向性非常明确，小树与小孩形成对比，大树与成年的孩子形成对照，父母则成了照管树木的农人，每一个角色都有现实的对应物，当事者人人均可对照比拟，参与范围自然很广泛。

还例如，在景迈村，傣族村民中流传着通过喝茶治愈癌症的故事，这也极大地增强了当地少数民族村民对本民族尊茶、喝茶习惯的信任感和自豪感。每个人都会碰到生老病死的问题，现代医学当然可以解决病痛，但显得太过高远，自己身边的人讲述的故事则让听众觉得更为熟悉。就景迈村的傣族村民而言，喝茶有着如此多的好处，甚至能祛除病痛，这样，对于自己最为熟悉的茶树及茶叶文化，就会有更多的认同感。因为自然条件的便利，当地民众更容易获得茶叶，更熟悉喝茶习惯，而面对每个人都会遭遇的病痛问题，就能够用喝茶的方式予以解决。喝茶有利于健康的观念就这样深植于每个村民心中，尊茶、喝茶的少数民族风俗习惯就成为当地一种普遍的生活方式。

（三）少数民族风俗习惯体现了少数民族民众对相关事项最大范围的知晓度

民俗学学者的研究表明，民俗这种集体习惯具有社群性、传承性、播布性、稳定性、变异性等基本特征，并具有教化、约束、维系、调节等四种社会功能。[1]这样的认识对研究少数民族风俗习惯的规范功能非常重要。少数民族民众的生活中充斥了大量的风俗习惯，他们从小就受着各种风俗习惯的熏陶，可谓“生于斯，长于斯”，自然熟悉本民族的风俗习惯。这也是我们在少数民族村寨能访谈到少数民族风俗习惯的原因所在，少数民族民众熟悉风俗习惯的社会事实充分证明：少数民族风俗习惯在少数民族地区具有广泛的知晓性，这也正是民俗学家提出的民俗具有社群性、传承性和播布性等特征的事实基础。其原理在于，少数民族风俗习惯体现了少数民族的最大社会利益，少数民族民众也广泛参与了民族习惯形成的社会生活，因此，对于民族习惯及其指向的各种事项，少数民族民众具有普遍的知晓性。

既然少数民族风俗习惯在广泛领域内规范或形塑了少数民族民众的行为与思想，那么，少数民族风俗习惯就是少数民族的“活法”，是少数民族民众最为熟悉、最为知晓、最自觉遵守的规则。因为具有这些特性，就使得少数民族风俗习惯的价值取向与国家立法的价值取向相吻合起来，其理应成为国家立法的社会资源。然而，现实情况却并不像这样顺理成章，下面我们将转而对制定法中的少数民族风俗习惯做相应考察，探究少数民族风俗习惯的立法价值，试图剖析其中的实际难题与完善路径。

二、我国制定法中对少数民族风俗习惯的态度及其问题

苏力很早就对制定法中的习惯予以了关注，他对1949年10月至1998年

---

〔1〕 分别参见钟敬文主编：《民俗学概论》，上海文艺出版社1998年版，第5~6页、第11~20页、第27~32页；陶思炎：《应用民俗学》，江苏教育出版社2001年版，第3~4页、第50~53页。

3 月之间国家相关机构制定颁布的各种法律、行政法规及重要的司法解释等进行了文本分析，共涉及 2 500 件规范性法律文件，在此基础上得出了令人信服的结论。他认为：首先，在我国的制定法中，最具有法律意义的习惯就是有关外国人与少数民族的习惯，并且是将风俗与习惯连用，文字表述为“风俗习惯”。我国法律、法规等在涉及少数民族、提及民族习惯时总体态度上强调了尊重。这是我国制定法对于习惯态度的一个突出原则与特点；其次，在我国的制定法中，举凡涉及习惯的时候，其条文规定的用语大多采用改革、培养等词语，立法机关似乎总是试图以法律来塑造和改造原有的某种习惯，如行为习惯、劳动习惯、保密习惯、守法习惯、纳税习惯等。即使涉及少数民族时，制定法的表述中也不时有改革风俗习惯的字样，但仅是较为慎重而已，一般都强调遵循自愿的原则；其三，在我国的制定法中，只有极个别的法律提出要以习惯作为制定法律的依据，极少数制定法提到要考虑民众的习惯；其四，在我国的制定法中，涉外性质的法律多会在法律原则中规定要尊重国际惯例，有的法律还在条文中直接规定了参照或依据国际惯例，显得很尊重国际惯例或国际习惯；其五，在我国的制定法中，只有极少数相关法律作出了尊重或保护习惯的规定；其六，对于同为非正式法律渊源的政策与习惯，制定法采取了区别对待的做法。在 2500 件法律文件中，很少有法律明确提出“依习惯”，而大量的法律条文出现了“政策”。因此，朱苏力总结道，除了少数民族风俗习惯和国际惯例之外，我国的制定法总体上轻视习惯。制定法对习惯的上述态度，还影响了法学界。〔1〕

高其才从法律认可习惯的角度具体分析了我国制定法对习惯法态度的转变，认为习惯法已经成为我国的一个正式法律渊源，制定法的这些变化，代表了一种“为生活而立法”的新的立法理念。〔2〕他还专门考察了我国民族自治地方民族法规对少数民族习惯的认可方式、认可表现出的特征等情况，并指出：民族自治法规认可民族习惯的方式主要就是在自治条例和单行条例中表明尊重和认可民族习惯。民族自治法规认可民族习惯表现出如下特点：一是认可习惯的内容由单一发展为较为多元，包括了婚姻习惯、物权习惯等；

〔1〕 苏力：“当代中国法律中的习惯——一个制定法的透视”，载《法学评论》2001 年第 3 期。前述法律与政策理论介绍部分可以作为立法对习惯的态度影响法学界的一个例证：我国法理学界将少数民族风俗习惯与国家政策都视为正式的法律渊源，其他的习惯则被列为非正式的法律渊源。

〔2〕 高其才：“当代中国法律对习惯的认可”，载《政法论丛》2014 年第 2 期。

二是认可习惯更多的是强调对落后的习惯的引导；三是认可习惯会随着社会的发展而出现一定变化。民族自治法规认可民族习惯的范围很广，有关旅游的法规，尤其强调要尊重民族习惯，在非物质文化遗产保护类法规中，也多有关于习惯的内容。〔1〕

在另一篇公开发表的论文中，高其才有着更为完整的表述，他认为：在我国，习惯法作为一种国家正式法律渊源的现象表明，习惯经由宪法和法律的认可即成为习惯法，此系习惯法成为我国正式法律渊源的途径，也是习惯法成为我国正式法律渊源的原因所在。正是由于社会的发展，才使得当代我国的法律渊源更为多元。从这一视角出发，习惯法的功能和价值应当受到充分重视。〔2〕苏力的研究观察的法律文本截止至1998年，高其才的研究观察的法律文本至少截止到2012年，在这14年的时间跨度内，我国的社会主义法律体系有了长足进步，〔3〕这些进步在立法方面也有着充分的表现。就立法对习惯、对少数民族风俗习惯的认可看，确实相较以前有了较大转变，这些在前述高其才发表的一系列论文中已有所论述。〔4〕高其才在另一篇关于我国法律对蒙古族习惯的认可的论文中也有着较好归纳：我国的宪法、法律、行政法规、民族法规等各种法律渊源对蒙古族习惯的认可已从过去的内容单一发展到目前的多样化，这种发展是我们对待民族习惯的认识更为加深的表现，说明我国不再仅从政治层面谈论尊重民族习惯，而是已经开始了更为综合、更为客观、更为现实的立法实践，这种观念上的转变直接影响了民族法规对蒙古族习惯的认可工作。〔5〕我们同意以上认识，也对我国制定法对习惯和少数民族风俗习惯的态度发生一定转变持肯定态度，但希望这一转变来得更为彻底，所以我们将对我国制定法中关于少数民族风俗习惯的部分再做探讨，

〔1〕 高其才："当代中国民族自治地方法规中的习惯"，载《法学杂志》2012年第10期。

〔2〕 高其才："作为当代中国正式法律渊源的习惯法"，载《华东政法大学学报》2013年第2期。

〔3〕 突出的标志就是，2011年3月10日上午，时任全国人大常委会委员长吴邦国在第十一届全国人大第四次会议第二次全体会议作全国人大常委会工作报告时宣布，党的十五大提出的到2010年形成中国特色社会主义法律体系的立法工作目标，已经如期完成。

〔4〕 参见高其才："当代中国民族自治地方法规中的习惯"，载《法学杂志》2012年第10期；高其才："作为当代中国正式法律渊源的习惯法"，载《华东政法大学学报》2013年第2期；高其才："当代中国法律对习惯的认可"，载《政法论丛》2014年第2期等论文。

〔5〕 高其才："我国法律对蒙古族习惯的认可"，载《内蒙古师范大学学报（哲学社会科学版）》2013年第2期。

指出其中仍然存在的一些问题。

第一，制定法对于少数民族习惯的尊重与认可的规定仍显得过于原则。在肯定近年来我国制定法对习惯的认识从立法理念到立法实践取得的成绩的同时，还应当清醒地认识到其中的不足，这样才能将“为生活而立法”的理念更好地贯彻落实。虽然很多制定法都明确规定尊重少数民族风俗习惯，但是，这些规定还过于原则，很多都只是停留在政策宣示的层面。例如，2006年颁布施行的国务院《大中型水利水电工程建设征地补偿和移民安置条例》第11条第2款有关在编制移民安置规划时应当尊重少数民族风俗习惯的规定，〔1〕必须承认，这一规定很重要，但是如果进一步分析就不难发现，该规定只是一种原则性的表达，还有很多可以细化之处。其最大的不足就在于规定得过少、过疏。在该行政法规共计63条规定中，只有这一款对尊重少数民族的风俗习惯等作出规定，这一方面还只是重复了宪法、法律等上位法的原则表述，另一方面则与尊重少数民族风俗习惯的宪法要求并不匹配。其中至少有如下问题值得进一步探讨：首先，在编制移民安置规划的时候，要做些什么工作，才符合尊重少数民族风俗习惯的要求？对此问题，我们无法从该行政法规的条文中找到答案，因为该法规并未给出明确的说明与要求；其次，在编制移民安置规划的时候，如果出现不尊重少数民族的生产、生活方式和风俗习惯的情形，监管机构如何实施监管行为？该行政法规也未给出答案；最后，在编制移民安置规划的时候，如果出现不尊重少数民族的生产、生活方式和风俗习惯的情形，相应的少数民族移民如何实施权利救济行为？对于诸如此类的问题，该行政法规中都没有相关的程序性规定，“无救济则无权利”，“尊重少数民族的生产、生活方式和风俗习惯”无法落到实处，相应地，该条文规定也会变成可望而不可即的空洞说教。

实际上，根据该行政法规第12条和第13条的规定，移民安置规划涉及移民安置、城镇及工矿企业迁建、征地补偿等多种事项，也有着相应的指标要求，另外，根据该行政法规第15条规定，编制移民安置规划既要听取移民的意见，又要听取移民安置区居民的意见。在以上各个方面，法律文本都可以着力体现出对少数民族的生产、生活方式和风俗习惯的特别尊重，但遗憾的是，我们并未看到这样的努力。这正是对如何尊重少数民族风俗习惯缺乏

〔1〕 该款的完整表述为：“编制移民安置规划应当尊重少数民族的生产、生活方式和风俗习惯。”

完整认知的表现，反过来，如果从以上各个方面着力，仍可以将尊重少数民族风俗习惯的法律原则进一步细化。

第二，对于少数民族习惯的认可仍延续了引导和改造社会的思路。前文已述的苏力的观点比较客观地归纳了我国各种规范性法律文件对少数民族习惯的态度，他认为：除在涉及少数民族时法律规定更多强调尊重外，对其他习惯，一般都强调要培养、养成、调整、改革各种习惯，不过，即使是涉及少数民族时，也不时有改革风俗习惯的规定，只是更为慎重一些，强调遵循自愿的原则。[1]我们认为，苏力关于我国法律对于少数民族习惯的态度的论述值得引起重视，就是这种“慎重”“强调遵循自愿的原则”改革少数民族风俗习惯的法律规定，也是一种过于强调法律具有能够引导和改造社会功能的表现。其实，习惯与法律的关系非常复杂，少数民族风俗习惯对民族地区的作用突出地反映了习惯与法律之间的这种复杂关系。在我们看来，对于少数民族的很多风俗习惯，法律或国家行为很难达到“想改就改”的目的，此处我们结合一部民族法规作进一步阐述。

《云南省寻甸回族彝族自治县自治条例》第9条第3款关于倡导革除陈规陋习、提倡文明婚丧习俗的规定，[2]表面看起来，这一规定没有什么问题，而且我们尤其赞赏该自治条例在此处表现出的国家机关对少数民族风俗习惯的“克制”态度，因为在上述条文中，使用了“自治县的自治机关倡导各民族自觉……”的用语，这种态度反映了对少数民族风俗习惯的尊重，也从一个侧面说明民族地方的立法机关对基层生活的认知能力是很到位的。但是，问题出现在“陈规陋习”“文明”等用语的使用上，这种表达方式仍然透露出了“先入为主”，将少数民族习惯与“落后”“不文明”等关联，过于相信法律改造少数民族风俗习惯的能力等思维惯性。

其实，关于少数民族风俗习惯的“善”与“恶”，“落后”与“文明”等问题，不能一概而论，因为这并不是一个简单直白的问题，对很多习俗实际上很难做出非善即恶的判断，它们处在一种善与恶之间的状态，也与观察它们的视角有关，同情的理解、具体问题具体分析、不大而化之也许是更合理

---

[1] 苏力：“当代中国法律中的习惯——一个制定法的透视”，载《法学评论》2001年第3期。

[2] 该款的完整表述为：“自治县的自治机关倡导各民族自觉革除妨害民族兴旺、人民致富、社会和谐的陈规陋习，提倡文明的婚丧习俗。”

的选择。对少数民族风俗习惯而言，善与恶、文明与落后、陈规陋习与善良风俗等的区分都只具有相对性。同一习惯，可能有人视之为恶俗，有人则看出其中的“善”来，甚至过去认为“恶”的习惯，现在可能不这样认为了。此外，对少数民族风俗习惯做如上区分难免带有狭隘性。原因在于，如果只有“善”与“恶”这两类少数民族风俗习惯，一旦确定了“善”的少数民族风俗习惯，其他习惯自然成为“恶”的了。因为善与恶乃非此即彼、非黑即白的关系。然而，生活如此复杂，少数民族风俗习惯要处理的问题如此之多，很多情况下对少数民族风俗习惯的判断还取决于观察者的视角，很多少数民族风俗习惯其实很难归入恶俗行列。再进一步说，这样的界分对“善”的少数民族风俗习惯何尝不是一种限制？本来少数民族风俗习惯是一张无缝的网，突然对其作出非善即恶的取舍，难免可能把本来真是“善”的少数民族风俗习惯归到“恶”的行列之内。而不少论者对“善”的少数民族风俗习惯的认定中，其给出的各种前置性定语如此之多，〔1〕我们不禁要问，在这样的层层审视之下，在如此的小心谨慎之中，是否还有少数民族风俗习惯可被归为“善”类？总之，少数民族风俗习惯的内容很多、范围很广，但只将其区分为善与恶的两类，未免失之简单，既可能限制了“善”的少数民族风俗习惯的范围，又可能无端扩大“恶”的少数民族风俗习惯的区域。

第三，对于少数民族风俗习惯的接纳方式仍显得过窄。目前，我国的制定法主要采用认可的方式接纳少数民族风俗习惯，形成国家法意义上的习惯法。这里产生了两个问题，一是制定法认可少数民族风俗习惯的力度较弱；二是对于非国家法意义上的少数民族风俗习惯或习惯法，〔2〕制定法并未做出足够回应。

首先，目前我国制定法对少数民族风俗习惯的认可仍显得力度不够，认可得也不够细致。虽然我国民族自治地方法规认可的民族习惯的范围已经比

---

〔1〕 例如，有论者提出，“善良风俗”是指在一定地区内得到人们的普遍公认，且不违反法律和国家政策，在生活实践中反复运用的一些习惯、惯例和通行的做法，且该习惯、惯例和通行的做法不得危害国家安全、国家利益，不得妨害社会公共利益，不得侵犯他人合法权益，不得违反社会主义道德规范。参见刘黎明：“对少数民族地区司法调解工作的完善和思考”，http://court. gmw. cn/html/article/201409/17/164158. shtml，最后访问日期：2018 年 8 月 26 日。

〔2〕 有学者认为，非国家法意义上的习惯法是独立于国家制定法之外，依据某种社会权威与社会组织，具有一定强制性的行为规范，关于这一种非国家法意义上的习惯法的定义的更多阐释，可参见高其才：《中国习惯法论》（修订版），中国法制出版社 2008 年版，第 3 页。

较广泛，但是这些认可，尚有继续努力的空间。前文我们已经论述了目前我国法律对尊重少数民族风俗习惯的规定过于原则的不足，这一状况在对各种少数民族风俗习惯的认可方面也存在，这种认可的可操作性不强，很多时候只是一种政策宣示，更多只是基于一种政治因素的考量而作的认可，并附加了过多的前提条件。针对这些情况，我们在田野调查中发现，当诸如少数民族婚姻家庭继承习惯与法律规定不一致时，法官并没有相应的操作性规则可供选择。〔1〕民族自治地方法规对习惯的认可出现的变化表明人们对习惯的认识是可以转变的，更是基于习惯在我国少数民族地区具有重要的影响这一社会现实，如果民族自治地方在自治条例和单行条例中认可习惯更多的是着眼于对少数民族落后习惯的引导，或是对社会的改造，民族自治地方法规认可习惯的视角就会有所局限，认可习惯的途径就会变得过于单一。总之，我国现行有效的民族自治地方法规中，对少数民族风俗习惯的认可，还不能较好地反映少数民族风俗习惯在民族地区的重要作用，这就需要我们对少数民族习惯形成更全面和理性的认识，也需要做更多更细致的民族立法工作。

其次，目前我国制定法仅仅对少数民族风俗习惯作出认可是远远不够的。因为认可习惯只是将习惯纳入法律视野的一种路径，社会生活的广阔性决定了习惯与法律之间不可能完全重合，这说明，通过法律认可少数民族风俗习惯，仍然不能解决所有问题。少数民族风俗习惯是一种客观存在，理性认识国家制定法与少数民族风俗习惯的关系，要求我们要重视少数民族风俗习惯事实上在民族地区发挥着调整人们社会关系的作用，在立法上，就要求我们既要给少数民族风俗习惯留足应有空间，又要将其作为一种立法资源加以观察与研究，重视少数民族风俗习惯作为当代中国正式法律渊源和立法资源的功能和价值。为少数民族风俗习惯留足应有的空间，将少数民族风俗习惯作为立法的社会资源。

总之，朱苏力关于“习惯在当代中国制定法中具有某种贬义”的观点现在仍然在很大程度上是能够成立的。虽然较之改革开放之前的规范性法律文

---

〔1〕 例如，我们注意到1989年颁布施行的四川省《阿坝藏族羌族自治州施行〈中华人民共和国继承法〉的变通规定》第4条第2款规定：“继承开始后，按照法定继承办理；有遗嘱的，按照遗嘱继承或者遗赠办理；有遗赠扶养协议的，按照协议办理；没有遗嘱、遗赠和扶养协议的，经继承人协商同意，也可以按照少数民族习惯继承。”这样的规定值得赞赏，但在我们调查的民族地方并未发现类似规定，相关法官也仍然困惑于民族继承习惯与国家法律的冲突。这说明类似规定并未得到更多推广。

件，当前的制定法在对待习惯的轻视态度方面有所减弱，但总体看，一定程度上轻视习惯、对少数民族风俗习惯的尊重的规定过于原则等立法上的不足之处仍然存在。法学界“在当代中国，只有法律承认其有效的习惯，才能作为补充制定法的渊源”的表述依然为很多人所接受，这些现象都促使我们要对少数民族风俗习惯的立法意义进行更多思考。

三、作为一种立法资源的少数民族风俗习惯

少数民族风俗习惯作为民族地区的社会安排和内生秩序，已经长期存在于少数民族的社会生活中，并且仍将长期存在下去，这说明了少数民族风俗习惯的不可能消灭性，也正因习惯是在长期的历史中形成的，所以其影响不可能在短时间内被轻易消除。仅仅将尊重少数民族风俗习惯停留在法律原则性规定的状态，既无益于将这种尊重落到实处，又事实上无视或轻视了前述的少数民族风俗习惯的影响力，从改进立法质量的角度看，这些观念无论如何都将浪费立法的社会资源。

（一）制定法应尽可能地从少数民族风俗习惯中吸纳养分

制定法对待少数民族风俗习惯的态度是立法者如何对待少数民族风俗习惯的观念反映。少数民族风俗习惯反映了民族传统，这就将问题转化成立法时如何处理传统与现代的关系的命题。

少数民族风俗习惯体现了民族智慧，为立法活动提供了智识上的养分。少数民族风俗习惯是少数民族在长期的历史中形成的，其影响不可能在短时期内消除，地方语言、民族意识的客观存在为少数民族风俗习惯提供了载体，这些社会事实都使得少数民族风俗习惯在当今中国民族地区还具有很强的社会作用，当然也还能够发挥重要的规范功能。少数民族风俗习惯对我国少数民族民众影响较深的原因在于，在少数民族地区，少数民族个体成员从记事开始就要受民族民事习惯的熏陶，在这样的氛围中，个体在有意无意之间只能任由民事习惯完成对他们的绝大部分教化工作，从穿衣吃饭的礼仪，到做人做事的规矩，少数民族的个体成员们无不依从风俗习惯，这就决定了少数民族风俗习惯是一种内生规范，具有文化特性。少数民族风俗习惯承载着少数民族的集体记忆、民族地方的共同经验，是我国少数民族民众的生活智慧的集中体现。国家可以通过各种调查工作查明少数民族风俗习惯的内容并反映在规范性法律文件中，这既是尊重传统的表现，也是科学立法的要求。我

们应当重视少数民族风俗习惯的积极功能和价值，在法律制定过程中，应当考虑民族地区社会发展的实际情况，汲取少数民族风俗习惯的合理内容，吸纳习惯的积极因素，降低形式的法律与民族地区社会实际的生活滋生距离的可能性，使国家法在民族地区有坚实的社会基础，实现国家立法的目的。

我们在前文中已证明，习惯与国家制定法的关系其实非常复杂，两者之间的关系不能用简单的冲突与调适的模式进行处理，应当看到，少数民族风俗习惯与国家制定法在法的目标和功能、法的内容、解纷方式等方面具有一些内在的共同性。少数民族风俗习惯与国家制定法之间的不一致也并非就是完全不可调和的冲突关系。少数民族风俗习惯里含有的民主、团结、互惠等价值，也正是当代中国的法制建设所需要的内容。少数民族风俗习惯所反对、所不容的某些行为也为国家制定法所禁止，少数民族风俗习惯所提倡、鼓励、赞成的某些行为也为国家制定法所确认和保护。少数民族风俗习惯与国家制定法客观上能够互相支撑、相互影响。因此，如何让立法更适应当地人的生活？如何形成有效调整、规范当地人生活的制定法？少数民族风俗习惯完全可以为立法在解决上述问题时提供智识上、观念上的养分。

少数民族风俗习惯保护了民族利益，为立法活动提供了条文上的来源。少数民族风俗习惯所规范的内容与少数民族民众的利益密切相关，所保护的是少数民族民众的日常权利，因此，少数民族民众信赖并依从民族风俗习惯。民族习惯中具有较强规范性和生命力的一些内容、形式都能够成为国家制定法的有益借鉴资源和有机组成部分。高其才指出：应该检讨以往的立法思路，要为生活而立法，这样才能使国家法的制定与社会的实际相契合。〔1〕我们赞赏这样看待习惯与立法的关系，我们同时认为，这一观点也适用于思考少数民族风俗习惯对于立法的价值，质言之，国家制定法律时回应少数民族地区社会成员的法律需求，可以避免当地民众对国家制定法的放弃或规避。从立法技术上看，少数民族风俗习惯可以从以下方面提供制定法条文的资源：

第一，最大限度地在法律原则的条文规定中肯定少数民族风俗习惯的规范作用。值得指出的是，《中华人民共和国物权法》（以下简称《物权法》）《中华人民共和国非物质文化遗产法》等法律中出现了更为肯定和重视习惯的趋向。这一趋向当然应当影响立法对少数民族风俗习惯的态度，我们需要进

---

〔1〕 高其才：“当代中国法律对习惯的认可”，载《政法论丛》2014 年第 2 期。

一步思考如何在立法中给少数民族风俗习惯留足更多空间，如何在立法中吸取少数民族风俗习惯这样的立法原生态养分，最终形成类似“法律未规定者，依少数民族风俗习惯”的原则性规定的条文形式，少数民族风俗习惯的特征决定了它可以弥补民事立法的某些漏洞，立法活动可以将尊重少数民族风俗习惯的原则规定作进一步细化，在面对事实上无法完全吸收和穷尽对少数民族风俗习惯的认可的情况下，应当明定少数民族风俗习惯在法律中的地位，为少数民族风俗习惯发挥补充调整作用提供根据。因此，我们在立法时可以考虑诸如我国台湾地区“民法典”总则第 1 条规定的立法例，〔1〕在法律中就留足包括少数民族风俗习惯的所有风俗习惯的规范空间，也给民族地区各级人民法院适用少数民族风俗习惯解决纠纷提供更为充足的法律依据。这其中的法理依据是，法律不可能规范社会生活的方方面面，这就为少数民族风俗习惯的适用提供了可能。制定法应当明确肯定少数民族风俗习惯的适用，不要有更多顾虑、也不要设置更多前提，让民族地区的法官，特别是民商事案件的承办法官，理直气壮地适用少数民族风俗习惯。我们认为，也只有这样，才能让立法活动充分重视社会生活中的少数民族风俗习惯，尊重少数民族风俗习惯的客观价值，充分贯彻尊重少数民族风俗习惯的宪法规定。

第二，在法律原则之外的条文规定中直接写明少数民族风俗习惯具有裁判依据的性质。立法例可以参照《物权法》《中华人民共和国合同法》（以下简称《合同法》）等法律的规定，〔2〕这种立法方式与前一种方式的区别在于，这是一种针对具体事项的表述，可以起到一种强调作用，突出特定情况下对少数民族风俗习惯优先适用的法律要求，具有更强的针对性与可操作性。例如，《合同法》在对承诺的作出的认定方面，就突出了交易习惯的优位效力：一般而言，承诺都是以通知的方式作出的，但法律允许出现例外情况，如果交易习惯是不以通知方式、可以行为方式作出承诺，法律规定以交易习惯为判断标准。这些立法例对我们的研究的价值在于，习惯在法律的世界中并非总是处在次要地位，在特定情况下，它也可能成为法律实施过程中的首

〔1〕 该条文的完整表述为：“民事，法律所未规定者，依习惯；无习惯者，依法理。”

〔2〕 例如，《物权法》第 85 条规定：“法律、法规对处理相邻关系有规定的，依照其规定；法律、法规没有规定的，可以按照当地习惯。”《合同法》第 22 条规定：“承诺应当以通知的方式作出，但根据交易习惯或者要约表明可以通过行为作出承诺的除外。”《合同法》第 26 条规定：“承诺通知到达要约人时生效。承诺不需要通知的，根据交易习惯或者要约的要求作出承诺的行为时生效。”

要考虑因素，相关问题的讨论可能要采取具体问题具体分析的态度，不能一概而论。如果在制定法中直接规定少数民族风俗习惯作为裁判依据的法律地位，也能实现前述《物权法》《合同法》等法律的立法目的。

第三，在法律条文中尽可能多地吸纳少数民族风俗习惯的内容。前述当地少数民族风俗习惯对景迈山千年万亩古茶园的形成具有重要作用，相应民族习惯蕴含着丰富的可持续发展的经验与智慧。当地认识到了保护古茶树的重要性，制定了《云南省澜沧拉祜族自治县古茶树保护条例》，但我们遗憾地看到，这一自治法规在总计19个条文的规定中，只字未提“少数民族风俗习惯”，民族法规尚且如此，其他制定法更可想而知。

（二）制定法应尽量多地从少数民族风俗习惯的形成过程中反思立法的民主性

将法律视为专属于国家的范畴显然只是分析实证主义法学的观点，对于社会法学派、自然法学派等学派而言，法律则未必只能专属于“国家”。法律人类学更注意从非正式社会控制的角度观察法律现象，所以才有“民间法”“习惯法”“法律多元”等概念的出现。以这样跨学科、多元化视角观察立法，则立法也未必只是一种单方面自上而下就能完成的工作，而且，立法的民主性要求可以从少数民族风俗习惯形成过程反思性地获得启示。少数民族风俗习惯是在漫长岁月中形成的，长期支配着中国少数民族的言行举止，这些似乎与“国家”关系不密切甚至没有关系的社会规范，靠什么得到人们的遵守？我们认为，少数民族风俗习惯对少数民族的权利与义务关系作出了规整，其能够得到社会认可并反复适用的原因，就是体现了民主的要求。

法律与习惯的关系其实非常紧密，从以下两个方面可以得到印证：第一，从发生学上看，法由习惯发展而来，马克思主义法学观认为，法律产生于习惯，法先于国家产生。理由在于，恩格斯描述法律的产生时明确说过法律的产生在国家的产生之前，人类社会的规则先表现为习惯，后成了法律，随着法律的产生，就产生出了国家。[1]第二，从法律史的角度看，最初形成的法

---

〔1〕 恩格斯的完整表述为：“在社会发展某个很早的阶段，产生了这样一种需要：把每天重复着的生产、分配和交换产品的行为用一个共同规则概括起来，设法使个人服从生产和交换的一般条件。这个规则首先表现为习惯，后来便成了法律。随着法律的产生，就产生出以维护法律为职责的机关——公众权力即国家。在社会进一步发展的进程中，法律便发展成或多或少的广泛的立法。”《马克思恩格斯选集》第二卷，人民出版社1995年版，第211页。

几乎全都与习惯有关。英国法的形成就是一个例证，众所周知，英国的普通法（Common Law）与1066年的诺曼征服有关，威廉一世征服英格兰后，逐渐形成了英国普通法，普通法得名于其来自英格兰的“普通习惯”，意思是普通法代替了英格兰各地的习惯法而通行于全英格兰境内。[1]为此，有学者还专门提议将“Common Law”由“普通法”改译为“习惯法”。[2]就我们看来，此项对普通法的翻译名称的研讨很有道理，[3]也是很有价值的，对我们的研究来说，它例证了习惯与法律的紧密关系。

习惯与法律都具有规范性的法理基础在于两者都有正当权威的保障、两者在社会中都有强制力。对于习惯（包括习惯法）与制定法的强制力问题，有学者关于法律的三层次说有一定的启发意义。按照该学者的观点，根据保障实施的强制力的强弱程度，可将其分为初级、中级和高级三种形态：一般意义上的习惯法属于初级形态的法律；诸如习惯法汇编等较为系统的习惯构成中级形态的法律；国家法为高级形态的法律。保障这三种法律得以实施的社会物质力量由弱到强：习惯法最弱，习惯法汇编次之，国家法最强。[4]这一研究表明，习惯与法律在保障实施的物质性强制力上有强弱之分。这里就留下一个值得推进的理论空间：虽然保障各种社会规范贯彻实施的社会物质力量有强弱之分，但是在心理强制力量方面，习惯或习惯法未必就一定会输给国家的立法。从少数民族民众对民族习惯的服从这一角度反推出去，我们自然会发问：少数民族民众为什么会按习惯行事？要回答这个问题，就绕不开正当权威这一范畴。要保证社会规范得以实施，正当权威也是不可或缺的一环，如果同意前述作者将法律分为三个层次的观点，那么，在这三个不同层次中，就会有三种不同的正当权威：在法律领域，法官、警察等由国家政治组织起来的群体构成当然的正当权威；在系统的习惯领域，行会组织、家

---

〔1〕 沈宗灵：《比较法研究》，北京大学出版社1998年版，第176~179页。

〔2〕 潘维大、刘文琦：《英美法导读》，法律出版社2000年版，第4页。

〔3〕《牛津高阶英汉双解词典》（第6版）对“Common Law”的英语释义为：“（in England）a system of laws that have been developed from customs and from decisions made by judges, not created by Parliament”，此释义中说明普通法源自习惯，上述将普通法改译作习惯法的主张在这里得到了相应的印证。［英］霍恩比：《牛津高阶英汉双解词典》（第6版），石孝殊等译，商务印书馆、牛津大学出版社（中国）有限公司2004年版，第329页。

〔4〕 胡旭晟：“20世纪前期中国之民商事习惯调查及其意义”，载《湘潭大学学报（哲学社会科学版）》1999年第2期。

族组织等属于正当权威；在一般的习惯领域，家长等就是标准的正当权威。可见，在习惯领域，正当权威则可以是首领、家长、长老会等社会精英或社会组织，同样地，首领、家长、长老会等民间权威的威信未必一定低于法官等官方权威。

少数民族风俗习惯更为突出地表现了以上习惯与法律的联系性。从某种意义上来说，少数民族风俗习惯与法律具有统一性，两者都要规范人们的行为、维护社会秩序，都是一种“规范”。这些正是我们强调民主立法原则可以从少数民族风俗习惯的形成过程得到启发的理由：

第一，少数民族风俗习惯的形成过程可以对民主立法构成启发。从其产生来看，少数民族风俗习惯要么产生自少数民族的生产、生活实践，要么产生自少数民族的自然、地理条件，要么产生自少数民族的历史、人文传统，总之，少数民族风俗习惯从社会中产生，而不是主要从国家的角度强行灌输形成的。因此，少数民族风俗习惯就像是社会“制定”出的规则，区别于国家立法机关通过法定程序专门制定出的法律。少数民族风俗习惯的形成方式是其能够为人遵循的重要原因，民族习惯的指引也能满足少数民族的生活需要，生动活泼、自觉遵守、调整有效的少数民族风俗习惯的产生过程也提示了国家立法机关“开门立法”的可能性与必要性。

第二，少数民族风俗习惯的实施保障可以对民主立法构成启发。如前所述，保障少数民族风俗习惯的物质力量并不强大，人们往往只是通过模仿习得少数民族风俗习惯，又靠舆论、正当权威等保障民族民事习惯的施行。民族习惯得到世世代代少数民族民众遵循的事实表明，要让一项规则最终达至制定目的，从社会外部施加控制力效果未必好，让社会成员充分酝酿、真心认同、自觉行动，也许更可以让这样的规则得到实施。这提示国家立法机关在立法时可能要更多地考虑“民情国史”，更多地考虑听取民众意见，加大立法上的“公众参与”力度。

第三，少数民族风俗习惯的遵守程度可以对民主立法构成启发。少数民族风俗习惯被少数民族民众所遵守，往往是出于自愿，并不像制定法那样要以国家强制力为后盾，这提示国家立法机关在立法时要贯彻“从群众中来、到群众中去”的工作方针，让国家的制定法真正深入人心，更多地让人们自愿而非强制遵守法律。

总之，法由习惯而来，这是立法不应一味反对习惯的最大的理由，具体到少数民族风俗习惯领域，“法由习惯而来”更应当成为立法从少数民族风俗习惯中汲取民主养分的依据。少数民族风俗习惯虽然不是国家法，但它毕竟是由少数民族民众在日常生活中逐渐养成的，强制力和正当权威这两个要素都受到了民主的保证。

（三）制定法应尽量多地从少数民族风俗习惯的执行效果中反思法的可操作性

法的可操作性问题已成为对我国立法质量高低的一个评判标准，特别是在地方立法环节尤其如此。〔1〕学者及实务部门的法律人们对法的可操作性的含义及法理基础、贯彻意义等进行了梳理与研究，例如，有学者指出：法律的可操作性，就是法律在操作上的可行性与可能性，如果一个法律条文能够在具体的案件中得到适用，那么这样的法律条文就是可操作的。〔2〕还有人认为，地方立法的可操作性，简单地说就是所立的法规条文，要有针对性、适用性，要管用、实用，能解决实际问题。〔3〕我们认为，法律的可操作性问题仍然值得进一步研究，在立法过程中如何体现并提高法律的可操作性仍然值得关注，这一问题的实质是如何制定出“良法”，如何让法律产生预期目的并造福于社会。立法不能丢失对“可操作性”这一目标的追求，需要以社会问题为导向，强化立法的针对性与可行性。

其实，制定出良好的法律、让法律更具有“可操作性”的途径也许并非仅存在于国家正式制度或国家法的内部，扩宽思路、从不同的角度展开比较和分析，也许会有不一样的收获。例如，能否对少数民族风俗习惯予以更充分的关注？我们的观点是，应当这样做。原因在于：少数民族风俗习惯能够在民族地区代代相传、深入人心的事实充分说明其正是可以供立法机关参考的一种立法资源，参考少数民族风俗习惯可助法律增强可操作性。从分析法学的角度看，法专属于国家。即使我们抛开学科之间观点的纷争，认可前述分析法学的这一学术前提，如下问题也是不能或是不好解决的：仅仅依靠国家行动能否完成人们对法律的认可或信任？分析法学并不研究这一问题，但它却涉及国家法律的有效实施。我们认为，没有民主、没有人们的自主行为，

---

〔1〕参见汪全胜：“论立法的可操作性评估”，载《山西大学学报》2009年第7期；林开华：“谈地方立法的可操作性原则”，载《人大研究》2008年第11期等。

〔2〕王洪：“论法律中的不可操作性”，载《比较法研究》1994年第1期。

〔3〕李高协：“地方立法的可操作性问题探讨”，载《人大研究》2007年第10期。

只靠国家强制力，法律是无法得到有效实施的。正是基于此一学术立场，我们才能更好地理解马克斯·韦伯的以下观点：法的实施并非源于国家强制力的保障，而是源于习俗与惯例，是法的适用已经形成了习俗，而又由习俗、惯例保证法的适用的持续性，这才形成了法律制度。[1]我国学者尹伊君在此基础上进一步提出，法律要想行之有效，就必须与人们习以为常的习惯相符合，任何想用理性的法律改变落后习俗的努力，在历史上看，就没有特别成功的案例。[2]的确，以民事习惯为基础来设计相应的法律制度具有合理性与必要性，历史上确曾有不少成例可资证明。例如，民法法系国家的各主要成员国，除注重对罗马法的继受工作外，无不加强了对本国民事习惯的研究，注意法律规定尊重民事习惯，力争制定出能与民族文化传统有机结合的民法典。[3]这一法律史实充分说明了习惯对于民事立法的重要性。正如有学者所言：习惯永远都是法学家与立法者不可忘记的一个社会背景。[4]我们还想在以上论说基础上指出，民事习惯之所以对民事立法重要，还在于其具有很强的现实针对性与可执行性，这正是民事立法乃至整个国家立法所亟需的要素。以上认识对研究少数民族风俗习惯的立法价值也是适用的。

四、结论

从本性上看，立法权是一种反映和代表民意的国家权力，这就决定了它是一种以追求民主为价值取向的国家权力。少数民族风俗习惯体现了少数民族民众最大多数人的利益，体现了少数民族民众最广泛的参与，体现了少数民族民众对相关事项最大范围的知晓度，因此，少数民族风俗习惯与民主立法的要求具有天然的一致性，少数民族风俗习惯可以成为重要的立法资源。虽然这样的认识在近年来的理论及实务界得到了越来越多的认可，但是，立法总体上对包括少数民族风俗习惯在内的习惯持轻视态度的状态仍未得到根本改善，欲扭转这样的观念，从理论上阐述少数民族风俗习惯对立法的价值

---

〔1〕［德］马克斯·韦伯：《经济与社会》（上卷），林荣远译，商务印书馆1997年版，第369~370页。

〔2〕尹伊君：《社会变迁的法律解释》，商务印书馆2003年版，第116页。

〔3〕详见施蔚然："中世纪法国习惯法学评介"，载《昆明理工大学学报（社科版）》2001年第3期。

〔4〕苏力：《送法下乡——中国基层司法制度研究》，中国政法大学出版社2000年版，第263页。

显得尤为重要。对此，我们的认识是：制定法应尽可能地从少数民族风俗习惯中吸纳养分，应尽量多地从少数民族风俗习惯的形成过程中反思立法的民主性，应尽量多地从少数民族风俗习惯的执行效果中反思法的可操作性。总之，在制定法律的过程中，充分利用少数民族风俗习惯这一资源，是提高立法质量的一个重要途径。

我国自治法规立法表达的基础与机制探析

刘　希*

自治法规指的是民族自治地方的人民代表大会，根据《中华人民共和国宪法》（以下简称《宪法》）《中华人民共和国民族区域自治法》（以下简称《民族区域自治法》）和《中华人民共和国立法法》（以下简称《立法法》）等上位法的规定，依照本地区、本民族的实际情况，所制定的带有自治性的规范性法律文件，包括自治条例和单行条例两类。自治法规自治性是自治法规区别于其他同级普通行政区立法机关所制定的地方性法规的最大特点。自治法规如何自治，目前学界的主流观点是自治法规必须着力突出民族自治地方的地方特点和民族特点，因为只有这样自治法规才不会与普通地方性法规雷同，才不会是上位法的“翻版”。因此讨论自治法规成长的基础要从地方特点和民族特点说起。

一、自治法规立法的立足点

在我国的《宪法》《民族区域自治法》和《立法法》中，凡是提到民族自治地方制定自治条例、单行条例的内容时都会同时提出“特点”一词，这其中既有民族特点又有地方特点，因此从这个角度说，自治法规立法的立足点便是“特点”二字。然而自治法规毕竟是我国法律体系中的一个层次，国家制定法所固有的严肃性、规范性等特征势必要在自治法规中有所体现，另一方面目前我国的法律有很强的统一化、精英化的倾向，往往是专业人员按照统一的标准制定、执行法律，这种倾向也会影响到民族自治地方自治法规的运行，因此如何在自治法规中更多、更好地体现民族特点和地方特点就是

* 刘希：法学博士，云南省高级人民法院民事审判第一庭审判员，四级高级法官。

我们需要密切关注的问题。

规范主义法学往往认为法律是国家制定并认可的、以国家强制力作为保障手段的、体现了统治阶级意志的、有严格程序性的、以权利和义务为内容的一种特殊的社会规范。在传统法学实证主义——本文分析视角下的自治法规都具备上述特点，因此笔者无意否定上述概念，但是这个概念的缺陷也是明显的，正如德国学者魏德士所指出的：第一，“是否存在前国家的与（或者）不成文的法，例如习惯法，这种法并非来源国家的规范制定程序”；第二，“这个定义没有回答法的‘正义’问题，即如果国家认可和适用的法是不公正或者根本就是错误（错误的体系）的，它是否仍然可以被称为法（即恶法体系/Unrechtssystem）”；第三，“这个定义忽视这样一个问题，即研究规范的真正效力是什么以及规范被公民认可和遵守有什么意义。”〔1〕将法律看作是一种知识的观点是在规则主义的弊端显而易见的前提下产生的，因此有学者曾经指出“任何对这种弊端的实际改善必然发生在思想观念的转变之后……法律知识化的提出是法律发展的必然前景，是呼之即出的法学研究的精神产儿，它可以用犀利的工具把西方特别是规则主义法律发展观的层层顶纱剥掉，将其实质和病灶展现出来。”〔2〕传统的法律观把知识看成是法律的对抗物，似乎知识是知识，法律是法律，二者毫不相干。实际上，法律知识化是把法律本体建构成知识、转化为知识的另一面，也就是说，法律知识化是把法律本体建构成“见而知之”“闻而知之”的正常现象和借助其他知识来把握这一正常现象的统一……通过这一过程，人们得以获得认识法律的共同平台，是法律告别神秘化、臆断化、贵族化和经验化，走向规范化、科学化和平民化，而成为大众可知、可与、可议之物。〔3〕

正如苏力先生所言“具体的适合一个国家的法治并不是一套抽象的无背景的原则和规则，而是涉及一个知识体系”。〔4〕法律的知识化和规范主义的法律观相比有以下几个方面的优势：第一，能够在文化语境中看待法律问题。规则主义往往认为法律就是一系列的原则和规则的集合体，一切的法律问题

〔1〕［德］伯恩·魏德士：《法理学》，丁晓春、吴越译，法律出版社2005年版，第31页。

〔2〕参见姜涛：“法律发展与法律知识化”，载《法律科学（西北政法大学学报）》2008年第4期。

〔3〕参见郭剑鸣：“政治知识化：早发型国家的经验与后发型国家的补构”，载《国家行政学院学报》2004年第4期。

〔4〕苏力：《法治及其本土资源》，中国政法大学出版社1996年版，第17页。

都应该在规则的范围内思考，法律之外的社会文化环境与法律本身似乎是两个不同的范畴，因此对于法律的制定、实施等具体问题的探讨都离不开对规则本身的分析。但是，法律和它所处的社会文化环境之间真的是“上帝的归上帝，恺撒的归恺撒”那样泾渭分明吗？众多法律社会学、法律人类学的研究成果显示结果恰恰相反，法律离开了社会文化环境便寸步难行，德国学者马克思·韦伯曾犀利地指出：“当法律强制和习俗发生对抗的时候，失败的往往是法律强制”，[1]只有将法律看作一种社会知识、看作是所处社会文化环境的有机组成部分，才谈得上“合理制定”“有效实施”等一系列现实问题；第二，解决了法律的“合法性”和“合理性”是如何获得的这一问题。规则主义认为法律之所有具有“合法性”和“合理性”是由于法律来源于国家政权以及反映了人类普遍的正义观，这种观点在很长一段时间成为学界的一种“常识”被坚持着，然而，如果出现了经过国家立法程序的“不正义”的法律，它究竟是不是真正的法律，具不具备“合法性”与“合理性”，规则主义的解释便显得力不从心了。法律哲学化不仅确立了当时、当地独特的“正义”观念，也在确立何谓“正义”的同时赋予法律以合理性，换句话说，决定法律正当与否的并不是规则本身，恰恰是法律之外的社会知识，两种知识之间只有达到一种和谐共融的状态时，法律才称之为法律。所以法律规则必须首先不把自己看作法律，最终才有可能成为真正“合法”又“合理”的法律；第三，有利于法律的平民化。法律虽然是由国家制定或认可的规范，但是它并不是高高在上、不食人间烟火的阳春白雪，与之相反，法律恰恰是要回归社会、回归平民，才会有真正的效果。西塞罗曾经说过：“国家乃是人民的事业，但人民不是人们某种随意聚合的集合体，而是许多基于法的一致性和利益的共同而结合起来的集合体。”[2]“近代法治的原则在价值观念上确有世俗化、平民化的取向，它也逐步依靠民主来奠定自身合法性的根基，并提出应当建立一种适当的机制沟通民众的日常生活与精英的法律理念。”[3]当前的法律是国家精英制定的法律，它能够在多大程度上反映现实（尤其是基层社区）的法制要求并适应这种要求就成为法律成功与否的关键一环，将法律

---

〔1〕［德］马克思·韦伯：《经济与社会》（上卷），林荣远译，商务印书馆1997年版，第357页。

〔2〕［古罗马］西塞罗：《论共和国 论法律》，王焕生译，中国政法大学出版社1997年版，第39页。

〔3〕参见叶传星：“法治的社会功能”，载《法律科学（西北政法大学学报）》2003年第5期。

不仅仅看作规则而是一种知识，理论与实践才不至于脱节，正如德国法学家卡纳里斯、克劳斯·威廉说的那样："事实上，没有什么比一个知识化的法律更具实践意义了。"〔1〕

在人类学的视野中吉尔茨曾说过法律是一种地方性知识，这里的地方性指的就是"特色"；同时他也指出法律还是一种建设性的知识，它在反映地方特点的同时还可以型塑这个地方的社会环境。因此，我们看到人类学对于法律的看法并不是单向的法律反映地方特点、法律是一种地方性知识那么简单，同时还包含了法律影响具体社会发展的方向的面向。具体到自治法规而言，自治法规固然需要反映当地特点、民族特点，立法者需要依照特点来制定、修订（修正）自治法规，但自治法规也要主动地塑造民族自治地方的社会环境，既从社会中来又反作用于社会。

一般而言，自治法规需要体现的"特点"主要有以下几个方面：

第一，民族自治地方的地方特殊性与民族风俗。我国的民族自治地方大多位于西部地区、边疆地区，而这些区域基本上都属于我国经济水平欠发达的区域，但另一方面这些地方也是我国自然资源、民族文化、旅游资源丰富的区域，因此其资源优势、文化优势、旅游产业的潜力优势等方面也是民族自治地方的一大特点，在自治法规中应当尽量考虑以上这些带有地区特点的内容。另一方面，由于民族自治地方都是少数民族传统聚居区，除了自治民族外还有不少非自治的、世居的少数民族，还有部分民族自治地方是由两个、三个甚至是四个民族共同自治的。多民族聚居是每一个民族自治地方都存在的现象，并且也是民族自治地方区别于普通行政区域的特点之一，由于各民族在文化上的差异性导致了不同的民族拥有各自不同的带有浓郁民族特点的风俗习惯、宗教信仰等，这些民族风俗也是每一个民族自治地方区别于其他民族自治地方、区别于普通行政区域的特点之一。

第二，自治法规在实施中积累起来的经验——实践中的知识。自治法规同时面临着国家法制统一化的要求和民族区域自治制度对民族自治地方给予变通的地方法制差异化的可能。在这两个看似有些矛盾的要求之下形成了一套长期的、适应于本地区本民族的、隐性的实施习惯，这些实施习惯呈现为

〔1〕 参见姜涛："法律发展与法律知识化"，载《法律科学（西北政法大学学报）》2008 年第 4 期。

上文分析的各种具体形态和诸多影响自治法规实施的因素，它们共同构成了民族自治地方有关机关在实施自治法规时的前认识。由于这些前认识不是来源于人们的构想而是自治法规在现实生活中的实践，因此笔者将其称为实践性知识，这些实践性知识的出现意味着自治法规在将来的成长中有了多样化的选择进路。自治法规终究是一种法律，因此它的成长无论如何都还是要遵循法律成长的一般性原理："无论是原始社会还是文明社会，人们都难以找到没有伴随着由习惯或成文法所形成的法律工具的法律规范""法律忽略占优势地位的习惯和信仰，在实施中赢得服从与尊重是不安全的"。[1]这也是为什么有的学者指出"习惯是法律唯一的渊源"[2]这样看似有些绝对化的结论的原因所在。

第三，民族自治地方的社会变迁。法律是存在于社会环境中的法律，包括自治法规在内的任何一部法律规范都不能脱离特定的社会文化环境而存在。从社会学的角度来说一个社会的发展是有其规律可言的，而存在于这个社会中的法律的成长也伴随着社会发展的规律性表现出自身的规律性，正如埃利希说过的那样"法律发展的重心不在于立法，不在于法律科学，也不在于司法判决，而在于社会本身。"[3]可见，社会作为法律发展的最终资源，社会的变迁会给这个社会中的法律带来怎样的巨大的影响。费孝通先生也曾说过"现代社会中并不把法律看成是一种固定的规则了，法律一定得随着时间而改变其内容。"[4]虽然他并没有直接指出社会变迁与法律之间的关系，但是他所提到的"随时间而改变其内容"亦是指法律成长时不得不考虑随时间变化的整个社会大环境，实际上说的还是社会变迁对于法律成长的重要性。在自治法规的成长中不可忽略的因素就是民族自治地方的社会变迁，自治法规的成长既是民族自治地方社会变迁的动力，又是民族自治地方社会变迁的结果。

二、自治法规立法的文化表达

在法理学中对于立法的界定有广义和狭义之分，狭义的立法只指制定法

〔1〕［美］本杰明·内森·卡多佐：《法律的生长》，刘培峰、刘骁军译，贵州人民出版社2003年版，第26~27页。

〔2〕［法］亨利·莱维·布律尔：《法律社会学》，许钧译，上海人民出版社1987年版，第21页。

〔3〕［美］弗里德曼：《法律制度》，李琼英、林欣译，中国政法大学出版社1994年版，第132页。

〔4〕费孝通：《乡土中国》，生活·读书·新知三联书店1985年版，第57页。

律、法规的过程，而广义的立法除了包括前者的内容之外还包括了修订、修正、废止等一系列的过程。本文此处所说的立法是后一种意义上的概念。

立法是任何一部规范性法律文件运行的起点，它是法律实施和法律目的实现的前提，对于自治法规而言立法过程也是自治法规成长的第一步。虽然立法过程中免不了站在法律技术的角度对自治法规开展字斟句酌的细腻工作，但是诸如法律语言、法律规则的逻辑结构等技术性因素却是有统一标准的，只要按标准操作，任何一部规范性法律文件在立法技术上都不会有太大差异，这其中也包括了自治法规。对于本文研究的对象——自治法规而言，如何表达具体的自治法规的内容却是立法进程中成长的关键所在。

（一）立法的过程即为文化表达的过程

事实上自治法规的立法是立法机关依法表达带有自治性的法律规范的过程。在人类学中“表达”不仅仅是一种技巧，这个过程已经“按社会科学的方法被‘自然化’了”，[1]即表达是与人们的认知、经验、文化和外在的事实相关的。按照英国人类学家奈杰尔·拉波特和乔安娜·奥弗林的观点，“表达包括了两个截然不同的组成部分——技术与文化，表达的技术代表了语言的客体化和词语及意义的增殖，这也导致了文化方面的内涵：社会文化所能容许的疏远和距离，使更大规模的联合成为可能，简言之，表达并不被想象成一种知识、事实和经验的中立媒介，……而是一条认知的途径。”[2]有的学者如 Fisher 也将表达称为措辞并指出了其与外部环境的关系：“周围的事件对如何措辞起着决定作用，而措辞反过来也影响着实践的发展。”[3]人类学似乎更为强调表达这个概念或是过程的文化意义，即表达是一种创造有序世界的过程、是一种赋予经验以意义的认知模式。

从这个角度看，自治法规的立法过程就是文化人类学中的表达过程，表达的对象从表面上看是法规的条文或是一部又一部的自治法规，而实际上却是民族区域自治制度赋予具体的民族自治地方以意义的秩序和认知模式以及各个民族自治地方将本地方、本民族的需求反映在法制领域的诉求的外化方

---

〔1〕 Raymond Williams, *Writing in society*, London: Verso, 1983, p. 1.

〔2〕［英］奈杰尔·拉波特、乔安娜·奥弗林：《社会文化人类学的关键概念》，鲍雯妍、张亚辉译，华夏出版社 2005 年版，第 354 页。

〔3〕 Fisher · William, “Towards Sustainable Development?: Struggling over India's Narmada River”, *Columbia University Seminar Series*, 1995, p. 446.

式。对于自治条例而言，立法的过程就是将《宪法》《民族区域自治法》等国家法律中规定的民族区域自治制度的基本框架在各级民族自治地方承认、再现、具体化和补充的过程；对于单行条例而言，立法的过程就是在国家相关领域的法律、行政法规的原则下，将本地区、本民族的特点和对特定领域的需求反映在单行条例中，更多体现一种地方性的要求和认识。不论是自治条例还是单行条例，表达法规条文的立法过程一方面是将国家制定的民族区域自治制度落到实处，使得原本并不存在区域自治观念的生活在少数民族聚居地区的人们认识、了解这一国家制度的内容。其创造了一套全新的有关民族政策在法制方面如何实现的认识，与此同时也表达出带有国家认识和地方性认识特点的综合的社会秩序意义；另一方面，自治法规的立法过程也是各个自治地方的立法机关利用法定权力尽可能多地将特定的地区想象和要求反映到法制层面的过程，这个表达的过程也是一个从地方到国家的认识渗透的过程。由此可见，立法并不仅仅只是制定一套规则用来规范人们的行为，而是表达一种有关权利义务、制度、秩序和规范的认知模式，因而法律的品格是文化的，民族自治地方的自治法规因为要解决多民族共融的问题更是如此。

既然包括自治法规在内的所有法律都是文化性的，那么我们在关注具体的立法过程时就不得不关注立法——这个表达法规的过程所处的社会文化背景。民族自治地方的立法机关在制定自治法规时所面临的社会文化环境远比普通行政地方制定地方性法规或地方政府规章要复杂得多，这是因为我国的民族区域自治制度最初是作为一项政策、一项政治制度进入如今的民族自治地方的。在20世纪80年代后期各地纷纷依照《宪法》和《民族区域自治法》的规定制定自治法规时，本地方同时存在着多种制约（或至少是影响）着立法过程的知识因素：国家对于民族区域自治制度政治性及法制性的要求、具体的民族自治地方地方性利益的驱动、自治民族的民族文化、其他非自治民族（包括民族自治地方内居住的汉族）的民族文化等。因此自治法规所要解决的问题也非常复杂，有学者将其总结成以下的几个方面："实行区域自治的民族之间的关系、实行区域自治的民族与汉族的关系、非实行区域自治的少数民族与汉族的关系、实行区域自治的少数民族与非实行区域自治的少数民族间的关系和非实行区域自治的少数民族间的关系。"[1]尽管这样，民族自治

---

〔1〕 吴宗金：《中国民族区域自治法学》，法律出版社2004年版，第204页。

地方始终是共产党领导下的、我国社会主义制度下的民族自治地方，因此不论自治权的范围有多大，最终都不得超越我国的国家性质，换句话说，高度统一的社会主义政治环境是自治法规立法的大背景，自治法规正是在这样一种背景下表达带有地方特点、民族特点的“地方性知识”的。

（二）自治法规应该如何表达

1. 自治条例的表达方式

自治条例在各级民族自治地方具有“小宪法”的性质，其作用主要是规定民族区域自治制度在具体的民族自治地方贯彻实施的基本性问题，具有组织法的性质，这样的性质和定位决定了自治条例在立法时更多的采用承认上位法的模式。自治条例对上位法的承认在形式上表现为自治条例中的许多条文和上位法的相关规定类似，只是在表述上有小的差异，但这种差异并不改变条文的实体权利义务的设置。实际上，自治条例主要是通过借用的手段对上位法予以承认的。

众所周知，民族区域自治制度是具有中国特色的社会主义民族制度，换句话说，这一制度是中国共产党人依照我国的国情所创立的，因此民族区域自治制度在创设之初对于现在的这些民族自治地方而言就是一个全新的事物。随着20世纪80年代中期《民族区域自治法》的颁布，我国的民族区域自治制度迈入了法制化的新阶段，包括了自治条例在内的民族法制也是在这个时期以一个新鲜事物的姿态进入了人们的视野。不可否认的是我国的民族法制体系经历了一个从中央到各级民族自治地方的建设过程，各级民族自治地方的立法机关正是在《民族区域自治法》颁布后享有了民族立法权。在具体行使这项权力的过程中，各地也几乎都是先制定自治条例后制定单行条例，[1]自治条例在具体的民族自治地方中“小宪法”的地位从立法顺序上也可见一斑。各地的自治条例在立法时都注重与《民族区域自治法》等上位法的衔接，可以这样说，自治条例是《民族区域自治法》在各级民族自治地方的延续。

自治条例是各级民族自治地方的立法机关依法制定的法律文件，从功能的角度来说自治条例是为了民族区域自治制度和《民族区域自治法》的落实

---

〔1〕当然，目前并不是所有的民族自治地方都制定了自己的单行条例，五大自治区没有一个制定了自己的自治条例。此外，还有一些涉及行政区划变更的民族自治地方是先有单行条例后有自治条例的，例如云南省的玉龙纳西族自治县。

而制定的法律文件。对于每一个民族自治地方而言，民族区域自治制度和《民族区域自治法》在当地的民族文化中原本是不存在的，在中国的传统文化中也不存在，它是通过我国单一制的国家结构形式而进入民族自治地方的，这是一种自上而下的、借用外部资源的、政府主导的成长方式——借用。

自治条例对《民族区域自治法》等上位法的借用究竟是如何实现的呢？其实这个问题包括了三个部分的内容：

首先，我们必须搞清楚自治条例借用的是什么，是规则、观念还是制度？我们知道自治条例也是法律规则的一种，从这个角度来说基于法律在规则层面的普适性，自治条例对上位法的借用就是从对规则的借用开始的，但是这个层面上的借用仅仅是一种对于技术的借用。对规则的借用远远不是自治条例借用上位法的目的，借用规则的目的在于在民族自治地方借用一种民族区域自治的观念，观念是属于精神层面的产物，因此它必须要依附在一定的物质体上，即对规则进行借用，此时的借用已经涉及文化背景的层面。民族自治地方的立法机关通过将上位法中的规则借用进入当地的自治条例，来实现作为国家精英文化的民族区域自治这种观念进入到具体的、原本不具备民族区域自治观念的这些民族自治地方的地方性文化中，使这种原本属于外来的观念逐步变成民族自治地方本地区内在的文化观念，正如沃森所言："无论文化因素如何，法律观念都能被借用"。〔1〕但是，我们必须注意到，对观念的借用仍旧不是自治法规借用上位法的目标，因为观念具有零散性和随意性，要想使民族区域自治制度在民族自治地方得以落实并且是稳固地落实，还必须将借用的层面上升到制度的高度，即对民族区域自治制度的借用。在社会—文化人类学的语境下，所谓的制度指的是"具有相当程度的持久性、普遍性及独立性的文化，其本身具有综合性，是功能的一种混合"，它是"与社会生活的一些特点有关的一种制定的行为模式或一套模式"，〔2〕制度归根到底还是一种文化的反映，或者说制度本身就是一种文化——一种带有相对固定的、模式性的文化知识，因此制度是可以被学习和被传播的。在已颁布实施的自治条例中，除了少量条文没有上位法依据外，绝大多数自治条例的规范都是

〔1〕 Edward M. Wise, "The Transplant of Legal Patterns", The *American Journal of Comparative Law*, 38 (1990), p. 1.

〔2〕 王云五：《云五社会科学大辞典 · 人类学》，台湾"商务印书馆" 1971 年版，第 168 页。

依照上位法对民族区域自治制度的要求而设计的，并且在这里面又有很大一部分是对上位法的严格遵守。这些内容涉及了基本原则、行政机构的组织、经济发展、社会发展、民族关系等各个方面，上述这些方面有机结合起来就是依照我国民族状况的特点所设计的民族区域自治制度，这个制度是上述各个方面功能的综合体，上位法的依据都是国家专门规定民族区域自治制度的基本法律和其他法律中对民族自治地方的特别性规定。归根结底是对民族区域自治制度这一外来的处理民族关系政治制度的、在具体的民族自治地方的、通过民族立法手段的借用。

其次，自治条例借用上位法的目的究竟是什么？一方面，自治法规是希望通过法律借用的方式对传统进行转换、再生与再造。例如每一部现行自治条例中关于司法机关的章节：人民法院和人民检察院是我国基层行政区域中普遍存在的司法机关，但是上位法对这两个司法机关在民族自治地方的人员构成、工作语言和文字等方面有特殊的规定，自治条例将上述内容引入特定的民族自治地方后，就使得原本就存在的司法机关呈现出其他区域司法机关不具备的新的特征；另一方面，被借用的部分在进入到民族自治地方这个全新的情境后，也存在着被再创造的可能性，例如许多地方的自治条例中都有对科教文卫事业财政投入的增长比率要求高于财政收入的增长比例的规定，这个规定就是对《民族区域自治法》的再创造，这种再创造是融合了地方性要求的。上面这种机制就是有的学者指出的“国家正式法律制度保持一种吸收民间非正式制度的空间”〔1〕和“少数民族习惯法与国家法对接的空间”。〔2〕

第三，自治条例对上位法借用这个过程里的成功标准是什么、自治条例的借用是否是成功的？按照学者 J. 墨茨的观点其成功的标准在于“引进新的法律常常是指望它会（奇迹般地）创造新的条件和环境，以使经济繁荣和市民社会健康发展，而这些条件和环境在当地已经广泛存在并得到了充分发展”。〔3〕总结起来，衡量法律借用成功与否不外乎三个角度：与接受社会的融合与否、对接受社会的再造（或创新）与否和接受社会中人们的期望是否达

---

〔1〕 参见周力：“现代化进程中的自治立法——云南少数民族地区现代化与自治立法问题研究”，载《云南大学学报（法学版）》2004 年第 2 期。

〔2〕 参见杨道波：“中国民族自治地方自治条例立法研究”，中央民族大学 2007 年博士学位论文。

〔3〕 J. Mertus, “The Liberal State Vs the National Soul: Mapping Civil Society Transplants”, *Social and Legal Studies*, 8 (1999), pp. 121～146.

到。以云南省大理白族自治州（以下简称“大理州”）为例，时至今日自治条例对诸多上位法的借用进入大理州后已经数十年，从当前的社会状况来看，民族区域自治制度已经完全成为大理州处理民族问题的基本制度，该制度项下的各项自治权也在依法实施着，大理州呈现出一派民族团结、民族稳定的良好局面。因此可以说这些条文已经通过自治条例借用的手段从中央进入了大理州这个区域中，跨越了原本存在的民族法律文化的差异，并且与大理州完全融合，仿佛成为一种内生的社会制度；其次，从大理州发展的历史看，在自治条例制定前后，民族区域自治制度作为一项法律制度有一个从无到有的过程，大理州各项工作也有一个对于民族区域自治制度这一外来产品的适应过程，民族区域自治完成了从一项政治制度到法律制度的转换。在这个过程中大理州根据自身特点制定出了许多单行条例，该州社会生活中几乎每个重要的方面都已经制定或正在制定相关的自治法规，这些包括了自治条例在内的自治法规极大地改变了大理州的社会生活格局，给该地区带来了不小的变化；最后，通过笔者近年来在大理州的实地调查发现，上至政府官员下至城镇、农村的平民百姓，只要提到民族问题大家都能想到民族区域自治制度和相关的自治权等内容，有所区别的只是因为个体间文化知识的差异而造成的表述不同而已。调查中100%的受访者都认为现在依法实施民族区域自治制度的效果令自己基本满意，人们期待未来能够过上更好的生活，因此上述标准中的第三项也可以说是基本达到。综上，我们看到自治法规将众多上位法的有关规定借用到原本不具有相关法律意识的民族自治地方的过程应该算是成功的。

从法律知识论的视角出发，自治法规在立法中通过法律借用的手段成长需要注意两个方面的问题：

第一，自治条例的借用是在法律知识论基础之上的借用。自治条例是民族自治地方依法制定的带有组织法性质的综合性自治法规，它的作用在于全面规范各级民族自治地方贯彻、实施民族区域自治制度的各个方面。但我们却不能把这些条文仅仅只看作是工具性的规则的集合，原因就在于法律知识论认为自治法规的众多条文背后体现了一种文化性的要求，即民族自治地方对民族区域自治制度和相关权力行使中基本原则的承认与接受。我们在考察自治条例在立法中成长的过程时必须注意到国家文化与地方文化间的差异、碰撞和融合，必须清楚自治条例对上位法的借用是包括了规则、观念、制度三个层面的借用，而非单一的技术改进手段。借用的目的以及成功与否的标准的设置也是站在社会文化的大背景下大的目的和标准，可以说只有将自治条例的这种成长方式放到法律知识论的语境中才有可能得出相对合理的解释。

第二，自治条例借用的过程更多的体现了法律作为建设性知识的一面。在自治条例制定之前，各个民族自治地方的当地文化中并不存在所谓的民族区域自治制度一说，这是因为这个制度本身就是具有中国特色的创造。自治条例采用立法的手段将中央对于民族区域自治制度的设想在各级民族自治地方得以实现，这个以法律借用为主要手段的立法形式使得民族区域自治制度在各地建立起来。从法律知识论的角度看，这个过程就是在特定的民族自治地方赋予以自治权为核心的民族区域自治制度以特定的法律意义的过程。自治条例的制定并不仅仅是反映了民族自治地方的民族特点，更是在此基础上塑造了我国多民族间关系的处理原则——民族区域自治制度，立法时更为注重民族区域自治制度在各个民族自治地方实践中具有普适性的方面，因而这还是一个普遍性知识形塑地方性知识的过程。

另外，从各地自治条例制定的时间角度看，自治条例立法时间的相对集中也体现了其在法律知识论中突出建设性知识的特点。在 1984 年《民族区域自治法》颁布实施后，各民族自治地方的自治条例如雨后春笋般纷纷出台，仅以云南省境内的民族自治地方为例，其自治条例的立法时间大多集中在 1986 年至 1990 年间，具体时间见下图：

云南省民族自治地方自治条例制定时间图（单位：部）

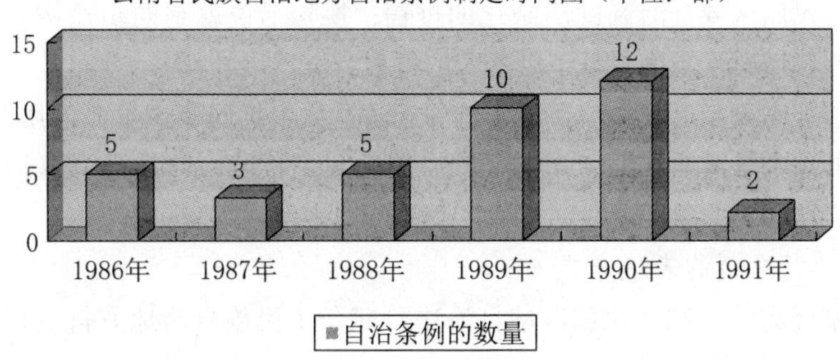

针对这个情况，有的学者认为这是属于“运动化的造法”，[1]“在这么短

〔1〕 参见周力：“现代化进程中的自治立法——云南少数民族地区现代化与自治立法问题研究”，载《云南大学学报（法学版）》2004 年第 2 期。

的时间内出台这么多的自治条例，需要强大的立法队伍，而相对于我们国家在当时的国家立法方面都存在技术与认识的缺失，自治条例的制定更缺少相应的知识保障，质量问题和技术问题的凸现就不是难以理解的事了。我们知道，制定自治条例，其体系的完善，对民族区域自治制度的建设，是非常重要的。"〔1〕虽然从立法技术的角度来说上述观点不无道理，但是笔者认为对于民族自治地方而言制定自治条例并不是一件可以延缓的任务，因为1984年《民族区域自治法》的颁布标志着我国的民族区域自治制度迈入了法制化的进程，民族法制体系中最为重要的部分之一就是各民族自治地方的自治条例。况且自治条例规定的内容是各地贯彻实施民族区域自治制度的基本方面，如果不加快制定自治条例那么在法制化的时代各个民族自治地方将面临无法可依的尴尬局面，因此这种所谓的"借用造法"纵然有一定缺陷，但是在当时却是不可避免的。

各个民族自治地方的立法机关在上述这段时期内集中制定自治条例，当时的上位法依据主要是《宪法》和《民族区域自治法》，自治条例将上位法的有关内容在本民族自治地方予以重申，对上位法较为笼统的规定予以细化，对上位法中没有规定、没有禁止但是本地区需要的部分予以补充。因此自治条例是《民族区域自治法》颁布以后在各民族自治地方建构一个法制化的民族区域自治制度的基础。较为集中的立法时间在立法技术上看对自治条例的制定有相互借鉴、取长补短的作用，但从根本上看是属于众多的民族自治地方同步将民族区域自治制度法制化的过程，换句话说就是同步建构一个法制化的民族区域自治制度并且予以落实的过程。

当然，需要指出的是，自治条例的立法过程中仍旧有少量非借用的条款，这部分的条文是对地方性知识的反映，因此我们不能一味地强调自治条例立法中建设性知识的角度。

2. 单行条例的表达方式

国家《宪法》和《民族区域自治法》赋予了民族自治地方自治权，这些自治权包含了诸多方面的内容，例如经济建设、人才培养、社会管理等；另一方面，随着西部大开发的推进，民族自治地方既是国家西部大开发的对象

〔1〕 吴宗金、敖俊德主编：《中国民族立法理论与实践》，中国民主法制出版社1998年版，第299页。

同时也代表了生活在本地区的各民族群众向国家提出各项发展本地区的权利诉求。有学者曾指出在西部大开发中民族自治地方的利益诉求是多样化的，包括了参与权、建议权、变通权、获利权、文化保护权、自主开发权等方面，[1]但各地的利益诉求大多要通过正规的途径反映出来使之合法化，而单行条例就是其中最主要的一种方式。

具体而言，民族自治地方可以通过单行条例的方式反映的权利诉求主要有以下的几个方面：首先是经济发展的权利，民族自治地方依法享有经济方面的自治权，国家对民族自治地方的经济发展采取扶持、照顾、倾斜和帮助的政策，但如何将这些普通行政区域不具备的优势转化为现实中民族自治地方的经济增长，就是经济发展权利在单行条例中需要关注的问题。再加上不同的民族自治地方有不同的地区情况，有的位于内陆地区、有的位于边境，不同的民族间经济发展水平也参差不齐，因此各地在经济发展优势、增长潜力等方面也不尽相同。国家法律的层面不可能完全照顾到各地的不同之处，单行条例可以发挥贴近民族自治地方基层实践的优势，在不与国家经济发展法律法规、方针政策相冲突的基础上表达带有地方特点、民族特点经济发展权利方面的诉求；其次，民族自治地方顾名思义就是少数民族聚居区域。不同民族在文化上的差异性致使民族自治地方是一个在文化上丰富多彩的区域。随着我国对发展的认识逐步从单一的经济增长转向社会的发展，对作为社会重要组成部分的文化资源的保护也逐渐放到了和经济增长同样重要的位置，因此民族自治地方对于民族文化、传统文化的保护诉求也是非常强烈的；再次，对自然环境和资源的保护与利用。众所周知我国的民族自治地方大多位于西部，西部地区是我国自然环境保护较好的地区，也是我国自然资源极为丰富的地区，同时西部地区的旅游资源也很可观。因此民族自治地方在发展中在保护自然环境的基础上更好地利用自然资源、旅游资源使之成为山川秀美、经济繁荣地区的诉求也是值得我们关注的；最后，民族自治地方也面临社会治理的普遍问题，例如城乡建设、市政管理、教育、公共卫生等，但这些问题在民族自治地方又有与普通行政区域不一样的一面。例如教育问题是各地都要面对和重点处理的社会问题，但在民族自治地方除了关注九年义务制等全国普遍性的教育问题的同时，还要关注例如双语教学、民族经典传承

---

〔1〕 参见张晓辉："论民族自治地方在西部大开发中的法律地位"，载《思想战线》2001年第1期。

等带有独特性的教育问题。与此同时民族自治地方也有各地带有地方特点的社会治理问题，例如边境附近的民族自治地方的禁毒防艾问题、人口流动量大的民族自治地方有关流动人口的计划生育问题、毗邻沙漠的民族自治地方有关于防沙治沙和防治沙尘暴的问题等。这些问题不是每一个民族自治地方都面临的，更不是我国每一个地方行政区域都面临的，因此在社会治理方面民族自治地方既有普遍性的权利诉求，又有带有地方特点和民族特点的权利诉求。

那么单行条例应该如何表达才能反映民族自治地方的权利诉求呢？通常情况下单行条例的立法者往往会采取两种表达权利诉求的方式：首先，采用系统性规定的方式将有关领域的规则进行完整的表达。这是单行条例中最常见的立法方式，这种方式的好处在于单行条例在某个领域中所设置的规则具有完备性，从原则到行为方式再到奖惩措施一应俱全，在表达规则的过程中带有地方特点和民族特点的地方权利诉求就融入了规则的表达中。但是由于单行条例涉及的大部分立法领域在上位法或上级行政区域立法机关制定的地方性法规、政府制定的政府规章中都有相应规则，而单行条例的立法者为了追求法律技术上的简洁性往往不将单行条例在空间上的法律效力单独加以强调，因此单行条例与相关上位法、上级行政区域的地方性法规或政府规章间的关系往往成为其实施过程中的障碍，这一点在实践中比较突出；另一种单行条例的表达方式是针对有关法律法规做专门性的变通规定，目前在众多民族自治地方中针对《中华人民共和国婚姻法》中婚龄的内容大多采取这种变通方式。由于这种专门的变通规定往往只针对上位法律法规中的某一个或几个问题作出，因此立法者通常会在该单行条例中明确在什么范围内适用单行条例、什么范围内适用上位法律法规的规则，因而在基层实践中不太容易出现法律依据的选择困难。但是这种表达方式的弊端也是明显的，由于专门变通上位法的单行条例只针对一个或几个问题设计规则，所以这种表达单行条例的方式并不能当作单行条例立法的常态模式。与此同时这种单行条例从文本上看并不具备完整性，因此如果出现了违法行为仍旧要从其他的法律法规中找寻法律后果，这使得在现实中实施这类单行条例最终还是要落脚在单行条例之外。

另一方面，单行条例在表达民族自治地方权利诉求时也不能忽略国家有关法律法规、政策等在这个方面的规定。按照《立法法》第 66 条第 2 款的规定，单行条例的变通性规定不得变通《宪法》和《民族区域自治法》、不得变通法律的基本原则、不得变通专门针对民族自治地方的规定，因此单行条例在表达民族自治地方的权利诉求时必须要考虑到国家已经颁布的法律法规和相应政策在这个方面的态度、立场以及原则性要求。但在目前行政管理体制下对民族自治地方的管理中，自治县在许多方面虽然有着法律上的自治性，也可以在自治条例的框架下通过制定单行条例的方式表达当地在这些方面的权利诉求，但是事实上这种权利的诉求究竟能不能够得到支持并不是取决于这类单行条例的表达，而是取决于国家对民族自治地方行政管理体制的运行状态。因此单行条例的表达不是一个单纯的地方法制建设问题，也要考虑到中央与地方在某一领域内的实际权力分配状况，只有保证与国家和上级行政区域的利益不冲突，单行条例才可以在剩余利益空间中表达当地利益和民族利益。

最后，单行条例的表达中还存在立法领域局限性强的特点。当前民族自治地方所制定的单行条例虽然数量众多，但是仔细观察这些单行条例所涉及的社会领域却有局限性强的特点。按照《宪法》、《民族区域自治法》与《立法法》的规定，民族自治地方的立法机关可以依照地方特点和民族特点制定适用于本地区的单行条例，上位法的规定中只涉及了不得变通的三种情形，并未限制单行条例立法领域的选择。但是在现实中情况却不是这样，以云南省为例——该省民族自治地方所制定的单行条例中，绝大部分是涉及环境与资源保护的内容，此外旅游类、城乡建设管理类也占有较多的数量，但与此同时经济贸易类、教育类、计划生育类等类别的单行条例数量极少，这与云南省的经济发展水平、教育水平与计划生育水平极其不符。我们发现上述这些单行条例较少涉及的立法领域不是社会发展的现实不需要，而是都属于国家重点调控、统一规划的领域，各地所制定的单行条例中对此类社会管理领域都有所回避。即便制定了此类单行条例也是在严格遵照国家在这个领域中的原则的基础上有针对性地制定地方实施细则，单行条例在这些领域中的作用空间并不算大。相反在根据少数民族的风俗习惯、宗教信仰等方面的特点确定立法项目或根据民族自治地方地域的地貌、名胜、文物、遗迹和自然资源等确定立法项目时，[1]单行条例有较大的表达地方权利、民族权利的空间。

（三）涵化：自治法规立法的文化属性

自治法规不同于普通的地方性法规，只有民族自治地方的立法机关方可制定，与此同时有的民族自治地方（例如自治区）的立法机关既可制定普通

---

〔1〕 参见刘锦森："刍议民族自治地方单行条例项目的确定"，载《人大研究》2004年第3期。

的地方性法规又可制定自治法规，为了避免二者的混淆，在自治法规的立法中地方特点与民族特点的体现、自治权的凸显便显得尤为重要。自治权是自治法规存在的合法性基础、民族自治地方是自治法规的空间维度，与此同时民族自治地方是中国的一级行政地方、自治权也是国家赋予民族自治地方的权力，所以自治法规是在地方特点、民族特点与单一制国家的双重标准中存在并成长的，那么在自治法规的立法过程中势必需要将上述两方面融合在一起，正如笔者之前指出的自治法规是在高度统一的政治环境中对民族自治地方“地方性知识”的一种表达。

笔者认为，自治法规的立法是国家大传统文化与民族自治地方小传统文化的融合，这种融合在社会—文化人类学中被称为涵化。所谓涵化指的是两种或两种以上的文化，或多或少持续地相接触，因而导致一种文化接受其他文化的元素，[1]这一概念有以下几个要点：第一，涵化的产生必须是建立在不同文化相互接触的基础上；第二，涵化是一种文化接受与之接触的其他文化元素的过程，被接受的这些文化元素在接受方的原始文化中是不存在的；第三，涵化这个过程中文化元素的传播具有方向性，即文化元素从传出方到接受方的流动。

第一，自治条例在立法中是通过借用的手段成长的，它借用的是上位法中有关民族区域自治制度在基层实践的基本原则和一般性规则，而这种借用就是一种涵化：首先，以《民族区域自治法》为代表的国家层面的法律、法规系统地规定了民族区域自治制度，使这项解决民族问题的基本政治制度迈入了法制化的进程，而现在的各个民族自治地方在建立之前都是我国少数民族聚居的地区。随着民族区域自治制度在基层的推行，各民族自治地方纷纷于20世纪中叶建立，民族区域自治制度的相关内容已经在各个民族自治地方开始推行，而民族自治地方的建立正是国家知识和地方性知识相互接触的过程；其次，现在的民族自治地方在解放之后的一段时间内并不存在所谓的民族区域自治制度概念，而以当地传统的少数民族传统文化中也不见民族区域自治制度的踪影，因此民族区域自治制度是以一个全新事物的姿态进入到民族自治地方的。之后随着各地自治条例纷纷出台，原本只停留在国家层面有关民族区域自治制度的法制要求进入到当地，这些地区以自治条例的形式接

[1] 王云五：《云五社会科学大辞典·人类学》，台湾“商务印书馆”1971年版，第214页。

受并承认了以自治权为核心的法制化了的民族区域自治制度，而这些新鲜元素的进入是在地方性民族文化与国家文化不断接触的过程中进行的。“自治权”也随着自治条例的制定成了民族自治地方政治生活、法律生活中一个全新的关键词；最后，从自治条例的角度看，民族自治地方的地方性民族文化与国家文化之间的“涵化”具有明显的方向性，即以“自治权”为代表的民族区域自治制度中的文化元素从国家文化向当地地方性民族文化流动，整个过程是《民族区域自治法》等上位法的输出过程和自治条例对上位法接受的输入过程的结合。

实际上，涵化也是一个文化传播的过程，因此涵化的实现实际上就是文化传播的方式之一。在人类学中，所谓的传播指的是“所有有次序的过程，以及除了‘发明’之外，在各种不同的社会中所产生的文化相似性，指一个文化质料从一个地方散播至另一个地方……是文化元素或文化丛在横的平面上进行的那一类传递，也就是两地之间的传递”，〔1〕文化传播的这种传递是通过两种方式实现的：人的迁移和直接的采借。那么，上位法与自治条例之间的这种涵化又是如何实现的呢？笔者认为，这时的涵化是通过直接的采借实现的，即“接受经过选择的文化素材”。〔2〕当前我国各民族自治地方的自治条例中绝大多数涉及民族区域自治制度的实现等基本问题的条文有明确的上位法渊源，并且这些条文基本上是沿袭了《民族区域自治法》等上位法的立法意图，从章节的安排、实体权利义务的设置等方面都和上位法保持一致，只是在表述上略有不同。这种立法的方式从技术的角度来说是法律的借用，而归根到底法律的借用属于直接采借的涵化方式，通过这种采借，专门针对我国国情所设计的民族区域自治制度从中央层面进入到各级民族自治地方的层面，实现了一种纵向的传递。当然，直接的采借并不意味着被采借的对象进入新的文化环境后不与当地文化进行融合，相反只有与后者融合后这种采借才是有意义的，这就是采借概念中所说的“选择文化素材”的过程。许多自治条例中我们看到，有不少条文在依照上位法规则的前提下在细节部分糅合了当地的特点后形成新的规定，我们不能因为它和上位法在形式上已经不一样了而否认其采借于上位法。虽然从表面上看这类条文是属于民族自治地

---

〔1〕王云五：《云五社会科学大辞典·人类学》，台湾“商务印书馆”1971年版，第245页。

〔2〕王云五：《云五社会科学大辞典·人类学》，台湾“商务印书馆”1971年版，第43页。

方具有地方性的规定，但它的最终依据、基本原则等仍旧来源于上位法的规定，这也是一种文化上的采借行为。

第二，和自治条例一样，单行条例在立法过程中的成长也是一种文化上的涵化。这是因为，单行条例是民族自治地方涉及某一个方面事务的专门性法规，和自治条例比起来具有特殊性和具体化的特征，正是因为单行条例与生俱来的这个属性，导致了其反映地方性知识的迫切需求。吉尔茨所谓的地方性知识实际上是一种“特色”，这种特色反映在法律形式上就是地方认识或者地方利益在法律、法规里的体现。单行条例的立法正是某个具体的民族自治地方的立法机关将本地区、本民族的实际利益、认识和需求诉诸法律并将其法制化的过程，在这个过程中涉及了两套知识体系：一方面，在我国单一制的国家政治体制大环境下，法律只能是由国家制定或认可的方式产生的，其带有非常浓厚的国家色彩，只有按照法定程序、由国家强制力作为实施的最终保障形式、反映为国家意志的那部分认识才能够称其为法律。作为自治法规之一的单行条例虽然只在某一个民族自治地方内有效力，但始终是我国法律体系中不可缺失的一环，因而即便是属于地方性的法律规则也必须要遵守上述要求，换句话说，国家对于法律这种社会制度资源的统一认识一样也适用于单行条例，所以在民族自治地方的立法机关制定单行条例的过程中首先需符合的就是国家知识对于法制的规范性要求；另一方面，按照上位法的规定，单行条例只能由民族自治地方的立法机关按照本地区、本民族社会的特点制定，其立法模式可以是补充性的也可以是变通性的，但无论如何这种特点的存在是单行条例区别于一般的基层行政区域的立法机关所制定的地方性法规或者地方政府规章的重要标志，如果不反映“特点”那么单行条例便失去了存在的价值。从法律知识论的角度看，单行条例赖以存在的“特点”就是吉尔茨口中的“特色”——即地方性知识，这种地方性知识在现实状态下有可能以多元化的形态存在着：习俗、习惯法、地方利益、地方认识，等等，不论具体的形态如何都不妨碍单行条例的立法者在制定规范的时候将上述内容表达出来，这个反映地方特点和民族特点的立法过程实际上就是地方性知识对于单行条例立法的影响过程。

从上面的分析我们看到，单行条例的立法也是在国家知识和地方性知识交叉缠绕的大环境下表达规则的，而单行条例对于某一领域地方特点和民族特点的反映实际上就是该部分的地方性知识进入国家知识体系的过程。这种地方性文化元素向国家知识体系的渗透是在立法博弈这个不同知识相互接触、相互了解并且相互角力的较量过程中实现的，因此单行条例在立法过程中的成长实际上也是一种文化意义上的涵化。

如果说自治条例涵化的手段是采借的话，那么单行条例涵化的手段又是什么呢？单行条例必须反映地方特点和民族特点，而反映的方式可以是补充性的也可以是变通性的：所谓的“补充性”的方式就是制定补充规定，即在国家层面的规范性法律文件中相关领域仍没有出现有效规定时，民族自治地方的立法机关可以依法制定本地方的规定；所谓的“变通性”的方式指的是在某一个领域内国家层面的规范性法律文件虽然有相应规范，但这些规范性要求与本地区、本民族的实际情况有较大差异或是不适应本地区、本民族的社会特点，民族自治地方的立法机关依法制定有别于上述规范的新规范的方式。其实不论是采用哪一种方式，单行条例的立法总免不了在法规中体现本地和本民族的特点，这种体现的是文化元素从地方性知识向国家知识的流动过程。对于接受方——国家知识而言这些文化元素总是新颖的，因而如果我们站在国家法律体系的角度看待这个问题就会发现，这种文化元素的流动实际上是对国家法制的创新，只是二者的创新程度有所不同：补充性的立法方式是从无到有的创新过程，变通性的立法方式是对国家有关法律、法规的地方性修改过程。因此对于单行条例的立法而言，涵化的手段是创新。

值得说明的是，单行条例的这种创新并不是毫无限度的创新，相反是一个在一定范围内的有限创新。前已述及，《立法法》第 75 条第 2 款对自治法规立法内容的三方面的限制，这个内容实际上就是国家法律对民族自治地方立法机关在制定自治法规（尤其是单行条例）的过程中创新程度的限制。哪些内容可以有创新性的规定、创新的程度如何，在《立法法》上述条文中一目了然，因此单行条例立法中整个创新的过程严格说是一种有限度的创新。

强调自治法规在立法过程通过以涵化为主方式成长的价值，并不意味着地方性知识、国家知识体系之间的单向流动，事实上自治条例的立法中也有创新性的规定、单行条例的立法中也有国家知识对地方性知识的影响痕迹。此外上述《立法法》对补充性、变通性立法的内容的限制，实际上也是国家知识对民族自治地方自治立法的影响。

论我国实施行政审批“权力清单”困境及其立法进路

丁国峰　毛豪乾*

摘要： 权力清单制度是我国政府全面深化改革、推进依法治国的重要举措，根据职权法定原则、公开原则、便民原则制定权力清单，划清行政与市场的边界，减少政府干预市场，目的是建立法治政府、有限政府、阳光政府、服务政府。但权力清单制度实践中，出现行政审批前置、制定标准不规范等一系列问题，应进一步从划清行政与市场界限入手，通过依法明确权力清单制度、保障制定和实施程序、实现信息共享、加强监管等手段来完善权力清单制度的立法构建。

关键词： 行政审批；权力清单；法治政府；法律制度

权力清单制度在规范行政权力的行使中发挥了巨大作用，推行政府权力清单制度，是我国新时期依法治国的重要立法制度。早在 2015 年 7 月，李克强总理在国务院常务会议上指出“有些地方，审批事项从中央一路下放到县里，结果县里接不住，影响了百姓与企业的办事效率……还有些地方，表面上取消了一些审批事项，但前置审批居然大幅增加！这不是玩文字游戏吗？这样的行为要坚决查处”〔1〕。此事反映出政府在简政放权时的问题：首先，下放行政审批权过急，基层行政机关无法完全履行已下放的行政审批职责；其次，一些行政机关为行政审批设置“前置审批”事项，行政审批明减暗增等。这些问题都是我国政府“权力清单”制度建设、实施中常见的、亟需解

* 丁国峰：法学博士，昆明理工大学法学院教授；毛豪乾：法学硕士，新疆维吾尔自治区克拉玛依市克拉玛依区政法委干部。

〔1〕 李子木：“县级‘大部制’打破简政放权瓶颈——前瞻产业研究院”，http://www.sohu.com/a/33188933_114835，最后访问日期：2018 年 8 月 13 日。

决的问题。

一、行政审批“权力清单”制度的基础理论

党的十八届四中全会《中共中央关于全面推进依法治国若干重大问题的决定》提出：深入推进依法行政，加快法治政府建设。推行政府权力清单制度，坚决消除权力设租寻租空间。随后，权力清单受到社会各界广泛关注。政府权力清单即各级人民政府及其职能部门按照法定职责，梳理和界定其权力边界，以“清单”形式向社会公布，并明确规定和详解每项行政权力的职能定位、管理权限、操作流程等，接受公众广泛的监督。[1]

（一）行政审批“权力清单”的内容和本质

权力清单制度是各级人民政府及其职能部门，以“清权、确权、配权、晒权、制权”等步骤规范行政权力运行的一系列内容和程序。[2]“清权”，是指一个根据法律法规梳理政府及其职能部门职责的过程，实现“法无授权不可为”“法定职责必须为”，将没有法律授权的行政权彻底清除；“确权”是指将政府权力以权力目录的形式编制出政府行政权权限和内容，使公众一目了然，并附上更直观的“权力运行流程图”，方便行政相对人办理事务；“配权”是指对现有的行政权力进行调整，本着“服务群众、方便快捷”的宗旨，优化权力流程；“晒权”，是指将清单公布于众，接受公众质疑和监督；“制权”，是指建立权力清单实施的事中、事后监管制度，保障权力清单的有效运行。

行政审批“权力清单”是权力清单的四个主要内容之一，[3]又称“行政审批事项目录清单”，是把依法需要政府职能部门审批的事项列举出来，“在行政审批问题上构建‘权力清单制度’，就是政府简政放权的首要内容。”[4]权力清单是根据“法无授权不可为”，明确政府及其职能部门拥有的权力，用于解决行政机关“乱作为”“超越职权”的问题。

---

〔1〕 参见王春业：“论地方行政权力清单制度及其法制化”，载《政法论丛》2014年第6期。

〔2〕 参见姜水静：“地方各级政府全面推行权力清单制度问题研究”，载《长沙大学学报》2015年第1期。

〔3〕 权力清单主要包括四个方面的内容，即行政审批事项目录清单、行政权力清单、政府责任清单、市场准入负面清单。本文所论述的行政审批“权力清单”即是行政审批事项目录清单，是将行政审批放在整个权力清单制度的大背景下论述，它是权力清单制度的首要内容。

〔4〕 参见樊晓磊：“从‘权力清单制度’看政府行为的进与退”，载《中国党政干部论坛》2014年第6期。

行政审批“权力清单”制度的本质是把行政职权“关进笼子里”“置于阳光下”，使其合法、合理、受监督。它通过“限权”手段，分清行政权力与市场，属于市场调整的应该由市场自身调节，尊重经济和社会发展规律，依法限制行政权力过多干预市场，为行政权力划定合理边界，从而增加市场的内在活力，这是权力清单制度内容的真正本质。

(二) 行政审批“权力清单”的基本特点

第一，严格依法性。权力清单是根据法律法规制定的权力目录，其中每项权力都应有明确的法律依据，甚至要精确到具体条款的内容。这样才能使行政相对人清楚明白其政府权力受哪部法律授权，政府行政行为是否在其职权范围内，是否超越职权，方便接受公众监督。

第二，广泛性。从纵向来看，从中央政府及其职能部门到基层政府及其职能部门，甚至应囊括街道办事处，每个层级行政机关都应公布自身的权力清单，接受公众监督。从横向来看，权力清单应明确区分同级政府不同部门之间的权力边界，避免部门间的职权重叠与交叉以及权力真空。我国现行行政权力覆盖范围非常广泛，把所有权力都置于阳光下，拥有行政权力的地方(涉及国家秘密、商业秘密和个人隐私的除外)都应设置权力清单，自觉接受社会监督。

第三，明确性。权力清单中所列举的行政权力应包括权力名称、权力部门、执行程序、部门责任、监督方式以及回应机制等内容，以形成国家行政权力的完整运行方式与行政相对人维权系统。只有保证权力清单内容的具体、明确、清晰，才能满足行政相对人的需求。

第四，强制性。权力清单一旦公布，即对各级政府及其职能部门具有强制约束力，若违反权力清单的规定，如超越职权、滥用权力、行政不作为等都应承担法律责任。

第五，双重性。一方面，权力清单可以规范政府行政权力，不仅国家各级政府权力能得到有效规制，而且政府各职能部门的权力亦能得到有效协调，更好地为公众服务。另一方面，权力清单能使行政相对人和公众清楚地了解行政权，方便获取政府信息，维护自身合法权益。

(三) 行政审批“权力清单”的制定原则

第一，行政合法性原则，[1] 即政府拥有的权力是人民赋予的，政府必须根据人民的需求行使权力，因为它是人民选举出来代理其收集、维护和分配公共利益的，政府不得滥用权力、破坏公共利益，它必须根据法律授予的行政权力行使职权。“无法律即无行政、法无明文禁止即自由”。[2] 合法性原则还包括“法律优先原则”和“法律保留原则”。法律优先原则认为，行政法规范对行政活动具有绝对的拘束力和支配力，行政主体不得采取任何违反行政法规范的措施，法律对行政具有绝对的支配性和拘束力，其最终目的在于要求行政主体严格依法行政，反对行政随意性和专横性；法律保留原则认为，行政主体只有在法律允许的情况下才能实施相应行为。行政权的存在是基于法律的授权，不得与法律相抵触。

第二，行政公开原则。没有监督的行政权力容易腐化，“公开原则是制止自由裁量权专横行使的最有效的武器”，[3] 它是指行政主体在行政权力行使过程中，把运行的依据、过程和结果向相对人和公众公开，使公众能够知悉和有效监督行政权力的运行。

第三，行政便民原则。权力清单制度通过明确行政权的行使主体、方式和程序，并配备行政机关运行权力的流程图，使行政相对人和公众在办理相关事务时一目了然，方便其社会、经济活动。权力清单是以人为本的行政法人文精神的体现，遵循“全心全意为人民服务”的宗旨。将行政机关“命令与服从”的传统行政行为理念，转变为“服务与合作”的理念——行政机关以行政权力为公民和相对人服务，同时相对人积极与政府合作。

(四) 行政审批“权力清单”创设的目标

实施权力清单制度的短期目标是“减权放权”，终极目的是建立“法治政府、有限政府、阳光政府和服务政府”。它要求政府尊重市场机制的作用，划清政府与市场的界限，政府的归政府管理、市场的归市场管理，解决政府职能的越位、错位和缺位问题。

---

〔1〕 参见叶必丰：《行政法与行政诉讼法》，武汉大学出版社 2008 年版，第 67 页。

〔2〕 前者是相对于行政机关来说的，而后者是从“行政相对人和公众”出发的。参见叶必丰：《行政法与行政诉讼法》，武汉大学出版社 2008 年版，第 69 页。

〔3〕 王名扬：《美国行政法》，中国法制出版社 1995 年版，第 975 页。

1. 法治政府

法治政府是权力清单推行的基础，也是目的。市场经济有效运行的基本条件是法治社会，发挥市场决定性作用的前提是建立法治政府。当前我国政府偏重于用权力干预市场，从计划经济时代以“行政命令”等显性方式干预市场，到市场经济时代以“行政审批、行政指导、行政计划”等隐性方式干预市场。总之，政府干预市场的传统仍未消弭，导致政府干预与市场调节的边界不清。权力清单取消或下放一些行政审批事项，其目的是为了减少市场干预。市场经济条件下的法治政府，只要从两个方面保证市场经济顺利运行即可：一是保障市场自由，包括市场准入和资源配置的自由；二是保障市场有序化，实现有效市场监管。目前有些地方政府热衷于设置多项行政审批，却多数对市场秩序监管不到位。所以，推行政府权力清单，厘清责任关系，以实现真正有利于市场经济发展的法治政府目的。

2. 有限政府

行政权力源自于全体公民的授予，政府是由人民选举出来代表公共利益的，是收集、维护和分配公共利益的公权力组织。政府的权力不是任意的，它仅限于维护社会公益、保护公民权利和维持市场秩序的有限权力。制定权力清单的目的在于通过制约政府权力的运行，防止政府对市场的过度干预。“法无授权即禁止”，一切行政权力源于法律法规的授予，若无法律授权，政府不能任意行政，特别是在对市场的干预、对公民人身权利的侵害、公共资源的征收等方面，更需政府恪守法律红线。建立有限政府是制定权力清单的重要目的。

3. 阳光政府

封闭性和隐蔽性的权力运行环境是滋生腐败的肥沃土壤，制作权力清单能有效预防腐败。权力清单将政府权力行使公开透明，公开“行政职权、事项名称、行使依据、受理条件、申报资料、办理时限、承办责任人等相关信息”，〔1〕并将所有权力置于公众监督之下，破坏腐败滋生的环境。如果说，建立法治政府、有限政府是将权力“关在笼子里”，那么阳光政府的目标是将已关在笼子里的权力置于聚光灯下，让权力运行清楚、明白，让腐败无处藏身，让公众真切感受到“看得见的正义”。建立阳光政府，是制作权力清单的重要目

〔1〕 李强：“用权力清单把政府权力关进制度笼子”，载《今日浙江》2014年第4期。

的之一。

4. 服务政府

行政机关是执法机关，本质上亦是服务机关，是通过执法为公众服务的国家机关。[1] 行政机关是公共利益的收集者、维护者和代表者，它与公众的关系是代表与被代表、公共利益与个人利益的关系。行政机关收集每个社会成员的个人利益集合成公共利益，其所收集的公共利益不是供其自身或其工作人员享受的特殊利益，而是要求政府通过再分配，给公众带来享受的利益，它用于保障公民的个人利益。因此，社会成员需要这样的服务机关，行政机关只能是服务机关。[2] 政府制作权力清单，把权力机关、权力依据、实施流程图、期限等一系列权力运行过程，全方位、立体式地展现在公众面前，其目的就是为了方便公众、服务公众。建立服务政府是权力清单制度的重要目的。

二、行政审批“权力清单”实施的现状及其问题

党的十八届三中全会以来“推行地方各级政府及其工作部门权力清单制度，依法公开权力运行流程”，[3] 权力清单在全国范围内广泛推广，并成为社会共识。

（一）实施行政审批“权力清单”的现状与成效

在中央层面上，国务院审改办将国务院各职能部门的行政审批事项汇总，并公布在中国机构编制网上。2014 年，随着简政放权措施的颁行，政府已相继取消或下放了 9 批共 798 项行政审批事项。[4] 2015 年，国务院的预定目标是：全面清理中央指定地方实施的行政审批事项，公布清单、锁定底数，取消 200 项以上。[5]

在地方层面上，国务院的统一要求为地方政府权力清单注入了新动力。

---

〔1〕 参见叶必丰：《行政法的人文精神》，北京大学出版社 2005 年版，第 139 页。

〔2〕 参见叶必丰：《行政法的人文精神》，北京大学出版社 2005 年版，第 138 页。

〔3〕 人民出版社编：《中共中央关于全面深化改革若干重大问题的决定》，人民出版社 2013 年版，第 36 页。

〔4〕 参见董峻、陈炜伟：“简政放权措施再度出台 国务院力促政府职能转变”，http://news.xinhuanet.com/politics/2014-12/12/c_1113626933.htm，最后访问日期：2018 年 8 月 13 日。

〔5〕 参见《国务院关于印发 2015 年推进简政放权放管结合转变政府职能工作方案的通知》，国发〔2015〕29 号，第 4 页。

如，浙江于2013年11月制定了包括“政府权力清单、企业投资项目负面清单、财政专项资金管理清单”和“省、市、县三级联动的政府服务网”，形成了“三单一网”的权力清单格局。武汉市的权力清单，则在“行政权力清单和政务服务清单”的基础上更进一步，公布区级权力清单，[1]将权力清单细分为行政裁决、行政服务、行政征收、行政强制等15个子项，完整地厘清了政府部门的权力边界。

基层政府层面，浙江富阳率先晒出县域的权力清单，称为“三单一图一改”，其在实施浙江“三单一网”的同时，把常用的行政权力从2500多项削减到1465项，且编制了一张权力运行图，推进了一系列审批制度改革。[2]广东省通过发布《广东省行政审批事项通用目录管理办法》，制作出了一张涵盖省、市、县三级政府行政审批事项的“纵向式权力清单”。

从中央和地方政府的实施情况来看，我国权力清单制度的实施是卓有成效的，特别是在以行政审批改革为主的简政放权方面十分显著。在规范行政审批事项方面，主要获得以下几个方面的成效：第一，大幅削减行政审批事项。中央预计在2015年取消200多项行政审批事项。在地方上，通过削减行政审批的方法，减少政府对市场的干预，市场的归市场，政府的归政府。如，广东省政府大力推进市场和社会简政放权，2012年以来就累计调整行政审批事项近28 000项，其中省级578项。[3]第二，实行“一个窗口”受理、“一站式”审批。国务院发布的《国务院关于规范国务院部门行政审批行为改进行政审批有关工作的通知》（以下简称《通知》）提出，全面实行“一个窗口”受理，实行“统一受理、统一回复、接办分离、限时办结”的原则。第三，实行承诺时限制。根据《中华人民共和国行政许可法》的相关规定，除可以当场作出行政许可决定的外，行政机关应当自受理行政许可申请之日起20日内作出行政许可决定。20日内不能作出决定的，经本行政机关负责人批准，可以延长10日。第四，实现阳光审批、接受公众监督。根据《通知》，

---

〔1〕参见武汉市人民政府办公厅：《武汉市人民政府办公厅关于进一步推进市级行政权力和政务服务事项清理规范工作的通知》，武政办［2014］74号。

〔2〕参见江南：“浙江富阳晒出县域权力家底 清单之外再无权”，载《人民日报》2014年4月18日第5版。

〔3〕参见章宁旦、陈琦：“广东出台全国首张行政审批‘纵向权力清单’”，载《法制日报》2014年12月2日第2版。

除涉及国家秘密、商业秘密或个人隐私之外的审批信息都应及时、准确公开行政审批的受理、进展情况和结果，接受公众监督。第五，推进行政审批服务标准化建设，如农业部已发布实施了202项行政审批服务标准，有效规范了审批行为，压缩了自由裁量空间，增强了审批透明度。[1]

（二）行政审批“权力清单”存在的问题与困境

第一，行政审批权力的认定标准不尽相同。权力清单所列出的行政权力，应有严格的法律依据，这是行政法定原则的基本要义。事实上，各地政府认定清单的依据和标准并不统一：有的地方法律依据包括：法律、行政法规、地方性法规、部门规章、地方规章，有的地方甚至出现以“红头文件”等方式自行设定一些法律无明文规定的权力的现象，造成了权力清单中的行政权力不合法。

第二，行政审批运行不规范、不透明。在行政审批改革中，虽然取消了一部分行政审批，但一些部门保留的行政审批事项，在实际操作中仍不规范，审批标准、条件、流程和时限不明确、不具体，审批的随意性及自由裁量权大，手续多、效率低，[2] 以中央政府各职能部门公布的审批事项统计（截至2014年6月）为例，共有60个部门有行政审批项目，但制定了专门的行政审批流程规定的部门仅有40个，而这40个部门所制定的审批流程仅占整个行政审批事项总数的37.7%，[3] 其余20个部门尚无完整的流程规定，一个部门存在部分审批事项流程或多个部门共用一套流程的现象普遍存在。

第三，行政审批事项减少，但前置审批增多。前置审批增多是一些地方普遍存在的问题，是政府部门不肯放弃手中权力的表现。许多地方以“盖章”形式来代替或取消审批事项，这事实上增加了前置审批，如国务院前副总理曾培炎在建科研楼审批中，前前后后盖了200多个章。[4] 总而言之，前置审

---

〔1〕 参见中央政府门户网站：“国务院改革行政审批流程由‘减数量’到‘提质量’”，http://www.gov.cn/xinwen/2015-02/04/content_ 2814575.htm，最后访问日期：2018年8月13日。

〔2〕 参见中央政府门户网站：“国务院改革行政审批流程由‘减数量’到‘提质量’”，http://www.gov.cn/xinwen/2015-02/04/content_ 2814575.htm，最后访问日期：2018年8月13日。

〔3〕 参见中央政府门户网站：“国务院改革行政审批流程由‘减数量’到‘提质量’”，http://www.gov.cn/xinwen/2015-02/04/content_ 2814575.htm，最后访问日期：2018年8月13日。

〔4〕 参见罗伯特：“原副总理曾培炎遭遇审批难　建科研楼要200个章”，http://finance.china.com.cn/roll/20141223/2867360.shtml，最后访问日期：2018年8月13日。

批的增多，会使相对人办事更加繁琐，企业效率低下，一些地方甚至把审批权以登记、备案、年检等非行政审批的方式再现，换汤不换药。

第四，行政审批缺乏责任机制，各类“证明”盛行。目前一些审批单位，要求申请人开具许多证明，成为其逃脱责任的护身符。李克强于2015年5月6日在国务院常务会议上，引用了一个案例：“一个公民要出国旅游，需要填写‘紧急联系人’，他写了他母亲的名字，结果有关部门要求他提供材料，证明‘你妈是你妈’！这怎么证明呢？简直是天大的笑话！”〔1〕随着证明“你妈妈是你妈妈”曝光之后，“证明我是我”“证明未婚是未婚”〔2〕等一系列无事生非的证明也浮出水面。这种“证明”现象的盛行，是有关职能部门逃避责任的真实体现。

纵观我国简政放权、实施政府权力清单的过程，其中的问题层出不穷，以行政审批权改革为例，我国要实现法治政府、有限政府、阳光政府、服务政府以及转变政府职能的目标还任重道远。

三、行政审批“权力清单”实施困难的原因分析

政府部门简政放权、实施权力清单过程中问题层出不穷，本质上都是因为央地之间的利益之争导致权力进退维谷。行政审批实质上是一种应申请行政行为，行政主体是行政审批机关，审批申请人是行政相对人，是前者对后者实施的具体行政行为。行政审批脱胎于计划经济体制，当时一切资源的分配权力都集中于政府手中，需行政审批才能实现资源配置，但进入市场经济后，政府部门仍将审批权紧握在手中，以获得更多的部门利益。改革行政审批的实质应该是改变原有的权力分配关系，这也是简政放权、规范行政审批权会遇到诸多困境的真正原因。

（一）中央与地方的利益之争

权力天生具有扩张性，权力自身永远无法杜绝自利和寻租现象。首先，

〔1〕梁薇薇：“李克强痛斥‘证明你妈是你妈’”，http://news.qq.com/a/20150507/009821.htm，最后访问日期：2018年8月13日。

〔2〕2015年6月10日，中央电视台《焦点访谈》栏目以《未婚时如何证明“未婚”——荒唐的证明》为题，报道了胡女士为将户口从昆明迁至成都，花了8个月时间办理婚育证明的问题。引自搜狐新闻网：“女子开证明跑8个月 媒体曝光后官方处理18人”，http://news.sohu.com/20150711/n416581565.shtml，最后访问日期：2018年8月13日。

政府各部门也存在部门利益，亦具有经济人属性，行政审批事项对政府部门而言是有利可图的。中央的决策是简政放权，取消一些不必要的审批事项，然而下级政府部门不愿放弃既得利益，并以“前置审批”等多种方式来维持其既存利益。其次，中央与地方权力分配存在问题。我国中央与地方的权力领域几乎相同，属于层级隶属关系，中央权力从质和量两个方面都大于地方。中央简政放权、制定权力清单的决策是为了激发市场活力、优化资源配置，并要求把部分权力让渡于市场自治；而地方政府及其职能部门基于地方利益和自身目的，可能觊觎让渡的这部分权力及其所带来的利益，中央下放的权力可能被地方所占据，这客观上会影响中央简政放权的实施进程，影响权力清单的最终创设和划定。

（二）“放与管”的两难抉择

随着我国市场经济体制改革的深入，政府职能转变势在必行。但政府职能转变过程确实十分艰难，存在“放与管”的两难抉择，导致政府权力清单制度的实施困境凸显。

首先，我国长期以来形成的“家长式”政府管理模式仍在政治生活中占统治地位。中国五千年传统社会延续下来的观念和思想中，权力统一行使仍处于重要地位，拥有权力的人不愿放权，担心一放即乱；加之部门利益之争，在该退出的管理领域拒绝退出，或者彻底退出。政府通过行政审批代替“指令性的行政计划”或“强制性的行政命令”，从表面来看，政府已不能直接左右企业的决策，但事实上“审批是最好的控制方式”。[1] 因此就出现了这种行政权“放与管”的矛盾。

其次，政府权力下放的经验不足。改革开放和建设中国特色社会主义在一定程度上是“摸着石头过河”，应建立何种市场经济才不会偏离社会主义道路，政府应行使多大的权力为宜，目前没有丰富的经验可循。只能采取逐步放开、先搞试点再推广方式，将原先指令性的计划逐步过渡到现行的下放部分权力给市场，但政府为了避免“一放就坏”，强加了“审批”这道监控程序。

最后，政府“管与放”的“度”难以把握。一方面，存在政府权力的越位和失位，政府管得太多会造成权力越位，但任由市场发展不管不问，会造成更多不作为的现象。权力越位和失位都易滋生权力腐败、发生权力寻租，

---

〔1〕 参见朱维究：“行政许可法的实施与行政审批改革”，载《国家行政学院学报》2004年第3期。

会导致公众对政府公信力甚至对法律规则产生怀疑，进而会使政府丧失权威。另一方面，错位的政府权力承担了许多本不属于政府应当承担的东西，如公民个体的生老病死、户口、教育、医疗、档案等一切问题都离不开政府权力的影子。当把一切都指望政府运用行政权进行管理时，社会将迷失自我，当政府权力成为发展进程的主导力量时，将会造成权力异化。政府不是万能的，“政府一些‘该管的事’没有管到位，但对一些‘不该管的事’，手却‘伸得特别长’”,〔1〕难以把握政府权力管与放的“度”会影响权力清单制度的实施。

四、构建和完善我国行政审批“权力清单”制度的立法建议

（一）改变权力清单制作主体

目前规范行政审批权、简政放权的基本前提是划清行政与市场的边界。行政与市场边界的明确界定是一项庞大工程，会牵涉许多既得利益，遭遇诸多障碍。划清行政与市场的边界，应该从“职权法定化”出发，即“法定职责必须为”“法无授权不可为”。但是，仅仅依靠“职权法定化”不足以改变行政与市场混淆不清的状况。若要从源头上杜绝权力寻租，改变“由政府自身制定权力清单”的局面，须由全国或地方人民代表大会及其常务委员会制定权力清单。当然也可借助第三方中立机构制定权力清单，避免行政权力的干预。因为通常情况下，法律的制定者比执行者更清楚法律赋予行政机关的权力种类及范围。同时权力清单的制定、实施应该积极引导公众参与，监督政府的行为，摒弃部门利益思想，减少前置审批，限制政府滥用权力的空间。

（二）以法律形式明确规定权力清单的内容体系

我国权力清单制度的实施缺乏法律保障，主要通过中央政府以“行政命令”的方式自上而下实施。全国人民代表大会及其常委委员会制定的法律并没有涉及权力清单的内容，权力清单的制定与实施与否并不需要承担法律责任。法律是最重要的国家制度，权力清单应通过法律的形式固定下来。鉴于目前权力清单制度处于探索、发展时期，可先以国务院“行政法规”的形式颁布实施，待到完善后，再以法律的形式形成权力清单制度，甚而可写进

〔1〕 梁薇薇：“李克强痛斥‘证明你妈是你妈’”，http://news.qq.com/a/20150507/009821.htm，最后访问日期：2018年8月13日。

《中华人民共和国宪法》。权力清单制度尚不需要制定独立的单行法，只需在行政程序法中增加规定即可。公权力部门的职权，只要不涉及国家秘密均应向社会公开，接受社会公众监督。在实施过程中，国务院通过行政法规予以明确，主要包括以下几个方面：第一，明确制作、公布权力清单是政府的职责。第二，确定权力清单的制定标准及内容，如行政权力的分类、行政权力范围、每项权力的实施流程图、公民维权途径，等等。第三，指明权力清单应随政府职权变化而修订、动态管理，同时根据法律的修订，及时对清单内容进行更新、完善。第四，建立惩戒制度。对不实施或不遵守权力清单的公职人员进行惩戒，明确法律责任。

（三）保障权力清单的制定和实施程序

权力清单这种抽象行政行为，具有准行政立法性，它是针对不特定多数人，由政府部门制定的行政行为。[1] 权力清单由上级政府部门依法制定，下级政府部门都应遵守，它具有普遍约束力，因此，权力清单具有准行政立法的性质。首先，权力清单的制定是准行政立法行为，需要严格的制定程序来保障公平公正，防止权力滥用。如果说不公正的裁判比实施犯罪更可怕，那么，不公正的立法更甚之。[2] 程序正当是产生良法的前提条件，因此要保证在权力清单的制定过程中做到程序正当。其次，在权力清单执行过程中还应做到程序的公开透明，在权力清单中规定清晰、详细的权力运行流程，以便公众对政府实施权力清单的行政行为进行监督，同时，制定实施权力清单的责任追究程序，为公众维护自身合法权益提供合法途径等。

（四）建立政府职能部门间的信息共享机制

在我国的行政审批中像“证明你爸是你爸”“证明你未逝世”等各种贻笑大方的事件层出不穷，归根结底这都是由行政部门间信息不畅、缺乏交流造成的。行政机关代表人民行使权力，作为服务人民的机关，它有义务充分利用所拥有的公共资源，为公众提供便捷、高效的服务。像以上那些让人匪夷所思的证明都应由政府部门依公民申请积极为公民提供证明，而不是让公共资源在行政机关手中浪费，增加民众的办事成本。在信息网络时代，建立一个所有政府职能部门间信息、数据的共享平台是时代所需，这可以实现各部

〔1〕 参见叶必丰：《行政法与行政诉讼法》，武汉大学出版社 2008 年版，第 162 页。

〔2〕 参见江必新：《程序法治的制度逻辑与理性构建》，中国法制出版社 2014 年版，第 13 页。

门间的信息互通，为公众提供高效便捷的行政服务。

（五）完善权力清单的回应和监督机制

完善的监督机制是权力清单制度良性运行的重要保障。权力失去约束与监督，就会被滥用。权力清单的监管需要立法、行政、司法各司其职。当今时代是大数据与自媒体时代，公众监督尤为突出，成为监督政府权力、打击腐败的重要力量。监督机制的完善，应由事前监管向事后监督转移，做到有的放矢。[1] 同时，应完善信息公开制度，加强对公众质疑的回应。公众或媒体对政府行为产生质疑时，政府应尽快回应，如“山东招远血案”“庆安枪案”等，政府第一时间回应公众质疑、澄清事件促进了事件的解决，增强了政府的公信力。公开回应制度的完善，政府行政权力得以有效监督，回应机制成为一种新常态。[2]

〔1〕 参见李强：“用权力清单把政府权力关进制度笼子”，载《今日浙江》2014年第4期。

〔2〕 参见丁国峰、毛豪乾：“权力清单实施困境在于权力的进退两难”，载《社会科学报》2015年9月10日，第3版。

二元财产权结构下经济法立法理念的若干思考*

王宇松**

摘　要：随着市场化工业经济社会的发展，人类社会进入到了自用财产权和资本财产权并存的二元财产权结构时代。这两类财产权在形成条件、功能、价值基础、权利体系、责任形式等方面都是不同的。这就决定了这两类财产权具有不同的性质、特征和运行规律。为了有效保护资本财产权，规范它们的运行秩序，让其更加有效地服务于人类社会，就需要遵循一套不同于传统民商法的立法理念，以建立适用于资本财产权运行的法律制度体系。

关键词：资本财产权；自用财产权；二元财产权理论；立法理念

早在资本主义初期，二元财产权理论就开始萌芽了，如当时的蒲鲁东（Pierre-Joseph Proudhon）就将财产权划分为“拥有的权利”和“增长的权利”两大类型。“拥有的权利”就是传统民法意义上的财产权，“增长的权

---

* 项目资助：本论文为安徽师范大学博士启动金重点项目“资本财产权时代市场主体权利实现机制研究”（2016XJJ102）的阶段性成果。

笔者在以前的文章中曾将“资本财产权”命名为“增量财产权”，“自用财产权”命名为“存量财产权”。随着研究的深入，笔者发现“资本财产权”和“自用财产权”这对概念更能准确表述出上述两类财产的特征和品性，所以笔者现在以“资本财产权”和“自用财产权”这对概念替代了“增量财产权”和“存量财产权”这对概念。请参考：王宇松：“论增量财产权与经济的可持续发展”，载《西部法学评论》2014年第1期；王宇松：“经济法主体行为放大效应的形成机制及对经济法的影响”，载《湘潭大学学报（哲学社会科学版）》2014年第2期；王宇松：“增量财产权：经济法的核心权利”，载《江西社会科学》2014年第8期；王宇松：“市场主体的权利体系研究——以资本财产权为视角”，载《学术论坛》2014年第11期；王宇松：“论消费者权益保护法的双重价值对国际贸易的影响——以资本财产权为视角”，载《湘江青年法学》2015年第1辑。

** 王宇松：安徽师范大学历史学博士后，安徽师范大学法学院副教授，主要研究方向：资本财产权理论、经济法基础理论。

利”是指人们通过对资源的生产性开发或交换来获得收入的权利。这两种财产权分开时，一个公正社会财产权的规范性结论就将会发生根本性的变化。当代美国学者克里斯特曼沿着蒲鲁东的思路，将整个财产权划分为“控制所有权”和“收入所有权”两大类型，认为前者保护的是“自主权益”的东西，后者保护的是“收入权益”的东西，它们所遵循的立法理念是不一样的，需要适用的制度规范体系也是不一样的。[1]

近年来，我国学者也开始加入到二元化财产权理论的探索工作之中，对两类不同类型的财产权在立法理念上的不同也多有论述，如陈乃新教授将传统财产权划分为“存量利益”和“增量利益”两大类型。陈教授认为“存量利益”是指人们的既得财物，“增量利益”是指劳动产品扣除劳动的费用而形成的剩余财物。传统民商法调整的是存量利益关系，现代经济法调整的是增量利益关系，它们遵循的立法理念是不同的。[2]叶林教授将财产权划分为传统的民法财产权和现代社会的“营业资产”财产权两大类。传统的民法财产权就是我们现行民法中所规定的物权、债权、知识产权等，“营业资产”财产权是能够实现营利目的的各项财产以及事实关系的集合体。民法调整的是传统的民法财产权，“营业资产”财产权则需要采用一套有别于民法的法律规范来调整，需要采用不同的立法理念。[3]笔者结合国内外学者的研究成果，将财产权按功能不同划分为“自用财产权”和“资本财产权”。“自用财产权”是满足人们生活消费之用的财产权，主要由传统的民商法来调整。“资本财产权”是满足人们追逐利润之用的财产权，主要由经济法来调整。[4]为进一步理清这两类财产权的概念，笔者在此对这两类财产权进行比较研究，在此基础上尝试提出不同的立法理念，以供学界参考。

一、不同形成条件下的立法理念思考

自用财产权作为一种满足人们日常生活消费的自益性财产，它的形成几

---

〔1〕 参见［美］克里斯特曼（John Christman）：《财产的神话——走向平等主义的所有权理论》，张绍宗译，广西师范大学出版社2004年版，第2~10页。

〔2〕 参见陈乃新：“经济法是增量利益生产和分配法——对经济法本质的另一种理解”，载《法商研究（中南政法学院学报）》2000年第2期。

〔3〕 参见叶林：“营业资产法律制度研究”，载《甘肃政法学院学报》2007年第1期。

〔4〕 参见王宇松：“论增量财产权与经济的可持续发展”，载《西部法学评论》2014年第1期。

乎是无条件的，如果非要说一个条件，那就是人类社会的形成。自从人类社会出现在这个世界上，自用财产权就开始了它伴随人类经济社会生活的历史。但资本财产权是从自用财产权中剥离出来，作为一种专门用来满足人们追逐利润的资本性财产权，却是近现代社会的事了。以笔者的观察，资本财产权从传统财产权中分离出来至少应具备三个条件：

第一是生产与消费活动的分离。即生产者生产的产品不是用来自己消费，消费者消费的产品也不是自己生产的。当我们一页页翻开资本财产权以前的人类经济生活史，可以发现当时人们的生产和消费活动基本上都是一体化的，不论是我国还是欧洲大陆无一例外。在我国，辛亥革命以前的整个历史，基本都是典型的男耕女织的生活画面，人们生产的产品基本上完全是供自己生活之用，生产和消费活动高度一体化。在资本主义制度建立起来之前的欧洲大陆同样如此，如中世纪的庄园经济就是一种极端自给自足的经济生活图景，庄园生产的产品只是供应自己之用。〔1〕在这种生产与消费活动一体化的社会里，生产者消费自己生产的产品，自己对自己负责，生产和消费环节中产生的外部性可以自我内化，一般不会外溢，在此过程中引发的道德风险及其产生的危害范围十分有限，生产只是生活的附属物而已，而不是生活的支配性方面，经济利益必须要服从真实的生活事务，资本财产权也就没有出现的必要性和可能性。但一旦生产与消费分离，生产者不消费自己生产的产品，生产和消费环节中产生的外部性无法自我内化，由此引发的道德风险及产生的社会危害，不仅范围广，而且程度深，需要构建新的财产权法律制度来规范这种新的经济生活秩序，资本财产权的出现成为可能。

第二是现代产权制度的建立。传统的产权制度是服务于自用财产权的，主要是对既存实体性财产归属和占有的一种静态确认和调整，是一个静态化的范畴，以满足自给自足自然经济社会里人们安宁生活的秩序需要。而且就是这样的一种静态化的产权制度，也不是在所有的国家都建立起来，许多欠发达国家直到现在都没有建立起真正意义上的产权制度。在这种状况下，自用财产权也就缺少一个向资本财产权转换的制度平台。欧美等发达国家之所以成功实现将自用财产权转换为资本财产权，也是得益于这些国家建立了归

〔1〕参见［美］罗伯特·L. 海尔布罗纳、威廉·米尔博格：《经济社会的起源（第13版）》，李陈华、许敏兰译，格致出版社、上海三联书店、上海人民出版社2012年版，第26页。

属清晰、权责明确、保护严格、流转顺畅的现代产权制度。秘鲁经济学家德·索托就指出落后国家贫穷的根本原因就是没有建立起现代产权制度，因此这些国家国民的资产（自用财产权）向资本（资本财产权）转化的通道无法建立起来，“只能陷入僵化、死板、孤立的自然经济模式，并且难以自拔。”〔1〕

第三是近现代工业的出现。在古代也有工业，如采矿、冶炼等工业，它们在有些国家甚至还曾达到一定的规模。但古代工业和近现代工业一个最大的不同之处在于：近现代工业是与自然科学紧密联系在一起的，对设备等各种固定资产的投入要求很高。从经济学意义上看，这些固定资产的内容和功能开始发生了变化，资产的专用性程度越来越高。而在近现代工业出现以前，工业领域的资产专用性程度并不高，“设备不是主要的投资对象，即使建筑物，当时主要是消费品而不是生产资料，……因此，在近代工业和现代工业出现以前，根本谈不上固定资产投资在经济生活中的重要性，从而也就谈不上工业对社会经济发展的重要影响。”〔2〕财产在功能上的规模化分工也就没有必要，也就不具备资本财产权形成的经济社会条件。

最早同时具备上述三个条件的国家是英国。早在17世纪末，自给自足的小农已只占英国家庭总数的小部分，开始走向衰落，生产与消费活动一体化逐步瓦解。更为重要的是，到了18世纪初，英国开始初步确立了现代产权制度，为自用财产权向资本财产权的转换搭建起了制度平台。到了18世纪末，随着动力驱动机器的发展，自然科学技术和工业密切联系起来，近代意义上的工业出现了。这使得工业中的固定资产投资比例要求越来越高，资产的专用性程度也越来越高，财产在功能上的分工越来越普遍，专门用于追逐利润的资本性财产在整个社会财富中所占比重的攀升开始加速，引发的经济和社会问题大量出现，导致法律制度的演化发展加速，最终由量变逐渐发展到质变，资本财产权作为一种新型财产权从传统民法意义上的财产权中脱离而出。

可见，近代工业的出现是生产力发展的自然结果，生产与消费的分离，是近代工商业发展的一个必然结果。由此可见，在资本财产权居于主导的经济社会里，为顺应资本财产权运行规律的需要，有效规范资本财产权经济时代下的经济社会关系，形成良性互动的经济秩序，完善经济法法律制度体系

〔1〕［秘鲁］赫尔南多·德·索托：《资本的秘密》，于海生译，华夏出版社2012年版，第34~49页。

〔2〕厉以宁：《工业化和制度调整——西欧经济史研究》，商务印书馆2010年版，第1~2页。

的建设，加强服务于资本财产权运行的产权制度的立法就十分重要。我国在历史上产权制度一直不是很发达，新中国成立后又经历了长期的计划经济时代，产权制度建设的理念和意识一直没有受到应有的重视，在现实的经济生活和司法实践中，从资本财产权有效运行的角度对产权的实际保护也不是十分理想。我国当前已经进入到资本财产权居于社会财富主导地位的时代，系统规范资本财产权整体有效运行的经济法制度体系已初步形成，但由于服务于资本财产权运行的产权制度还不够完善，我国整个经济法制度体系的运行也出现了众多问题，特别是自用财产权向资本财产权转化过程中出现的问题更多。为进一步推动我国社会主义市场经济的健康发展，强化服务于资本财产权运行的产权制度立法理念就十分重要。

二、不同功能用途下的立法理念思考

自用财产权和资本财产权的功能用途是完全不同的。自用财产权是专门用来满足人们日常生活消费的自益之用，而资本财产权则是专门用来满足人们追逐利润的增殖之用。亚当·斯密在《国富论》中就按这种功能的不同将财产划分为“用于取得收入的财产”和“用于生活消费的财产”两大类。〔1〕马克思也是一直按财产功能的不同将其划分为“生活资料性财产”和“生产资料性财产”两大类。

财产在功能上的这种分化最早可以追溯到亚里士多德时代，当时亚氏就把“经济”和“货殖”对立起来，在经济史上第一次试图分析这种专门用来追逐利润之用的资本性财产。亚氏认为“经济”就是一种自然的经济活动，“它是同生活必需品的生产、同使用价值的生产相联系的。经济包括交换，不过只是在满足个人需要的范围内才是如此。这种活动的界限也是自然的，即合理的个人消费。”而“货殖”则是违反自然的经济活动，目的在于赚钱和积累财富，并且这种目的是没有界限的，是在无止境地发财致富，增加自己的资本。〔2〕

由于生产力发展和社会分工的不足，在18世纪以前，这种“货殖”性财

〔1〕 参见［英］亚当·斯密：《国民财富的性质和原因的研究（上卷）》，郭大力、王亚南译，商务印书馆1972年版，第255页。

〔2〕 参见［俄］阿尼金：《改变历史的经济学家》，晏智杰译，华夏出版社2007年版，第9~10页。

产主要以商业资本为表现形式，在当时的人类财富总量中只占据非常小的比例，通过用益物权制度和商法规则就可以进行有效地调整，没有必要作为一类财产独立出来建立一套新的法律调整机制。但随着生产力发展和社会分工的进一步发展，特别是机器工业时代的到来，用于追逐利润的资本性财产成为人类财富的主要内容，重塑了人类的生产和生活秩序。商业资本也从它原来相对独立存在的地位，沦落为产业资本的一个职能要素，其本身的运行规律和产生的影响也发生了深刻的变化，用益物权制度和商法规则已无法对其进行有效调整。以产业资本为核心的资本财产权因其功能上的独立和数量上的庞大而从传统财产权体系中独立出来，并建立起了经济法这一套新的法律调整机制。

虽然资本财产权和自用财产权在功能上不同，但它们在表现形式上并无差异。比如说，某个人拥有一片土地，如果此人用这片土地种植粮食和蔬菜主要用于供自己和家人消费，那么这片土地对于这个人来说就是自用财产权。如果此人开了一家农场，在这片土地上种植粮食和蔬菜用于销售，以获取财富增殖之用，那么这个人对这片土地拥有的就是一种资本财产权。但此时的土地仍然是同一片土地，表现形式没有发生任何变化。“资本虽然是以资本所有者所拥有的机器、厂房、原材料等形式出现的。但是，机器、厂房、原材料等生产资料本身并不是完全意义上的资本。只有当它们在价值形成过程和价值增殖过程中发挥作用，生产价值和剩余价值时，才是完全意义上的资本。”[1]由此可见，这两类财产权的不同功能用途，既是它们之间进行分类的一个标准，也是这两类财产权具有不同性质、特征和运行规律的原因之一，更是它们需要适用两套不同的法律调整机制的原因所在。

自用财产权与资本财产权在功能用途上的这些差异，也就需要这两种财产法在立法理念上做一些调整，自用财产权是专门用来满足人们日常生活消费的自益之用，就需要在立法理念上强化财产本身的自然效用属性，在制度设计上，尽可能地挖掘财产本身的自然效用，提高人们对财产自然效用的体验感受，使其服务于人类生活消费功能的最大化实现。资本财产权则是专门用来满足人们追逐利润的增殖之用，就需要在立法理念上强化财产本身的经济属性，在制度设计上，尽可能地挖掘财产本身的经济潜能，提高其财富创

---

〔1〕 王波：“资本范畴解析”，载《河南师范大学学报（哲学社会科学版）》2005年第1期。

造能力，使其最大化服务于人类财富理想追求的实现。同时，财产权功能用途的分化达到一定程度后，对不同功能用途的财产进行管理和使用上的专业化分工要求也就越来越高，作为专门从事资本财产权管理和使用的企业家队伍阶层开始逐步形成。近现代社会以来，一国经济的繁荣程度，在很大程度上直接取决于该国企业家的数量和质量，他们被众多经济学家誉为经济增长的国王。[1]也就是说，财产权在功能用途上的分工孕育了一个新的社会阶层的出现，而对这一社会阶层的培育、保护和尊重程度将在一定程度上决定这一国的经济命运，如果一国想要在经济上有所作为，在经济法立法过程中，就必须强化对企业家阶层培育、保护和尊重的立法理念。虽然 2017 年 9 月，中共中央、国务院出台了《关于营造企业家健康成长环境弘扬优秀企业家精神更好发挥企业家作用的意见》，2017 年 12 月 29 日，最高人民法院又以法〔2018〕1 号印发了《最高人民法院关于充分发挥审判职能作用为企业家创新创业营造良好法治环境的通知》，但在整个经济法制度体系设计上，对这一立法理念的重视还远远不够，仍需要进一步强化。

三、不同价值基础上的立法理念思考

这种功能用途的不同，就使得自用财产权和资本财产权需要建立在不同的价值基础之上。为实现服务于人们生活之用的自益目的，自用财产权注重财产本身的效用性，需要以使用价值为基础。为实现服务于人们发财致富追逐利润的目的，资本财产权注重财产的增殖性，需要以交换价值为基础。

财产的使用价值交换价值的分离起源于商品经济的发展。在人类社会的初期，人们之间劳动产品的交换是以相对使用价值为基础的，即用自己劳动产品的使用价值去交换他人劳动产品的使用价值。随着生产力和社会分工的发展，人们之间使用价值的交换范围扩大了，为了交换的方便，出现了固定充当一般等价物的货币，商品经济得到了一定程度的发展。但这种交易方式引发的交易频率增多的繁荣景象之下，实质上仍然是一种物物交换，只是以货币为媒介的另一种形式的物物交换而已，它仍然以满足人们自己生活对不同财产使用价值需要的一种自益之用为目的，即以对己无用之物去交换对己

---

〔1〕参见张维迎、盛斌：《论企业家——经济增长的国王》，生活·读书·新知三联书店 2004 年版，第 5 页。

有用之物，劳动产品相互交换的经济和社会意义并没有发生多大的变化，财产的概念仍然被限定在以使用价值为基础的有体物范围之内。如直到1872年美国的屠宰场系列案（Slaughter House Cases），财产仍被多数美国人限定为“为个人使用而持有的有体物”，它被认为只是意味着一种使用价值而非交换价值。经过该系列案中布拉德利大法官、菲尔德大法官等少数派法官的据理力争，以交换价值为基础的财产权才逐步在美国被人们认知和接受。[1]

自用财产权和资本财产权因价值基础的不同，使得它们在多方面具有了不同的属性特征。如在占有和使用方式上，自用财产权多表现为所有者直接占有、自己使用。而资本财产权所有者多表现为间接占有，出现财产所有权与经营权相分离的现象。再如在交易时的估价标准和动机上，自用财产权交易方注重财产给他们带来的当前实际使用收益率，如果一个人口渴了，他可能愿意花五元钱去买一瓶矿泉水，但如果他不渴，一元钱一瓶矿泉水他可能都不愿意去买。而资本财产权交易方注重财产给他们带来的未来预期收益率，如一项发明专利虽然对购买人本身不具有使用价值，但如果利用这项发明专利生产的产品在未来有市场，它的价格就很高，想买的人也会很多。如果一项专利没有很好的预期市场收益潜力，它就很难卖个好价格，想买的人也不会很多，甚至无人问津。再如在运行特征上，自用财产权是相对静态的、封闭的、专制的，强调所有权绝对原则，追求一种恒久稳定性。而资本财产权则是相对动态的、开放的、民主的，强调所有权相对原则，处于一种运动变化状态之中。

这种因价值基础的不同导致两类财产权在众多方面属性特征的差异，需要适用不同的法律调整机制，建立不同的财产法制度体系。虽然目前法学理论在这一领域的研究还存在不足，但在现实经济生活中，法学实践早已开始。正如有的学者所指出的那样，“随着人类认识能力和控制能力的不断扩张，财产的范围日益扩大，各种建立在不同价值基础之上，具有不同价值特性的财产种类不断涌现，进而催生了不同的财产体系。尽管缺乏理论概括，按照价

〔1〕 参见［美］约翰·R. 康芒斯：《资本主义的法律基础》，戴昕等译，华夏出版社2009年版，第12~16页。

值基础对财产进行分类早已成为立法中不争的事实。”〔1〕在屠宰场系列案之后，美国学者虽然没有明确提出一个以交换价值为基础的新型财产权理论，但在实践中开始了以交换价值为基础的新型财产权法律制度体系的构建历程，从而成就了美国从20世纪直至今日在全球的经济霸主地位。

经济法使规范系统建立在交换价值基础上的资本财产权整体有效率地运行，交换价值的运行更需要借助一个以概念系统拟制的财产环境运行，在这一运行环境下，资本财产权的有效运行就更加依赖于一个可靠信用制度体系的存在，如果在信用制度体系不完善的环境下运行，不但交易成本会很高，甚至会引发系统性风险。因此，在经济法的立法过程中，要时刻关注在所有的制度中嵌入信用制度体系的因素，时刻树立信用先行的立法理念。通过将信用制度系统地嵌入到经济法的各项制度体系中，让信用制度体系融入经济法制度体系中，才可以不断优化资本财产权的运行环境，降低交易成本，提高资本财产权的利润实现率，推动一国经济稳健快速发展。

四、不同权利体系下的立法理念思考

自用财产权和资本财产权在功能和价值基础上的不同，也就使得它们各自的权利体系是不一样的。为了满足人们生活消费的自益之用功能，实现自用财产权的使用价值，自用财产权的权利体系主要由绝对所有权和自由流转权构成；为了满足人们追逐利润实现财富增殖之用功能，实现资本财产权的交换价值，资本财产权的权利体系主要由市场准入权、自主经营权、公平竞争权和剩余索取权构成。

依据拉兹核心权利和派生权利理论，当一个核心权利形成后，为了保障核心权利的有效实现，在它的基础上就会产生出一些相应的派生权利，同时核心权利也是其他派生权利正当化的依据。〔2〕当我们将自用财产权设定为核心权利，为了保障这一核心权利满足人们生活消费的自益功能，最大限度实现其使用价值，很自然就会在自用财产权基础上派生出绝对所有权和自由流转权。因为只有给自用财产权所有者配备绝对的所有权，在自用财产权周边建立起一道坚固的城墙堡垒，才可以最有效地使财产权所有者的权益免受来

〔1〕 刘少军、王一轲：《货币财产（权）论》，中国政法大学出版社2009年版，第30页。

〔2〕 参见王斐：“权利概念学说研究”，山东大学2009年博士学位论文，第104~105页。

自各方面的打扰和侵害，让人们安享对自用财产权的拥有和使用之乐。但即使在高度自给自足的自然经济社会里，人们也不可能自己生产出全部的生活物品。自人类社会形成以来，适度的社会分工一直是存在的，且人们生产具有不同使用价值物品的自然禀赋能力和比较优势是不同的，因此配备给自用财产权所有者自由的流转权，让人们通过交易的方式，将自己消费多余的物品拿去换取自己缺少的物品，以满足人们对不同物品使用价值的需要，也就显得非常必要。而市场准入权、自主经营权和公平竞争权、剩余索取权对于自用财产权的实现意义不大，或者根本就没有任何意义，从制度运行成本和效益的角度来说，也就没有配置的必要。因此，自用财产权以绝对所有权和自由流转权为权利架构体系是与其自身的经济社会意义相适应的，满足了协调相对封闭静止的农业经济社会秩序的需要，保障了人们生活的安宁与稳定，实现了整个社会的有序平稳发展。

同样依据拉兹核心权利和派生权利理论，当我们将资本财产权设定为核心权利，为了保障这一核心权利满足人们追逐利润实现财富增殖的功能，最大限度实现其交换价值，很自然就会在资本财产权基础上派生出市场准入权、自主经营权、公平竞争权和剩余索取权。区别于自用财产权，资本财产权所有者并不是以对资本财产权标的物的绝对占有为目的，而且资本财产时代的财富创造方式已经发生了根本性变革，使得资本财产权在运行过程中会产生一个放大效应，[1]为了防止这种放大效应对其他不特定多数人的不利影响，同时又不影响资本财产权满足人们追逐利润财富增殖功能的实现，配备给资本财产权所有者的权利就要不同于自用财产权。在自用财产权利体系中无关紧要的，因而无需配备的市场准入权、自主经营权、公平竞争权和剩余索取权，在资本财产权利体系中则是至关重要的组成部分。资本财产权的利润扩大和财富增殖功能要得以实现，首先必须其进入到市场，进行交换价值的流转，因此必须配备其市场准入权。资本财产权交换价值得以顺利实现，得益于企业家在市场中特有的发现能力和警觉能力，并据此迅速作出决策付诸行动实施，因此必须配备其自主经营权。财富资源的有效配置，生产效率的不断提高，个人和社会财富的持续增长，都依赖于市场的竞争机制，配备给资

〔1〕 参见王宇松：“经济法主体行为放大效应的形成机制及对经济法的影响”，载《湘潭大学学报（哲学社会科学版）》2014 年第 2 期。

本财产权主体公平竞争权就十分必要。人们拥有资本财产权的最终目的是实现财富的增殖，因此就必须配备给资本财产权主体剩余索取权。只有在遵循资本财产权运行规律的基础上，构建起主要由市场准入权、自主经营权、公平竞争权和剩余索取权等组成的较为完整科学的资本财产权权利体系，资本财产权所有者的权益才能得以基本保障，适应开放、流动的市场化工业经济社会可持续发展的需要。

要保障资本财产权财富增殖功能的有效实现，就如上文提到的那样，需要保障企业家精神得以充分发挥。要实现这点，在中国的国情下，就需要让资本财产权主体有充足的权利来抵御行政机关及其工作人员的权力，防范政府及其工作人员的权力对资本财产权运行中的不当干扰，扰乱资本财产权的运行规律。市场准入权、自主经营权、公平竞争权和剩余索取权是一组保障资本财产权有效运行的权利体系，将这些权利优先配置给资本财产权所有者，就可以让资本财产权所有者拥有足够的权利来抵御政府及其工作人员的不当干扰。所以在经济法的立法过程中，就需要树立将市场准入权、自主经营权、公平竞争权和剩余索取权优先配置给资本财产权所有者的立法理念，让企业家在完整权利体系打造的防御空间里充分发挥企业家精神，提高资本财产权的运行效率，为社会和国家创造更为丰裕的物质财富。

五、不同责任形式下的立法理念思考

自用财产权和资本财产权在功能用途、价值基础、权利体系等诸多方面的不同，使得这两种财产权在受到侵犯时，给它们的所有者造成的不利后果是完全不同的。同时，当这两种财产权所有者滥用自己的财产权侵害他人时，其结果对其他经济主体及社会产生的影响也是完全不同的，因而就需要对这两种财产权分别配置不同的责任形式。

自用财产权的功能是满足人们生活消费的自益之用，它的价值基础是使用价值，这就使得自用财产权在日常经济生活中的运行方式不同于资本财产权，对他人和社会产生的影响也是完全不同的。如在生产活动中，自用财产权所有者生产的产品主要是满足自己对产品使用价值的消费，其产品的生产方式，所选用的原材料都是自用财产权所有者依据自己对该种产品使用价值的偏好来决定，完全是自用财产权所有者自己的事情，生产的数量也是以满足自己消费需要为限度，一般不会波及他人和社会。自用财产权所有者偶尔也会有财产权交易的行为，但这样的交易一般是用自己生产的没有消费完的产品的使用价值去换取自己没有的产品的使用价值，以满足自己的消费之用。这种交易的对象不多，交易的数额也不大，一般也不会波及其他经济主体和社会成员。这就使得无论是自用财产权本身所受到的外来侵害，还是自用财产权所有者滥用这种财产权对外产生的侵害，都是围绕着使用价值产生的，并且主要都是在个体间小范围发生的。这就决定了规范自用财产权的法律责任形式，应以自用财产权使用价值的便利实现为目标来设置，以补偿性原则作为基本出发点。如《中华人民共和国民法总则》规定的停止侵害、排除妨碍、消除危险、返还财产、恢复原状、修理、重作、更换和赔偿损失等民事责任，主要都是以保障自用财产权使用价值的实现为目标的，这种责任形式的规定也是同自用财产权的静态性、封闭性、保守性、独占性等运行特征相一致的。

但资本财产权是满足人们追逐利润实现财富增殖之用的，它的价值基础是交换价值，这就使得资本财产权所有者在使用其财产权的方式和心态上，以及给他人和社会造成的影响上又是另一番景象。如在生产活动中，资本财产权所有者生产的产品不是自己所用，只要能实现资本财产权的交换价值，资本财产权所有者并不在乎产品的使用价值如何，进而也不在乎产品的生产方式、所选用的原料对产品的使用者是否有害。为了有效实现其交换价值，资本财产权所有者需要大量生产，形成规模效应。因而，容易对他人和社会造成各种大范围影响。再如资本财产权所有者生产的产品必须通过市场交易行为才能实现它的交换价值，即马克思所说的资本实现过程中的惊险一跳，以达到创造利润和财富增殖的目的，且这种交换是一种竞争性交易行为，交易对象众多，交易数额较大，也会广泛地影响到他人和社会。这就使得无论是资本财产权本身所受到的外来侵害，还是资本财产权所有者滥用这种财产权对外产生的侵害，都是由交换价值产生的，并且会在一个较大的范围内发生影响。这就决定了规范资本财产权的法律责任形式应主要遵循资本财产权的运行规律来设置，需要以惩罚性原则为基本出发点。当前各国的经济法都规定了惩罚性赔偿、产品召回制度、禁止市场准入等具有惩罚性质的各种经济责任形式，以保障整个资本财产权的有序运行。这种责任形式的规定也是同资本财产权的动态性、开放性、扩张性、共享性等运行特征相一致的。

这两种财产权本身的性质、特征和运行规律决定了它们各自的责任形式，它们之间是不能相互混淆的，否则就可能造成两种财产权运行的混乱。如对资本财产权适用自用财产权中的补偿性责任形式，有些资本财产权所有者就有可能直接将这种补偿性责任的承担当作实现交换价值的一种成本，滥用资本财产权中的各种权利，获取不法的利润以实现财富增殖，而给他人和社会造成各种严重负面影响。如果一个资本财产权所有者受到另一个资本财产权所有者的侵害，使得该资本财产权的利润实现和财富增殖功能没有实现，受到侵权的资本财产权所有者只能得到一个补偿性赔偿，显然也是有失公平合理。同理，如果对自用财产权适用资本财产权中的惩罚性赔偿责任形式，也将会导致权利义务的严重失衡，而不利于自用财产权的有效运行。

因此，在经济法立法过程中，必须时刻树立强化惩罚性责任的立法理念，通过惩罚性责任的不断强化，阻吓资本财产权主体滥用权利、侵害消费者和其他经营者的冲动。我国目前的经济法立法过程中，对这一立法理念的贯彻还远远不够，在《中华人民共和国消费者权益保护法》中对经营者欺诈消费者的行为只规定了 3 倍赔偿责任，在《中华人民共和国食品安全法》中对违法经营者只规定了 10 倍赔偿责任，这与资本财产权所有者违法行为所造成的危害是完全不匹配的。在这种责任设置下，资本财产权所有者的违法收益是远远高于违法成本的，经营者的违法冲动就十分强烈，导致我国当前的市场中，伪劣假冒商品泛滥、食品安全的不理想状况一直难以得到有效遏制。为了让我国的资本财产权所有者真正树立为己利他的商业伦理观，打造健康有序的社会主义市场经济秩序，需要在经济立法中进一步加强惩罚性责任的立法理念。

六、结语

财产权理论研究一直是法学研究领域里的一个重大课题，它对于整个财产法的制度构建将起到基础性和决定性作用。人类社会已进入到二元财产权时代，自用财产权和资本财产权之间的诸多差异决定了它们需要两套不同的立法理念，分别建立民商法和经济法两套不同的法律调整机制。但在理论研究领域，对这两类财产权进行深入比较研究的工作还没有真正启动，民商法和经济法仍缺少不同立法理念的有效指导，导致两种部门法在价值目标、调整范围、调整方法等诸多方面的混乱和纷争。这既不利于经济法基础理论研究的深入，阻碍经济法学科的独立发展，更不利于自用财产权满足人们生活消费自益功能的实现，资本财产权满足人们利润扩大和财富增殖功能的实现，使得当今经济社会出现了众多的问题，如假冒伪劣产品盛行、不正当竞争泛滥、诚信体系缺少。因此，需要加快构建更为科学的二元财产权理论体系，夯实经济法理论体系的基础，树立不同的立法理念，为经济立法提供理论参考和指导，更好地服务于我国的经济社会生活。

专利联营反垄断立法：国际比较与中国镜鉴*

饶爱民**

摘要： 作为知识产权联合许可的重要形式，专利联营是知识产权与反垄断法交叉领域的重要议题。促进竞争效应与限制竞争效应的复杂交织给《中华人民共和国反垄断法》（以下简称《反垄断法》）在知识产权领域的实施带来了重大挑战。为此，市场经济发达国家纷纷制定或修订了涉及专利联营的反垄断法律和政策。本文在分析比较美国、欧盟和日本关于专利联营的反垄断立法的基础上，提出了我国在制定涉及专利联营的知识产权反垄断指南时应注意的问题。

关键词： 专利联营 ；技术转让协议；反垄断法

一、引言

知识产权与竞争法律和政策的关系引发了全球范围的激烈争论。作为知识产权和反垄断法交叉领域的重要议题，专利联营正成为各国共同关注的核心之一。专利联营最早产生于美国，是两个或多个专利持有人通过一个实体组织将其专利集中起来，向成员及第三方授予许可的协议。〔1〕这种将几项或多项专利组合在一起联合许可专利技术的最大好处是可以避免昂贵的专利侵权诉讼费用，降低交易成本。但是，专利联营如同所有的企业联营行为，都具有限制竞争的先天嫌疑，〔2〕如帮助协同或固定价格，或是阻碍创新。因此，

* 项目资助：中国博士后科学基金项目（2015M582254）；浙江省科技厅软科学项目（2018C35095）。

** 饶爱民，男，宁波大红鹰学院副教授，武汉大学博士后流动站研究人员。

〔1〕 参见宁立志、胡贞珍："从美国法例看专利联营的反垄断法规制"，载《环球法律评论》2006年第4期；饶爱民："专利联营概念的探析与界定"，载《电子知识产权》2010年第5期。

〔2〕 参见张平："专利联营之反垄断规制分析"，载《现代法学》2007年第3期。

自其诞生之日起就受到了反垄断法的关注。特别是二战后到20世纪70年代末，专利联营受到了反垄断法的严格控制，进入了发展的黑暗时期。随着知识经济时代的到来，专利联营开始进入了发展的黄金时期，日益成为跨国公司推行标准化、全球化战略的有力工具。专利联营正负竞争效应的复杂交织，给反垄断法的实施带了严峻的挑战。

为了发挥专利联营的正面效应，抑制其消极影响，同时也为了阐明反垄断执法机构有关专利联营的政策主张，从而给当事方创立联营活动提供较为明确的指引，经济发达国家或地区纷纷制定了涉及专利联营的竞争法律和政策。[1]近年来，专利联营被诸多公司越来越多地使用并产生了严重的反竞争效果，但对大多数发展中国家或转型国家而言，由于缺乏相关立法，如何对待专利联营成为一个富有挑战性的话题。例如，DVD 3C、DVD 6C 等专利联营收取的高额专利费重创了我国的 DVD 行业，政府和企业在专利费的相关问题上束手无策，只能听之任之。[2]为了应对包括专利联营在内的知识产权滥用行为，《反垄断法》第55条确立了处理知识产权与反垄断法关系的基本原则，而2015年原国家工商行政管理总局制定的部门规章《关于禁止滥用知识产权排除、限制竞争行为的规定》第12条对专利联营及其限制竞争行为进行了界定，为反垄断法规制专利联营提供了明确的法律依据。然而，与经济发达国家相比，我国的专利联营有关立法存在着明显的不足，本文拟在对其他国家或地区的相关立法进行阐述的基础上，进行比较分析，以期对我国未来出台的知识产权反垄断执法指南的制定提供经验智识。

二、若干国家（地区）专利联营反垄断立法实践考察

1. 美国

在美国，反垄断法通常被称为反托拉斯法，包括国会立法和法院的有关判例。此外，美国司法部和联邦贸易委员会制定的竞争政策在广义上也被视

---

〔1〕 一些学者认为，竞争政策和竞争法在广义和狭义层面常常混合使用，在国际上人们倾向于将竞争政策等同于广义的竞争立法。参见冯果、王伟：“再论竞争政策与产业政策调和机制的构建——从企业合并控制的视角看我国反垄断法的改进”，载《南都学坛（人文社会科学学报）》2010年第4期；王晓晔译，[日] 伊从宽主编：《竞争法与经济发展》，社会科学文献出版社2003年版，第314~329页。本文中的专利联营反垄断立法包括竞争执法机构颁布的涉及专利联营的各项竞争政策。

〔2〕 参见卢进勇、郜志雄：“跨国公司在华 DVD 专利收费研究”，载《国际商务〈对外经济贸易大学学报〉》2010年第3期。

为反托拉斯法的组成部分。国会立法包括《保护贸易和商业不受非法限制和垄断侵害法案》（简称《谢尔曼法》）、《联邦贸易委员会法》、《克莱顿法》和《罗宾逊-帕特曼法》，其核心内容主要有以下三项：①禁止反竞争的合同、协议、决议或者协同行为（联合或者共谋）；②禁止以不正当方式获取或者维持独占（垄断）地位，或者滥用独占（垄断）地位；③禁止竞争的企业合并以及对企业合并申报的控制。[1]在美国专利联营150多年的历史中，反托拉斯法特别是法院的判例在很大程度上决定了专利联营的命运。然而，法院对待专利联营的态度并非始终一致，而是呈现出了“钟摆式”的摇动。1902年最高法院对波盟特诉全国哈罗公司案首开专利联营免受反垄断审查之先河。1931年的标准石油公司诉美国案中，美国最高法院确立了专利联营反垄断分析的适度方法，即专利许可协议既不免于反垄断审查，也不特别地受到反垄断法的怀疑。在1945年的哈特福德帝国公司诉美国案中，法院判决专利联营滥用市场支配地位进行固定价格和产量限制的行为违反了《谢尔曼法》。在整个20世纪60~70年代，最高法院一直将专利权滥用的本身违法原则适用于专利联营，只要证明存在这种垄断性滥用的延伸，而无须证明具有反竞争效果，法院通常会拒绝实施该专利的诉讼请求。20世纪80年代以来，美国最高法院基本上摒弃了专利联营本身违法的理念，转而采用“合理原则”来分析专利联营的竞争效果。2010年，美国联邦巡回上诉法院对普林科诉国际贸易委员会和飞利浦案作出判决，认定飞利浦和索尼的协议禁止在专利联营外许可行为不构成专利权滥用。[2]

与法院判例相类似的是，美国反垄断执法机构对待专利联营的态度也体现了“钟摆式”摇动的特点。从《谢尔曼法》诞生到20世纪初期，反垄断执法机构基本上对专利联营采取了自由放任的态度。从30年代开始，美国司法部开始对专利联营表现出明显的敌意，展开了大规模的听证与调查，并提起了一系列针对专利联营的诉讼。截至20世纪60年代，司法部几乎审查了所有的专利联营，并认定9个专利联营在本质上违反了反垄断法。1969年，司法部颁布了一份专利许可行为的清单——著名的“九不准”（the Nine No-

---

[1] 参见王先林：《知识产权与反垄断法：知识产权滥用的反垄断问题研究》，法律出版社2008年版，第99~100页。

[2] 参见张韬略、单晓光：“对协议禁止在专利池之外单独许可专利是否构成专利权滥用的思考——ITC飞利浦光盘案评析”，载《知识产权》2011年第4期。

Nos）原则，[1]违反了其中的任何一条准则，除了构成违反反托拉斯法的本身违法行为外，还可能构成专利权滥用的本身违法行为。1977 年，该原则被正式纳入《国际经营活动中的反托拉斯执法指南》，成为正式的审查标准。到了 80 年代，这一原则被正式废除。1995 年，美国司法部和联邦贸易委员会联合出台了《知识产权许可的反托拉斯指南》，2017 年对该指南进行了重新修订。

2017 年新修订的《知识产权许可的反托拉斯指南》保留了 1995 年指南的基本内容，没有从实质上改变两大执法机构对专利联营的看法。新指南指出，对专利联营的反垄断分析需要遵循知识产权许可反托拉斯分析的核心原则、一般原则和方法。新指南强调，专利联营在促进互补性技术的一体化、降低交易成本、清除封锁性专利、避免专利侵权诉讼以及促进技术的传播方面具有促进竞争的益处。同时指出，如果不能促进联营参与者间经济活动增效一体化的集体定价和产量限制、联合拥有市场支配力的参与者间的排他性行为致使被排斥的企业不能在相关市场上有效竞争以及阻止或不利于参加者从事有关研发的行为可能具有反竞争的效果。反垄断执法机构分析专利联营可能具有的竞争效果时有两个基本的关注点：首先，联营的许可人间的水平协调行为可能会导致下游产品间的价格竞争减少。特别是，包含有替代性技术的专利联营可能会由于替代性技术间缺少竞争而导致最终产品市场中的产品价格上升。另外，联营的参加方可能会利用联营进行共谋，如通过交换诸如价格、销售量或研发信息等竞争性的敏感信息。其次，主管机构关注联营中的组合专利权可能会降低研发的积极性。

2. 欧盟

欧盟竞争法除了《欧洲联盟运行条约》（以下简称《欧盟运行条约》）

---

[1] 九不准具体包括：（1）要求被许可人向许可人购买非专利材料是非法的；（2）专利权人要求被许可人在许可协议执行后向专利权人转让任何应属被许可人的专利；（3）企图限制专利产品购买者转售该产品是非法的；（4）专利权人不应限制被许可人经营专利范围以外的产品或劳务的自由；（5）在没有被许可人同意的情况下向其他任何人进一步转让许可为非法；（6）强制性“一揽子许可”的做法是非法的专利转让扩大；（7）专利权人作为许可条件坚持让被许可人支付与被许可人出售专利产品的销售无合理关系的专利使用费是非法的；（8）制作方法专利权人企图对被许可人用专利方法生产的产品的销售加以限制是非法的；（9）专利权人要求被许可人销售其专利产品时必须遵守指定价格或最低价格价格是非法的。参见王先林：《知识产权与反垄断法——知识产权滥用的反垄断问题研究》，法律出版社 2008 年版，第 104~105 页。

第 101 条、102 条外，还包括《欧盟理事会条例》《欧盟委员会规则》《委员会通知》《技术转让协议指南》等成文规范。根据欧洲法院 1968 年的帕克·戴维斯（Parker Davis）案判决，《欧盟竞争法》保护的只是知识产权所有权的“存在”，而对知识产权所有权的“行使”，则应受到《欧盟运行条约》有关禁止性规范的约束，尤其是《欧盟运行条约》第 101 条和第 102 条的约束。由于《欧盟竞争法》没有规定知识产权适用除外制度，因此欧盟委员会制定了一系列涉及知识产权转让的集体豁免条例。然而，无论是《专利许可协议第 2349184 号条约》《技术转让合同集体适用欧盟条约第 81（3）条的第 240196 号条例》《关于技术转让协议适用条约第 81 条第 3 款的 772/2004 号条例》（以下简称《772/2004 号条例》），还是最新的《关于对各种类型的技术转让协议适用欧盟运行条例第 101 条第（3）款的委员会第 316/2014 号条例》（以下简称《316/2014 号条例》）均规定知识产权豁免条例不适用于专利联营。2004 年，欧盟委员会颁布了《技术转让协议指南》，成为处理专利联营竞争问题的重要依据。该指南进一步确认建立专利联营的协议不适用《772/2004 号条例》，采用经济分析方法对专利联营的竞争效果进行了剖析，分析了联营技术的性质及其对竞争的影响，并对专利联营管理产生的特定问题进行了分析。然而，有趣的是，指南同时指出，专利联营向第三方被许可人授予的单个许可应与其它许可协议同样对待。换言之，在满足《772/2004 号条例》规定条件的情况下可以适用集体豁免。

2014 年，欧盟委员会制定了新的技术转让协议条例，即《316/2014 号条例》，取代了《772/2004 号条例》。[1]同时还颁布了新的《技术转让协议指南》。[2]该指南确立了根据《欧盟运行条约》第 101 条评估技术转让协定的原则，目的在于为《欧盟运行条约》第 101 条及其范围之外的技术转让协议的应用提供指导。《316/2014 号条例》及其指南不影响《欧盟运行条约》第

〔1〕 Commission Regulation（EU）No 316/2014 of 21 March 2014 on the application of Article 101（3）of the Treaty on the Functioning of the European Union to categories of technology transfer agreements Text with EEA，http://eur-lex. europa. eu/legal-content/EN/TXT/PDF/? uri = CELEX：32014R0316&from = EN. 最后访问日期：2018 年 10 月 24 日。

〔2〕 COMMUNICATION FROM THE COMMISSION，Guidelines on the application of Article 101 of the Treaty on the Functioning of the European Union to technology transfer agreements，available at http://eur-lex. europa. eu/legal-content/EN/TXT/PDF/? uri = CELEX：52014XC0328（01）&from = EN. 最后访问日期：2018 年 10 月 24 日。

102 条平行适用于技术转让协议。与 2004 年《技术转让协议指南》相比，新指南在专利联营方面进行了重大的修改。新指南指出，无论是建立专利联营的协议，还是专利联营向第三方被许可人授予的单个许可均不适用集体豁免。新指南对专利联营的概念进行了界定，并对专利联营的竞争效果及其与标准的关系进行了阐述，详细地分析了竞争法如何评估专利联营的组建与运营，以及专利联营与被许可人协议中的单个限制。

3. 日本

《日本禁止私人垄断及确保公正交易法》第 23 条明确将知识产权的行使行为作为反垄断法的适用除外，但同时禁止事业者滥用知识产权限制竞争的行为。1968 年，日本公正交易委员会发布了《国际许可协议的反垄断指南》，对事业者与外国签订的国际许可协议，进行严格审查，凡不符合法律规定的合同，必须重新签订，并对违法者处以较重的处罚。1989 年，公正交易委员会颁布了《关于管制专利和技术秘密许可协议中的不公正交易方法的指南》，后被 1999 年的《专利和技术秘密许可协议中的反垄断法指南》取代。1999 年的《专利和技术秘密许可协议中的反垄断法指南》对专利联营进行了具体分析。目前，反映日本专利联营反垄断执法政策的文件是公正交易委员会分别于 2005 年发布的《关于标准化和专利联营的指南》（以下简称《标准化和专利联营指南》）和 2016 年修订的《知识产权利用的反垄断法指南》。

2005 年出台的《标准化和专利联营指南》是世界上第一个专门处理专利联营与技术标准化关系的指导文件。该指南指出，标准专利联营通过授予有效率的必要许可及调整许可费用以保证总体许可费用不致过高的方式促进了新产品的生产和营销，从而鼓励了竞争。同时认为竞争者组成的联营对专利的利用及下游市场中被许可人商业活动施加限制的行为，可能会限制竞争。反垄断执法机构将根据个案的特点并根据市场情况诸如标准化产品在相关市场的产品份额及联营在该市场中的地位来评估联营对市场竞争产生的效果，既要评估联营产生的反竞争效果，也要评估其促进竞争的效果。此外，该指南还对专利联营的“安全区”、联营专利的技术特征、参加联营活动的限制等问题进行了分析，尤其是重点分析了联营协议对被许可人施加的限制性条款的反垄断影响，包括设立不同的许可条件、对研发活动的限制、回授义务、不得挑战专利有效性之条款、禁止以专利权对抗条款等。该指南指出，联营许可协议对被许可人施加限制的竞争效果将在个案的基础上按照《知识产权利用的反垄断法指南》中确立的原则进行具体分析。

2016年，公正交易委员会发布了新《知识产权利用的反垄断法指南》，取代了2007年的《知识产权利用的反垄断法指南》。[1]该指南分析了竞争政策与知识产权制度的相互关系，阐明了反垄断执法机构在知识产权领域包括专利联营中适用反垄断法的基本原则。在关于不合理交易限制的观点中，该指南对专利联营的概念进行了界定，认为专利联营有利于促进商业行为所需要的技术的有效利用，建立专利联营不会自动构成对交易的不合理限制。同时对专利联营构成不合理的交易限制的情形作了规定：①如果在一个特定的技术市场中，拥有替代性技术的各方设定一个专利联营，共同制定使用该替代技术的许可条件（包括技术的使用范围）并实质性限制与这些技术有关的交易的竞争，则该行为构成对交易的不合理限制；如果这些企业限制联营各方对许可给专利联营的技术的任何改进，或共同限制被许可方，若其实质性地限制了与技术有关的交易的竞争，则构成对交易的不合理限制。②如果在特定产品市场相互竞争的企业就生产产品所必需的技术建立专利联营，并从专利联营中获得这些技术的许可，若这些企业共同制定使用技术的产品的价格、产量、产品销售客户，在该行为实质性地限制了系争产品交易的竞争时，则构成对交易的不合理限制。③如果在特定产品市场相互竞争的企业建立专利联营，并由联营体作为唯一机构向其他企业授予许可，若该专利联营机构在没有合法理由的情况下拒绝向新的加入方或已加入方授予许可，则构成共同阻碍新的企业进入或阻止现有企业商业行为的行为。在该行为实质性限制了系争产品交易的竞争时，则构成对交易的不合理限制。

三、对相关国家（地区）专利联营反垄断立法的比较分析

美国、欧盟、日本有关专利联营的反垄断立法，既反映了知识产权领域适用反垄断法所具有的共性，也体现了各个国家的独特特征。我们可以通过对这些国家（地区）的有关专利联营立法的横向和纵向比较，找出一些共同的规律性东西，从而为我国制定知识产权竞争法律和政策提供宝贵的经验和

---

〔1〕 Guidelines for the Use of Intellectual Property under the Antimonopoly Act（2007，revised 2016），http://www.jftc.go.jp/en/legislation_gls/imonopoly_guidelines.files/IPGL_Frand.pdf. 最后访问日期：2018年10月24日。

借鉴。

1. 共同之处

首先，立法目标基本相同。知识产权与反垄断法的根本目的是互补的而不是冲突的，反垄断法通过竞争以及由此而产生的经济效率谋求增进消费者福利，而知识产权法谋求激励创新与创造力。〔1〕知识产权的本质在于激励创新，通过赋予发明创造者一定的垄断权使其获得合理的投资回报以鼓励创新；而反垄断法的精髓在于保护自由竞争的市场。专利联营反垄断立法的目的在于促进竞争，推动创新和经济发展。美国《知识产权许可的反托拉斯指南》指出，专利联营安排通过互补性技术的一体化，减少交易成本、消除封锁性地位以及避免高成本的侵权诉讼等，带来促进竞争的好处。〔2〕欧盟2014年《技术转让协议指南》认为，《知识产权法》和《欧盟竞争法》规则具有促进消费者福利增长和有效配置资源的共同目的，专利联营在促进竞争的标准实施中发挥着有利的作用。日本《标准化和专利联营安排指南》认为标准专利联营是授予有效率的必要许可及调整许可费用以保证总体许可费用不致过高的一种有效方式，专利联营以此种方式通过促进新产品的生产和营销来鼓励竞争。

其次，分析方法趋于一致。基于效果的经济分析方法已为发达国家知识产权反垄断立法所普遍采纳。在对专利联营在内的知识产权许可协议进行反垄断分析时，除极少数属于核心限制的严重反竞争性行为外，反垄断执法机构一般首先考虑在没有此类协议的情况下本应存在的市场竞争情形，然后结合特定的市场，既分析专利联营促进竞争的效果，也分析其潜在的反竞争效果，并进行综合权衡。美国《知识产权许可的反托拉斯指南》、欧盟《技术转让协议指南》、日本《知识产权利用的反垄断法指南》在对专利联营进行反垄断分析时，都充分吸收了经济学的研究成果，采纳了基于效果的经济分析方法，强调在个案基础上运用合理原则进行分析。

再次，考量因素基本相似。尽管美国、欧盟、日本关于专利联营反垄断立法在某些方面存在差异，但在反垄断分析的考量因素方面具有相似性，都集中在联营专利间的关系、联营许可协议、联营的管理对竞争以及创新的影

〔1〕 参见［美］德雷特勒：《知识产权许可》（下），王春燕等译，清华大学出版社2003年版，第499页。

〔2〕 参见尚明主编：《主要国家（地区）反垄断法律汇编》，法律出版社2004年版，第276页。

响方面。美国《知识产权许可的反托拉斯指南》指出，专利联营通过“互补性技术”的一体化带来促进竞争的益处，而2007年《反托拉斯执法和知识产权：促进竞争和创新》报告详细分析了“互补性专利”和“替代性专利”对于竞争效果的影响，并分析了联营许可协议以及联营管理产生的反竞争问题。欧盟2014年《技术转让协议指南》区分了“互补性技术”与“替代性技术”、“必要技术”与“非必要技术”的区别，分析了不同性质的技术对竞争及创新的影响。日本《标准化和专利联营指南》也对联营专利的性质以及许可协议条款所引起的竞争问题进行了分析。

最后，得出结论相对一致。美国、欧盟和日本反垄断立法对专利联营竞争效果进行分析后得出了许多相同的结论。例如，均承认专利联营在清除阻碍性专利、促进互补性技术的一体化以及降低交易成本方面具有促进竞争的益处，但在某些情况下也具有反竞争的效果；仅有“互补性专利”组成的联营一般具有促进竞争的效果，完全或主要由“替代性专利”组成的联营则通常会产生更少的效率，从而具有反竞争的效果；限制当事方获得竞争性的商业敏感信息有利于减少共谋的风险；必要专利的非排他性回授一般不会产生竞争问题；反垄断执法机构一般不审查联营收费标准的合理性等。

2. 主要差异

首先，对专利联营概念的界定不尽相同。根据美国《知识产权许可的反托拉斯指南》规定，专利联营是不同类型的知识产权的两个或两个以上所有者相互许可或对第三方许可的协议。欧盟《技术转让协议指南》规定，技术联营是指两个或多个当事方将一揽子技术组合许可给联营贡献者及第三方的协议。日本《知识产权利用的反垄断法指南》规定，专利联营是指多个对某项技术拥有不同专利的主体将他们的专利权利本身或许可权利集中于特定的合作组织或机构，以便于该组织或机构可以向专利联营的成员或其他主体提供必要的许可的协议。从内涵上看，美国、欧盟和日本均将专利联营视为知识产权联合许可的一种形式，但在外延上却不尽相同。欧盟和日本在专利联营的内涵和外延上看法较为一致，而美国在专利联营的外延认定上则较为宽泛。

其次，立法的详尽程度不尽相同。目前，美国、欧盟和日本之间在涉及专利联营的立法上存在一些分歧。最明显的差别体现在对专利联营许可行为指引的详细程度方面。欧盟《技术转让协议指南》和日本《标准化和专利联营指南》对专利联营的讨论要比美国《知识产权许可的反托拉斯指南》更为全面、更为详细，这反映了以法典为基础的法律制度传统和以案例为基础发展具体先例传统的差异。但是这种差别实际上在于描述的不同，而不是实质上的不同。此外，欧盟和日本有关专利联营的反垄断立法的确定性更强，可以为专利联营当事方提供更为明确的行为预期。

四、对中国的镜鉴

美国、欧盟、日本有关专利联营反垄断立法，为我国制定知识产权法律和政策提供了宝贵的经验。我国在制定包括专利联营在内的知识产权反垄断指南时，应该充分借鉴这些国家（地区）的成功经验，并结合我国的现实国情，合理规制知识产权滥用行为，促进我国社会主义市场经济的健康发展。

1. 完善知识产权反垄断法律体系

完善的反垄断法律及其配套政策法规是规制专利联营违法行为的前提。在美国，《谢尔曼法》等反垄断成文法、法院判例以及反垄断执法机构制定的相关指南构成了相对完善的法律体系，成为规制专利联营的重要依据。在欧盟和日本，规制知识产权滥用行为的立法也较为完善。在我国，尽管《反垄断法》第 55 条确定了处理知识产权与反垄断法关系的基本准则，但是相关的配套政策法规很不完善。2015 年出台的部门规章《关于禁止滥用知识产权排除、限制竞争行为的规定》为我国处理知识产权滥用行为提供了具体的法律依据。但是该规章存在一定的不足之处，例如，规章虽列举了专利联营涉及的排除、限制竞争行为，但未对这些行为的竞争效果进行分析，这势必会影响该规章的可操作性。因此，我国应借鉴美国、欧盟和日本的做法，尽快出台知识产权领域反垄断指南，进一步完善知识产权反垄断法律体系。其中，专利联营部分建议借鉴欧盟 2014 年《技术转让协议指南》的做法，采用基于效果的经济分析方法，对专利联营作出较为详尽的规定。

2. 妥善处理立法的国际化与本土化

在知识经济和经济全球化背景下，各个国家（地区）在知识产权领域进行反垄断立法既面临着基本的共性问题，也会存在由各自的经济、科技、文化和社会情况所决定的个性问题。作为发展中国家，由于竞争监管制度不够发达，对付知识产权相关的竞争案例缺乏经验，因此对发达国家和地区在知识产权领域反垄断执法的成功经验进行借鉴和吸收不仅是必要的，也是一条可行的捷径。[1]同时，由于不同国家（地区）的经济发展水平不同，文化传统也存在较大的差异，如果完全照搬国外经验，有可能会出现类似医学上器官移植的排斥反应。因此，我国在进行知识产权反垄断立法时，必须妥善处理好国际化与本土化之间的关系。当前，我国的总体技术水平不高，企业的自主创新能力不强，面临着保护知识产权、促进创新能力、推动技术传播以及发展国内工业和维护有效竞争等诸多需要加以平衡的任务。因此，在制定我国知识产权反垄断指南时，不仅需要借鉴发达国家（地区）经验，更需要借鉴发展中国家的成功做法，同时必须立足于我国的科技、经济和社会发展情况，特别是要考虑到自主创新能力较低以及技术输入国的特点。就专利联营而言，鉴于发达国家（地区）在专利联营与反垄断法的关系、专利联营相关市场的界定、反垄断分析方法等方面渐趋一致，我国可以直接借鉴美国和欧盟的做法，但在涉及专利联营的反竞争行为时，反垄断立法有必要对其“垄断性高价”等行为进行必要的规制。此外，考虑到我国反垄断法律责任威慑性不足，实施效率偏低，[2]有必要进一步完善反垄断法律责任，以免对专利联营在内的知识产权滥用行为处罚出现畸轻或畸重的情形。总体来说，我国对专利联营的反垄断立法应采取适当从严的态度。

3. 适当兼顾法律的确定性与灵活性

反垄断法实施本来就是一个非常复杂的问题，因为反垄断法条文的原则性和规则的不确定性是各国反垄断法的普遍特征。现实中的竞争问题充满复杂性，往往需要执法机构根据每一个案件的具体情况进行具体分析，而不能仅依靠立法机构制定出普遍适用又能在适用中确保正当性的具有操作性的法律规范。[3]法律的不确定性增加了法律的执行成本，同时为自由裁量权的滥用打开了方便之门。反垄断法的适用应尽可能减少革新者和创造者利用知识产权的不必要的不确定性，因为这也具有减少创新积极性的效果。在美国、欧盟和日本等国家和地区，一方面依靠执法机构和法院在具体的执法案例中，通过法律适用来明确和统一执法的尺度，另一方面执法机构也在总结实践经

〔1〕 参见饶爱民：“新加坡知识产权反垄断执法指南评析与借鉴”，载《经济法论丛》2014年第1期。

〔2〕 参见丁国峰：“我国反垄断法律责任体系的完善和适用”，载《安徽大学学报（哲学社会科学版）》2012年第2期。

〔3〕 参见王先林：“论我国反垄断法在知识产权领域的实施”，载《上海交通大学学报（哲学社会科学版）》2009年第6期。

验的基础上，针对不同领域的情况，制定具有法律性质的规章或具有指导性文件性质的指南，来为执法机构的执法和经营者的市场竞争行为提供指引，从而很好地体现了确定性和灵活性相结合的特点。我国《关于禁止滥用知识产权排除、限制竞争行为的规定》对专利联营的规定具有较高的确定性，但是在灵活性方面略显不足，反垄断执法机构在处理涉及不同情形的专利联营个案时可能会感到难以适从。将来我国出台的知识产权反垄断指南的制定和适用同样应体现确定性与灵活性相结合的原则，尤其是在适用性方面要有足够的灵活性，赋予反垄断执法机构能就个别案件逐一处理的权力。

立法实务

警惕地方立法中的重复现象

田成有*

自20世纪80年代较大的市获得立法权以来，地方性法规发展迅速。在拆除地方立法权的门槛之后，地方立法的主体数量更多，地方立法的积极性和主动性更加增强，各地都在加快立法步伐，法规数量上升迅猛。但从实践经验看，不少地方性法规大量照搬上位法，适合于区域管理与发展的创制性立法不多，出现了大量“天下法规一大抄”的重复立法现象。普遍缺乏特色和新意，针对性、可行性不强，一些地方甚至还相互攀比，大搞形式主义，立法竞赛，大干快上，急功近利，造成不必要的资源浪费和法律数量的无限膨胀。

纵观当下地方立法的现状，抄袭痕迹很深，同质化程度很高。内容上，直接重复上位法，或者重复其他同类的地方立法，重合度很大，表现在：①完全复制，一字不改，既包括复制整个法律条款，也包括复制某款或某项；②仅作部分删改，囿于其立法权限、范围，将某些不具备立法权限、超出立法范围的内容去掉，略加修改，或者出于表达技巧、结构编排等考虑而进行部分删改；③归纳拆分，通过分解、组合、调整顺序、变换语句等方式变相重复上位法。结构形式上，沿袭中央立法的框架结构，求大求全，动辄以总则、组织、职权、程序、法律责任、附则等完整章节出现，且在总则、组织等部分的条款，几乎都是复制或微调上位法的表述。有统计表明，不少地方法规条文内容，有1/3属于可以不写，1/3属于可写或可不写，1/3属于可以写。

大量的重复立法，引起了很多问题，需要引起重视：①损害中央立法的权威性。重复立法，抹杀了客观存在的法律等级关系，导致中央和地方立法

* 田成有：云南省人大常委会法工委副主任。

权限僭越，加剧了立法权限之间的混乱，既架空了上位法，使上位法变得多余、国家立法目的大打折扣，又虚置了地方立法，造成地方立法资源的浪费。太多重复，是对国家专属立法权的侵犯，它模糊了中央和地方立法分权的边界，引发了对立法重要性的质疑和歧义。②损害了地方立法的应有功能。中央立法不足以解决地方的特殊问题，才需要地方立法予以弥补，无论是实施性立法，还是自主性立法和先行性立法，立足点都是解决地方实际，突出地方特色。重复立法，违背了将部分立法权分配给地方发挥地方积极性的原意，混淆了中央与地方的立法权限分配，使本来要求具有灵活性、可操作性、体现地方特殊性的地方立法功能降低，模糊地方立法在我国社会主义法律体系中的应有地位，其结果实际上是等于没有解决地方的特殊性问题，长此以往，地方立法夹杂于上位法内容之中，藏身于诸多重复上位法的条款之中，丧失了地方立法存在的根基和价值，而且将特色条款消融于茫茫重复条款之中，反而消解了仅有的几个特色条款应有的规范效力。③增加了法律运行的成本。重复立法，表面上简单易行，有利于减少立法成本，实质则导致立法成本的增加。将上位法已有的内容编排在地方立法中，把本来已经经过上位法制定机关严密审议的条款重新进行逐条检验和审议，既占用了立法者大量时间，造成审议时的无限拖延，也无形增加了立法技术的难度，而且，重复立法的偷懒行为，有可能加剧立法者完全依赖上位法的心理，抑制立法者的创新与发现问题的能力，它带来的后果就是思维的固化，不愿多思，不敢多想，只要照抄照搬上位法的范本就行。对执法来说，它也造成了一些困扰，很多重复条款尤其是经过拼凑而成的重复条款需要经过执法者费时费力地仔细查阅和分析，由此会带来很多学法、用法的不便，增加法规条款适用的成本；对于守法者而言，重复立法实际上等于要求守法主体进行“二次守法”，也无形中加重了公民“二次守法”的义务。

某种意义上讲，重复立法是一种立法怠惰和不作为。大量重复性条款的存在，不仅损害了国家法治形象与尊严，使得立法目的无法实现，而且有负于社会大众对立法的期许和对法治的期待。为什么会有重复立法，主要缘由如下：①立法中的跃进主义。一些地方为了简单追求速度或相互攀比，将立法数量、立法规模作为自身的“政绩工程”，为了立法而立法；②满足于唯书唯上。不深入调查研究，不充分了解本地区的实际情况，立法的素质、能力和水平有限，经验不足，缺乏对本地事务管理情况的清晰认识和准确把握，在最核心、最关键的问题上缺少发现，无法进行以问题为主导的针对性立法创新，只能重复搬抄；③怕担风险。立法时如果创新不当，抵触中央立法，会有被撤销甚至问责的风险，相反，保守、抄袭、复制重复，却不会被追究。为了维护法制统一，都愿意选择保守和慎重，这些都使得立法资源的浪费得不到有效的追究和控制。

不可否认，制定法规、规定，不可避免地伴随着重复、同质现象。尤其是在成文法制国家，为了保证立法体例的完整性和立法内容的一致性，立法重复实属正常。地方性法规作为我国法律体系的一部分，形式上有比较完整的结构、体例要求，内容上有统一性、不抵触的底线要求，抄袭、雷同的现象难以避免。客观情形是，地方立法无论是赋予行政机关行政权，还是设定相对人的权利义务，都会受到上位法的严格规定或限制。地方立法在调整手段上的限制，以及审查、审议的严格、严苛，立法者强烈的创新意识和特色努力，因为担忧今后问责的风险，因为担忧一些不可预知的争议、争执困扰，以及法规制定被搁置、破产的可能，于是，为了回避风险，最可靠、最简便、最安全的办法就是进行简单拼凑或直接抄袭、重复上位法。

当然，还存在另外一种客观情形就是，随着国家立法的不断完善，随着城市化、环境保护、自然资源与文化遗产保护等方面的差异性减少，地方立法之间的可借鉴性增强，地方立法的特色空间越来越有限，共性越来越多，细化具体条款时可选择的余地越来越少，有些重合就成为必须，避免不了。

还有，站在国家上位法的角度审视，如果地方立法过多考虑地域差异的特殊性，过多强调特色，容易形成“各自为阵”的局面，导致立法上法治体系的藩镇割据、行政上的地方保护和法制统一的“碎片化”冲突，甚至形成“上有政策下有对策”，从而最终破坏统一法治的社会根基。从这个角度讲，国家也不希望地方立法有太多的创造，于是乎，全国上下，地方立法普遍存在着“无论从标题、结构，还是规范内容、条文表述等方面，大都大同小异”的现象。创新性立法少，重复抄袭模仿多。

地方立法属于“二次立法”，是在已有国家法律和行政法规的基础上，对其进行的二次细化和解读。地方立法的价值在于它能根据各地实际情况，对上位法进行“细化”和“补充”，达到“拾遗补阙”的效果，如果仅限于“上传下达”，大量重复和照搬照抄国家立法或者上位法，不仅徒增法律运行的成本，影响了立法的严肃性和严谨性，而且损害中央立法的权威，贬抑地方立法权的应有功能，最终有可能被长期搁置，成为门面摆设，给人们造成立法无用的挫败感。

特色，是地方立法的生命，是衡量地方立法质量优劣的关键。没有特色，不接地气，好比“穿”着双上位法的“不合脚”的“大鞋”，不好走路。地方立法，不是点缀或装饰，其目的和用意是赋权各地能结合本地实际情况，制定更接近地气，具有特色、解决问题的“干货”，以弥补法律规定过于原则、缺少可操作性的弊端。从而，借助这种“法规身份的转变”，将上位法的原则条款细化为具体的补充，将软性的政策、意见转化成刚性的法规调整。

各个地方在改革思路、管理水平和发展现状等方面存在着很大差异，地区的差异性为地方立法权的运用提供了足够的拓展空间和创新机会，地方立法不应是重复、照抄的产物。那么，怎样避免地方立法中的重复？

（一）认真对待地方立法

在中国依法治国发生深刻变化的时代背景下，立良法成为最高要求，虽然短期内，我们还难以摆脱对上位法或其他立法的习惯性依赖，但一定要在原创性、特色性、有效性立法方面有开创的意识和努力。要健全立项的依据和标准，彻底打破凭借主观经验、上级安排或部门利益立法现象。要从实际出发，充分考虑“地方性知识”，按照“力戒照抄，精立少条”的思路，把地方特色和问题定位放在首位，根据需要和解决问题设定法条，走“精准化”“精干化”“精细化”的路子。

要严格遵照《中华人民共和国立法法》第73条要求，“对上位法已经明确规定的内容，一般不作重复性规定”，对地方立法重复的范围以及分类等进行细化，明确“不作重复性规定”的具体含义，不能为了立法而立法。在突出地方性、实用性、特色性方面发力，在有效管用上下功夫，有几条定几条，不凑数。

（二）完善相关制度

①在草案的设计阶段和审议阶段，提供文本对照表格，供决策层和代表参考，重复的上位法条文，要加上标识，提醒代表、委员在审议时着重点留意；②要建立说明制度，将立法条文为何要这样规定，为什么需要重复的理由予以公开、公布，讲清、讲透，充分论证重复的必要性，以便真正反映地方实际的立法需求，提高地方立法的合理化、科学化程度，用好用足地方立法；③要建立“重复比例量化和退回”制度，严格执行技术规程，对不符合

要求的地方性法规实行退回处理，规定重复上位法的内容达到一定比例的即退回提报部门，从制度设计上有效克制提案内容的“重复喜好”或“路径依赖”；④要设立异议备案制度。对地方立法中存在的不合理、不科学等立法重复情况，鼓励提出异议，并对异议详细记录在案，形成书面文件，作为立法背景资料，提供给立法审查机关作为立法审查的参考。

（三）加强事先介入力度和事后审查效果

①人大常委会法制工作部门和人大常委会其他相关工作部门，在审查和修改法规草案时，提前介入分析、论证，指导、帮助起草单位删除与上位法重复的条款和内容；②健全“主动改变或撤销”的审查机制，一旦确定为立法不适当、重复立法太多的，可以主动改变，不合法的，可以撤销。③完善立法后评估制度。法规生效后，组织相关专家学者、相关机构，从法规的制定环节到运行实施进行“成本—收益”的计算、评估、综合考量，推动地方立法从重数量向重质量转变，从追求粗放型增长到追求精细化立法迈进。

（四）建立立法责任法，杜绝重复立法行为

①在现有的立法监督审查机制的基础上，明确界定立法活动中的浪费立法资源行为的标准及责任，从定量的角度规定构成立法重复的判断指标；②加强对地方重复立法的控制，对于浪费立法资源的重复立法行为设定制裁机制，依法处理和纠正浪费立法资源的行为。

设区的市和自治州地方立法中存在的问题分析*

李婉琳**

摘　要：《中华人民共和国立法法》（以下简称《立法法》）修改后，地方立法主体有了较大变化，最集中的体现就是设区的市和自治州这一级立法主体的扩容。《立法法》的修改一方面满足了设区的市和自治州的立法需求，另一方面在科学立法、民主立法、依法立法的背景之下，也给设区的市和自治州立法提出了更高的要求。本文基于理论和实践的反思，以问题为导向，从地方立法权限、立法计划编制、立项论证、公众参与等多个方面进行了分析，以期找准“病因”，对症下药，提高地方立法的质量。

关键词：地方立法权；立项审查；立法计划

2015年，《立法法》经历了较大幅度的修改，特别是对地方立法主体的扩容，即赋予了设区的市和自治州的人民代表大会及其常委会制定地方性法规的权力，同时赋予设区的市和自治州的人民政府制定地方政府规章的权力。从《立法法》修改之后的实际情况来看，设区的市和自治州的立法可以大致概括为三种类型，第一类是原来基于“较大的市”而具有立法权的主体，在继续以“设区的市”的身份成为“新”的立法主体之时，其立法权限实际受到了限缩，即仅能对城乡建设与管理、环境保护、历史文化等方面的事项进行立法，最典型的就是省会城市。第二类是自治州的立法。在《立法法》修改之前，自治州人大具有制定自治条例和单行条例的自治立法权。在《立法法》修改之后，其增加了一般的地方立法权，即自治州的人大及其常委会可

* 基金项目：本文系云南省哲学社会科学规划项目重点项目《云南省少数民族自治州立法转型问题研究》的阶段性成果。

** 李婉琳：昆明理工大学法学院教授，法学博士。

以依照规定行使设区的市制定地方性法规的职权和自治州人民政府制定地方政府规章的职权，自治州的立法工作因此也最具特殊性。事实上，在《立法法》修改之前，自治州人大已经通过制定单行条例的方式来行使地方性法规或地方政府规章的功能。在获得制定地方性法规和政府规章的权力后，自治州人大制定单行条例的权限和人大及其常委会制定地方性法规、自治州政府制定规章的权限之间的细分亦需要明确。由于单行条例的立法程序相对复杂等各方面的因素，自治州是否会通过地方性法规或地方政府规章的方式来对本应由自治条例、单行条例调整的事项进行立法，尚待观察。而本文主要探讨的是自治州的一般地方立法权。第三类是原来没有立法权限的地方立法主体，通过《立法法》的修改而获得了立法权，这类主体立法热情最高，但相应地立法经验的储备又极为不足。本文在认识到设区的市和自治州的各类立法主体所面临的具体问题存在差异性的基础之上，致力于对其当前阶段所具有的共性问题进行总结。

一、地方立法权限的边界模糊

（一）对地方立法权限内容的解读存在差异

如前所述，《立法法》修改之后，设区的市和自治州的地方立法权限的内容主要集中于城乡建设与管理、环境保护、历史文化三类事项，相较于环境保护、历史文化保护两类事项，“城乡建设与管理”的涵义是比较模糊的。第十二届全国人民代表大会法律委员会在《关于〈中华人民共和国立法法修正案（草案）〉审议结果的报告》中所作的说明指出，“城乡建设与管理”包括“城乡规划、基础设施建设、市政管理等”，但这种解释也还是存在不太明确的地方。此外，对于列举事项后的“等”字代表的是等外还是等内也有争议。当然，基于《立法法》对地方立法权限施加限制的目的，理解为“等内”更为适宜，但当其他法律对立法权限有明确规定时，可根据其他法律的规定在这三个事项范围之外立法。李适时同志在2016年举行的第二十二次全国地方立法研讨会闭幕会上进行总结时提到如何理解“城乡建设和管理”，提出要参照中央出台的《中共中央国务院关于深入推进城市执法体制改革改进城市管理工作的指导意见》《中共中央国务院关于进一步加强城市规划建设管理工作的若干意见》《国务院关于推进中央与地方财政事权和支出责任划分改革的指导意见》来理解。[1]前两个意见明确指出，城市管理的主要职责是市政管理、环境管理、交通管理、应急管理和城市规划实施管理等，具体实施范围包括：市政公用设施运行管理、市容环境卫生管理、园林绿化管理等方面的全部工作；市、县政府依法确定的，与城市管理密切相关、需要纳入统一管理的公共空间秩序管理、违法建设治理、环境保护管理、交通管理、应急管理等方面的部分工作。《国务院关于推进中央与地方财政事权和支出责任划分改革的指导意见》中，则从公共服务受益范围、获取信息便利性程度等角度来划分中央事权和地方事权，遏制地方不作为或追求局部利益而损害其他地区利益或整体利益的行为，除了明确提出要加强中央财政事权、规范中央和地方的共同财政事权外，还明确提出逐步将社会治安、市政交通、农村公路、城乡社区事务等受益范围地域性强、信息较为复杂且与当地居民密切相关的基本公共服务确定为地方财政事权。

但从实践来看，“城乡建设与管理”的规定几乎成了“兜底”权限，特别是从“较大的市”转变为“设区的市”的立法主体，似乎还不习惯于权限的“限缩”。如：《××市建设工程造价管理办法》《××市政府投资建设项目审计办法》，涉及的是工程造价、政府投资项目的审计，《××市机关事务管理办法》[2]涉及的是组织机构管理，虽然上述的“办法”都带有“建设”或“管理”字样，但这些立法项目从实质内容来说都很难被归入“城乡建设与管理”中。反过来说，如果把它们都简单地视为某市的城乡建设和管理事项，那么，城乡建设和管理的边界又在哪里？是不是只要跟本行政区的事务有关，都可以叫作城乡建设和管理？诚然，要对此类立法权限进行清楚明确地界定也绝非易事，因为想要详尽地细数“城乡建设与管理、环境保护、历史文化保护等方面的事项”究竟包括哪些事项，无论在学界和实务界都还存在较多争议[3]，但是在基本框架确定的前提之下，设区的市和自治州的立法主体还是应当基于《立法法》限权之立法目的进行考量。

---

〔1〕 参见李适时：“进一步加强和改进地方立法工作”，载《中国人大》2016 年第 18 期。

〔2〕 “××市”按照学术规范作了隐名化处理。

〔3〕 关于立法权限的争议可参见以下较具代表性的论文：苗连营、张砥：“设区的市立法权限的规范分析与逻辑求证”，载《地方立法研究》2017 年第 1 期；肖迪明（湖南省法工委）：“问题与对策：设区的市行使立法权探析”，载《地方立法研究》2017 年第 1 期；黄良林（温州市法制办）：“论地方立法权限和范围——兼评温州市地方立法立项”，载《地方立法研究》2017 年第 2 期。

（二）设区的市和自治州立法主体的权限配置不清晰

首先，从横向或同级的角度来看，设区的市和自治州的人大及其常委会与同级人民政府在地方立法权限的配置上没有区分，仅在效力位阶上有区分。《立法法》未就此问题进行专门规定，而近年来，各省级人大制定的有关地方立法的地方性法规一般也未就此问题进行专门的规定或细化。省级地方性法规涉及的地方立法方面的规定多半是技术性的，即使涉及与设区的市和自治州有关的实质性规定，也主要是根据《立法法》修订的内容进行重申，即对设区的市和自治州人大及其常委会和政府的三类立法权限进行重述，但不专门涉及两类主体之间立法权限在具体配置上或分工上的不同。对于这个问题，客观上来讲，地方立法本身没有权限来划分设区的市和自治州人大及常委会和设区的市和自治州政府的立法权限。但不可否认的是，正是由于缺乏关于权限划分及相应工作机制的明确规定，导致实践中权限不清的情况长期存在。所以，本应在立项准备阶段着重审查的立法权限问题，现行制度却难以对设区的市和自治州立法工作形成有力指导和监督。

其次，从纵向的角度来看，省级立法主体和设区的市及自治州一级的立法主体在前述的三类事项的立法权限上也没有区分。二者的区别主要体现在效力位阶的不同，以及除三类立法事项以外的立法事项上。《立法法》虽对设区的市和自治州的立法权限有了明确的规定，但并没有解决省级立法主体和设区的市及自治州立法主体在三类事项立法权限上的交叉重叠问题。从实践来看，为了“刻意”地避免某些重复，设区的市和自治州能够参照上位法执行的主要是一些工作程式，但无法参照其处理立法活动中所面临的更为复杂的问题。事实上，省级层面的立法权限划分问题与市级层面也有一些类似性，即人大和政府立法权限的划分问题其实也有待进一步明确，这是一个非常突出的问题，涉及立法的效率和立法的效益。有时候政府认为制定地方性法规的程序太复杂，往往就采取直接制定规章的方式来立法，甚至以出台行政规范性文件的形式来代替立法，这也正是频现“涉法”性质的行政规范性文件的原因所在以及要加强规范性文件备案审查的意义所在。

二、立法计划的编制不科学

受前述地方两级立法主体立法权限配置不清的限制，在立法计划编制的环节也明显体现出立法工作的不协调，这既体现在设区的市人大立法计划与政府规章立法计划之间的不协调，也体现在省级立法计划和设区的市及自治州立法计划的不协调，容易导致立法资源的浪费。前者有个典型的例子可供分享，2017年2月，××市政府法制办发布规章立法计划，将《××市房屋租赁管理办法》列为一档急需类立法（当年9月审议的项目）。2017年4月公布的××市人大立法计划中把《××市出租房屋管理条例》列为调研类项目。从立法目的、拟设定的主体内容来看，二者名称虽不同但规范的事项实际上是重叠的。2017年5月，由××市公安局起草的《××市房屋租赁管理办法（草案）》已经开始面向相关部门征求意见。除此之外，《××省流动人口服务管理条例》《××市城市房地产交易管理条例》《××市流动人口管理条例》等省级、市级层面的法规其实对相关事项都作了比较细致的规定，是否还宜反复进入不同主体的立法计划，值得进一步商榷。这种情况的出现，可以说是与现行立项工作机制存在的问题，尤其是人大和政府权限划分不明确、各主体立法工作之间缺乏衔接、立项前未经审慎评估和决策等密切相关的。

此外，特别需要关注的还有人大在立法计划的编制过程中缺乏主动性，受制于或依赖于政府，由于政府部门往往是立法项目的主要提议者，各部门报立法项目，通常先报给政府法制机构，经政府法制机构筛选，再提供给人大常委会用作立法计划的备选项目。相较而言，政府法制机构在立项选择方面具有更多优势。同属政府系统，政府法制机构能从其他部门取得更多相关一手资料，加之其肩负着筛选项目提供给人大常委会的任务，使其可以选择更为成熟的项目。由于人大也缺乏有力方式在立项阶段对政府是否在权限范围内立法进行监督，人大正式立项的立法项目也主要是由政府及其组成部门负责起草。可以说，从立项阶段起，政府部门就掌握主导，这种主导作用还一直贯穿于起草过程。其实，近年来国家层面已经意识到这个问题，因此在党的十八届四中全会通过的《中共中央关于全面推进依法治国若干重大问题的决定》中，特别强调了“健全有立法权的人大主导立法工作的体制机制，发挥人大及其常委会在立法工作中的主导作用”。在中央强调人大在立法中的主导作用的背景之下，人大的立法计划和政府规章的立法计划之间的区别与衔接就应得到更多的重视，人大应当发挥主导作用，避免对政府立法的过度依赖。这也是落实科学立法、民主立法、依法立法的内在要求，不能通过默认惯例式的工作机构间的协商来处理，更不能形成人大和政府“各自为政”的局面，各立各的，不注重衔接配合。对立法计划的交叉重叠问题重视不够，就可能直接导致立法资源的浪费。因此，十分有必要把设区的市和自治州人大及其常委会制定立法计划的活动和设区的市和自治州政府制定规章立法计划的问题结合起来研究，通过立法事项划分保障人大对本行政区域内重要事项的立法权〔1〕，并在立法计划编制阶段通过制度来规范立项的相关活动。

三、立项论证重形式轻实质

立法准备阶段的立项论证环节如今不管是在人大立法还是政府立法工作中都已成为一种既定的工作方式，这是值得肯定的一种做法。立项论证的目的不仅在于在诸多立法项目中进行选择，以满足人民的需求，更在于对立法项目可能发挥的效用及立法时机是否成熟的预判。但从当前立项论证的实践来看，对于形式本身的重视超越了对立法拟解决的实质性问题的讨论，也就是说存在匆忙立项的情形，这也导致了后续的在缺乏充分的立法调研和论证的情况下的匆忙立法，是在“为立法而立法”，而不是“为需求而立法”。在立项论证的过程中，提议部门缺乏对立法权限、立项理由和依据的说明，比如是否有其他法律授权市级政府立法？国家、省级层面和设区的市和自治州人大出台的相关法律法规是否已经针对这个事项作了细致规定？这就很难判断这些拟立法的项目是否属于设区的市和自治州政府立法权限内的事项以及是否有必要进行立项。此外，从某些设区的市和自治州政府法制机构的立法项目征集表的格式来看，立法权限、立法目的这些对于立项决策来说很重要的内容似乎没有多加考虑，且在编制立法计划时也未按照权限列明立法项目归属的类型。立项论证可以说是审查权限的最有力手段，没有对这一环节的严格把关，立法主体应在权限范围内立法的要求就很难落实。并且从最终立项公布的设区的市和自治州政府立法计划来看，政府部门提出的立法项目建议都只是以目录的形式罗列，未提供论证立法目的、立法必要性、可行性、合法性以及初步方案的依据。没有充分的支撑依据，就无法作出科学决策，也不利于民主监督。在这种情况下，民主立法、科学立法、依法立法的要求难以落到实处。

此外，在当前立项论证的实践中，也还存在过分强调必要性，而忽视了

〔1〕《中华人民共和国立法法》第76条：“规定本行政区域特别重大事项的地方性法规，应当由人民代表大会通过。”

对立法时机是否成熟、立项项目是否具有可操作性、拟解决的主要问题和制度构思等实质性内容的论证。在只要具备了必要性就可立项的操作实践中，往往会把这种因为仓促或不具备立法条件的项目“硬推”的尴尬延展到立法起草过程中，一旦形成立法，其在实施过程中的效果也将大打折扣，甚至背离立法的初衷。

四、立法过程中公众参与不足

公众参与在这里是从广义的角度进行的界定，即包括了普通民众、第三方和专家在内的参与形式的总称。公众参与不足的问题贯穿于整个立法过程当中，如：立项阶段，起草阶段，论证阶段等。这一方面囿于公众缺乏参与的热情与专业能力；另一方面也可归因于政府部门在整个过程中表现得过于强势，甚至在专家论证和第三方介入的情况下，也存在同样的问题。具体表现为虽然征求公众意见，但对公众意见征求的情况和反馈回应度不足，对包括专家论证在内的公众参与的重视程度不够。为推进科学立法、民主立法、依法立法，提高立法质量，十八届四中全会作出的《中共中央关于全面推进依法治国若干重大问题的决定》特别提出“探索委托第三方起草法律法规草案”这一举措。虽然在实践中，设区的市和自治州也开始对委托第三方立法进行了有益的尝试，但在规章草案起草过程中，政府部门表现得非常强势，未充分尊重第三方的专业优势及其独立性、中立性，给予其发挥作用的空间。在起草的整个过程中，行政部门对主导权抓得很紧，为避免草案内容超出其控制，往往是先有结论再要求专家“论证”，在与第三方产生异议的时候，均以服从部门领导意见为准。有时第三方没有与行政部门领导层直接对话的机会，第三方意见无法得到充分表达，领导层也无法听到第三方对专业意见的详细解释。这样，第三方意见难获尊重，起草工作的效率、质量也难以得到保证。〔1〕

其实，设区的市和自治州大多数属于本文一开头归纳的三种类型中的第三类，即原先没有立法权而通过《立法法》的修改而具有立法权的各类主体。对其而言，面临的最主要困境：一是缺乏专业的立法队伍，二是缺乏立法经

〔1〕 周元：“论第三方参与地方立法的几个问题”，载朱景文、沈国明主编：《地方立法的理论与实践（2016年辑）》，法律出版社2017年版，第246页。

验。考虑到立法工作人员的编制以及人才培养的规律等因素的影响，这些问题不可能在短时间内得到解决，因此，对于设区的市和自治州的立法工作而言，就更需要深入思考和探索，如何借助“外脑”，通过成熟和专业的第三方来共同完成高质量的立法任务，以弥补自身短板。

此外，由于立法专业人才的缺乏，设区的市和自治州法制机构对各部门报送的立法草案的审查力度也不够，很少提出异议，或就争议条款组织论证或评估。加之，备案部门对设区的市和自治州备案文本的立法质量缺乏有效的监督，使得“只备不查”的现象较为普遍。按照《立法法》第 98 条的规定，设区的市和自治州人民政府制定的规章须提交国务院、省人大常委会、省人民政府、本级人大常委会备案。第 97 条规定，接受备案的机关可改变或撤销不适当的地方政府规章。但在实践中，很难看到改变和撤销的案例。因此，对于设区的市和自治州的立法主体而言，依靠第三方和专家的力量来保证立法质量不但必需，而且必要。

提高重要性认识　做好立法前期准备

——关于提高立法质量的思考

岳　进*

摘　要：地方立法前期准备阶段的重要性为人们所忽视，也使地方立法前期准备的工作产生很大的随意性，其结果不仅导致立法资源的浪费，而且直接影响到立法质量。提高立法质量首先要提高立法前期准备工作的质量。本文针对现存问题，提出保障立法有序进行、提高立法质量的建议。

关键词：立法质量；立法准备；草案起草

制定地方性法规的过程即通常所说的地方立法程序，大致可以分为以下几个阶段：立法决策、立法规划（计划）、法规案起草、法规案提出、法规案审议、法规案表决、法规公布等。这里所称立法的前期准备阶段主要是指立法决策、立法规划（计划）、法规案起草三个阶段。《中华人民共和国立法法》（以下简称《立法法》）对地方立法的议案、审议等作了明确的规定，而前期准备阶段则基本无法可依。地方立法前期准备阶段在缺乏法律依据的情况下，无论是立法决策（此处主要是指启动立法程序的决策）、制定立法规划（计划）、还是起草法规案，其运作都主要传承和遵循地方人大常委会设立之后逐渐形成的一套惯例。这一现状使地方立法前期准备阶段的重要性为人们所忽视，也使地方立法前期准备的工作产生很大的随意性，其不仅导致立法资源的浪费，而且直接影响到立法质量。由于立法前期准备是整个立法程序的启动和开始，因此可以说，立法前期准备是保证立法质量的基础。提高立法质量首先要提高立法前期准备工作的质量。

* 岳进：云南省人大常委会外事华侨工作委员会办公室主任。

一、加强立法前期准备工作法制化的进程

随着地方立法的不断规范化、法制化，立法前期准备必须依法进行的重要性日渐引起立法界的关注，纳入了立法研究和探索的视野。立法前期准备工作程序上的无法可依是影响法规案质量的重要原因。

首先，立法前期准备工作无法可依导致立法决策、立法规划（计划）和立法案起草等程序的随意性。其次，大量的法规案由政府部门起草，为政府部门通过地方立法使部门利益法制化创造了条件。再次，立法案没有经过充分论证，可能出现重复立法和领导意志决策的问题。这些问题最终都可能以立法案的质量问题表现出来，甚至造成立法案在提请人大常委会审议后的全盘重写或被搁置审议。

力争立法前期准备阶段有法可依，是解决立法前期准备阶段诸多问题的根本所在。立法主体应高度重视立法前期准备阶段的法制化建设，努力提高对加快立法前期准备阶段法制化的认识，推进和加快立法前期准备阶段的程序立法。

在重视立法前期准备阶段的实践和经验总结的基础上，目前应着重就立法决策、立法规划（计划）、立法起草的程序进行研究。包括：①立法决策的主体及组织形成、决策者的职权、决策的依据、决策的程序（方法、步骤）；②制定立法规划（计划）的主体及组织形式、立法预测、立法规划（计划）依据、立法项目的条件，立法计划的制作、批准、修改程序等；③法规草案或起草主体及组织形式、起草原则、起草依据、起草程序（调研、论证、听证、协调等）、起草结果等等。在研究和实践的基础上，尽可能形成一些可操作性的具体规定，这些规定由简到繁，从制度性的规定逐渐过渡到以立法形式加以规范，最终形成可操作的法规草案。

二、重视立法决策，把握立法方向

立法决策在立法程序的各个环节都起着决定性的作用，此处特指启动立法的决策。

立法决策人首先应当高度认识立法前期准备的重要性。这不仅在于立法准备启动是否充分、科学，直接关系所立的法是否成功、科学和是否能行之有效，而且更在于立法准备就其主要倾向来说，具有决策性，许多国家的众

多立法的命运，实质上在立法准备阶段就决定了。在有的国家，法案提交立法机关或立法主体审议、表决，往往只是或主要是履行法定程序，并不能真正决定该法案能否正式成为法。因为能否正式成为法，在立法准备阶段就已有定夺，或至少大体上已有定夺了。

对立法前期准备不重视是目前普遍存在的问题，其集中表现是对立法决策的草率。首先，一位领导人的指示或一个部门的要求，无需经过认真论证，就可以启动立法程序，其决策行为因无法可依而不受法律上的限制。而且领导人个人意志的强化或部门利益的驱使，又促使其决策行为更加草率。其次，决策人往往不重视国家立法权限和地方立法权限的划分，忽略地方立法要解决的主要方面是涉及地方事务需要调整的关系和国家法律明确授权地方制定实施办法的内容，导致其立法决策超越地方立法的权限。最终，“立法决策虽然由决策者行使，但由于决策者行使立法决策权主要表现在决策者决定是否立某项法，是否认可法案方面，对法案的内容、所要解决的问题、所要处理的关系、所要确定的权利和义务的限度以及其他一系列重要事项，决策者或不行使决策权，或是很少行使决策权。这样，就在相当大的程度上使应当行使法案决策权的决策人未能尽职尽责”，[1]致使不应当行使决策权的法案起草人或是在形式上或是在事实上代替决策者，立法决策权因此旁落。

实践中，启动立法的决策在形式上首先表现为申报立法项目或者争取进入立法规划（计划）。按照《立法法》的规定，立法案当由法定的提案人提出。因此，是否启动地方立法程序的决策权从法律的角度讲是由提案人享有。鉴于启动立法决策与申报立法项目之间的密切联系，由提案人于每年年底前(10月份为佳）向人大常委会主任会议申报下年度立法项目，不仅能够明确提案人是立法项目的申报人，而且还能够明确政府各部门不具备申报立法项目的资格，减少了政府各部门站在各自部门的角度力争立法项目而造成的不必要的协调工作。

三、强化立法计划的严肃性，保证立法有序进行

作为法制统一的国家，在我国的法律体系中，地方性法规自身不能够形成独立体系，而《立法法》关于地方立法权限的划分又将地方立法定位为：

---

〔1〕 周旺生：《立法论》，北京大学出版社1994年版，第568页。

地方立法可以在不同国家法律法规冲突的前提下就地方性事务作出规定，同时，作为国家立法的补充和细化，可以就国家法律法规的适用作出实施性和创制性的规定。这些规定使地方立法在很大程度上取决于国家立法的进程和地方的实际需要。如果说国家立法需要通过立法规划来设计和协调法与法所调整的社会关系，构建完备的法律体系和法制体系，地方立法则着重通过立法规划来选择立法项目，保证国家法规的贯彻实施，适应地方的实际需要，从这个意义上说，地方立法的短期计划较长期计划有更重要的现实指导意义。

针对编制地方立法计划中存在的问题，有的省人民代表大会常务委员会(后简称省人大常委会）经过长达10多年的积极尝试，形成了以滚动立法计划替代五年立法规划和年度立法计划的模式。具体而言，就是省人大常委会法工委提出主任会议决定的年度立法计划分为两个部分，即立法审议计划和立法调研计划。进入立法审议计划的立法项目应当具备几个基本条件：①填报立法项目申报表，说明立法的必要性和可行性；②明确法规案提请人大常委会审议的日程安排；③明确起草负责人和起草小组成员名单；④提交法规案草稿或大纲及相关的主要资料。不完全符合以上条件的立法项目可列入立法调研计划。列入调研计划的项目一旦条件成熟，也可以采取临时动议的方式，提请主任会议决定，增补入当年的立法审议计划或进入来年的立法审议计划。

但是，就总体来说，立法计划的编制无论是计划的主体、计划的程序、计划的内容、计划的效力等仍是无法可依。因此，在地方立法实践中涉及立法计划的问题较突出。首先，《立法法》没有关于立法案提案人应当按照立法计划提出立法案的规定，所以提案人完全有权不按立法计划自主地提出立法案。反之，进入了立法计划的项目却可能因没有立法案的提出而不能完成。为了保证立法计划的完成，通常的做法是：根据政府的提案计划来制定立法计划，政府打算提什么立法案，人大的立法计划就立什么项目。其次，前文所说的有的省人大常委会采取的滚动计划不过是将各提案人所提的立法项目分为两类，符合基本条件的进入审议计划，不完全符合基本条件的进入调研计划。因此，立法滚动计划仍具有很大的局限性。总的来说还是各提案人所提立法项目的汇总，计划仍具有很强的统计色彩，科学性、预测性论证不足。对于这一问题，尽管有的省人大常委会已经认识到，并要求由人大常委会法工委对各提案人申报的下年度的立法计划项目进行汇集研究、组织论证，但是在现行体制下，要求所有的立项论证工作都由人大常委会法工委来承担显然是不符合实际的。在相当长的时期内，可行的立法仍然是由提案人自己主持对所提立法项目的立项论证工作。

针对以上所述问题，在无现行法律法规可依的前提下，各省级人大常委会根据本行政区域实际，可就编制好的地方立法计划作出规定，这不失为提高立法前期准备工作质量的权宜之计。规定可具体为：年度立法计划既是当年立法工作的安排，也是当年立法工作应当完成的任务。年度立法计划在实施中确需调整，无论是增加立法项目还是减少立法项目，都须经过一个特别程序，就是“由主任会议决定”。也就是说立法计划的调整，没有经过主任会议决定是无效的。因此，在立法计划的执行过程中，只要主任会议对立法计划的调整严格把关，对于可调整可不调整的立法计划坚决不予调整。那么提案人如未按照“编制好的地方立法计划”的要求，不在每年年底前向省人大常委会主任会议申报下年度的立法计划项目，则不能随意提出对立法项目的增减。这就促使提案人不得不对立法计划的制定予以重视。同时，如果主任会议能采取相应措施追究立法项目申报人不能完成立法计划的责任，或者要求立法项目申报人向主任会议说明不能完成立法计划的理由，立法项目申报人则会对申报立法项目持更加慎重的态度。

四、健全起草机制，提高法规案质量

提出法规案是立法程序中必经的第一步，《立法法》规定：“提出法律案，应当同时提出法律草案文本及其说明，并提供必要的参阅资料”。[1]这就意味着，提案人仅仅提出立法案而没有附上法规草案并不能导致法定立法程序的开始，同时意味着，法规草案的起草工作应先于法规案的提出，否则所提出的立法案只是一件立法建议或是立法设想。但事实上，有的提案主体可能不具有组织起草或自行起草的能力，比如省人大代表联名或省人大常委会委员联名，他们提出的立法案通常没有附上相关的法规草案和资料，因而只能作为立法建议交有关方面办理。长期以来，各省的法规案起草实行“谁提出法规案谁组织起草，谁组织起草谁负责立项和论证”的体制。在这种体制下，法规草案起草工作的分工大致是各省人民政府组织起草属于其行政管辖方面

〔1〕《中华人民共和国立法法》第54条。

的法规草案，各省人大常委会组织起草属于人大制度及人大工作、自身建设方面的法规草案，各省人大的各专门委员会组织起草社会事务性和社会事业性方面的法规草案。由于多种原因，各省大多数法规案由政府提出也由政府组织起草，由省人大常委会主任会议或是各专门委员会提出的法规案相对较少，由省人大代表或是省人大常委会组成人员联名提出的法规案则更是罕见。由政府提出的法规案，其起草工作主要依靠政府各部门的力量，政府各部门熟悉行政管理事项，有足够的人力、财力和物力，在组织起草方面具有明显的优势，但是由此也产生了法规草案中较严重的部门倾向以及行政权过多干预社会、经济甚至公民权利的问题。

为解决法规案起草过程中的有关问题，立法工作者为此作出了很多的努力。这些年的法规案起草过程中，人大有关专门委员会直接组织法规案的起草，政府邀请实际工作者、立法工作者、专家学者参加，以及人大的立法工作者提前介入政府组织的起草工作，人大邀请政府的立法工作者参加人大组织的起草工作，等等做法逐渐被采纳。很多省人大常委会在关于提高地方立法质量有关事项的决定中，充分肯定了法规案起草过程中的成功经验，而且还规定起草小组应“制定好起草工作计划，做到任务落实、时间落实、组织落实和责任落实”“要切实做好法规草案起草过程中的调研、协调、论证、听证等工作，做到目的明确、依据充分、技术规范、程序严格”，〔1〕可以说对起草工作提出了明确要求。《中华人民共和国行政许可法》对法规案起草过程中设置行政许可的程序和要求作了专门规定，“起草法律草案、法规草案和省、自治区、直辖市人民政府规章草案，拟设定行政许可的，起草单位应当采取听证会、论证会等形式听取意见，并向制定机关说明设定该行政许可的必要性、对经济和社会可能产生的影响以及听取和采纳意见的情况”。〔2〕这标志着地方性法规案的起草工作某些方面已有法可依，而且将更加公开化和民主化。但是，以立法形式规定起草的原则、起草的组织形式、起草的程序、起草的依据，建立和完善法规案起草机制，推动起草工作更快地向规范化和法制化方向发展，还有很多工作要做。

充分发挥主任会议的作用，把好提高人大常委会会议审议的质量关，对

---

〔1〕《四川省人民代表大会常务委员会关于提高地方立法质量有关事项的决定》第2条。

〔2〕《中华人民共和国行政许可法》第19条。

促进法规案起草质量的提高有非常重要的意义。立法程序规定中关于地方性法规案提出后的程序的规定是很明确的，首先要由主任会议决定列入常务委员会会议议程。如果主任会议认为该法规案有重大问题需要进一步研究，可以建议提案人修改完善后再向常务委员会提出。按照这一规定，主任会议承担着对拟提交人大常委会会议审议的地方性法规案进行程序上处理的职责，可以作出三种形式的处理决定：①决定提交人大常委会会议审议；②先交有关的人大专门委员会审议，提出报告后再作决定；③建议提案人对法规案进行修改后再提请人大常委会会议审议。遗憾的是，多年来主任会议基本没有建议过提案人将法规案修改完善后再向人大常委会提出。在这一情况下，主任会议应充分发挥作用，并通过人大专门委员会对法规案进行审议，提出报告后建议提案人将有关重大问题的法规案修改完善后再向人大常委会提出。这样，提案人就不得不重视法规案的质量，在起草阶段尊重和听取各有关方面的意见，注意提高起草水平和起草质量。

就起草组织形式而言，应积极尝试起草主体多元化：①提案人直接起草法规案，可邀请相关部门参与，亦可邀请专家学者参与。提案人直接组织起草法规案，组织论证会、听证会以及必要的调研活动是必不可少的。提案人在组织起草过程中，主动邀请相关的专家学者或者公民参与，为法规案寻求理论上的支持并使法规案符合民意和地方的实际。政府组织起草法规草案，邀请人大有关专门委员派员参与。人大各专门委员会和人大常委会各工作机构、办事机构起草法规草案，邀请政府有关部门派员参与，可以互通情况，相互协调，统一认识。这些做法还有待于在实践中进一步总结提高，形成制度；②提案人组织或邀请多部门派员组成联合起草组，合作起草法规草案。合作起草法规草案的最大优势在于集众家所长，特别适合于社会综合性的法规草案的起草。有关部门、组织派员组成联合起草小组，共同研究、起草、修改草案。政府部门的人员熟悉行业的行政业务、相关政策和实情，法制部门的人员熟悉相关的法律法规和起草技术，法学界的专家学者具有较高的法学理论水平，了解并掌握国际国内的法学动态，优势是显而易见的。但是，并不是所有法规草案的起草工作都适用合作起草的方式，内容单一的法规草案也许由一个部门完成的效果更好。同时合作起草的部门和人员也不是越多越好，应视法规草案所要规范的内容和简繁而定。关于人大常委会工作机构是否参加政府为提案人的法规案联合起草组织的问题，有人认为，“人大常委会工作机构可以参加起草工作了解情况，但最好不要参加联合起草小组。因为此时工作程序还在政府这边，人大常委会工作机构参加起草，很难说清该草案是谁的意见，谁的主张。而且，人大常委会工作机构还要代表人大常委会主任会议对政府提请审议的法规草案进行审查，地位应当超脱一些”。[1]这无疑是需要注意的问题。但是人大常委会的工作机构毕竟不是立法主体，作为立法工作机构直接参与起草工作，就法规案的起草意图、调整范围、争议焦点、起草过程等有一个全面的了解，对于下一步为立法主体审议法规案提供服务，是具有重要意义的；③提案人委托专门组织、机构或专家起草法规草案。委托专门组织、机构或专家起草法规草案，是有效避免固有的法规草案起草方式所存在问题、提高法规质量的有效措施。其优越性主要在于，受委托方比较超脱，能有效避免过分的部门利益在法规中体现，可以更多地反映出社会和群众的意志，并有利于法规草案中权利和义务的对等设置。“在国外，委托起草十分盛行。有的委托于机构，有的委托于个人。一些国家出现了专门接受委托，从事立法起草工作的机构和职业工作者”。[2]目前，一些省份已有委托起草的做法，如重庆市规定：“法规草案的起草工作，既可以由有权提出法规案的机关、市人民代表大会代表或者常务委员会组成人员组织起草，也可以委托有关部门、单位和组织以及专业人员起草。”[3]权力机关作为重要的立法主体，不应仅仅满足于依靠政府的力量进行法规案起草工作，更不应将权力机关起草法规案工作的重点放到对政府所提法规案进行修修补补上，由权力机关委托有关组织、机构甚至个人起草法规草案，并由权力机关在多种法规草案之中进行选择，将会大大提高法规草案的质量；④就法规草案起草的制度而言，还应当建立起草人责任制、起草项目论证制、起草成果评估制、起草经费保障制等，这些都有待于进一步深入研究和实践。

五、结语

提高法规案起草质量，是进一步提高地方立法质量的基础。从地方立法的实践看，地方性法规质量在很大程度上取决于该法规草案的起草质量。因

---

〔1〕 李小娟、刘勉义：《地方立法程序研究》，中国人民公安大学出版社 2003 年版，第 33 页。

〔2〕 李小娟、刘勉义：《地方立法程序研究》，中国人民公安大学出版社 2003 年版，第 36 页。

〔3〕《重庆市人民代表大会及其常务委员会地方立法程序规定》第 9 条。

此，提高法规案起草质量，必须拓宽法规草案起草的渠道，改变法规起草渠道过于单一的现状。同时，还必须明确法规草案的起草机关和责任。也就是说，要充分发挥人大主导作用，在坚持正确的立法指导思想和基本原则，并把它们贯彻到立法整个过程之中的前提下，确立起对地方立法工作实际全程管理的观念，努力提高法规案起草质量，进而提高立法质量。

州市地方性法规合法性审查中抵触问题初探

杨　艳*

摘要：本文针对省人民代表大会常务委员会对州市地方性法规进行合法性审查的过程中面临的问题，结合对其他省市有关规定和做法的梳理和分析，力图提出一些完善现行制度的建议。

关键词：地方性法规；合法性审查；立法权限

2015年3月15日，第十二届全国人大第三次会议表决通过了关于修改《中华人民共和国立法法》（以下简称《立法法》）的决定，赋予所有设区的市、自治州地方立法权，使我国享有地方立法权的主体，在原有31个省、自治区、直辖市和49个较大的市基础上，增加了271个市、自治州、不设区的地级市。根据《立法法》第72条第4款的规定，云南省人大常委会以决定的形式，分别于2015年11月26日、2016年7月28日分两批确定了除昆明市以外的15个自治州、设区的市人大及其常委会开始制定地方性法规的时间。据此，我省8个自治州、8个设区的市的人大及其常委会在不同宪法、法律、行政法规和本省、自治区的地方性法规相抵触的前提下，可以对城乡建设与管理、环境保护、历史文化保护等方面的事项制定地方性法规。

2018年3月11日，第十三届全国人大第一次会议通过了《中华人民共和国宪法修正案（2018）》（以下简称《宪法修正案》），《宪法修正案》第47条规定，《宪法》第100条增加1款："设区的市的人民代表大会和它们的常务委员会，在不同宪法、法律、行政法规和本省、自治区的地方性法规相抵触的前提下，可以依照法律规定制定地方性法规，报本省、自治区人民代表

* 杨艳：云南省省人大法制委、常委会法工委办公室主任。

大会常务委员会批准后施行。”早在2015年3月新修改的《立法法》赋予所有设区的市地方立法权时，社会各方面就曾经提出，建议对《中华人民共和国地方各级人民代表大会和地方各级人民政府组织法》（以下简称《地方组织法》）《中华人民共和国宪法》（以下简称《宪法》）中有关立法体制的内容作出相应修改。2015年8月第十二届全国人大常委会第十六次会议对《地方组织法》的相关内容进行了修改。2018年3月第十三届全国人大第一次会议通过的《宪法修正案》，从国家根本法的高度对所有设区的市的立法权予以确认，扩大了地方立法的主体和权限范围，这是事关全局的重大政治体制改革，是完善社会主义立法体制的重大举措，是对我国地方立法实践探索与成功经验的提炼升华和宪法确认，具有重大而深远的意义。

一、问题由来

我国的立法体制是具有中国特色的社会主义立法体制，它既不同于联邦制国家，也同一般的单一制国家有所区别，而是在中央的集中统一领导下的，充分发挥地方的主动性、积极性，中央和地方适当分权的、统一而又分层次的立法体制。此次《宪法》的修改，有利于设区的市在宪法法律的范围内，制定体现本行政区域实际的地方性法规，更为有效地加强社会治理、促进经济社会发展，也有利于规范设区的市制定地方性法规的行为。〔1〕

截至2018年3月31日，我省新获得地方立法权的15个州市适应地方治理需要，有序推进立法工作，共制定地方性法规17部，有力促进了地方经济社会发展和民主法治建设。这些地方性法规包括了规范州市立法活动程序(设区的市的统一为××市人民代表大会及其常务委员会制定地方性法规条例、自治州统一为××族自治州人民代表大会及其常务委员会立法条例)、城市管理(含城乡规划建设管理、城镇绿化、乡村清洁等)、自然资源与环境保护（含河道管理、河流保护、古茶树资源保护等）等方面的内容。

通过两年多的地方立法实践，我们在审查批准州市地方性法规过程中，也遇到了一些困惑。其中一个困惑就是州、市地方性法规合法性审查过程中如果遇到抵触时如何处理？《立法法》第72条规定：“设区的市的地方性法规

〔1〕王晨在第十三届全国人民代表大会第一次会议上“关于《中华人民共和国宪法修正案（草案）》的说明”，2018年3月5日。

须报省、自治区的人民代表大会常务委员会批准后施行。省、自治区的人民代表大会常务委员会对报请批准的地方性法规，应当对其合法性进行审查，同宪法、法律、行政法规和本省、自治区的地方性法规不抵触的，应当在 4 个月内予以批准。”根据该条规定，省人大常委会在对州市地方性法规审查的过程中，如果发现该地方性法规同宪法、法律、行政法规和本省、自治区的地方性法规抵触的，就不能批准。问题是省人大常委会不批准州市地方性法规是以决定还是决议的形式作出？假如省人大常委会作出不批准的决议或者决定后，下一步怎么办？这些问题《立法法》都没有作出明确规定，需要由各省、自治区根据实际情况作出规定。虽然到目前为止，各省、自治区人大常委会似乎还没有不批准州市地方性法规的例子，但是从理论上讲，现在没有不批准的情况，不等于以后也没有。而且，在省级人大常委会的立法条例中明确规定不批准，能对州市人大常委会起到警示作用。

笔者对此问题进行了研究。发现在第十二届全国人大法律委员会主任委员乔晓阳主编的《中华人民共和国立法法导读与释义》（以下简称《立法法释义》）一书中对此问题有这么一段表述：“省、自治区的人民代表大会常务委员会对报请批准的地方性法规，应当对其合法性进行审查。经审查认为同宪法、法律、行政法规和本省、自治区的地方性法规不抵触的，应当在 4 个月内予以批准。对于地方性法规的规定是否适当、立法技术是否完美以及文字表述是否优美，不作审查。如果在审查中发现报批的地方性法规同宪法、法律、行政法规或本省、自治区的地方性法规相抵触，省、自治区人大常委会可以不予批准，也可以发回修改。”〔1〕从上述表述可以看出，省、自治区人大常委会对与宪法、法律、行政法规或本省、自治区的地方性法规相抵触的州市地方性法规，也即合法性有问题的地方性法规，有权力不予批准，也可以发回修改。但具体如何操作，目前还没有成熟的做法。从我省审查批准州市地方性法规的工作看，为避免州市地方性法规出现合法性问题，省人大法制委、省人大常委会法工委从州市编制立法计划、规划开始起，就提前介入，力求从源头上防止州市地方立法的“先天不足”。两委通过深入细致的工作，认真指导帮助州市人大常委会在地方性法规立项、起草、调研、修改、论证、

〔1〕 乔晓阳主编：《中华人民共和国立法法导读与释义》，中国民主法制出版社 2015 年版，第 246 页。

审议等环节做好工作，确保在合法性审查中不出现问题。至今为止，云南省人大常委会还没有出现不批准州市地方性法规的情形。但是，审查批准州市地方性法规新任务的出现，也给本来就立法任务繁重、人手不够的省人大常委会法工委带来了新的挑战和困难。介入过多，不利于充分发挥州市的积极性和主动性，也有越俎代庖的嫌疑。不介入或者少介入，州市人大法制委、常委会法工委大多数都还属于新手上路，立法能力不足，工作中面临诸多问题，一个不注意，制定出来的地方性法规报到省人大常委会，就可能存在不予批准的风险。同时，一旦州市地方性法规没有被批准，将会给省人大常委会和州市人大常委会带来尴尬。2017 年云南省在修改《云南省人民代表大会及其常务委员会立法条例》时，恰恰是因为没有可供借鉴的成熟经验，回避了州市地方性规合法性审查中有抵触时如何处理的问题。

二、各省立法条例的比较

在认真学习其他兄弟省区市立法条例或者制定地方性法规条例的相关规定后，笔者发现各省在处理方法上也各有不同。现列表如下：

表 1　15 个省、自治区的条例规定了相抵触不予批准

条例名称	具体规定
安徽省人民代表大会及其常务委员会立法条例（2015 年 11 月修正）	第 57 条 省人民代表大会常务委员会对报请批准的法规，应当对其合法性进行审查，同宪法、法律、行政法规和本省的地方性法规不抵触的，应当在 4 个月内予以批准。 常务委员会会议在审议时发现报请批准的法规同宪法、法律、行政法规和本省的地方性法规相抵触的，不予批准，或者提出修改意见，经修改后提请常务委员会全体会议表决。
山西省地方立法条例（2015 年 11 月修正）	第 64 条 报请批准的法规，省人民代表大会常务委员会应当对其合法性进行审查，同宪法、法律、行政法规和省人民代表大会及其常务委员会制定的法规不抵触的，应当在 4 个月内予以批准；抵触的，不予批准，或者退回报请机关修改后另行报批，也可以在修改后予以批准。

续表

条例名称	具体规定
福建省人民代表大会及其常务委员会立法条例（2016 年 1 月修正）	第 38 条 报请批准的设区的市的地方性法规，由主任会议决定列入常务委员会会议议程，或者先交法制委员会审查、提出报告，再决定列入常务委员会会议议程。如果主任会议认为报请批准的地方性法规合法性有问题需要进一步研究的，可以建议报请批准机关修改后再向常务委员会报请批准。常务委员会法制工作委员会承担审查的具体工作。 法制委员会审查报请批准的地方性法规时，应当邀请常务委员会有关工作机构的负责人列席会议，发表意见。 第 39 条 常务委员会对于报请批准的设区的市的地方性法规，应当对其合法性进行审查，同宪法、法律、行政法规和本省的地方性法规不相抵触的，应当在 4 个月内予以批准。 常务委员会审查认为报请批准的设区的市的地方性法规同宪法、法律、行政法规和本省的地方性法规相抵触的，应当作出不批准的决定。
陕西省地方立法条例（2016 年 1 月修订）	第 67 条 报请省人民代表大会常务委员会批准的设区的市地方性法规，由省人民代表大会常务委员会法制工作机构对其合法性进行审查后，提请省人民代表大会法制委员会审查。 省人民代表大会法制委员会对报请批准的设区的市地方性法规审查认为同宪法、法律、行政法规和省地方性法规不抵触的，应当提出审查意见的报告，由常务委员会主任会议决定列入常务委员会会议议程；同宪法、法律、行政法规和省地方性法规相抵触的，可以在审查意见的报告中提出不予批准建议，也可以报经常务委员会主任会议同意，退回报请批准的设区的市人民代表大会常务委员会修改。
江苏省制定和批准地方性法规条例（2016 年 1 月修正）	第 57 条 常务委员会对报请批准的地方性法规，应当对其合法性进行审查，同宪法、法律、行政法规和本省的地方性法规不相抵触的，应当在 4 个月内予以批准；对相抵触的，不予批准或者修改后予以批准，也可以退回报请批准的机关修改后另行报请批准。 第 60 条 经常务委员会批准的地方性法规，由常务委员会在通过之日起 7 日内书面通知报请批准的机关，并

续表

条例名称	具体规定
	附批准的地方性法规文本；对不予批准或者退回报请批准的机关修改后另行报请批准的，由常务委员会在7日内书面通知报请批准的机关。 第62条 已经常务委员会批准的地方性法规，同宪法、法律、行政法规和本省的地方性法规相抵触或者不适当的，由主任会议建议制定机关予以修改或者废止；制定机关不予修改或者废止的，由常务委员会提请省人民代表大会审议决定予以修改或者撤销。
广东省地方立法条例（2016年1月修正）	第76条第1款 省人民代表大会常务委员会认为报请批准的地方性法规同宪法、法律、行政法规、本省的地方性法规相抵触的，可以不予批准，也可以附修改意见予以批准或者退回修改后再提请批准。 第80条 省人民代表大会常务委员会附修改意见批准的地方性法规、自治条例和单行条例，报请批准的机关应当依照修改意见进行修改后才能公布实施。
河南省地方立法条例（2016年1月通过）	第64条 省人民代表大会常务委员会对报请批准的地方性法规，应当对其合法性进行审查，同宪法、法律、行政法规和省人民代表大会及其常务委员会制定的地方性法规不抵触的，应当在4个月内予以批准；相抵触的，不予批准，并将不予批准的理由或者情况告知报请机关。报请机关进行修改后，可以依照程序重新报批。 第67条 报请批准的地方性法规经省人民代表大会常务委员会会议审议后，由省人民代表大会法制委员会提出是否批准的决定草案，由主任会议决定提请常务委员会全体会议表决，由常务委员会全体组成人员的过半数通过。 对报请批准的地方性法规个别条款同宪法、法律、行政法规和省人民代表大会及其常务委员会制定的地方性法规是否抵触争议较大的，法制委员会可以对个别条款提出是否批准的决定草案，由主任会议决定提请常务委员会全体会议表决，其程序适用本条例第48条有关规定。

续表

条例名称	具体规定
广西壮族自治区立法条例（2016年1月修正）	第46条 设区的市人民代表大会及其常务委员会制定的地方性法规，由常务委员会报请自治区人民代表大会常务委员会批准。报请批准应当提出书面报告，并由报请机关签署。 报请批准的地方性法规，先交自治区人民代表大会法制委员会审查，再由主任会议决定列入常务委员会会议议程。如果主任会议认为地方性法规有重大合法性问题需要进一步研究的，可以要求报请机关处理后再报请批准，也可以退回报请机关作其他处理。 第47条 自治区人民代表大会常务委员会审查报请批准的地方性法规，一般经一次常务委员会会议审查后交付表决。如对合法性问题有重大原则分歧意见的，可以经两次常务委员会会议审查后再交付表决。 第49条 自治区人民代表大会常务委员会对报请批准的地方性法规，应当对其合法性进行审查，同宪法、法律、行政法规、自治区本级地方性法规不抵触的，应当在4个月内予以批准，批准决定由常务委员会全体组成人员的过半数通过；同宪法、法律、行政法规、自治区本级地方性法规相抵触的，不予批准，由报请机关处理。
浙江省地方立法条例（2016年1月修正）	第69条第1款 省人民代表大会常务委员会应当对报请批准的地方性法规的合法性进行审查。同宪法、法律、行政法规和省的地方性法规不抵触的，应当自收到报请批准报告之日起4个月内予以批准；相抵触的，可以不予批准，或者经修改后再予以批准。 第74条第3款 报请批准的地方性法规交付省人民代表大会常务委员会表决未获通过的，应当及时告知设区的市人民代表大会常务委员会。
海南省制定与批准地方性法规条例（2016年1月通过）	第49条第1款 省人大常委会审查认为报请批准的地方性法规同宪法、法律、行政法规和本省地方性法规不抵触的，应当在4个月内予以批准；认为与宪法、法律、行政法规和本省地方性法规相抵触的，可以对抵触的条文进行修改，也可以提出修改意见，由报请批准机关修改后再报请批准。

续表

条例名称	具体规定
江西省立法条例（2016年6月修正）	第57条 省人民代表大会常务委员会对报请批准的地方性法规，应当对其合法性进行审查，同宪法、法律、行政法规或者本省的地方性法规不抵触的，应当在4个月内予以批准；同宪法、法律、行政法规或者本省的地方性法规相抵触的，可不予批准，也可以采取附修改意见的方式批准。 第59条 报经批准的地方性法规，由设区的市的人民代表大会常务委员会发布公告予以公布。 省人民代表大会常务委员会附修改意见批准的地方性法规，报请批准的机关应当依照修改意见进行修改后发布公告予以公布。
吉林省地方立法条例（2017年1月通过）	第43条第1款 省人民代表大会常务委员会对报请批准的地方性法规，应当并且只对合法性进行审查，同宪法、法律、行政法规和省地方性法规不抵触的，应当自收到报请之日起4个月内予以批准。审查发现同宪法、法律、行政法规和省地方性法规抵触的，不予批准。
甘肃省地方立法条例（2017年1月通过）	第70条第1款 省人民代表大会常务委员会对报请批准的地方性法规、自治条例和单行条例，应当在法定期限内予以批准或者不予以批准。 第2款 省人民代表大会常务委员会认为报请批准的地方性法规与宪法、法律、行政法规、省级地方性法规相抵触，或者自治条例和单行条例变通规定不符合法律规定的，可以不予批准，也可以在代表大会有关专门委员会审查结果报告中附修改意见予以批准，或者退回修改后再提请批准。与省政府规章相抵触的，应当作出处理决定。
西藏自治区立法条例（2017年1月修订）	第54条 自治区人民代表大会常务委员会应当对报请批准的设区的市的地方性法规的合法性进行审查。同宪法、法律、行政法规和自治区的地方性法规、自治条例、单行条例不相抵触的，应当在4个月内予以批准；同宪法、法律、行政法规和自治区的地方性法规、自治条例、单行条例相抵触的，可以不予批准，也可以附修改意见予以批准或者退回修改后再提请批准。

续表

条例名称	具体规定
山东省地方立法条例（2017 年 2 月通过）	第 53 条第 1 款 省人民代表大会常务委员会对报请批准的设区的市的地方性法规，应当对其合法性进行审查，同宪法、法律、行政法规和省地方性法规不抵触的，应当在 4 个月内予以批准；相抵触的，不予批准。 第 56 条 省人民代表大会常务委员会批准的设区的市的地方性法规，由常务委员会办公厅书面通知报请批准该法规的设区的市的人民代表大会常务委员会；不予批准的，应当说明理由。

表 2　3 个省的条例规定了附审查修改意见的批准或者退回修改再报批

条例名称	具体规定
黑龙江省人民代表大会及其常务委员会立法条例（2016 年 1 月修订）	第 76 条第 1 款 常务委员会在对报请批准的地方性法规进行审查时，发现个别条款存在合法性问题，可以采取附审查修改意见的形式批准。修改意见不属于合法性问题的，转报批机关研究处理。
四川省人民代表大会及其常务委员会立法条例（2016 年 1 月通过）	第 61 条 报请批准的地方性法规同宪法、法律、行政法规以及本省的地方性法规相抵触的，可以决定暂不付表决，交由制定机关对报请批准的地方性法规进行修改，如果制定机关不同意修改的，应当不予批准。
青海省人民代表大会及其常务委员会立法程序规定（2016 年 11 月修订）	第 47 条 常务委员会会议对报请批准的地方性法规，应当对其合法性进行审查，认为同宪法、法律、行政法规和本省的地方性法规不抵触的，应当在 4 个月内予以批准。 常务委员会会议审查认为报请批准的地方性法规同宪法、法律、行政法规和本省的地方性法规相抵触需要修改的，可以由有关专门委员会修改，修改稿应当征得报请机关的同意；也可以退回报请机关修改后再报请批准。 第 52 条 常务委员会会议批准地方性法规和自治条例、单行条例，应当作出批准决议。对不予批准的地方性法规和自治条例、单行条例，由常务委员会办公厅书面通知报请机关。

表 3　2 个自治区的条例还规定了批准或者不批准后的通知程序

条例名称	具体规定
内蒙古自治区人民代表大会及其常务委员会立法条例（2016 年 1 月修正）	第 61 条 常务委员会应当自批准地方性法规、自治条例和单行条例的决议通过之日起 7 日内，书面通知报请机关。对未予批准的，应当及时书面通知报请机关。
新疆维吾尔自治区人民代表大会及其常务委员会立法条例（2016 年 1 月修正）	第 42 条 常务委员会办公厅应当在常务委员会批准地方性法规、自治条例和单行条例的决定通过之日起 7 日内，书面通知报请机关。对未予批准的，应当及时通知报请机关。

从以上表格的统计可以看出：有 15 个省、自治区的立法条例或制定地方性法规条例规定了相抵触的，不予批准，其后的处理方法各有不同。归纳起来有如下几种：相抵触的，可以不予批准；或者采取附修改意见的方式批准；或者由省人大常委会修改后批准；或者退回制定机关修改后再报请批准。但是，笔者认为，《立法法》并没有规定可以由省人大常委会直接修改州市地方性法规中不合法的内容，而且从法理上来说，州市人大及其常委会制定的地方性法规，按照谁制定谁修改的原则，如果合法性存在问题，理应由州市人大常委会进行修改，而不能由省人大常委会直接对州市地方性法规进行修改。因此，省人大常委会审查批准州市地方性法规时，不宜采用附修改意见的方式批准，或直接由省人大常委会修改后批准这两种方法。这就是为什么在前面提到的《立法法释义》一书中也只作了“相抵触的，省、自治区人大常委会可以不予批准，也可以发回修改”的阐释。

省、自治区人大常委会在审查州市地方性法规时，一般都是先由法制委员会、法制工作委员会作具体审查工作，再由主任会议决定列入常委会会议议程。这里的“决定列入”，笔者的理解是必须列入，而不是认为合法性有问题的，法制委员会可以向主任会议汇报，主任会议审定后决定不列入常委会会议议程。也就是说只要是州市人大及其常委会已经法定程序审议通过的地方性法规，报请省人大常委会批准，省人大常委会主任会议都应当决定列入省人大常委会会议议程。即便主任会议认为该地方性法规有重大合法性问题需要进一步研究的，也不能由主任会议取代常委会的合法性审查程序，直接将州市地方性法规退回。这是由主任会议的性质决定的。而必须由省人大常委会会议审查后，认为该地方性法规抵触的，经过表决程序不予批准，或者也可以在常委会分组会议审查的基础上，由主任会议研究后形成统一意见，建议本次常委会会议不表决，由省人大常委会办公厅发函通知州市人大常委会修改后再报批。

三、结论

综上所述，各省、自治区的立法条例在规定“省、自治区的人民代表大会常务委员会对报请批准的地方性法规，应当对其合法性进行审查，同宪法、法律、行政法规和本省、自治区的地方性法规不抵触的，应当在4个月内予以批准”的同时，建议还应当规定“常务委员会经过审查，发现报请批准的地方性法规同宪法、法律、行政法规和本省、自治区的地方性法规相抵触的，可以经常务委员会全体会议表决不予批准，也可以由省人大常委会发回报请机关修改后再报请批准”。

地方性法规清理工作的历史、现状及改进策略

樊　安*

摘要：地方性法规清理是地方性法规制定机关的自我审查，是地方立法工作的自我纠正与自我完善的过程。本文以省级地区地方性法规为例研究法规清理制度现状及存在的问题，并提出完善该制度的对策建议。

关键词：地方性法规；法规清理；立法

一、地方性法规清理制度的概念和特征

地方性法规清理是指地方人大及其常委会在其立法权限范围内，按照一定的程序、方法和标准，对本地区的地方性法规进行审查，确定它们是否可以继续适用或是否需要变动（修改、补充或废止）的专门活动。

地方性法规清理实质是地方性法规制定机关的自我审查，是地方立法工作的自我纠正与自我完善的过程。地方性法规制定机关根据特定的目的，一般是根据法律、行政法规，国家政策的要求或者本地区经济社会发展的实际需要，对其制定的地方性法规从合法性、合理性和实效性三方面进行梳理、审查，从而确定被审查的地方性法规哪些需要修改、废止，哪些可以继续适用。通过地方性法规清理工作这种自我检查方式，地方人大及其常委会可以发现和纠正地方立法中的突出问题，废止或修改与宪法、法律和行政法规相抵触的法规，与同位法存在冲突的法规，与当地经济社会发展不适应的法规，以及实际操作性不强的法规，增强法规的合法性、合理性、针对性、可操作性，从而提高地方立法的工作质量，维护中国特色社会主义法律体系的和谐

* 樊安：昆明理工大学副教授、云南省地方立法研究院研究员、法学院硕士生导师；法学博士；主要从事法理学、立法学领域的研究。

统一，促进经济协调发展与社会的全面进步。

概言之，地方性法规清理有以下主要特征：

第一，地方性法规的清理主体具有特定性。目前，我国法律尚未规定法规清理职权的归属问题。但是在实践中，法规清理职权的归属原则一般遵循“谁制定谁清理”，即由地方性法规的制定主体来清理该地方性法规。

第二，地方性法规的清理对象具有特定性。地方性法规的清理对象具有空间上和时间上的特定性，即地方性法规清理主体只能够对地方范围内已经颁布、生效并且现行有效的地方性法规进行清理，且必须在其清理权限内进行清理活动。

第三，地方性法规的清理内容具有特定性。地方性法规的清理内容是特定的：一是与宪法、法律、行政法规和本地区内现行有效的其他地方性法规不相一致或者相互抵触的地方性法规应当清理；二是同本地区经济社会发展的实际需要不相适应的地方性法规应当清理；三是实际操作性不强的地方性法规，应当清理。

第四，地方性法规的清理结果具有特定性。“法规清理活动不制定新的法律规范，也不修改原有规范内容”〔1〕，地方性法规也是如此。地方性法规的清理活动在对本地区的地方性法规进行审查后，会确定被审查的地方性法规是否继续适用或是否需要修改、补充或废止。

二、地方性法规清理工作的顶层设计与总体情况

1997年，党的十五大提出2010年形成“中国特色社会主义法律体系”的新时期立法工作总目标。2009年，全国人大常委会法制工作委员会下发了《关于做好地方性法规清理工作的意见》，部署在全国范围内开展地方性法规的清理工作。2014年，党的十八届三中全会和四中全会提出“科学立法、民主立法”重要精神之后，地方性法规清理工作得到空前的重视。“建国以来，我国共进行过6次全面的法规清理，8次行政法规、地方性法规、规章以及其他规范性文件的专项清理，以及2次大的法律清理。”〔2〕

---

〔1〕 朱景文：《法理学（第三版）》，中国人民大学出版社2015年版，第238页。

〔2〕 马燕：“关于法的清理主体之研究”，载《云南社会主义学院学报》2014年第3期。

三、地方性法规清理制度现状——以省级地方性法规清理为例

(一) 工作程序[1]

省级地方性法规清理主要是按照全国人大的要求进行清理的。其清理程序主要包括以下几方面:

第一，省级地方性法规清理的启动。省级地方性法规清理的启动由省级人大常委会法制工作机构会同省级人大有关专门委员会、常委会工作机构、政府法制办及政府有关部门研究后，向省级人大常委会主任会议报告，经主任会议研究决定后启动法规清理工作。

第二，对省级地方性法规进行梳理分析，形成初步意见。省级地方立法机关自行进行法规清理工作，或者委托第三方机构进行法规清理工作，对涉及的地方性法规进行全面梳理，针对其合法性、合理性、可操作性和实效性进行审查，找到现行地方性法规中存在的问题，提出处理建议并进行登记。

第三，对初步意见集中审查，分类处理。针对各方面的初步意见进行汇总、整理和分析，并根据实际情况召开座谈会、论证会，进一步提出审查意见。经省级人大常委会法制工作机构会议讨论，然后送省级人大法制委员会审议。经省级人大法制委员会统一审议后提出审议意见，并向主任会议提出省级地方性法规清理工作报告。

第四，审议决定并公布法规清理意见。省级人大常委会法制工作机构根据审议意见起草清理决定，并明确相关地方性法规是否可以继续适用或是需要进行变动，列明清理范围内的地方性法规中“应当修改”或“予以废止”的目录，并将法规清理工作成果向社会公开。

(二) 清理方式

省级地方性法规清理的方式通常分为三种：集中清理、定期清理和专项清理。集中清理，是指省级地方立法主体对较长时间以来本地区内所有现行有效的地方性法规进行清理。从清理的数量上来说，清理的地方性法规是该省级地方立法主体在某一特定时间内制定的所有地方性法规。从被清理的地方性法规的时间上来看，被清理的地方性法规的存续期有一定的时间跨度，经历的时间较长。例如，为响应党的十五大提出的“到 2010 年形成中国特色

---

[1] 参见万祥裕、谢章泸：“试论地方性法规清理机制的构建”，载《时代主人》2011 年第 1 期。

社会主义法律体系的立法工作目标”，青海省在2010年重点针对20世纪90年代以前制定且没有做过系统修改的地方性法规、条例进行了集中清理。[1]

定期清理是指每隔一段时间，省级地方立法主体就对现行有效的省级地方性法规进行清理，是一种常态化的清理形式。例如，“国务院于1985年要求国务院各部门和各省、自治区、直辖市人民政府应每年清理法规一次。”[2]在第十二届全国人大常委会第十次会议中审议《中华人民共和国立法法修正案（草案）》时，一些常委委员和列席会议人员曾提出建议，草案应明确规定定期清理制度。然而，修订后的《中华人民共和国立法法》（以下简称《立法法》）没有规定法规清理制度。由于我国目前没有建立地方性法规定期清理的长效机制，所以在实际的省级地方性法规的清理工作中，往往依赖于不定期清理。

专项清理，是指专门针对某一特定内容的省级地方性法规或者某一特定形式的省级地方性法规进行清理，具有较强的针对性。

四、地方性法规清理的缺陷

（一）地方性法规清理不及时[3]

当前，我国地方性法规清理主要依赖于不定期清理。不定期清理是相对于定期清理而言的。不定期清理，是指地方性法规的清理主体根据实际情况，随时启动地方性法规清理工作。实际情况中，不定期清理大多是由于不同位阶法律的层级冲突而启动的。不定期清理的优点是可以随时启动清理工作，发现问题并改正问题。但是不定期清理的随时性也使其具有不稳定性。我国大规模的地方性法规清理工作的启动多是由国家政策需要或是由于上位法的出台，这使得清理的时间不固定，间隔也不相同。如果地方立法主体长期不审查本地区内的地方性法规，不仅不利于及时发现地方立法中存在的问题，也不利于提高立法质量，更不利于国家法制的统一。

（二）缺乏统一具体的清理标准[4]

我国并没有明确规定地方性法规清理的标准，各地进行地方性法规清理

---

〔1〕 刘晓：“地方性法规清理工作的制度与实践”，中国人大网，http://www.npc.gov.cn/npc/xinwen/dfrd/qinghai/2010-09/28/content_1597589.htm，最后访问日期：2018年4月11日。

〔2〕 参见朱力宇、叶传星：《立法学（第四版）》，中国人民大学出版社2015年版，第211页。

〔3〕 参见雷斌：“地方性法规清理制度初探”，载《人大研究》2009年第5期。

〔4〕 参见马燕：“关于法的清理主体之研究”，载《云南社会主义学院学报》2014年第3期。

工作主要围绕“不适应、不一致、不协调和操作性不强”等方面进行清理。由于地方性法规的清理主体是各地方立法主体，而对象是本地区内的现行有效的地方性法规，因而各地方性法规清理标准都是由不同的主体制定的，没有统一的清理标准，各地区制定的标准之间存在着较大的差异。例如，2016年，长春市人大常委会全面启动法规清理工作的规定主要包括：一是与上位法规定不一致的地方性法规；二是地方性法规之间不一致、不协调的法规；三是涉及政府简政放权方面的法规；四是与长春新区建设、国企改革、服务业发展和精准扶贫政策实施不相适应的法规。2010年，江西省人大常委会在《江西省人大常委会关于做好地方性法规清理工作方案》中规定主要有：一是地方性法规或法规规定已经明显不适应国家确定的区域发展战略和本地区经济社会发展特别是社会主义市场经济发展需要的；二是地方性法规或法规规定与宪法、法律和行政法规不一致的；三是地方性法规规定之间明显不协调的；四是地方性法规操作性不强，需要也有条件加以细化的。各地方在清理工作中发现还有其他问题的，可以一并予以梳理和研究。由于各地地方性法规清理工作缺乏统一的清理标准，以至于各地区地方性法规清理的工作具有较大范围的自由裁量，并且也使得各地区地方性法规清理的成果存在较大差异。

（三）公众参与不足〔1〕

当前，公众参与地方性法规清理工作的主要方式是通过该地区人大网站上公布的有关地方性法规清理意见专栏参与。但是实践中，这些专栏很少有人问津。由此可见，地方性法规清理工作的公众参与度并不高。一方面，地方性法规清理工作的宣传度不高，大多数公众对地方性法规清理工作的开展并不知情。另一方面，由于地方性法规清理工作的机关与公众之间缺乏良好的互动机制，仅是为公众提供了一个意见提交窗口，并没有向公众介绍地方性法规清理工作的具体情况，使得公众对地方性法规清理工作不知晓、不清楚，更不能确定自己提交的意见是否会得到采纳，致使公众参与地方性法规清理工作的积极性不高。开展地方性法规清理工作时，应当充分调动公众参与的积极性，拓宽公众参与途径。

〔1〕 参见万祥裕、谢章泸：“试论地方性法规清理机制的构建”，载《时代主人》2011年第1期。

(四) 部门利益倾向严重，缺乏实质清理[1]

由于我国地方性法规清理工作大多遵循“谁制定谁清理”的原则，因而地方性法规清理工作通常是由该法规的制定主体进行的。地方性法规清理工作也是地方立法机关“自我革命”的一个过程。但是，在这种自我审查、自我清理的模式中，难免会出现不彻底、不合理的情况。制定主体和清理主体是同一主体，加之上位法的疏忽，不免会出现地方立法膨胀、部门利益倾向严重的问题。地方立法机关有可能为维护自身利益而不公正地进行法规清理工作，这将导致法规得不到实质意义上的清理。

五、完善地方性法规清理制度的对策建议

(一) 健全定期清理的长效机制[2]

地方性法规清理应当建立定期清理的长效机制，及时发现并消除地方立法中存在的不适应、不协调、相冲突及操作性不强等问题，进而促进国家法律体系的统一，维护法律的权威性。考虑到地方性法规清理工作量大，清理技术要求也较高，定期清理频率不能太快。但是清理周期也不能过长，每五年清理一次地方性法规较为适宜。建议地方立法机关在编制五年立法规划时，进行地方性法规清理工作。同时可将清理制度与其他制度相结合。例如，建立立法后评估制度，在地方性法规实施一定时间后，地方性法规的制定机关应当组织相关单位对该地方性法规的实施效果进行评估，将评估结果作为地方性法规清理的相关参考数据。还可以定期检查地方性法规的执行情况，对相关的地方性法规进行审查监督，并针对执行情况做出书面报告，以供地方性法规清理工作参考。

(二) 建立具体的清理标准

制定地方性法规清理的标准是进行法规清理工作的关键一步。清理标准不科学或者不明确，都会影响到法规清理工作的正常开展。因此，地方性法规清理必须制定科学、明确、具体的清理标准。地方性法规清理的标准具体包括保留标准、修改标准、失效标准和废止标准。能符合保留标准的法规应

---

〔1〕 参见郑振华：“法规清理的运作及其机理研究”，华东政法大学2009年硕士学位论文，第14页。

〔2〕 参见李志刚：“地方性法规常态化清理机制研究”，上海交通大学2011年硕士学位论文，第28页。

当继续适用。保留标准主要是：法规与法律、行政法规不相抵触的；法规与本地区经济社会发展、客观情况不存在不适应的情况的；法规与其他地方性法规之间不存在不协调的情况。其次，符合修改标准的法规应当进行相应修改。修改标准主要是：地方性法规中的部分内容与现行的法律、行政法规相抵触；地方性法规中的部分内容与本地区经济社会发展、客观情况存在不适应的；地方性法规的部分内容与本地区其他地方性法规相矛盾。再次，符合失效标准的应当停止适用。失效标准主要包括：地方性法规在时间上已经达到其自身规定的失效时间；地方性法规的调整对象已经不存在；地方性法规的内容已经过时的；其他失效事由发生的，地方性法规应当被宣布失效。最后，符合废止标准的法规应当予以废止。废止标准主要包括：对地方性法规的主要内容违反法律、行政法规的规定；地方性法规的主要内容与当前本地区经济社会发展、客观情况明显不协调；地方性法规依据的法律、行政法规已经被废止的；地方性法规的主要内容已经被新制定的或者修订后的国家法律、行政法规或其他同类地方性法规所覆盖的；由于存在其他重大问题需要被废止的。

（三）完善地方性法规清理过程中的公众参与〔1〕

民主原则是我国法定立法原则之一。“在我国，法的制定过程，实际上也是发扬社会主义民主，进行民主讨论、民主决策的过程。民主既是一种国家制度，也是一种工作方法。在我国，民主立法作为工作方法，就必须坚持立法工作中的群众路线。”〔2〕我国是民主制国家，民主原则也是立法原则之一，一部制定良好的法律应当是体现人民意志，为人民接纳、认可的。因此，完善地方性法规清理制度，应遵循民主原则，拓宽公众参与途径，扩大公众参与力度。应当广泛征求各基层意见，可召开座谈会、论证会，邀请有关单位和个人参加、讨论，不断补充地方性法规清理意见。同时加大媒体对地方性法规清理工作的宣传报道，提高公众参与法规清理工作的积极性。在本地区的人大网站上公开清理标准和待清理的地方性法规，广泛征求群众意见，并建立地方性法规清理意见提交系统，对公众进行积极的引导，对各方、各阶层提出的法规清理意见进行公示。

---

〔1〕 参见丁宾：“地方性法规清理制度研究”，南京工业大学 2012 年硕士学位论文，第 37 页。

〔2〕 朱景文：《法理学（第三版）》，中国人民大学出版社 2015 年版，第 227 页。

（四）引入第三方机构参与清理工作〔1〕

为了削弱部门利益倾向的影响，使地方性法规清理工作公正、合理，引入第三方机构参与地方性法规清理工作是极为必要的。例如，重庆市引入西南政法大学参与地方性法规清理工作，西南政法大学对被清理对象进行评估并提出相关建议，最终清理成果归属于重庆市人大常委会。西南政法大学不是地方性法规的制定机构，在进行法规清理工作时出现利益倾向的可能性很小，可以保持中立的立场参与法规清理工作，这既有利于维护地方性法规清理工作的公正性，也有利于地方性法规清理工作的顺利进行。在以后的地方性法规清理工作中，应当在参考职能和相关利益部门的自评意见的基础上，公开地方性法规的清理工作，坚持公平公正的原则，引入第三方机构参与法规清理工作，对涉及的地方性法规进行评估并提出意见，再由法规清理主体进行法规清理工作。这样不仅确保了地方性法规清理的客观公正，也确保了地方性法规清理的工作质量。

---

〔1〕 参见黄芸芸："地方性法规清理制度初探——以《广西壮族自治区河道采砂管理条例》为例"，载《广西政法管理干部学院学报》2016 年第 1 期。

认真对待权力

——对我省地方人大常委会备案审查制度的思考

马靖然[*]

摘要：备案审查权是一项重要的监督权，对于保障国家法制统一应当发挥重要的作用，尤其是对规章以下的规范性文件，由于不能对其进行司法审查，因此对其进行备案审查就更加重要。本文从备案审查制度的重要意义出发，分析了云南省现有备案审查制度在立法上存在的一些问题，并提出了几点完善我省备案审查制度的建议，以供探讨。

关键词：备案审查制度；法律监督；完善建议

备案审查制度是指备案审查主体依法对法律、法规、规章以及规章以下的规范性文件进行备案登记并对其进行合法性审查，以确保这些法律、法规、规章和规章以下的规范性文件不与《中华人民共和国宪法》（以下简称《宪法》）和上位阶法相抵触，保障国家法律体系统一性为目的所形成的一系列体制的总和。备案审查制度是对法律、法规、规章和规章以下的规范性文件的事后监督方式，对及时有效地发现已经公布的法律、法规、规章以及规范性文件中的违法内容并采取相应措施而言具有十分重要的作用。我国《宪法》《中华人民共和国立法法》（以下简称《立法法》）《中华人民共和国各级人民代表大会常务委员会监督法》（以下简称《监督法》）等法律都对备案审查制度做过相应的规定。地方各级人大常委会也因此肩负起了对各级地方政府规章以及部分规范性文件备案审查的重任。尤其是在《立法法》修改以来，由于扩大了市级地方立法主体的范围，缩减了市级地方立法主体的事权，地

* 马靖然：云南警官学院法学院副教授，主要研究方向为宪法、行政法。

方各级人大常委会的备案审查工作就显得尤为重要。这项权力用得好，即能保证各级地方政府规章和规章以下的规范性文件的合法性，使之能有效规范社会秩序，调整社会关系，形成稳定的地方法律秩序。反之，如果不重视备案审查制度，则会导致地方人大及其常委会的法律监督权落空，人大及其常委会就不能在完善地方法制、保障地方法制统一方面发挥其应有之功效，也就不能发挥人大常委会对地方立法和规范性文件的监督作用，同时也会削弱人大的权威。纵观我省对备案审查制度的相关规定以及实践，尽管取得的成绩是有目共睹的，但也存在一些亟待完善的问题，本文试图通过分析完善地方人大常委会备案审查制度的重要意义以及我省当前备案审查制度立法规定中存在的问题，提出一些完善建议，以供大家参考，目的在于为完善我省地方人大常委会的备案审查制度献计献策，促进我省法制的完善和统一。

一、完善地方人大常委会备案审查制度的重要意义

我国《宪法》第100条规定了省级人大及其常委会制定的法规向全国人大常委会备案。第116条规定自治州、自治县的自治条例和单行条例报全国人大常委会备案。《立法法》第98条专门规定了行政法规、地方性法规、自治条例和单行条例、规章以及授权制定的法规的备案。2001年国务院专门制定了《法规规章备案条例》；2004年3月，云南省人大常委会制定并公布了《云南省人民代表大会常务委员会关于政府规章备案审查的规定》；2010年7月云南省人大常委会公布施行了《云南省各级人民代表大会常务委员会规范性文件备案审查规定》；2010年11月，云南省人大常委会又公布了《云南省实施〈中华人民共和国各级人民代表大会常务委员会监督法〉办法》（以下简称《办法》），《办法》第5章中详细规定了规范性文件的备案审查内容；2017年11月，云南省人民政府公布了《云南省行政规范性文件制定和备案办法》。从上述立法中可以看出，备案审查制度在各级立法中受到重视，成为各级立法中的重要内容，云南省人大常委会和云南省人民政府也非常重视备案审查工作。作为一项重要的法律监督制度，备案审查制度具有十分重要的意义：

首先，备案审查制度的完善，有利于国家法制的统一。我国立法主体多元化：在中央有全国人大及其常委会、国务院及其各部委；在地方有省、市两级立法主体，包括了300多个省、市两级地方人大及其常委会和省、市两

级人民政府[1]。这样庞大的立法主体在立法的时候必然有自己的利益考量，制定出来的有关文件与《宪法》、法律以及上位法相冲突的概率必然提高，并且实践中这样的冲突并不少见。我国还有大量的规章以下的规范性文件不能进入司法审查的渠道以保证其合法性，但在地方治理过程中，这些规范性文件恰恰能发挥很大的规范作用。在这样的情况下，如何保障我国法制的统一，除了一些事前的监督程序，如立法出台前的审查批准制度，立法和规范性文件公布后的备案审查制度对于保障法制的统一就显得很重要。备案的目的，不仅是让备案主体知道这份法律或规范性文件的存在，并且需要备案主体审查立法或规范性文件的合法性、合理性，如果存在不合法、不合理的地方应当及时修改或撤销，通过及时发现违反《宪法》、法律和其他上位法规定的情形并及时予以修正，从而保障下位法与上位法的协调统一，保障国家法制上下一体。因此，一个有效的备案审查制度能够保障国家法制的统一性。

其次，备案审查制度的完善，有利于地方立法权的完善。《立法法》修改后，扩大了市级地方立法主体的范围，但缩小了市级地方立法的事权，原来有立法权的市级立法主体需要转变自己的立法观念，控制自己的立法权，不要超出《立法法》给定的事权范围；对原来没有立法权的市级立法主体而言则需要面对挑战，如何制定出相关立法规范以调整相应的社会关系，尤其是在缺乏地方智库支持或立法机关缺乏相应法律人才的时候，这时更需要备案制度的保障。通过备案，由备案主体对这些市级立法进行备案及审查，一方面可以及时发现立法中超越事权的规定，及时加以控制，另一方面，也可以及时发现立法中不完善、不合理、制定不科学等问题，从而提出修改意见，指导市级地方立法主体的立法活动。

再次，备案审查制度的完善，有利于对地方规范性文件的监督。在我国，规章以下的规范性文件大量存在，并在行政管理活动中发挥着重要的作用。长期以来，由于立法机关的立法监督只监督到规章一级，排除了对规章以下的规范性文件的审查和监督，并且，公民对这些规范性文件不能提起行政诉讼以审查其合法性，故这些规范性文件长期处于无监管状态，导致了一些不

[1] 数据是这样形成的，我国有23个省，5个自治区、4个直辖市，其人大及其常委会以及政府均有相应的立法权，我国有284个设区的市，根据《中华人民共和国宪法修正案》和修改后的《立法法》的规定，这284个设区的市人大及其常委会以及人民政府均可称为相应的立法主体，具有相应的立法权。

合法的规范性文件依然得以存在和使用。可喜的是，2006年《监督法》第5章规定了对县级以下（含县级）人大及其常委会以及人民政府的决议、决定和命令的审查和撤销权，但未明确规定是以备案形式还是其他什么形式来进行审查。2017年，云南省政府出台《云南省行政规范性文件制定和备案办法》，对于规章以下的规范性文件的备案审查作出了较为详细的规定，将这些规范性文件纳入了监管范围。

最后，备案审查制度的完善，有利于提高人大的地位和权威。尽管地方各级人大及其常委会是我国地方的权力机关，但由于其工作方式的限制，权力机关的效能没能够很好地发挥出来，导致民间有将人大称为“养老院”的说法。近年来随着法治进程的发展，以及人大自身的建设，这样的状况有了很大的改变。但如果各级人大常委会能够认真审视备案审查权，充分行使备案审查权，有效实施备案审查权，及时发现被审查的法规、规章以及规章以下的规范性文件中的不合法的规定，并积极行使撤销权，无疑会使我们的立法者和规范性文件的制定者在作出立法和制定规范性文件时，时刻将合法性杠杆摆在前面，从而避免立法和制定规范性文件时的肆意性。有了撤销权的威慑力，也才能真正提高各级人大及其常委会的地位和权威。

二、我省人大常委会备案审查制度存在的问题

通过研究发现，事实上云南省人大常委会对于备案工作是相当重视的，也做了很多工作，在立法方面，先后制定了《云南省人民代表大会常务委员会关于政府规章备案审查的规定》《云南省实施〈中华人民共和国各级人民代表大会常务委员会监督法〉办法》《云南省各级人民代表大会常务委员会规范性文件备案审查规定》，云南省政府也制定了《云南省行政规范性文件制定和备案办法》，备案审查的范围已经覆盖到了行政规范性文件，对我省范围内的规章和规范性文件的备案审查作了相对全面的规定。从制度建设方面，我省还搭建了“云南省规范性文件和规章备案服务平台”，平台上可以查询到近年来的《云南省人民政府现行规范性文件目录》及部分关于备案工作的讯息，这是对备案公开制度的践行。

对于人大常委会备案审查制度的动态运行，由于缺乏实地调研，对诸如报备主体的积极性，报备是否符合要求，人大常委会审查后是否行使撤销权、建议修改权，依法撤销、修改的规范性文件在报备总数中所占比例等情况未

有深入了解，因此无法进行评价，故本文仅就我省静态的备案审查制度进行了分析研究。通过研究，发现我省人大常委会备案审查制度在立法上存在以下几个问题：

首先，立法需要更新。由于2015年《立法法》的修改和2018年《中华人民共和国宪法修正案》（以下简称《宪法修正案》）修正案的颁布，原来的《云南省人民代表大会常务委员会关于政府规章备案审查的规定》《云南省各级人民代表大会常务委员会规范性文件备案审查规定》和《云南省实施〈中华人民共和国各级人民代表大会常务委员会监督法〉办法》中的市级地方政府立法主体应当由原来的“昆明市人民政府”相应修改为“设区的市人民政府”。尽管这三个立法是制定于《立法法》修改以前，但《立法法》修改已过去近三年了，我省关于备案审查的这三个重要的立法还没有加以修订，因此在立法上需要更新一下。

其次，相应的责任机制的规定不足。依据习近平总书记对当今依法治国理政的要求，我们需要建立的是责任政府，依据现代法治行政的要求，也是需要做到政府权力有多大，责任就有多大。但从对《云南省人民代表大会常务委员会关于政府规章备案审查的规定》《云南省各级人民代表大会常务委员会规范性文件备案审查规定》和《云南省实施〈中华人民共和国各级人民代表大会常务委员会监督法〉办法》三个立法的分析可以看出，我们对于各级立法主体的责任机制的规定是不足的。如报备主体不依照规定报备规章或规范性文件，报备主体需要承担什么样的责任？相关立法只规定了“逾期仍不报送的，给予通报，并责令限期改正”，〔1〕但如果通报以后报备主体仍然不按时报备呢？或者屡次不按时报备的呢？可见我们是假定报备主体是害羞的，通报一次以后一定会按时报备，但事实是否真会如此，好的制度是不应该留有想象的空间的，否则制度就将会存在缺陷，存在让人犯错的机会。再如，人大常委会认为需要修改或废止的，是建议制定机关自行修改或废止，如果

〔1〕《云南省人民代表大会常务委员会关于政府规章备案审查的规定》第14条规定：“对于不报送规章备案或者不按时报送规章备案的，由办公厅通知规章制定机关，限期报送；逾期仍不报送的，给予通报，并责令限期改正。”《云南省实施〈中华人民共和国各级人民代表大会常务委员会监督法〉办法》中没有看到关于责任规定的条款；《云南省各级人民代表大会常务委员会规范性文件备案审查规定》第20条规定：“规范性文件制定机关未按规定报送规范性文件或者报送的备案材料不齐全的，由接收登记机构通知其限期报送或者补充报送。逾期仍不报送的，由常委会办公厅（室）给予通报，并责令限期改正。”

制定机关不修改或废止的，对于文本可以由人大常委会予以撤销，但对于制定主体却没有规定任何责任机制。如果制定主体制定的规范性文件存在违法性，却不需要承担任何责任，这似乎不符合权力有多大、责任就有多大的要求，也不利于对滥用权力的控制和制约。犹如备案公开制度，也缺乏责任追究机制，如果备案主体不公开或不及时公开，需要承担什么样的责任？立法并没有进行规定。

最后，某些备案审查监督机制不完善。主要是在《云南省行政规范性文件制定和备案办法》中，对于乡镇人民政府、县级以上人民政府派出机关、县级以上人民政府所属工作部门、法律法规授权组织制定的规范性文件都只是规定报人民政府备案。这大概是考虑备案主体与报备主体之间存在领导与被领导的关系，但是从权力制约的角度看，这都属于内部监督模式，这种内部监督模式可能会很有效，也有可能会很无效，如果监督者和被监督者存在共同利益，就很难起到有效的监管作用。为什么立法不规定向人大常委会报备？监督为什么要留白呢？如果是考虑数量太多，人大常委会的备案审查工作负担过重，可能顾及不过来，则可以考虑先由人民政府予以备案，再由人民政府提供规范性文件的备案目录，接受相应的人大常委会抽查，或者当有权主体提出审查意见时，由相应的人大常委会进行最终审查。只有内部监督与外部监督相结合，才能够充分发挥备案审查制度的功能，否则会影响备案审查制度的监督实效。

三、完善我省人大常委会备案审查制度的几点建议

通过上述分析，笔者认为，完善我省人大常委会的备案审查制度具有十分重要的意义，因此建议可以从以下几个方面入手：

第一，完善人大常委会备案审查制度的立法，为建构完善的备案审查制度建立立法依据。首先是根据《立法法》和2018年《宪法修正案》的内容修改不符合规定的地方，将立法中规定的昆明市人民政府的相关立法权和备案的职责等修改为设区的市人民政府的立法权和备案的职责，这些设区的市的人民政府由于依法拥有了制定市级规章的权力，因此也会成为规章的报备主体，承担报备职责。其次是在立法中完善备案审查制定，包括责任机制的建

立以及对规范性文件的外部备案审查机制的建立,[1]需要充分地调研和进行科学制度设计才能够予以立法。

第二,需要各级人大常委会树立认真对待权力的观念,认真履行备案审查的职能,合法有效行使手中的备案审查权。其不仅要看到备案审查工作的重要性,更要理解备案审查工作背后的备案审查权的重要性,只有认真对待权力,认真行使备案审查权,才能保障各级规章以及规范性文件的合法性,才能有效监督各级规章以及规范性文件,避免权力的滥用。

第三,为备案审查制度注入科技含量,利用大数据为备案审查工作进行服务。大数据可以大大提高备案审查工作的效率,通过建立备案审查的大数据系统,可以帮助人大常委会在对规章和规范性文件进行审查的时候进行统计、数据分析,甚至审查违法内容,例如设立敏感词,在输入被审查的规章文本或者规范性文件的文本后,碰到所设定的敏感词就会及时进行提醒、分析、统计,等等,这样可以极大地提高备案审查工作的效率和审查的精准度。当然笔者仅是基于大数据对公安机关侦查工作带来的极大帮助所产生的初步思考,还缺乏具体深入的研究,但在大数据时代,大数据对公安工作带来的巨大推动是对我们备案审查工作的一大提示。据此,笔者才尝试提出这样的构想,能否在我们的备案审查工作中注入科技的动力,利用大数据分析进行合法性审查,这当然需要得到大数据专家们的支持。

在文末,笔者重申,我们必须深刻意识到备案审查并非形式化的过程,而是要看到备案审查背后的权力存在,权力首先要合理存在,其次权力的行使应有制约,不履行权力或不认真对待权力也是对人民权利的不尊与漠视。设计一个良好的备案审查制度,规范限定备案审查权的权力边界,充分发挥地方各级人大常委会对备案审查工作的积极性,及时纠正各级地方政府规章,尤其是游离在《立法法》《监督法》以外的规范性文件的不合法性,避免其侵犯公民权利,这才是认真对待权力应有之态度。

---

〔1〕 对于这一点本文在前面提出的问题部门中也提出过一些完善的构想,在此不作赘述。

论防止和克服地方立法中的部门利益倾向*

周 元**

摘要：本文主要围绕以下几个问题进行探讨：第一，结合笔者参与地方立法工作的实际经验，讨论实践中地方人大、政府部门、第三方机构及其专业人员、公众在立法工作中的角色定位如何导致部门利益入法空间的产生、拓展；第二，结合第一部分关于各方角色定位缺乏规范的实际情况，分析现行立法制度的薄弱环节，反思其为何难以防止和克服部门利益入法；第三，关于防止和克服地方立法中部门利益倾向的几点建议。其中，对地方立法中部门利益倾向难以防止和克服的原因所进行的分析是本文重点。

关键词：地方立法；部门利益；立项论证；立法质量

这篇论文基于笔者在参与地方立法工作中遇到的一些真实情况，有感而发。本人在参与起草法规规章草案、立法论证的过程中发现，地方人大、地方政府的一些立法工作人员抱持着如下一些根深蒂固的“立法理念”：政府制定规章不是立法；相较于通过人大出台地方性法规的方式，政府制定规章的程序更简易，更符合管理需求，一旦遇到有迫切管理需求的问题就优先着手制定规章；政府规章制定过程注重效率，只要政府内部立法人才充足且经过专业培训就应自给自足由自己人来起草，没必要太注重立法的民主性、开放性；政府既然把控着地方性法规的提案权，人大不得不接政府踢过去的球，

---

* 本文系云南省人大常委会法工委委托项目“防止和克服立法中的部门利益研究”的阶段性成果。首次发表于中国法学会立法学研究会2017年学术年会（2017年10月21日~22日在河北大学召开），后经修改补充形成此文（主要以脚注形式体现学术年会上与本文有关的争论和笔者的回应）。

** 周元：云南省地方立法研究院专职研究员，昆明理工大学法学院讲师，硕士研究生导师，研究方向为法理学、立法学。

那么，政府在立法工作中就拥有很大的舞台，可以大有作为；负责地方性法规草案起草的政府部门应当把控起草工作的主导权，尽可能排除其他主体的参与，抓住机会给自己揽好处等等。甚至一些政府领导干部、人大委员、专家学者都毫无掩饰地表明这类态度。其中的有些人员未接受过系统的法学教育，对法治内涵的理解很不到位，抱有上述态度也并不算奇怪。但是，有些人员本是受法学专业教育出身，甚至是高校科研院所的专家学者，也并不在政府部门体制内工作，作为第三方参与着政府立法工作，却有意迎合政府部门立场，坚持这些不恰当的甚至违背中央关于立法工作的政策和宪法法律精神的观点，实在让人难以理解。〔1〕经反复思考，笔者认为此类错误“立法理念”的产生、普及与政府部门在立法工作中的角色定位缺乏规范有关，往更细致的地方说，与防止和克服部门利益入法的制度的缺乏有关。这一切促使笔者针对防止和克服地方立法中的部门利益倾向这一问题进行思考，写作本文。本文将主要围绕以下几个问题进行探讨：第一，与前述那类错误“立法理念”形成的原因相关，研究地方立法实践中人大、政府部门、第三方机构及其专业人员、公众在立法工作中的角色定位如何导致部门利益入法空间的产生、拓展；第二，结合第一部分关于各方角色定位缺乏规范的实际情况，分析现行立法制度的薄弱环节，反思其为何难以防止和克服部门利益入法；第三，对于如何完善立法制度以防止和克服地方立法中部门利益倾向，提出几点建议。

一、部门利益入法空间形成和拓展的原因

1. 人大在立法工作中对政府的依赖性较强——难以发挥其制衡政府部门的作用

长期以来，地方性法规主要依赖具体承担执法职能的政府部门负责起草，

---

〔1〕 在立法学研究会学术年会上，在笔者发言后，与会评议专家（浙江省人大常委会法工委的丁祖年主任）认为有一个问题非常值得深思，即如何培养公正的第三方的问题。他提到一个亲身经历的事情，某政府部门起草的草案被人大退回去之后，该政府部门委托第三方重新起草，但是第三方只是把原来的草案以第三方的名义包装一下重新提交上去。这也是笔者担心的问题，文中也有所提及。部门利益很有可能通过专家包装这种途径拓宽入法空间。但是，笔者认为，这不是简单地说培养公正的第三方即能解决的。培养公正的第三方，既需要建立专门规范委托第三方起草法规规章的制度，界定委托方与被委托方的权利义务，也需要立法体制机制上的改革，消除体制、机制上妨碍第三方独立发挥作用的因素。

导致立法体现部门利益倾向的问题较为突出。这种选择并非完全不可取，而是有其合理性的。一方面，政府有关职能部门对法律、法规、规章实施过程中的具体问题，如操作执行上的困难、亟待加强规制的监管空白等有较为清楚的认识，在信息收集方面有其优势。另一方面，一直以来，人大缺乏充足的专职、专业的立法人才队伍来从事法规草案的起草工作，尤其在设区的市这一层级，该问题更为突出，人大内设机构不健全，人员方面捉襟见肘，把具体的起草工作交由政府部门来做也是一种相对优化的选择。不过，值得注意的是，虽然这种选择存在一定的合理性，有利于发挥政府职能部门的优势，却并不意味人大可以理所应当地把立法工作简单直接地抛给政府及其有关部门，更不意味着应当由政府及其部门主导立法工作。

人大主导立法，并不意味着由人大事无巨细亲力亲为，包揽起草工作。而是指人大能够在立法过程中起到主导立法方向的作用，确保立法活动在立法权限内展开，按照立法程序进行，确保立法的内容不违背宪法法律精神，充分体现民主性和科学性，确保立法质量。人大和政府及其部门之间良性的协作关系有助于提高立法质量，而畸形的依赖关系则会给政府部门将其特殊利益纳入法规、规章提供巨大的空间和便利条件。政府部门一旦在立项环节、起草环节主导立法进程，就基本上为未来要出台的法规、规章草案定下了基调，草案拟采取的工作原则、规制方向和主要措施将会主要顺应政府部门的需求。当草案成形后，人大的作用就很难发挥了，为了保证草案在事先确定的时限里通过，人大多是在审议阶段提出一些无关痛痒的意见，即使提出尖锐的意见，也很容易被忽视。以昆明市为例，虽然昆明市人大也向社会公开征集立法项目建议，但是，列入立法计划的往往只有政府部门提出的项目。在调查中，笔者发现，人大列入立法计划的项目建议，主要依赖政府部门提供、政府法制机构筛选，而政府制定规章立法计划只需听取人大意见。在这种情况下，政府及其法制机构往往能够拣选一些自认为重要的项目来优先制定规章，政府制定规章的计划甚至早于人大立法计划两个月就正式出台。以昆明市人大常委会2017年度立法计划为例，所有23个项目（包括三类：审议类、预备类、调研类）全部为政府提案并拟由政府有关部门起草的项目，人大的有关专委会在初审阶段才会介入。根据笔者参与立法论证会的情况，通常在草案提交人大常委会审议前一个月才由人大法制委、法工委组织专家论证，即使草案存在严重问题，也无大幅度修改的可能了，专家论证环节沦为一个走过场的环节，人大发挥制衡作用的空间极小。正因为人大在地方性法规立项、起草环节几乎完全依赖于政府部门，让政府部门在立法前期阶段把控主导，使得人大难以有效介入，导致立法程序的后续环节很容易流于形式，人大即使想要发挥作用也为时已晚，无力阻止部门利益入法。

2. 政府部门起草法规规章草案的过程较为封闭——排除其他主体的深度参与

政府部门起草法规规章草案，往往采取先形成草案，在草案形成后征求各方意见的形式来进一步完善草案内容。征求意见的形式包括定向征求有关部门意见、听证会、专家论证会、向社会公开草案文本收集公众意见等。这种起草套路的封闭性及其负面影响集中体现以下几个方面：草案起草过程排斥其他利益相关方、第三方专业机构、公众的有效参与，压制有可能出现的争议或者说使可能出现的争议无法在起草过程中显现出来，片面地突出个别部门的管理需求，不利于全面地认识和判断需要调整的社会关系，不利于形成全局性、前瞻性、创新性的立法导向；征求意见的过程，主要采取意见听取的方式，对于出现的争论抱持不友好的态度，对征求到的意见不作反馈或仅作模糊性的回应并且不提供充分理由；向社会公开的草案文本，通常只有条文，不附带起草背景、过程、争议焦点的说明和有关法律政策依据等相关资料，无从深入了解相关情况的人很难对草案的合理性、正当性作出判断，提出的意见只能是碎片化的，无助于草案质量的实质性提高。

总的来说，政府部门起草法规规章草案的过程中，封闭性和走形式的问题互为补充，封闭性导致了走形式，走形式强化了封闭性，这种封闭性和走形式的现实使负责草案起草的政府部门可以心安理得地不需在乎其他主体的意见，也能心安理得地迎合本部门的利益倾向。

3. 第三方参与地方立法工作的制度建设严重滞后——第三方难以起到遏制部门利益入法的作用

虽然十八届四中全会通过的《中共中央关于全面推进依法治国若干重大问题的决定》、中共中央和国务院印发的《法治政府建设实施纲要（2015~2020年）》提出了探索委托第三方起草法律法规规章草案，立法争议事项引入第三方评估等要求。但是，在地方立法实践中，第三方参与立法工作的广度和深度还十分有限，使其在遏制部门利益入法的问题中发挥不了多少作用。

以委托第三方起草法规规章草案为例，除了广州等个别地方外，委托第三方起草草案的方式依然是特例，并未被普遍认可为常规方式。[1]有些部门甚至以敌视的态度看待第三方的参与。敌视的原因是多方面的：有对于陌生参与方加入的不适应，有对于第三方攫取起草工作主导权、抢功劳的惧怕，有对于与第三方立场观点有差异、易产生争议感到头痛麻烦，有对于第三方过于拘泥理论、不切实际[2]的反感，等等。即使在起草部门和第三方合作较为密切的情况下，起草部门强力掌控草案文本细节，第三方作为起草者无法与决策领导沟通，无法参与审议过程等因素都使得第三方难以充分发挥应有作用。[3]目前存在的一些关于第三方作用的认识比较浅薄，以为只要引入第三方，要求存在特殊利益的部门回避起草工作，就可以达到遏制部门利益入法的目的。实际情况是，如果只注重引入第三方参与起草工作而不关注具体的协作模式，没有一整套规范来明确包括第三方在内的各方在起草工作中的定位，优化协作关系，将不但无助于防止和克服部门利益、无助于立法质量的提高，甚至还会导致立法的部门利益倾向在引入第三方的形式下变本加厉。第三方起草草案有其优势也有劣势。优势是：地位相对于政府部门更为超脱，不受制于部门利益，眼界有开放性，注重吸纳公众意见，更容易接纳前瞻性、全局性、创新性的制度，有助于提升立法的民主性和科学性，有助于推动立法公正的实现。劣势在于：一方面，第三方不具备人大、政府的协调组织能量，也缺乏政府职能部门收集信息的能力；另一方面，因第三方偏重考虑合法性、合理性等理论问题，易与现实脱节。委托形式和合作模式都会影响第三方展现其优势，进而削弱其遏制部门利益入法的作用。比如，起草部门以

---

〔1〕《广州市地方性法规立项办法》第 7 条："拟提出制定或者修改本市地方性法规建议项目的单位，应当成立法规草案起草小组自行起草或者委托高等院校、科研机构、社会组织起草法规草案建议稿。"

〔2〕 中国法学会立法学研究会 2017 年学术年会上，在大会发言和小组发言中，都有专家（多来自于实务部门）提出，委托第三方起草的法规规章草案质量不高，效果不好。针对这个问题，笔者在进行发言时作了有针对性的回应。第三方起草的法规规章质量不高，原因是多方面的。法定的立法主体不是第三方，不能既把所有工作推给第三方，更不能把所有责任推给第三方。首先，体制、机制上妨碍立法质量的因素如人大的主导作用未能充分发挥，政府部门强势推进利益入法，人大和政府及其部门在立法工作中的角色和协作关系不够健康，立法论证和立法公开等工作还远远不到位，等等，都不是第三方自身的原因；其次，第三方在参与立法的工作中，也遭受到有关部门的有意或无意的阻挠，比如不提供完整资料、消极配合甚至对抗等情况都是存在的。如果各方能够配合得好，都以实现立法公正为诉求，立法质量就能够提升上去，单靠第三方的力量也做不到这一点。

〔3〕 具体例子可参见笔者在 2016 年立法学研究会学术年会上提交的论文《论第三方参与地方立法的几个问题》。

投入课题经费的方式来委托第三方起草草案，受制于课题结项需起草部门审核决定等因素，第三方会倾向于顺应起草部门的立场，第三方如不顺应起草部门立场有可能使起草部门采取不配合的态度从而阻碍工作有效开展，甚至可能导致起草部门干脆搁置第三方提出的方案另起炉灶。换句话说，在缺乏正式的制度来明确第三方的责任范围，明确相关部门的配合义务，排除委托方对其的不当干预以保障第三方独立性、充分发挥专业优势的情况下，第三方是无法起到实际作用的。

4. 政绩型立法为部门利益固化提供空间

从决定立法计划到通过地方性法规，绝大多数立法决策均由人大常委会作出。作为人大的常设机构，常委会在人大闭会期间代行人大的职权是必要的，但是，由常委会作出决策成为常态之后，形成人大长期缺位的情况，[1]就会带来很大的问题。相比人大，常委会具有相当程度的行政化倾向，总有一种政绩冲动。政绩型立法在地方立法实践中尤为突出，特别是在设区的市这一层级，凡是在立法计划里已经规划好哪个草案在几月审议，基本上不会有什么变通，到时限就要求有一个结果。2015 年《中华人民共和国立法法》(以下简称《立法法》) 修改后，设区的市对于立法工作展现出很大的热情，匆忙产出的情况特别严重。譬如，笔者参与的某地“湖泊保护管理条例”的制定工作，从人大到起草部门层层施压要求尽快出草案，因为这个条例必须在本届人大常委会换届之前通过。严格计算下来，从草案起草到通过，需要在半年左右的时间内完成。在政绩导向下，形成一种赶工期式的工作模式，但是，这种工作模式与工作容量是极不相称的。特别是，环境资源保护类型的立法具有很大的复杂性，必须结合长远利益对社会发展全局作体系性的考虑，作细致的调查研究工作。短工期将挤压全面深入考虑问题的空间，致使立法焦点集中于眼前的短期问题。在上述“湖泊保护管理立法”的工作中，笔者可以明显感受到，起草部门对于保护规划制定、调查评估监测、公众参与、民主监督等保护举措不感兴趣，认为这些规定都解决不了眼前的问题。他们的焦点只集中在执法体制上面，只想要通过立法明确自己行使相对集中

[1] 参见袁明圣：《我国地方立法权的整合问题研究》，中国政法大学出版社 2016 年版。缺位状态主要指两类情况：第一，以人大名义制定的地方性法规很少，往往由人大常委会代劳制定地方性法规；第二，人大及其常委会制定的地方性法规主要涉及人大自身事务，许多调整社会事务的重要事项则往往由政府制定规章来调整。

的行政处罚权来解决短期问题，除此之外，还对如何开发利用湖泊资源表现出更多兴趣。一旦缺乏对长远利益的全面考虑，就很难克服和防止短期利益、特殊利益入法，相当于进一步拓展了部门利益入法的空间。

中央要求人大主导立法工作，目的是维护立法公正，遏制部门利益入法，但若发展成政绩式立法，将扭曲其目标。人大的政绩导向正是压缩全面考虑长远利益空间的一大因素，在这种情况下，立法程序配合紧凑的日程安排走形式，本末倒置，法规质量无法保证，实际寿命短，而经其固化下来的部门利益及负面影响则很难破除，反过来又进一步削弱人大的权威。

5. 从事立法工作的人员对立法体系层次性的偏狭认识拓展了部门利益入法的空间

从与一些地方立法工作人员的交流中，笔者发现，多数人对立法体系层次性的认识存在偏差。他们认为上位法应当规定得较为原则，下位法再行细化，或者是，地方性法规可以规定得原则一些，细化的部分由规章或政策来做，或者说，只要是执行性、实施性的立法就应当由政府规章来承担。这种做法其实对法作用的充分发挥有很大伤害。法律规范之所以能有效地调整社会关系，就在于它的统一性、普遍性，还有明确性、具体性，这是法区别于政策的一个突出特点，法律规范如果不能最大程度地具体明确化，就会破坏统一性、普遍性，很容易造成下位法扭曲上位法意图的情况，严重影响法治实施的效果。近年来，国家、省级层面的立法愈发细致，即是对立法工作规律的认识有了提升的表现。固守执行性、实施性立法应由政府规章来承担的偏见，导致的情况是，很多地方性法规，条文比较抽象、原则化，在实践中适用度很低，远远比不上有关的规章或规范性文件。留给规章、规范性文件解释的空间过大，而规章、其他规范性文件的制定程序又不如地方性法规那般严格，民主性、公开性都很低，这就给部门利益滋长提供了便利。

个人认为，有两个原因导致上述问题的产生：第一，人大拘泥于法律法规应当行文简洁这种观念。事实上，法律规范之所以能成为社会调控的有力手段就在于其应当具体明确、有可操作性，把简洁（或者说抽象）这种要求置于具体明确之前，完全是避重就轻；第二，人大有意无意地回避尖锐争议或搁置争议、模糊争议，以使法规得以较顺利地通过。把复杂问题留给政府作内部协调，这也缘于人大不敢于触碰政府部门的利益。这种认识和做法一方面留给政府部门任意解释法规甚至扭曲法规的空间，另一方面也使人大

"橡皮图章"的角色继续固化，在这种状态下，何谈防止和克服部门利益入法，何谈人大主导立法工作？比如，有些法律法规，除了明确规定主管部门的职责以外，还常常附加这种条款："某部门、某某部门等按照各自职责做好有关工作"，怠于对部门职责进行细致划分，体现出立法机关不想过多限制主管部门的权力，不想牵扯进复杂关系的态度。然而，如今很多社会问题具有高度的复杂性，关涉多领域，迫切需要多部门共同协作强化综合治理，上述这种空泛的规定一方面很容易导致实践中出现推诿塞责、监管空白的情况，另一方面容易致使主管部门在无力全面履行管理职责的时候倾向于通过"以罚代管"的短视手段简化、减少自身职责，这将使管理部门形成惰性，阻碍其管理能力的提升，也会削弱、抵消社会治理成效，阻碍社会长远利益的实现。

除了对地方性法规和规章之间的层次性有一定的误解，有些人对于省级层面的立法和设区的市层面的立法之间的层次性也有误解，认为省级层面立法应该给设区的市层面的立法留有一定空间。这或许会导致部门利益入法空间的滋长。设区的市，给予其立法权，并不意味着这份权力一定要行使，更不意味着要行使得很满。这种必须行使得很满的诉求就是政绩性立法的背后动机。无论哪一个层面的立法权，其行使都要受到限制。立法，必须有充分的立法需求，不滥用立法资源，保证立法权威。目前，在设区的市这一层面，由于立法制度不完善等因素，部门利益入法的空间更大。笔者认为，在地方立法中，要防止和克服那些难以破除的部门利益入法，应当优先在省级层面通过地方性法规、精细化立法解决有关问题，不应由设区的市的立法来处理。

二、现行立法制度薄弱之处——为何难以防止和克服部门利益入法

1. 立法权限划分不明确——未建好防止和克服部门利益入法的第一道门槛

地方人大的立法权限和人大常委会的立法权限、人大和政府的立法权限划分不够明确，而该问题在设区的市这一层级尤为突出。

以云南省为例，《云南省人民代表大会及其常务委员会立法条例》并未涉及设区的市立法工作制度，新修改的地方，与设区的市立法工作有关的规定主要是根据《立法法》修正的内容进行调整，对人大及其常委会立法权限进

行了重述，不涉及规章权限。[1]2019 年 6 月 1 日起施行的《云南省人民政府立法工作规定》（云南省人民政府令第 216 号）第 37 条规定：各州、市人民政府拟订、制定涉及城乡建设与管理、环境保护、历史文化保护等方面事项的法规、规章，参照本规定执行。但该规定对于最核心的问题——立法权限——并未过多着墨，仅要求"应当与国务院和省人大及其常委会的年度立法工作计划相衔接"。从《立法法》的规定看，省级层面的立法与市级层面的立法有一定的差异，集中体现在立法权限上面。《立法法》对设区的市的立法权限进行了较为明确的规定，人大和政府的权限之间的重叠交叉更为明显，权限划分问题极为突出。由于立法权限的范围限于城乡建设与管理、环境保护、历史文化保护等方面的事项，[2]那么，市人大及其常委会和市政府之间的立法权限划分就需要进一步明确。根据《立法法》的规定，设区的市的地方性法规可以就"为执行法律、行政法规的规定需要根据本行政区域的实际情况作具体规定的事项"或"属于地方性事务需要制定地方性法规的事项"作出规定，并且事项限于前述三大事项范围；设区的市的地方政府规章可以就"为执行法律、行政法规、地方性法规的规定需要制定规章的事项"或

[1] 根据 2017 年 1 月 21 日云南省第十二届人民代表大会第五次会议《关于修改〈云南省人民代表大会及其常务委员会立法条例〉的决定》修正的《云南省人民代表大会及其常务委员会立法条例》。

[2] 《立法法》第 73 条规定："地方性法规可以就下列事项作出规定：（一）为执行法律、行政法规的规定，需要根据本行政区域的实际情况作具体规定的事项；（二）属于地方性事务需要制定地方性法规的事项。除本法第 8 条规定的事项外，其他事项国家尚未制定法律或者行政法规的，省、自治区、直辖市和设区的市、自治州根据本地方的具体情况和实际需要，可以先制定地方性法规。在国家制定的法律或者行政法规生效后，地方性法规同法律或者行政法规相抵触的规定无效，制定机关应当及时予以修改或者废止。设区的市、自治州根据本条第 1 款、第 2 款制定地方性法规，限于本法第 72 条第 2 款规定的事项。制定地方性法规，对上位法已经明确规定的内容，一般不作重复性规定。"《立法法》第 82 条规定："省、自治区、直辖市和设区的市、自治州的人民政府，可以根据法律、行政法规和本省、自治区、直辖市的地方性法规，制定规章。地方政府规章可以就下列事项作出规定：（一）为执行法律、行政法规、地方性法规的规定需要制定规章的事项；（二）属于本行政区域的具体行政管理事项。设区的市、自治州的人民政府根据本条第 1 款、第 2 款制定地方政府规章，限于城乡建设与管理、环境保护、历史文化保护等方面的事项。已经制定的地方政府规章，涉及上述事项范围以外的，继续有效。除省、自治区的人民政府所在地的市，经济特区所在地的市和国务院已经批准的较大的市以外，其他设区的市、自治州的人民政府开始制定规章的时间，与本省、自治区人民代表大会常务委员会确定的本市、自治州开始制定地方性法规的时间同步。应当制定地方性法规但条件尚不成熟的，因行政管理迫切需要，可以先制定地方政府规章。规章实施满两年需要继续实施规章所规定的行政措施的，应当提请本级人民代表大会或者其常务委员会制定地方性法规。没有法律、行政法规、地方性法规的依据，地方政府规章不得设定减损公民、法人和其他组织权利或者增加其义务的规范。"

"属于本行政区域的具体行政管理事项"作出规定，并且限于前述三大事项范围。可以说，在设区的市这一层级，地方性法规的立法空间基本上覆盖了地方政府规章的立法空间。除此之外，省、市两级立法主体的权限也可能在这些事项上形成交叉。然而，到底如何来确定什么事项、何时需要制定地方性法规，无从判断。在这种情况下，很容易造成立法资源浪费、重复立法、权限僭越等问题，造成下位法架空上位法，破坏上位法权威的结果。

而省级层面的立法权限划分问题与市级层面是类似的，人大和政府立法权限划分的问题其实也有待进一步明确，这是一个亟待规范的、非常突出的问题。省级层面的地方性法规草案多由政府提出，政府部门起草并以政府名义出台的大量规章或规范性文件用于处理本应由地方性法规来规范的事项。政府认为制定地方性法规的程序太复杂，往往就采取直接制定规章的方式来立法，当政府认为有必要制定地方性法规时，政府法制机构才采取主动与人大沟通的方式来处理，这是政府在立法活动中长期以来相对强势的地位所致。但由于《立法法》对省级地方性法规和政府规章的立法事项并未做明确的限定，所以使省级层面的立法权限划分问题显得并不那么突出，但该问题并非不存在、不重要。正是由于缺乏关于权限划分及相应工作机制的明确规定，没有在立法准备阶段建立严格审查的关口，导致实践中权限不清的情况长期存在，而这种情况也并不被视为异常。譬如《云南省人民政府立法工作规定》将省人民政府拟定法规草案和制定规章的活动放在一起规定，用同样的立项标准来衡量和决策，这显然是不甚恰当的，因为，政府提案权、制定规章的权限理应受到更多约束。

面对人大长期缺位的情况，在人大和人大常委会立法权限划分的问题上，有些地方想要做出一些不同的处理。以《曲靖市人民代表大会及其常务委员会立法条例》为例，该条例第6条规定："下列事项由市人民代表大会制定地方性法规：（一）属于本市特别重大事项需要制定地方性法规的；（二）市人民代表大会认为应当由其制定地方性法规的。除上述市人民代表大会制定地方性法规以外的事项，由市人大常委会制定法规。"曲靖的立法制度安排力图在人大和政府的立法权限分配上强化人大的权威，顺应新的立法工作要求，这样的制度有助于克服人大在立法工作中的弱势。但是，这种规定还是没有对权限本身作出较为明确的划分，更多的只是表现了一种姿态，在实践中可能没有多大的意义。特别需要指出的是，按照条例的规定，人大可就其认为应该由其制定地方性法规的事项进行立法，这一规定有明显不恰当之处。结合上下文，可以合理推断该条的意思是，曲靖市人大可在《立法法》规定的设区的市人大及其常委会的立法权限范围内认为应由其立法的事项制定地方性法规。但是，“人大认为”权限范围内的事项是否的确是权限范围内的事项，这还需要进一步论证。否则，在实践中，这一条很容易导致人大僭越权限立法。这种类似规定散见于其他省市的立法制度中，参照的是《立法法》对全国人大立法事项的规定，设区的市人大如此规定立法权限属于僭越权限。[1]设区的市的人大不是全国人大，不是国家最高权力机关，它的立法权应受到严格的限制，不能简单地自我决定立法事项。

地方人大、政府对立项权限的划分重视不足，审查非常不细致，本可用于防止和克服部门利益的第一道门槛相当于被空置。中央强调人大在立法中的主导作用，在新的要求之下，人大、政府立法权限的划分是一个必须得到高度重视的问题，这是落实民主立法、法制统一的内在要求，不能简单地通过默认的、惯例式的工作机构间的协商来处理，否则会为暗箱操作留下空间。

2. 立项环节缺乏细致规范——防止和克服部门利益入法的第二道门槛流于形式

在权限划分不明确的情况下，立项这一环节就显得非常关键了，而这第二道门槛也未能发挥应有作用。从实践来看，从立法项目征集到立项决策，政府往往占据主导地位，在这一过程中立项公开、立项论证做得极其不到位，尤其是立项论证环节非常薄弱。

以云南省为例，前面提到的《云南省人民政府立法工作规定》，将省人民政府拟定法规草案和制定规章的活动放在一起规定，用同样的立项标准来衡量，列出多个立项与否的判断标准，却对立项论证语焉不详，而这些标准体现出典型的自上而下的行政决策特点，缺乏全面考虑、科学立项的理念。[2]将其与花费大量篇幅规定论证内容的《广州市地方性法规立项办法》两相对

---

〔1〕 关于省人大如此规定立法权限实属僭越权限的讨论可参见袁明圣：《我国地方立法权的整合问题研究》，中国政法大学出版社2016年版。设区的市人大如此规定立法权限会产生类似问题。

〔2〕 参见《云南省人民政府立法工作规定》第12条，拟定立法项目遵循的原则：（一）国家未作规定，但经济社会发展急需，又具有地方特色的，应当立项；（二）虽有国家立法规定，但比较原则或者授权地方作出规定的，应当立项；（三）相关法律或者行政法规已经立项，正在制定或者修订的，暂缓立项；（四）对专项工作能够综合立项的，不单独立项；（五）国家已有立法规定且操作性较强的，或者需要规范的事项可以通过立法以外的手段解决的，原则上不予立项。

照，可见其对立项论证的极度不重视。应当明确，立项决策的首要核心是立项论证，以综合各方面因素全面地评估立法项目的合法性、合理性、可行性、成本、影响等，而非武断地采取某种标准来作决策。让政府继续按照这种武断的方式作决策，就无法约束其在立法中的掌控力量。

3. 立法的开放性远远不足——通过提高立法的民主性和科学性来制衡部门强势地位的目标很难达成

在政府部门较为强势的情况下，需要各方力量广泛、深度参与立法工作才能制衡其力量，有效地防止其将特殊利益纳入法律、法规、规章，不当增加公民、法人和其他组织的义务或缩减这些主体的权利。人大、公众、第三方专业人员应该加强相互联系并形成合力来克服部门利益入法，共同落实立法公正。但是，在地方立法实践中，从立项、起草到审议、备案审查各个环节，立法信息公开得很有限，公众参与一直不受重视，第三方的参与也未受到充分保障。可以说，公众、第三方有渠道参与，但其提出的意见和建议没有得到尊重，没有得到反馈，即使得到反馈也是敷衍的反馈，缺乏充分的依据理由，没有余地进行争论。换句话说，公众、第三方参与立法的力度显现不出来，就没有办法约束政府部门维护其特殊利益的冲动。在这方面，广州做得较好，如起草部门在起草过程中未充分落实公众参与，会导致负面后果。延宕立法进程，这是一个力度的体现。[1]

4. 备案审查空转——防止和克服部门利益入法的事后监督缺乏力度

前面提到，在实践中，相较于地方性法规，地方政府规章和规范性文件的适用度更高，涉及范围更广，对其进行的备案审查必须更为严格，才能起到防止和克服部门利益入法的作用。但是，备案审查制度一直缺乏实效。一

---

〔1〕《广州市规章制定公众参与办法》第23条："规章起草部门应当对收到的公众意见进行整理、归类和分析，根据公众意见对规章征求意见稿进行修改完善，形成公众参与规章起草情况的说明。公众参与规章起草情况的说明应当包括以下内容：（一）公众参与形式；（二）公众意见的概述；（三）公众意见的采纳情况及理由。规章起草部门可以根据需要组成专家咨询委员会，研究公众意见，论证其合理性并提出处理意见。"第24条："规章起草部门应当在向市政府法制机构报送规章送审稿的同时附具公众参与规章起草情况的说明，并且移交公众参与规章起草过程中的以下文件及其电子文本：（一）座谈会、论证会或者开放式听取意见、听证会的有关记录、问卷调查的结果；（二）公众参与规章起草过程的其他相关文件。"第25条："市政府法制机构应当在审查规章送审稿的同时，审查部门报送的公众参与规章起草情况的说明。"笔者认为说明内容不符合第23条规定或者规章起草部门未按本办法组织公众参与工作的，市政府法制机构应当将规章送审稿退回起草部门，并要求其依照本办法重新组织公众参与工作。

方面，人大的弱势地位导致其不敢对政府规章、规范性文件进行实质的审查，提出其违背合法性等方面的真切意见，而大量的规范性文件未能纳入备案审查，人大也没有充足的力量来开展备案审查工作。另一方面，现行制度缺乏备案审查开展方式、追责方面的细致规范。以《云南省各级人民代表大会常务委员会规范性文件备案审查规定》为例，主要是对审查标准、工作程序作出了的规定，难以落实备案审查的力度。在这方面，《成都市地方立法条例》在主动审查机制、政府说明义务等方面作了较多有新意的规定，可考虑借鉴。

不过，事后的监督能起到作用是很有限的。事前的审查、论证不到位，会极大制约事后监督的力度。前面没能过滤掉的杂质如果太多，也不能妄想最后一层能将所有杂质过滤干净。就算备案审查很严格，事后的监督终究无法替代事前的门槛，即便能亡羊补牢，但无法消弭已经产生的负面影响。

三、几点建议

地方人大尤其是省级人大应该考虑通过地方性法规针对下列问题进一步细化规范：

1. 突出人大主导地位

注重突出人大的主导地位，而非简单地强调人大常委会的主导地位，注重发挥人大在立项决策等方面的作用，把约束政府提案权、强化政府部门论证义务等方面的要求固定下来。

可以从四个方面来做工作：第一，在立法权限上，明确规定那些需要综合治理、多部门共同协作、强化行政管理措施、对群众生活有广泛影响（未必有重大影响）、涉及对上位法规定的权利义务关系进行调整的事项均应当优先考虑制定地方性法规，对规章立项进行更加严格的约束；[1]第二，对人大及常委会内设机构的职能进行适当调整，强化人大代表和专门委员会的提案

〔1〕《立法法》的规定已经体现出这一倾向，该法规定“应当制定地方性法规但条件尚不成熟的，因行政管理迫切需要，可以先制定地方政府规章。规章实施满两年需要继续实施规章所规定的行政措施的，应当提请本级人民代表大会或者其常务委员会制定地方性法规”这一款，有些人可能解读为能制定政府规章就先制定政府规章。这一款的意思应当是，只要制定地方性法规的条件成熟就应当优先制定地方性法规，在条件不成熟时才“可以”制定政府规章而非必须，而条件是否成熟应通过人大建立的立项论证机制来综合判断。

权，规范法制委和法工委的工作，避免法制委尤其是法工委垄断草案审查、审议的决策方向；第三，给予人大代表、专委会委托第三方起草法规草案的方式以更多扶持和接纳，充分发挥人大常委会在第三方参与草案起草工作的情况下协调组织立法调研的作用；第四，强化地方性法规立项论证，给提案主体，尤其是政府部门施加更多的论证义务，突出对立法权限、权利义务关系设定合法性及合理性、部门职权职责设定的合法性及合理性等方面的论证，凡是涉及强化行政管理措施、对群众生活有广泛影响、关涉公民法人及其他组织切身利益、有可能带来较大社会风险、立法预期成本和效益不明确的项目均应要求作立法前评估，并应当委托第三方来进行评估。

2. 强化公众参与力度

人大、政府向社会公开征求立法项目建议，应当及时公开收集到的建议，并应在一定期限内对建议者进行反馈，不采纳建议应当说明理由。

政府向人大提出的立法项目建议草案、人大立法计划草案、政府规章制定草案应当向社会公布并征集意见，详细说明项目是否符合立法权限、起草目的、背景、主要措施和起草部门，并应在一定期限内对提出意见者进行反馈，不采纳意见应当说明理由。

起草部门在起草过程中，应当采取多种形式征求意见，公众参与的情况包括公众意见总结及反馈情况均应作为草案提交审查时一并提交的材料。如果起草过程中，公众参与落实得不充分，应当要求起草部门重新落实，直至审查过关后才能继续走后面的立法程序。

3. 加强对第三方专业人员参与立法工作的保障

在立项论证（立法前评估）、草案起草、出现立法争议、立法后评估等环节全方位引入第三方，建立常态机制，推动立法决策机关、起草部门尊重第三方意见。在论证、起草、争议、立法后评估等各环节中，第三方出具的评估报告和意见均应作为相关材料在草案报送审查审议时一并提交审查机关或审议机关，存档作为备案审查、法规规章清理的依据，对错误的立法决策进行追责的依据。

政府部门组织起草的草案，在起草过程和审议过程中出现的争议性事项应当引入第三方评估，提出对争议事项开展第三方评估的主体应尽可能广泛，利益相关方都应有权根据一定程序提出评估要求，各自选择评估主体开展评估工作，评估报告要公开，立法决策机关和起草部门如不采纳评估意见则需说明理由。

4. 强化规章及规范性文件的备案审查

在实践中，相较于地方性法规，地方政府规章和规范性文件的适用度更高、涉及范围更广，对其进行的备案审查必须更为严格。应将报备案审查的规章、对该规章的解释以及与该规章有关的规范性文件归档在一起纳入备案审查，建立多个备案审查机关之间的沟通机制。并且，可以在审查活动中邀请第三方参与，结合第三方作出的意见对相应规章及规范性文件作出处理意见，处理意见应该向社会公开。

人民政协立法协商的制度建构

——以地方立法为视角

代桂明 *

内容提要：立法协商作为在立法领域实现协商民主的一种具体民主方式，是协商民主的重要内容之一，也是推进民主立法、科学立法和依法立法的必然要求。人民政协立法协商立足于中国的特殊国情，服务于地方立法工作实践，是当前地方各级人大及其常委会推进地方立法科学有序发展、确保地方立法质量效率的一项重要立法制度。本文先对人民政协立法协商制度进行理论分析与反思，再对当前该立法协商制度在立法实践运行中存在的掣肘因素进行分析研究，从而为改进与完善当前人民政协地方立法协商制度提出了促进人民政协地方立法协商的理念转变、完善立法协商程序设计、健全相关工作运行机制等方面的具体建构路径。

关键词：人民政协　立法协商　制度建构

引　言

立法协商的概念及内涵无论是在理论界，还是实务界都存在争议。但就立法协商的本质来看，它的理论基础是协商民主，它是为了破解代议制民主或者选举票决民主之困境、弥补其缺陷，推进、实现公民对政治的有序参与而产生的一种民主理论。

通常认为，协商民主（deliberative democracy）的概念是美国政治学者约瑟夫·毕塞特（Joseph M. Bessette）在20世纪80年代《协商民主：共和政府

* 代桂明：云南省曲靖市人大法制委员会副主任委员，研究领域为地方行政立法、人大制度等。云南大学法学学士、法律硕士，昆明理工大学法学院经济法学硕士，重庆大学法学院在读法学博士研究生。

的多数原则》一文中，首次在学术意义上运用[1]，强调人们要通过理性思考，从而作出与公共利益要求相符之决策安排。后续又有曼宁、科恩等诸多学者进行深入研究，协商民主理论才得到持续深入地发展。西方的“协商民主”理论认为，它具有规范与工具两方面的价值，具体体现为：(1) 改善立法和决策的质量，促进合法决策；(2) 培养公民精神，促进政治共同体的形成；(3) 矫正自由民主的不足；(4) 制约行政权的膨胀；(5) 充分发挥理性的作用。[2]

国内对“协商民主”的关注与研究则肇始于21世纪初，当时德国思想家哈贝马斯来华所作的“民主的三种规范模式”演讲引发学术研究热潮。立法协商作为协商民主理论的具体实践形式，在立法协商理论研究方面，研究政治协商会议的立法协商形式的较多，研究其他组织、公众参与的则明显偏少。在实践探索层面，立法协商也是侧重于保障政治协商会议的参与和平台功能的发挥，对此在国家层面的立法协商实践方面，全国政协对立法协商也进行了诸多有益的探索。全国政协于2014年3月份就《中华人民共和国安全生产法》的修正问题进行座谈交流，首次实现了国家层面的立法协商。[3]

作为专门政治协商机构的人民政协，同时也是极为重要的协商渠道。解决好人民政协如何在立法协商之中充分发挥其功能与作用、如何加强和改进其对立法的有效参与等系列问题是健全和完善社会主义协商民主体系的一项重要内容，从立法民主的角度来看亦是确保党的领导和人民当家作主、依法治国的有效实现路径之一。因此，对立法协商制度的范畴、制度建构等诸多理论问题进行深入探究，具有较强的理论和实践意义。就本文而言，重点在于从实践角度对当前立法协商制度的运行情况进行实证分析，以期实现理论与实践的相互对照与检讨，从而为建构符合中国特色的社会主义立法协商制度提出相应路径，即以协商民主理念为导向，将人民政协立法协商贯穿于地方立法之全过程、各方面，逐步实现人民政协立法协商规范化、制度化、科学化，使这一领域内的立法协商工作有规可依、有序可遵、有章可循。

---

[1] 参见史博：“中西协商民主制度比较研究”，吉林大学2017年博士学位论文，第5页。

[2] 参见李强：“立法协商：理论、实践与发达国家的经验”，载《湖北经济学院学报（人文社会科学版）》2014年第11期。

[3] 参见汪红、梅双：“全国政协首次组织立法协商”，载《法制晚报》2014年3月21日。

一、协商民主与立法协商、人民政协立法协商（政协参与下的立法协商）之关系辨析

从科学、民主立法的内在规律角度看，立法协商制度建构的起因与动机在于：在立法中最大限度体现国家之主权者的意志，最大限度平衡、协调社会各个方面的利益关系、重大关切，从而实现法秩序上的公平与正义。另就立法协商制度建构之基础而言，欲实现对立法协商制度的深层次反思，促进制度的建构或者重构，真正认识人民政协的立法协商制度的特色、价值及要求，究其产生、发展之源流则成为必要。就立法协商制度而言，其源在民主制度，其流在协商民主。

（一）民主与协商民主

英国政治学者赫尔德认为，整个民主理论的发展，根本上是围绕人民与统治来进行的，“谁是人民”与“如何统治”是民主理论的核心。[1]回顾民主之萌芽、产生、发展之历程，这个论断在很大程度上道出了民主之精义。

民主及民主制均产生于古代希腊。古希腊是由数百个独立的城邦组成的，每一个城邦都有它们自己的疆域，所有的城邦国家都是主权国家，雅典是其中最为著名的城邦国家。正是希腊人—也可能是雅典人—创造了民主（democracy 或者 demokratia）一词，它源于希腊语 demos（人民）和 kratos（统治）两个词的组合。[2]因此，仅仅从语义上理解，我们可以将民主理解为“人民作主”“人民统治”或者“人民的权力”。究其产生之历史渊源，民主则产生于古希腊实行的直接民主制，它是一种简单的多数决的民主制，这种民主被作为公民日常对话的一种生活方式，并通过公民大会等形式行使国家权力，但是由于古希腊城邦国家对“公民”身份资格进行严格的限制，“公民”被限定在一个很小的范围之内，参与讨论和决策重大事项的人数极为有限。正是古希腊这种简单的“多数决”的民主制，导致多数人与少数人的矛盾——名义上的多数实际上的少数在决定问题，即少数社会精英和多数平民之间的冲突，古希腊的“民主制”始终没有解决好民主的问题，导致城邦的崩溃。[3]这种精英民主的理论曾一度在西方世界占据着主导地位，虽然施行

〔1〕［英］戴维·赫尔德：《民主的模式》，燕继荣等译，中央编译出版社 2008 年版，第 2 页。

〔2〕［美］罗伯特·A. 达尔：《论民主》，李风华译，中国人民大学出版社 2012 年版，第 11 页。

〔3〕参见荣剑、杨逢春：《民主论》，上海人民出版社 1989 年版，第 17 页。

精英治理能有效提升政府执行效率，但是损坏了民主固有之价值。

及至近代，随着资产阶级革命的胜利以及民权运动的迅速发展，“民主政治就是政治家的政治”〔1〕的精英民主理论日益受到质疑，人们认为精英民主背离了民主的精义。故而，伴随着天赋人权、社会契约、自然法等政治或者法律理论的出现和发展，资产阶级的民主有了新的发展与创造，代议制民主由此应运而生。代议制民主建立在平等、自由的基础之上，通过行使选举权的方式产生国家权力机构，并将部分权力委托国家权力机构行使，整个过程遵循着人民主权、多数人统治等原则。这种“点人头”的选举制度实现不同个体偏好的聚合，同时又对多数人的权力（公共权力）实行分权与制衡，以防止权力的滥用、个人的专断。至此，民主实现了直接民主向权力分立、相互制衡、多数人选举、少数人统治的间接民主（代议制民主）的转变。

在20世纪80年代、90年代，协商民主随着经济社会的日益复杂、高度发展而产生。当今民族国家，在产业革命的冲击下，社会阶层结构变化，经济利益分化，公共事务日趋繁杂、专业，来自于国家内外的竞争、斗争激烈，实现国家的有效治理变得日趋复杂、艰巨。采取更大程度、更大范围地吸纳公民直接参与国家的治理的方式，虽说加强了公共政策制定和立法工作之合法性，但同时也导致低效、无序、高成本等困境。在复杂多元的高风险社会，社会与国家治理成为一项全局、系统、复杂的工程，公共议题常常是全方位、多层次的，一些民主理论家开始提出协商民主理论，主张让利益相关的、有见识的、负责任的理性公民以公共协商的方式对公共事务进行讨论、审议，并使协商意见成为最后决策的民意基础。〔2〕这种主张将公共协商嵌入到选举民主之中的协商民主因此产生，它既尊重聚合式民主实践中的票决机制，更鼓励公民抱持着公益心和责任感去参与公共政策的制定，通过协商程序来实现偏好的转换，提升政策的合法性与质量。〔3〕可见，协商民主是新形势下的一种新形态的民主形式。

---

〔1〕［美］约瑟夫·熊彼特：《社会主义、资本主义与民主》，吴良健译，商务印书馆1999年版，第415页。

〔2〕 参见陈刚、王健：“‘审慎的协商’：立法协商的一个新分析框架”，载《湖北行政学院学报》2017年第4期。

〔3〕 参见陈刚，王健：“‘审慎的协商’：立法协商的一个新分析框架”，载《湖北行政学院学报》2017年第4期。

协商民主在中国的实践并不晚于西方，其萌芽于20世纪20年代。1921年7月中国共产党的成立，为我国协商民主思想的产生提供了组织基础。此后，中共按照统一战线的思想开始了中国协商民主的丰富实践。在中国共产党的领导下，从新民主主义革命时期的“三三制”政权、“双十协定”的签订、1946年1月在重庆召开政治协商会议等政治协商的实践，及至1949年9月第一届中国人民政治协商会议在北平召开，会议通过了《中国人民政治协商会议共同纲领》《中华人民共和国中央人民政府组织法》《中国人民政治协商会议组织法》，中国协商民主思想从萌芽、初步形成，到逐步向深远方向发展。但是其中亦经历了曲折与反复。1957年至1979年间，由于受到“反右运动”扩大化、十年“文化大革命”浩劫的影响，我国的协商民主思想与制度总体上经历了挫折，基本处于停滞发展的状态，协商民主发展遭遇曲折。中共十一届三中全会之后，中国共产党统一战线政策施行和组织机构逐步恢复，协商民主思想和实践快速发展，协商民主成为人民内部在围绕各方面重大问题的决策中开展广泛协商、形成共识的重要民主形式。人民通过行使选举权，产生国家机构及其工作人员，再通过他们行使管理国家各个方面事务的权力；同时，人民在行使选举权利之前，有权与社会各方面进行政治协商，就重要问题尽可能达成一致认识。这种民主的实现模式已成为中国特色社会主义民主的重要特征。

在党的十八大报告的第五部分中首次明确提出“健全社会主义协商民主制度”。报告该部分内容强调：社会主义协商民主是我国人民民主的重要形式，提出要坚持和完善中国共产党领导的多党合作和政治协商制度，充分发挥人民政协作为协商民主重要渠道的作用，全面深刻地阐述、规划协商民主，对健全和促进社会主义协商民主制度建设具有重要意义。[1]党的十八大之后，我国围绕“健全社会主义协商民主制度”的要求，从国家顶层制度的设计开始，从多个方面推动协商民主制度建设。此后，党的十八届三中全会通过的《中共中央关于全面深化改革若干重大问题的决定》（以下简称《决定》）明确指出：要推进协商民主广泛多层制度化发展、在全社会开展广泛协商、坚持协商于决策之前和决策之中等具体要求。《决定》从构建程序合理、环节完善的协商民主体系，发挥统一战线在协商民主中的重要作用，发挥人民政协

---

〔1〕 参见《中国共产党第十八次全国代表大会文件汇编》，人民出版社2012年版，第24~25页。

作为协商民主重要渠道的作用等方面，全面而系统地勾勒了我国社会主义协商民主建设的蓝图。〔1〕

从前述关于民主、协商民主、我国协商民主之起源与发展的简要回顾可见，协商民主制度为社会各方面搭建了对话交流、恳谈沟通的渠道和平台。对此，中共中央《关于加强社会主义协商民主建设的意见》对协商民主作了如下定义："协商民主是在中国共产党领导下，人民内部各方面围绕改革发展稳定重大问题和涉及群众切身利益的实际问题，在决策之前和决策实施之中开展广泛协商，努力形成共识的重要民主形式。"〔2〕可见，协商民主是中国特色社会主义民主之重要形式。党的十八届三中全会通过的《决定》也指出"要深入开展立法协商、行政协商、民主协商、参政协商、社会协商……"〔3〕同样可见，立法协商是与行政协商、社会协商等具体特殊协商形式相并列的一种协商民主模式，它们都统摄于协商民主的概念之下。十八届四中全会再次强调"要健全立法机关和社会公众沟通机制，开展立法协商，充分发挥政协委员、民主党派、工商联、无党派人士、人民团体、社会组织在立法协商中的作用。"〔4〕因此可见，人民政协立法协商是一种特殊形式的立法协商表现形式。总之，立法协商之内涵与外延远远大于人民政协立法协商之固有含义。因此，协商民主与立法协商之间是包容与被包容、一般（广泛民主形式）与特殊（特定民主实现方式）的关系，立法协商之实现与实践均受到协商民主理论及实践的指引，协商民主的理论在立法协商领域具有普适性。

（二）立法协商与人民政协立法协商关系〔5〕

广义的理解是："立法协商是立法过程中立法主体、各类利益相关者对立法中的重要争议问题沟通、商谈、寻求各方最大共识的认识活动。"〔6〕从该定

〔1〕参见《中国共产党第十八届中央委员会第三次全体会议文件汇编》，人民出版社 2013 年版，第 47~49 页。

〔2〕参见中共中央印发《关于加强社会主义协商民主建设的意见》，载《人民日报》2015 年 2 月 10 日。

〔3〕参见《中国共产党第十八届中央委员会第三次全体会议文件汇编》，人民出版社 2013 年版，第 47 页。

〔4〕参见《中国共产党第十八届中央委员会第四次全体会议文件汇编》，人民出版社 2014 年版，第 30 页。

〔5〕本文中"人民政协立法协商"与"政协参与立法协商"具有相同的含义。

〔6〕参见朱力宇、叶传星主编：《立法学》，中国人民大学出版社 2015 年版，第 169 页。

义可以知道，立法协商是实现立法主体与广大利益群体、社会公众沟通联系的重要渠道，它有助于在立法过程中聚集和反映各类意见建议，反馈和整合各种利益诉求，是在立法中维护与实现特定群体利益的一种重要方式。显而易见，这个定义对立法协商做了最大化的理解，其涉及之主体包括立法过程之中的全部参与者，范围极为广泛。根据《中华人民共和国立法法》（以下简称《立法法》）第5条、第34条、第35条、第58条等的规定，各级人大及其常委会、人民政府在制定法律或行政法规等规范性法律文件时，应当广泛听取有关机关、组织和公民的意见，保障人民通过多种途径参与立法活动。〔1〕可见，立法法规定的实质内容就是这个定义之下的立法协商含义（本文使用的“立法协商”概念属于广义范畴）。

此外，学界对立法协商还有着狭义的理解：“立法协商，是指政协委员或者政协有关专门委员会，针对相关法律法规草案，在立法机关初审之前对草案的论证、协商，发表意见和建议的活动。”〔2〕可见，这个定义将立法协商理解为人民政协履行政治协商和参政议政职能的重要形式，系一种决策之前的协商机制。这个概念的定义对立法协商的主体和对象作了严格的限定，范围和对象较窄。这种理论基于前述的理解，进而提出了立法协商权的理论，将其界定为一种“参与立法的权力”。

笔者认为，基于上述对立法协商的源流及概念的分析，一般情况下就立法协商之概念与外延应当作最广义的解释，即平等立法协商主体之间，依照公共理性原则的要求，以平衡或者实现公共利益为目的，通过对话、辩论、说服、论证等方式参与立法进程，旨在防止或者纠正立法决策偏差，保障制定法之立法质量，促进立法发挥社会关系“调节器”之功能作用的一种具体立法工作机制。这种语境下的立法协商是协商民主的一种重要形式，是一种公众广泛参与、全面进行沟通商谈、达成公共理性的一种民主实现方式，是民主、科学立法要求的具体表现形式。同时，鉴于实践中和观念上经常性地将立法协商与狭义概念上的立法协商、人民政协立法协商之间不加区分，甚至划等号等现象和认识误区普遍存在，有必要对人民政协参与下的立法协商进行精确的表述，笔者认为可以直接表述为“人民政协立法协商”，尽量减少

〔1〕 具体内容参见《立法法》第5条、第34条、第35条、第58条之规定。

〔2〕 参见侯东德主编：《我国地方立法协商的理论与实践》，法律出版社2015年版，第8页。

或者取消狭义的立法协商概念的使用，从而形成协商民主——立法协商——人民政协立法协商——其他主体参与下的立法协商，一个由大及小、层次分明的概念逻辑体系。在这个逻辑体系下的立法协商定义应当具有以下特征，当然这也是人民政协立法协商应当遵循的规律性要求：

第一，民主性是立法协商的根本性特征。当前的立法工作中，特别是地方立法，不同程度地存在着“关门立法”“立法部门化”“立法组织官僚化”等问题，这直接导致立法与公众的社会实践、生活需求脱节，民主性受到抑制。立法的民主化，主要和实质的意义指立法机关行使立法权的民主化，包括立法主体的民主化、立法内容的民主化以及立法过程的民主化。〔1〕立法权行使的民主化取决于是否存在一个畅通、有效的利益表达机制。这个机制包含两方面的因素：一是各利益主体能够积极参与、表达诉求；二是有适当的制度化形式足以保障其表达的自由。〔2〕立法协商正是适应这种利益表达要求的制度机制，立法协商中的座谈、沟通、协商、辩论、论证等正是立法民主性的集中体现。可见，立法协商的实践过程就是实实在在、鲜活生动的民主化实践。

第二，协商主体的平等性。习近平总书记强调：“民主不是装饰品，不是用来做摆设的，而是要用来解决人民要解决的问题的。”〔3〕立法协商是立法程序的有效扩展、民主实现方式的丰富。在立法进程中，公民、法人、社会组织、各类团体等平等协商的过程就是立法民主的实现过程，是民主意识与公民权利在立法领域的实质性回应或者运用。可见，立法协商之本质是开放的、公开的，更是平等的，即任何公民都可以通过座谈、网络、会议等方式参与立法问题的思考、探讨、论争，并通过公共舆论的方式全面展示公民共识的形成过程，从而促进共识的取得。

第三，公共理性的达成是立法协商制度的建构目的。“理性（reason）是社会行为主体（国家、政府、政党、个人等）对客体的能动反映，是行为主

---

〔1〕 参见李林：《立法理论与制度》，中国法制出版社 2005 年版，第 56 页。

〔2〕 参见王爱声：《立法过程：制度选择的进路》，中国人民大学出版社 2009 年版，第 177~178 页。

〔3〕 参见中共中央宣传部编：《习近平新时代中国特色社会主义思想三十讲》，学习出版社 2018 年版，第 176 页。

体认识自然、社会和协调、整合社会行为主体之间关系的基本能力。”[1]从表象上看，理性常常表现为一种相互探讨、相互沟通，求得共识的方式。公共理性则“表达的是公正理念，倡导的是社会合作，运行的是共赢思维，发展的是公共治理的逻辑”，其“核心是强调公共权力的合法性和利益的协调性，即强调公共权力以增进公共福利为价值目标，实现以尊重和促进私人利益为基础的公共利益”。[2]公共理性以理性沟通为手段，以求得共识为目的。在立法协商中，人们为了能够就公共关心的问题达成可接受的框架，以立法协商之方式进行深入全面地讨论、论辩，并最终取得共识，达成公共理性，体现于具体的法规制度和文本之中。

如前文所述，我们应当对立法协商这个概念作最广义的理解，这就将其与人民政协立法协商制度作了严格区分。这种理解既符合当前党的重要政治文件和《立法法》对立法协商制度的规定的精神，也符合“协商民主——立法协商——人民政协立法协商（本文使用的人民政协立法协商概念与人民政协参与立法协商具有同等意义）”的立法协商制度的建构逻辑，从而避免了在理论上和实践中立法协商概念与内涵界定不清晰，在不同层次和意义上使用“立法协商”概念等问题。

1. 人民政协立法协商概念与特征分析

《中国人民政治协商会议章程》（以下简称《政协章程》）总纲规定：“中国人民政治协商会议是中国人民爱国统一战线的组织，是中国共产党领导的多党合作和政治协商的重要机构，是我国政治生活中发扬社会主义民主的重要形式，是国家治理体系的重要组成部分，是具有中国特色的制度安排。”[3]同时第3条也规定：“中国人民政治协商会议全国委员会和地方委员会的主要职能是政治协商、民主监督、参政议政。”[4]可见，从人民政协的政治定位和法律属性来看，我国的各级人民政协组织并不是国家机关，政协组织的政治协商、民主监督、参政议政等职能活动虽然具有强烈的政治性和表意性，并

---

〔1〕参见史云贵：“从政府理性到公共理性——构建社会主义和谐社会的理性路径分析”，载《社会科学研究》2007年第6期。

〔2〕参见施雪华、黄建洪：“公共理性、公民教育与和谐社会的构建”，载《山西大学学报（哲学社会科学版）》2006年第6期。

〔3〕具体参见《中国人民政治协商会议章程》总纲规定。

〔4〕具体参见《中国人民政治协商会议章程》第3条之规定。

不具有立法的属性与功能，但是这并不影响人民政协依照《中华人民共和国宪法》（以下简称《宪法》）、《立法法》、党的相关政策文件等规定参与各级人大及其常委会或各级人民政府的立法协商活动。人民政协是基于政治公共领域而非国家权力体系的政治组织，其具有政治表达权、建议权和参与权，但不具有制度意义上的表决权、决策权和决定权。〔1〕党的十八届四中全会再次强调“健全立法机关和社会公众沟通机制，开展立法协商，充分发挥政协委员、民主党派、工商联、无党派人士、人民团体、社会组织在立法协商中的作用。”〔2〕可见，政治表达、建议、参与等权利恰与立法协商之本质属性相契合，人民政协协商实质上属于协商的实现方式和路径之一。因此，本文认为人民政协立法协商是指在我国专门从事政治协商的政治机构——人民政协的主导或者主要参与下，科学、民主立法要求在立法协商领域内的具体制度，它除具备政治协商、立法协商所具有的决策性、咨询性、沟通性协商的特征之外，还具备如下特征：

第一，人民政协立法协商参与主体具有宽泛性。人民政协是我国政治体系中唯一专事协商的政治机构，是最早组织化、制度化的协商民主渠道，具有不可替代的组织优势和制度优势。〔3〕人民政协参与协商的主体宽泛性体现在决策的民主性方面。依托人民政协的平台和渠道，各种利益相关者就立法过程中的重要决策、群众关心的重要问题等在决策前和决策过程中进行充分协商。首先，人民政协立法协商是开放的立法协商平台和渠道。从属性上看，人民政协虽然不是权力机关，但是由于其地位具有天然超脱性，政协委员以界别的名义参加会议、开展讨论、参与立法协商等活动，提出的意见建议代表性广泛，能较为真实客观地反映各阶层之政治愿望、利益诉求，可以有效避免部门利益、权力之争。其次，人民政协立法协商的参与面广且凸显专业性。人民政协作为专门的政治协商机构，是以界别为单位组成的政治组织，它汇集了各个方面的优秀人才或者代表，拥有众多熟悉各行业或者各

---

〔1〕 参见朱志昊：“人民政协法制化的理论基础与路径抉择——基于功能主义进路的考察”，载《江苏行政学院学报》2014 年第 5 期。

〔2〕 参见《中国共产党第十八届中央委员会第四次全体会议文件汇编》，人民出版社 2014 年版，第 30 页。

〔3〕 参见何立峰：“关于充分发挥人民政协作为社会主义协商民主重要渠道作用的若干思考”，载《天津日报》2013 年 7 月 2 日，第 2 版。

专业领域知识的专家或者人才，系“智囊团、专家库”，专业优势、职业特点突出。

第二，人民政协立法协商内容的特定性。首先，从协商的适用范围来看。根据《政协章程》第3条的规定，政治协商既包括在决策之前进行协商，也包含就决策执行过程中的重要问题进行协商。[1]前述关于政治协商适用范围之规定，同样适用于人民政协立法协商之范围，亦即立法的全过程都可以适用人民政协立法协商。其次，在人民政协立法协商事项上，从我国的实际情况来看，地方大政方针以及政治、经济、文化、社会生活中的很多重要问题，大多以地方立法的方式进行规范。同时按照党关于将政治协商纳入决策程序的总体性要求，作为地方重要决策基本形式的地方立法都应当纳入人民政协立法协商的范畴。

第三，人民政协立法协商增强立法的“可接受性”。立法之过程，就其本质而言就是协调、平衡、整合不同利益关系，然后实现利益关系均衡状态之过程。这一过程须充分体现人民作为主权者赋予立法者的合法性基础，因此立法行为也必须要有民众的参与、理解、接受。人民政协是立法者密切联系群众、广集各方智慧的重要渠道。首先，人民政协为不同利益主体进行沟通和协商，为充分表达诉求提供了有效的平台。人民政协立法协商着眼于协商双方的平等有效互动，通过表达、辩论、反馈等方式进行信息互换，其特有的组织形式，为不同利益群体表达利益诉求提供了重要制度平台和场所，建立了常设政治机构以便他们进行政治活动、提出政治主张，从而实现人民政协立法协商背景下利益和诉求表达的有序、合理、有效。其次，人民政协为不同利益主体进行沟通和协商、充分表达诉求提供了有效的渠道。依托人民政协的渠道，不同利益群体平等对话方式进行立法协商，将社会群体多样化的诉求整合、纳入到体制内进行，为不同利益群体提供了参与、影响、监督立法决策的有效渠道。可见，人民政协立法协商的渠道有助于在立法中实现，既维护多数群众的根本利益，又兼顾少数群体的合理诉求，促进实质的公平正义，增加立法的可接受性。

2. 人民政协立法协商——地方立法协商的重要平台与渠道

2015年的《立法法》修改，赋予了设区的市在城乡规划与管理、环境保

---

[1] 具体参见《中国人民政治协商会议章程》第3条之规定。

护、历史文化保护等方面的立法权限，地方立法权授权之后，全国各设区的市如火如荼地开展地方立法，地方性法规数量猛增，仅截至2017年12月31日就已出台614部地方性法规，[1]但是由于立法经验欠缺、立法能力不高等原因，导致人民政协立法协商在地方立法中被忽略或者不被重视，对此我们应当予以反思和纠正，并从以下几个方面正确认识人民政协立法协商的功能与作用：

首先，协商民主深深嵌入了中国社会主义民主政治全过程，人民政协立法协商是立法协商实现的主要方式之一。党的十九大报告强调："要推动协商民主广泛、多层、制度化发展，统筹推进政党协商、人大协商、政府协商、政协协商、人民团体协商、基层协商以及社会组织协商。"[2]2015年1月中共中央印发的《关于加强社会主义协商民主建设的意见》，2015年6月中共中央办公厅印发的《关于加强人民政协协商民主建设的实施意见》等政治文件也指出，社会主义协商民主建设不仅要"程序合理"，建立规范的协商程序，保证协商取得良好的效果，而且要建立"环节完整"的协商民主体系，"发挥各协商渠道自身优势，做好衔接配合"。[3]人民政协参与人大及其常委会、人民政府的立法过程就是落实上述要求、统筹推进不同渠道协商民主建设的重要举措之一，有助于实现不同协商渠道之间的充分衔接配合，健全完善社会主义协商民主体系，真正实现习近平总书记所讲的"协商民主和选举民主两种民主形式的相互补充、相辅相成"。[4]

其次，人民政协是协商民主的平台和主渠道，开展人民政协立法协商是民主协商制度的内在要求。人民政协立法协商是在党的领导下，以经济社会

---

〔1〕 参见付子堂主编：《地方立法蓝皮书：中国地方立法报告2018》，社会科学文献出版社2018年版，第204页。

〔2〕 参见习近平：《决胜全面建成小康社会，夺取新时代中国特色社会主义伟大胜利——在中国共产党第十九次全国代表大会上的报告》，人民出版社2017年版，第38页。

〔3〕《关于加强社会主义协商民主建设的意见》指出："协商渠道。继续重点加强政党协商、政府协商、政协协商，积极开展人大协商、人民团体协商、基层协商，逐步探索社会组织协商。发挥各协商渠道自身优势，做好衔接配合，不断健全和完善社会主义协商民主制度。各类协商要根据自身特点和实际需要，合理确定协商内容和方式。"

〔4〕 参见白帆、谈火生："人民政协参与立法协商：模式、特征和原则"，载《当代世界与社会主义》2018年第2期。

发展重大问题、涉及群众重大利益的实际问题为内容的广泛协商，[1]人民政协作为有广泛代表性的统一战线组织，是实现协商民主，开展立法协商的重要平台、主要渠道。这是十八届三中全会“健全社会主义协商民主制度，推进协商民主广泛、多层、制度化发展”要求的集中体现，也有利于充分保证人民民主选举、决策、管理、监督等权利在立法领域内的实现。

最后，人民政协机关不宜成为立法协商的主体，人民政协立法协商参与的主体是政协组成单位、政协委员。人民政协立法协商是当前我国立法协商制度的集中体现、实现的重要方式。人民政协是由不同界别组成的具有统一战线性质的政治组织，立法协商参与的主体应该是政协组成单位、政协委员等，他们是立法协商参与者、实践者，是立法协商的主体。由于各级政协机关履行组织协调、服务保障、联系等工作职能，因此政协整体或者政协机关不宜作为立法协商主体参与立法协商，各级政协机关不能成为立法协商的主体。

二、我国人民政协立法协商的实践分析

我国对立法协商的实践探索始于21世纪初。立法协商制度建构方面的主要法律依据有《宪法》第2条，《立法法》第36条、第37条等规定。其中，《宪法》第2条规定，“中华人民共和国的一切权力属于人民……人民依照法律规定，通过各种途径和形式，管理国家事务，管理经济和文化事业，管理社会事务。”[2]这是人民政协立法协商的宪法依据。2015年《立法法》修改，提出“拓宽公民有序参与立法的途径，开展立法协商，完善立法论证、听证、法律草案公开征求意见等制度”[3]。就如何开展立法协商，该法第36条、第37条，从总体上确立了列入人大常务委员会会议议程的法律案、涉及专业性较强问题的法律案、存在着重大意见分歧或者涉及利益关系重大调整的法律案的协商制

〔1〕《关于加强社会主义协商民主建设的意见》指出：“政协协商的主要内容。主要包括国家和地方的大政方针以及政治、经济、文化和社会生活中的重要问题，各党派参加人民政协工作的共同性事务，政协内部的重要事务，以及有关爱国统一战线的其他重要问题等。”

〔2〕详见《中华人民共和国宪法》第2条之规定。

〔3〕参见全国人民代表大会常务委员会副委员长李建国2015年3月8日在第十二届全国人民代表大会第三次会议上《关于〈中华人民共和国立法法修正案（草案）〉的说明》，http://cpc.people.com.cn/n/2015/0309/c64094-26658236.html，最后访问时间：2019年7月30日。

度；确定了人大常务委员会将法律草案发送相关领域部门、组织和专家征求意见；行政法规起草过程中采取座谈会、论证会、听证会等多种形式进行协商等立法协商的具体要求。可见，立法法提及的立法协商系广义含义上的概念。

在地方立法层面，虽然各地结合本地的实践需要，有计划、有组织地开展了地方立法协商的探索，但是在方法、步骤、实现方式等方面均没有统一模式和固定的步骤，概括来看主要有：党委主导模式、立法机关主导模式、政协主导模式等几种类型。

（一）北京市、上海市、杭州市的立法协商实践模式分析

1. 北京市——党委主导模式

北京市的立法协商实践采取了在市委统一领导下的党委主导模式。市委发挥立法协商工作的领导核心作用，把立法协商列为市委重要工作，提出具体的协商要求、协商程序，党委统揽全局、协调各方的核心作用始终贯穿于人民政协立法协商之全过程。第一阶段，政协立法协商的启动与交办。由市人大常委会党组向市委请示需要协商的重要法规，再由市委将请示事项交市政协党组进行办理或者由市委直接向市政协交办需要进行立法协商的重要法规。市政协组织政协委员对交办事项进行立法协商，提出协商意见由市政协党组报送市委，而后再由市委批转人大党组予以办理。第二阶段，对立法协商建议的反馈报告制度。市人大常委会党组对市委批转的政协立法协商的意见进行研究处理，并将办理情况报告市委，再由市委办公厅函告市政协办公厅。这种立法协商模式在市政协党组——市委——市人大常委会党组之间形成了以党委为核心中枢的立法协商模式，在整个立法协商之运作过程中市委、市人大、市政协分别履行各自领导立法、主导立法、协商立法的职责，充分体现了党委对人大、政协工作的政治领导。北京市这种党委主导模式的特点在于：

第一，人民政协在立法协商中充分发挥平台作用。众所周知，人民政协不是立法机关，更不是领导决策机关，其定位是一个组织开展立法协商的平台，政协机关仅仅是立法协商行为之载体，并非立法协商之主体。具体的实践方式体现为：在市委领导下，将四个法规草案提交到市政协，是在政协这个协商平台上，各党派团体和各族各界人士就地方立法项目草案进行协商，让各界人士充分发表意见和建议，市政协不对法规草案作出集体决议，只是将委员们的意见和建议汇集形成立法建议，报送市委提交市人大在法规审议

和修改中研究参考。[1]

第二，政协委员是进行人民政协立法协商的协商、履职主体。在立法协商工作进行之时，市政协先要组织召开各界别召集人、政协各专委会、部门负责人等参加的会议，专门安排部署立法协商工作，保障参与协商的政协委员对协商内容的知晓度。同时，政协的领导亦以政协委员身份直接参加到各党派、各界别组织中，参与立法协商。

第三，人民政协立法协商规范化建设，保障立法协商的有序、务实、高效。北京市政协为了提升立法协商工作的制度化、规范化、程序化水平，依照市委实施政协协商年度工作计划，开展立法协商工作的要求，制定《政协北京市委员会立法协商工作实施办法（试行）》（下称《实施办法》）等立法协商制度，为人民政协开展立法协商工作提供有效制度保障。该《实施办法》明确：市政协党组依照市委确定的年度立法协商事项开展立法协商，在主席会议对立法协商事项具体研究之后，交由立法协商工作领导机构组织实施。分别针对地方性法规、立法计划、政府立法等不同协商对象，确定人民政协立法协商的范围、程序。对拟由人民代表大会全体会议表决的法规，组织在全体政协委员开展协商；对于市政府立法计划，则组织在政协各专委会进行协商；对于同级党委交办重要法规和政府立法，组织在政协相关专委会进行协商等。在立法协商工作中，市政协还积极加强与党委、人大、政府法制机构之间的日常沟通与联系。以 2014 年 1 月北京市十四届人大二次会议表决通过《北京市大气污染防治条例》为例。该次会议提交人代会审议的《北京市大气污染防治条例（草案）》中，有 83 处修改源于 700 多名政协委员所提的意见建议。这是北京市委、市人大、市政协开展立法协商的一次成功探索。[2]

2. 杭州市——立法机关主导模式

从 2009 年初开始，杭州市政协就组织委员与市人大法工委、市政府法制办进行协商，分析研究实践中存在的问题与不足，对开展立法协商工作中的实践经验进行梳理和总结，并结合立法协商工作的实践需求，制定《关于建立立法协商机制充分发挥人民政协在立法中作用的实施意见》。该意见重点明确了立法协商的六个重要环节，即“立法计划的意见反馈机制、立法项目的

[1] 参见赵文芝：“在政协开展立法协商工作的实践与思考”，载《北京观察》2015 年第 2 期。

[2] 参见“北京探路政协立法协商”，载《领导决策信息》2014 年第 18 期 。

协商通报机制、立法前协商的流程规范、市政协立法协商力量的组建、立法项目的后评估机制、开展委托第三方起草立法项目的探索”。[1]上述举措实现了人民政协立法协商的各个阶段、关键环节都能做到有章可遵、有规可循，实现人民政协立法协商工作规范化、程序化。

在这种实践模式中，由于人大常委会法制机构（或者政府法制机构）在立法工作中的特殊职能作用，它们成了人民政协立法协商的组织者或者主导者，是重要的立法协商的主体，发挥着立法协商的主导作用。人民政协则依照《政协章程》规定就相关立法向相关立法机构提出立法协商的建议，但是其前提条件是仅在人大及其常委会或者人民政府同意之后方可在人民政协进行立法协商。这种模式从其根本性质上讲，属于立法机关在立法中向人民政协征求意见建议的范畴，其特殊之处在于征求意见的对象是特定的政协组织、政协委员。虽然这种模式难以突显人民政协在地方立法协商中的重要功能作用，但是由于政协意见表达的专业性、代表性阶层广泛等优势，这种方式还是在很大程度上提高了立法决策的合理化程度，提升了地方立法质量。当前，绝大多数地方人大及其常委会（或者地方政府）与人民政协的立法协商机制采取的是这种模式。

3. 上海市——人民政协主导的两次协商模式

上海市政协长期以来始终将立法协商作为市政协政治协商、参政议政的重要经常性工作开展。2009 年 9 月，中共上海市委制定发布了《关于进一步加强人民政协工作的实施意见》，该意见要求对于涉及人民群众切身利益的重要地方性法规（草案）以及其他重大问题，要在人民政协充分听取意见。[2] 2014 年以来，市政协根据党的十八届三中、四中全会精神以及市委相关文件的要求，将人民政协立法协商列入年度协商工作计划，并制定了人民政协立法协商专项工作方案；还制定了《市政协委员参与立法协商工作规程》等制度规范，对人民政协立法协商的原则与机制、内容、形式与程序等作出详尽规定。

市政协的立法协商工作形成了“一个协商工作模式，一套协商工作流程，两项协商工作机制，四种立法协商参与形式”的工作格局。具体是指：“一个

〔1〕 参见李宏、孙奕：“杭州市政协确保立法协商制度到位”，载《人民政协报》2010 年 1 月 19 日。

〔2〕 参见黄铮：“政协参与立法协商：上海的路径和实践”，载《联合时报》2015 年 05 月 22 日。

工作模式”是人民政协立法协商工作在中共政协党组和政协主席会议统一领导之下，由政协社会和法制委员会牵头组织实施，政协的各专委会（或者指导组）负责立法协商工作的具体承办，政协办公厅负责全面地统筹协调的工作模式。[1]“一套工作流程”是指采取与市人大常委会法工委、市政府法制办等法制机构共同确定人民政协立法协商计划、组织征求政协委员意见建议、以办公厅复函的书面形式反馈意见建议等工作流程进行立法协商。“两项工作机制”是建立起了人民政协立法协商的外部联系机制和内部协调机制（详见后续分析）。“四种参与形式”是指人民政协立法协商主要是对重要的法规，根据协商需要，召开专题座谈会，组织相关界别政协委员研讨；人民政协立法协商过程中可选择重点立法项目开展专题调研，并将相关意见建议送交有关部门；人民政协立法协商广开言路，开展网上征求意见，通过市政协网站“政协直通车”广泛征求委员意见；人民政协立法协商以正式书面形式征求意见。

上海市政协在立法协商过程中实现了与同级人大及其常委会、人民政府之间的良性互动，充分调动了政协委员利用提案、视察、调研等方式开展立法协商的积极性。开辟了政协委员政治协商、参政议政、民主监督的新途径，人民政协组织在推进地方法制建设进程之中的独特功能与作用得到有效发挥。上海市政协立法协商最大之亮点在于“建立内外两套协调机制和开展两次协商”：

第一，人民政协立法协商的外部联系机制。建立了常态化的人民政协立法协调联系工作机制，每年的年初均与市人大及其常委会、市政府法制办等法制工作机构召开工作联系会议，共同协商确定重点听取意见的地方性法规、政府规章项目，并组织进行人民政协立法协商，商请政协委员的意见建议采纳情况并予以反馈。

人民政协法制机构与政府法制机构的第一次立法协商。2010 年 1 月，市人民政府法制机构、市政协法制机构制定《关于本市地方性法规案（草案）在政协听取意见工作备忘录》，要求法规案、草案要听取人民政协立法协商的意见。按照工作备忘录的规定，本市涉及群众切身利益的重要法规草案、其他重大问题，列入市政协的年度工作计划，在政协开展立法协商，深入听取

〔1〕 参见黄铮：“政协参与立法协商：上海的路径和实践”，载《联合时报》2015 年 05 月 22 日。

政协委员等各方面意见建议，实现了将法规、规章草案征求意见与政协的年度重点工作、与政协委员密切关注的民生问题之间的有机衔接。市人大常委会公布年度的立法工作计划之后，拟由市政府提交法规案的正式立法项目，则由市政府法制机构与市政协社会法制机构进行立法协商，选择确定拟在人民政协听取意见建议的立法项目。对于拟在人民政协听取意见建议的地方性法规项目，在政府负责起草的职能部门报送地方性法法规和政府规章的草案后，则应当由市政府法制机构将上述草案发送市政协法制机构。

人民政协法制机构与人大常委会法制机构的第二次立法协商。2013 年 5 月，市人大常委会法制机构与市政协法制机构签订《关于本市地方性法规（草案）听取市政协委员意见工作备忘录》，该备忘录规定：人大及其常委会在开展地方性法规的制定、修订等立法工作之中，要广泛听取政协委员的意见建议；人民政协立法协商的内容主要包括地方性法规的草案、五年立法规划、立法工作计划等方面内容。

就目前实践来看，上海等部分省市在立法协商过程中履行了前述的两次协商程序，大部分省市在立法协商过程中只有一次协商，即地方人大与地方政协之间的协商或地方政府与地方政协之间的协商。[1]

第二，人民政协立法协商的内部联系机制。2011 年市政协制定了《本市地方性法规和政府规章（草案）在市政协听取意见工作规程》，该规程规定了人民政协内设相关机构、各专委会在人民政协立法协商中的职责、工作流程、程序规范等内容，建立政协内部的立法协商工作联席机制，强化内部协作，形成立法协商工作合力。

当然，上述对人民政协立法协商的模式分析，鉴于地方立法中人民政协立法协商实践的多样性、复杂性，探索路径的差异性，加之人民政协在地方立法协商过程中制度建构方面的弹性大、变动多等原因，导致上述分类在地方政协立法协商的实践中，并不是简单地以单一模式存在，反而是前述多种人民政协立法协商模式的混合形态存在较为普遍，客观上这更有利于人民政协立法协商的经验积累、制度检验，有益于以实践需要、问题导向为路径，为人民政协立法协商制度的完善或者重构提供可行的解决方案。

---

〔1〕 参见肖存良："地方立法协商的程序分析：基于人民政协的视角"，载《团结》2015 年第 1 期。

(二) 当前人民政协立法协商的掣肘因素

当前，实践中也还存在着人民政协立法协商制度保障不充分、协商主体不明、协商程序不规范、协商反馈与评估机制不全等问题，致使人民政协立法协商在实际运行过程常常因存在“权力之争”“部门利益”等而流于形式，从而导致人民政协立法协商效果大打折扣，究其成因，主要有以下几点：

1. 观念更新滞后，认识深度不足

党的十九大报告指出，人民政协是具有中国特色的制度安排，是社会主义协商民主的重要渠道和专门协商机构。[1]显而易见，这是对人民政协功能与定位的再次强调。人民政协地方立法协商是人民政协性质、地位、功能在地方立法工作领域内的集中体现，这种形式的立法协商作为政治协商的重要的内容存在，受到我国《宪法》和党的文件的认可与规范。人民政协立法协商体现为政协组织或者政协委员等以协商主体的身份参与立法，其协商的行为与过程体现为参与协商的主体经过双方的商谈过程之后，达成了协议或者妥协、求得一致意见。但是实践中，很多人把人民政协立法协商片面的理解为“听取政协委员”意见和建议。这种将地方立法协商理解为听取政协意见，而不是使政协广泛、持续、深入参与地方立法的观念，在实质上模糊了人民政协立法协商中的主体地位，从而导致政协参与地方立法协商的功能被大大弱化，在很多地方立法重要环节和关键争议节点出现了人民政协立法协商的“缺位”“参与形式化”“意见建议被虚置”等情况，影响了人民政协立法协商的实效。

2. 概念认识不统一，功能定位不清晰

当前，存在着基于对西方“两院制”的理解，认为人民政协立法协商等于或者变相等于人民政协也拥有或者分享立法权的错误认识。这是对人民政协立法协商性质与功能认识不清、定位不准、认识不统一所导致的。实质上，人民政协参与地方立法协商，在性质与属性上都体现为一种“政治参与”，而不能将其错误地认识为“法律参与”。人民政协立法协商的依据是中共中央相关政策文件、《政协章程》等政治性依据，政治协商制度在《宪法》上的定位本身就是一种“政治制度”的设计而非“法律制度”的设计。这与人大及其常委会进行立法活动，根据法律规则行使权力是有着明显区别的。所以推

[1] 参见习近平：《决胜全面建成小康社会，夺取新时代中国特色社会主义伟大胜利——在中国共产党第十九次全国代表大会上的报告》，人民出版社 2017 年版，第 38 页。

进人民政协立法协商，首先要“正本清源”，将立法协商纳入政治协商、民主协商的范畴，这种参与程序是一种政治程序，而不是法律程序，当然也就不存在所谓推进“两院制”，分享立法权等问题了。其次，由于存在前述的错误认知问题，导致人民政协地方立法制度相应的制度供给与保障不足。在人民政协立法协商的地方实践中，由于认识不统一、功能地位不清等原因导致立法协商程序的建构不规范、反馈评估机制不健全等，致使人民政协组织及政协委员对立法协商的积极性不高、参与度不足，人民政协立法协商的固有价值难以实现。

3. 本土理论准备不足，实践创新方式受限

西方协商民主理论产生和兴起不仅是社会历史发展的客观需要，也是民主理论自身逻辑发展的结果。[1]在我国，立法协商制度是协商民主制度的重要组成部分，也是早在建国初期就先行萌芽、产生而后不断发展的一项本土化程度很高、具有中国特色的民主制度。20 世纪 90 年代以来，中国协商民主研究很大程度上移植了哈贝马斯的“协商民主理论”，但是恰恰在对立法协商的实践探索方面没有充足的本土理论反思，从而致使人民政协立法协商常常以植根于西方公共政治文化土壤的文化资源、政治理论，来审视具有特殊历史文化传统、特有民情国情的中国实践，这样的制度移植导致了诸多“水土不服”“制度排异”的现象，人民政协立法协商的本土理论准备、实践创新方式等因此受到了制约。

三、健全完善人民政协立法协商的路径

新时代对人民政协立法协商的制度建构，要按照理论本土化的规律要求，将协商民主理论与中国历史文化传统、当前社会转型的客观情况等我国实际相结合，并将之导入中国地方性语境中，建构符合中国特色的人民政协立法协商机制。这些要求主要体现在两个方面：一是重视通过人民政协协商民主形式，更多、更有效地扩大人民群众的政治参与。正如习近平总书记在庆祝中国人民政治协商会议成立 65 周年大会上的讲话中指出的：“在中国社会主义制度下，有事好商量，众人的事情由众人商量，找到全社会意愿和要求的

---

〔1〕 参见韩冬梅：“西方协商民主理论兴起的实践基础和理论渊源”，载《中国政协理论研究》2010 年第 1 期。

最大公约数，是人民民主的真谛。”[1]二是人民政协立法协商需逐步实现法制化。总的来看，关于人民政协地方立法协商制度建构的可行路径是在总结全国各地有效实践经验之基础上，结合本地之立法实践需求，把成熟经验上升为刚性制度约束，把人民政协立法协商贯彻于地方立法的规划、起草、提出议案、审议、表决、法规清理等整个立法过程。这种路径首先涉及理念、制度、立法层面之观念转变，其次有赖于细化完善协商主体、规范协商程序等方面的具体制度建构。

（一）明确性质定位与功能，发挥人民政协立法协商主体作用

《政协章程》第3条规定，政治协商是对国家、地方的大政方针以及政治、经济、文化、社会和生态文明建设中的重要问题在决策之前进行协商和就决策执行过程中的重要问题进行协商。[2]同时还规定，各级政协根据中国共产党、人大常委会、人民政府、民主党派、人民团体的提议，举行有各党派、团体的负责人和各族各界人士的代表参加的会议，进行协商，亦可建议上列单位将有关重要问题提交协商。[3]可见，人民政协立法协商是政协履行政治协商和参政议政职能的体现，也是人民政协协商民主的重要内容。人民政协是立法协商的重要主体。首先，应当将人民政协立法协商的性质定位为“政治参与”。人民政协立法协商的依据主要是中共中央相关文件、《政协章程》等政治性依据以及《宪法》等政治性较强的相关法律，这是一种“政治制度”的设计。政协组织相关方面及人士进行立法协商，这种协商仅具有建议性、参考性，不是政协介入立法过程，更不是干预立法，而是搭建立法协商的平台，就有关问题向立法机关提出意见建议。这些意见建议不具决定性、约束性，其效力主要在政治方面，实质体现为对地方立法工作的一种有序“政治参与”。其次，地方立法均应当纳入人民政协立法协商的范围。从我国政治经济和社会发展的实际情况来看，有关国家和地方的大政方针以及政治、经济、文化、社会生活中的系列重要问题，大多是以立法的形式进行规范的。[4]因此，地方立法均应当纳入人民政协立法协商的范围，有关地方立法在决策

---

〔1〕 习近平：《习近平谈治国理政》（第2卷），外文出版社2017年版，第292页。

〔2〕 具体参见《中国人民政治协商会议章程》第3条之规定。

〔3〕 具体参见《中国人民政治协商会议章程》第3条之规定。

〔4〕 参见殷啸虎：“人民政协实践协商民主的路径分析”，载《上海市社会主义学院学报》2013年第2期。

之前和就决策执行过程中的重大事项都应当进行人民政协立法协商，当然立法协商的提出可以是相关部门的提议亦可以是人民政协的主动提交。

（二）以协商民主理念为导向，将人民政协立法协商贯穿于立法之全过程

地方党委领导核心理念。《关于加强社会主义协商民主建设的意见》指出加强协商民主建设，必须坚持党的领导，人民政协立法协商也当然离不开党的领导。具体言之，在外部，地方党委对政协参与的与人大、政府的立法协商活动进行领导，充分发挥党总揽全局、协调各方的领导核心作用。在地方人大、政府、政协内部，依照法律法规或者章程在人大常委会党组、政府党组的领导下开展人民政协立法协商。通过开展专题协商、对口协商、界别协商、提案办理协商等方式，加强人民政协立法协商与党委、人大党组、政府党组之工作衔接。

始终秉持开放包容之理念。广泛开展立法协商就意味着地方立法方式的全面转变，即立法必须从当前部分存在的“封闭”或者“半封闭”状态，向“全面公开”“开门立法”转变。众所周知，立法不仅是立法机关及其法制工作机构、立法者和立法工作者的事务，除此之外的广大民众、社会组织、民主党派等持续广泛参与立法，才属立法权力应然的运行状态。这就需要立法者、立法机关或立法工作机构、人民政协等立法协商主体，秉持“开放与包容之理念”，在立法规划计划的编制、草案起草、重大利益评估、重大事项论证等方面以开放的理念，打破立法机关自身的藩篱，深入开展与人民政协的立法协商，广泛听取各方面的意见和建议，保证地方立法行为的合法性、增强可接受性。

良法善治理念。良法是善治的基础，善治是良法执行的结果。立“良法”、立“管用”之法是立法人始终不渝的追求，更是立法协商制度建构之出发点和归宿。因此，在立法协商实践中的立法协商中，所有协商主体，都应坚守和秉持“良法理念”，努力实现立法上的公平。[1]一方面，在地方立法中应深入开展人民政协立法协商，发挥人民政协协商渠道和平台的重要作用。要让立法能够真正符合和体现最广大人民的意愿，体现人民主权，使立法行为符合民主、科学之要求，为地方治理方式和治理能力的现代化提供过硬的

---

〔1〕参见杨积堂：“立法协商的民主源起与制度构建”，载《北京联合大学学报（人文社会科学版）》2016 年第 4 期。

"制度产品"。另一方面，人民政协立法协商，无论是从立法协商的过程，还是立法协商的结果来看，均应当从当前的零散、碎片化的过程参与，逐渐转向交往、沟通、协调、共识的全过程参与，巩固协同理念，方能有效运转立法协商机制，保证立法的科学性，产出"良法"产品。

(三) 完善人民政协立法协商运作机制，推进规范化建设

首先，立法协商制度建设的基础条件。对于立法协商制度的建设有两种路径，一是条件成熟时可以通过专门立法的形式予以推进。二是通过建立工作制度（制定相关规范性文件）的方式予以实现。前者需要实践经验的积累，理论准备，当前大多数地方尚不具备相应条件。我国的人民政协立法协商实践证明，通过后者，即制度建构的形式能满足当前人民政协立法协商现状需求。当然，制度建构亦有应当遵循的规律性要求，总的来看：一是从建构逻辑上看，相关的制度建构应当从执行党的十八届三中、四中全会决定，党中央《关于加强社会主义协商民主建设的意见》《关于加强人民政协协商民主建设的实施意见》等政策文件的高度，强化《立法法》对立法协商规定的法律精神的贯彻执行。重点要明确人民政协立法协商参与的主体、健全政协委员参与立法协商机制；确定立法协商参与的形式（调研、论证、咨询、评估、委托第三方起草、网上征求意见等）；推进人民政协立法协商中广泛适用讨论、辩论等民主立法方式，强化操作性、执行性。二是立法协商的制度建构应当坚持立法依靠人民、为了人民出发，重视发挥人民政协推进基层民主的重要作用。要按照建构程序合理、环节完整的协商民主体系，推进协商民主广泛多层制度化发展的要求，发挥人民政协作为民主协商重要渠道的作用，在立法的全过程中贯穿广泛的、多层次、多方式的协商活动。[1]其中，最基层的立法协商往往容易被忽视或者不被重视。在现代社会里，社会基层或者底层的个体维护自身权益的能力相当有限、能发出的声音微弱，因此要发挥人民政协作为重要协商渠道、专门协商机构具有的相对超脱的中立性地位优势，通过建立健全基层协商民主建设协调联动机制，收集基层民意、反映基层民情，建立上达国家制度，下及基层治理，有效沟通国家与社会的人民政协立法协商上下互联互通机制。

---

[1] 参见杨积堂："立法协商的民主起源于制度构建"，载《北京联合大学学报（人文社会科学版）》2016年第4期。

其次，人民政协立法协商相关运行机制的建设。人民政协立法协商相关运行机制的建构之重点在于：对立法协商议题之选定、立法协商的召集、协商程序的确定、协商结果的处理与反馈、协商个体权利保障等分别予以规范，明确操作规范，细化操作流程，突出针对性、增强操作性。

第一，人民政协立法协商的组织协调机制建设。相关机制应结合具体的制度安排、立法协商实践需求，分别明确党委、人大、政府、政协（党组）在立法协商组织运行中的功能定位，强化协调组织，形成工作合力。按照党委领导立法，人大及其常委会主导立法，保障人民政协有效进行立法协商的总体要求，构建运转顺畅的组织协调机制。组织协商机制的重点在于建立有效的内部协商和外部协商衔接机制。对此，上海市的“建立内外两套协调机制和开展两次协商”的做法值得借鉴与推广。

第二，推进人民政协立法协商相关重点机制的建设。建立立法规划与计划的意见反馈机制，由人民政协和法制机构牵头，会同政协相关机构，分析整理政协委员提案、社情民意等信息，广泛征求政协委员等对立法工作的意见建议，并以书面形式反馈立法机关法制机构；建立立法计划项目协商通报机制，地方立法机关起草制定年度立法计划时，应当充分考虑人民政协提出的立法建议、对立法计划项目草案的协商意见。立法计划确定后，立法机关法制机构应向人民政协法制机构及时通报，并共同商定人民政协立法协商的重点项目；探索人民政协和法制机构组织专业界别的政协委员，开展地方立法法规草案起草或者联合起草的立法协商方式，促进法规草案起草工作的多样化；建立和完善人民政协立法协商成果运用反馈工作机制，重点对协商成果反馈内容、反馈渠道和方式、反馈程序等予以规范。

第三，完善人民政协立法协商工作的监督机制。在完善人民政协立法协商的前提下，实行普通社会公众和社会组织有权机关等多方面参与的双轨制协商。〔1〕鼓励普通公民、社会团体参与立法协商，扩大公民对立法的参与，提高公民对地方立法的影响力。加大立法公开的力度，对立法过程中形成的全部立法资料都应当纳入立法公开的范围，特别是对人民政协立法协商产生的结果、意见建议的采纳情况等都应当通过正式渠道公开，保证人民立法协

〔1〕 参见蒋先福、张嘉文：“协商民主建设的本土化路径——以立法协商为视角”，载《贵州社会主义学院学报》2016 年第 2 期。

商的透明度。建立人民政协和社会法制委员会、相关专委会主导的立法后评估机制，组织政协委员对已经通过的法规项目开展立法后评估、视察、调研，或以其他形式直接参与立法后评估工作，完善人民政协在法规执行、清理等工作中的立法协商机制。

第四，以专门立法形式建构人民政协立法协商制度。在全面落实依法治国的进程中，推进协商民主制度化建设首先要进一步落实人民政协制度要求，以法律和制度的形式规范协商内容、协商程序。通过明确的法律程序建立、健全协商机制，把现有的制度和政策要求落实下来，从而使人民政协等国家制度层面的协商民主迸发出活力和创造力，才能更好地发挥出协商民主在国家政治生活中的优势和效力。〔1〕可见，长远地看，通过立法的形式对人民政协立法协商予以规范才是保障立法协商科学、规范、有序运作最为有效的方式。

鉴于我国目前立法协商的实践现状，待条件成熟时可考虑在国家法层面制定统一的立法协商法规或者各级层面的规范性文件，实现立法协商工作统一规范、权威有序。在立法中要注重使人民政协立法协商工作更具针对性、实效性、可操作性，明确人民政协在立法协商过程中的地位作用，协商主体、程序、对象，重点要对政协提案、政协会议决议案等参与立法协商的效力予以规定；加大人民政协在立法规划、听证、辩论、评估等参与立法协商的力度；对在立法过程中，大会审议、分组审议、常委会会议审议等立法程序环节的政协委员列席会议、人民政协参与立法协商等作出规定；对立法协商的形式除规定可以采用座谈会、论证会、听证会、公开征求意见等多种形式开展外，可结合实践需求作开放性规定；建立健全立法信息公开机制、立法计划意见反馈机制、立法项目协商通报机制、立法协商意见采纳与反馈机制等相关配套机制，严格立法协商程序规定。在国家实现层面推进人民政协立法协商的制度保障，使立法协商的功能作用得到有效发挥。

---

〔1〕 参见刘俊峰、刘世华："当前我国协商民主格局及其发展趋向论析"，载《天津大学学报（社会科学版）》2015 年第 5 期。

立法评析

会泽历史文化名城保护与地方立法实践

杨洪春*

摘　要：《曲靖市会泽历史文化名城保护条例》（以下简称《条例》）经曲靖市第五届人大常委会第七次会议审议通过，云南省十三届人大常委会第九次会议于2019年3月26日批准，6月1日起实施。《条例》是贯彻习近平总书记提出“要依托现有山水脉络等独特风光，让城市融入大自然，让居民望得见山、看得见水、记得住乡愁”的重要指示和第二十四次全国地方立法工作座谈会精神的实际举措，既是保障国家活动的立法，也具有鲜明的地方特色。本文结合会泽历史文化名城保护中的曲靖地方立法实践粗略作一些探讨。

关键词：地方立法；历史文化名城；地方特色

一、会泽历史文化名城保护的历史现状

会泽历史悠久，在秦汉时为古夜郎地，汉武帝建元六年（公元前135年）设堂琅县，唐置唐兴县，明置东川府，清雍正五年（1727年）置会泽县至今，已有两千多年的历史。东汉时期，会泽铸造锻打的“堂琅铜洗”闻名遐迩，铸有“嘉靖通宝”的开炉纪念币，会泽因矿冶业的兴旺而鼎盛一时，享有“万里京运第一城”和“钱王之乡”的美誉。由于矿冶业的兴旺，吸引了赣、浙、桂、川、黔等地商贾云集，至今会泽留下各省会馆、寺庙100余座，形成了别具一格的铜文化和会馆文化。会泽古城1995年经省人民政府批准为省级历史文化名城，2013年5月18日国务院批准为国家级历史文化名城。规划区面积2.51平方千米，其中历史街区0.92平方千米，包括核心保护区范

* 杨洪春：曲靖市人大法制委员会主任委员。

围 0.7 平方千米，建设控制地带范围 0.22 平方千米。辖区内有省级娜姑历史名镇和国家级白雾名村。会泽古城规划区范围内历史文化资源丰富，历史遗迹保留完整，古城和周边民居风貌别具一格。古城核心区内现存全国重点文物保护单位 8 处，分别是江西会馆、云南会馆、江南会馆、四川会馆、陕西会馆、贵州会馆、湖广会馆、福建会馆；省级文物保护单位 3 处，分别是唐继尧故居、会泽文庙、大佛寺建筑群；市级文物 3 处，分别是张氏住宅、金钟山文昌宫、西来寺；县级文物保护单位 21 处，保存完好的历史建筑 117 处，第三次全国文物普查新发现的文物 8 处；现存历史格局和风貌保存完好的街区 1 片；另有古树名木 359 株，古井 344 眼。近年来，随着城市化进程的快速推进，会泽历史文化名城也不同程度地遭遇到自然毁损和人为破坏的情况，名城保护面临的问题越来越突出，主要表现为：

一是文物损毁现象仍然存在，自然和人为破坏情况日趋严重。名城保护区内历史建筑和文物保护单位的产权复杂，属于集体、私人所有的文物，因多种因素无法进行维护、修缮，部分已严重破损甚至濒临坍塌，文物保护隐患较大。在城市建设的推进中，对历史文化遗址遗迹的挂牌保护和监管工作不到位，把名城保护等同于文物保护，忽视了对名城历史风貌、空间格局和相互依存的自然景观的保护。加之，名城规划编制滞后，虽然编制了会泽县历史文化名城保护规划，但没有得到严格执行和实施，加之资金、技术的原因，一些重点保护单位和重大保护项目规划也未能及时编制到位，影响名城保护。

二是名城保护范围内的违法违规行为突出，危及了名城保护。少数文物景区存在重旅游开发、轻保护管理的问题；旧城改造，破坏有一定价值的街区和民居，拆除原有旧建筑，建起不伦不类的现代仿古建筑；部分商户未按照名城整体风貌设置广告牌匾，在名城保护范围内未经批准或者未按照批准内容修建房屋。这些行为均严重破坏了名城的整体风貌。

三是历史名城保护意识薄弱。会泽历史文化名城具有深厚的历史文化底蕴，具有极高的历史、文化、艺术价值，但对名城保护的展示不够、推介不够、宣传不够，影响到社会对会泽历史文化名城的认识程度，导致部分市民和有关城市管理部门在城市建设项目的实施过程和名城保护工作中偏于一端，忽视了名城保护工作。

四是名城保护的管理机制不顺。文物保护单位产权归属复杂，一些文物保护单位分别属于教育、卫生、旅游等职能部门使用管理，一些文物保护单位属于私人产权，导致会泽历史文化名城管理中存在多头管理、职责权限不清、监管不到位的问题。

五是地方文化内涵挖掘不深。对非物质文化遗产的保护没有提到应有高度，宣传力度不够，对外影响较小，名城非物质文化遗产传承人才后继乏人，对非物质文化遗产的保护、传承发展缺乏系统性和可持续性。

在认真分析总结会泽历史文化名城保护现状的情况下，通过研究制定符合名城实际和特色的保护的地方性法规，明确保护的基本原则，明确历史文化名城、历史文化街区、历史文化名镇、历史文化名村应保护的内容，保护规划编制与审批的基本程序和建设管理规定，专项保护资金的设立，保护工作的监督检查与法律责任等，把会泽历史文化名城工作纳入地方立法保护。

二、会泽历史文化名城保护中的地方立法路径

我国的立法结构采用的是复合多级立法，包括宪法、法律、法规、地方性法规及部门规章等。在现有的历史文化名城保护的法律体系中主要是“两法一条例”，即《中华人民共和国城乡规划法》、《中华人民共和国文物保护法》和国务院《历史文化名城名镇名村保护条例》。同时，建设部也先后出台了《城市紫线管理办法》《关于加强对城市优秀近现代建筑规划保护的指导意见》《历史文化名城名镇名村街区保护规划编制审批办法》等部门规章。云南省人大常委会 2007 年出台了《云南省历史文化名城名镇名村名街保护条例》的地方性法规，增加了名街的保护内容，这些都为曲靖市会泽历史文化名城保护地方立法提供了法律法规依据。

历史文化名城保护已有上位法的规定，关键要结合会泽实际突出地方特色，作出具有针对性、可操作性的规定。为此，在会泽历史文化名城保护地方立法的理念上，系统把握会泽历史文化名城保护现状和突出问题，并将其作为重点内容进行法律制度设计。总结近年来会泽在历史文化名城保护工作中的一些好的做法和经验，吸收到具体条文内容中，以立法形式固定下来。同时，坚持问题导向，对会泽历史文化名城保护反映出来的问题，在具体条文内容中予以规制，突出这部地方性法规的特色和针对性、可操作性。

（一）保护范围

在保护范围上，实行物质文化与非物质文化遗产一体保护的理念。物质

文化表现的载体城市形态与非物质文化的载体历史文脉实为历史文化名城不可或缺的两大构成要素，前者是后者的外观表征，也是后者存续的物质基础和评估依据。会泽古城保护理念经历了从点到面，再到全面保护的演进过程。在会泽城市总体规划的基础上，根据城市的历史价值、地理条件、民族特征、布局现状、建设需要和发展限度作出综合性的专业规划，具体分为三个保护层次：一是重点保护层次，最能显示文化环境个性特征的历史街区、地段和文化遗址，如螳琅街、文庙、唐继尧故居等；二是一般保护层次，老城区基本保存平面的历史格局，重点突出了重要文物风景的风貌，如传统民居、传统名街和老字号等；三是历史分区的借景层次，这是边缘景观和外延景观如何烘托呼应、协调一气的一个重要层次，如文化景区的完美离不开它的外围的借景，“景宜借，而不宜夺”。

在会泽历史文化保护中，虽然古城传统的城市空间、城市街道被保留下来，但其整体的城市环境已不复存在。因此，在立法保护的指导思想上，对会泽历史文化名城应该采取“活态保护”。历史文化街区包括历史建筑在形式风貌上应当充分尊重历史沿革与文脉，运用历史建筑保护的理念和方法对建筑外规进行专业化、有机性的修整，但原有的居民，应当尽可能让他们继续照常地生活和工作，这样才会使这些历史文化街区因为真正地延续了其历史文脉更富人文气息，更有生命力。同时，也要建设服务于现代人的设施，服务于群众的日常生活。在历史街区与历史地段的保护上，应重点从完善基础设施配套，提高环境质量入手，维持原有的街巷格局与建筑风貌，维持原有的城市社会生活形态，维持原居民稳定的生活习惯、民风民俗、宗教信仰、民间工艺等历史文化内容。在发展上古城与新区分开，古城区以历史文物、文化艺术、传统工商业和旅游业为主；新区以经济贸易、现代服务业为主。既全面保护了古城风貌，又为城市注入了新的活力，走出一条适合会泽发展的城市化道路。

（二）制度设计

在制度设计上，注重政府与利害关系人之间的利益协调。会泽历史文化名城保护立法中注重协调名城所在地政府与以下两种利益关系人的利益关系：

一是政府与文化遗产产权人的利益关系。地方立法在明确文化遗产所有权人应承担保护义务的同时，也应当明确所有权人享有的权利。避免在名城保护中权利与义务不对等，给相关利害关系人的合法权益造成损害，使会泽历史文化保护的制度设计能得到广泛的社会认同。此外，对于会泽历史文化名城确认的标准、非物质文化遗产登记及传承人的确认应当向社会公布，听取相关利害人的意见。

二是政府与文化遗产经营者之间的利益关系。会泽历史文化名城保护的价值在于对当地旅游业发展的促进，但实践证明，在历史文化保护中过度开发文化遗产旅游资源的思路，反而会加速名城的破坏。在实践中，名城相关单位或者身兼保护者与经营者双重身份，或者与经营者共享利益，都应当承担历史文化名城保护中的积极义务。

三、会泽历史文化名城中存在问题的立法对策

按照以提高立法质量为中心的立法工作思路，会泽历史文化名城保护在立法调研中注重真实性和有效性，更加关注制度设计的科学性和合理性，关注法律之间的协调统一，关注地方性法规在实际社会生活中的实施效果，在制度设计和具体规范上尽量避免宣示性条款，增加可操作性条款。

(一) 成立名城保护委员会，加强名城保护的综合协调

注重立法的政策取向，根据中共中央办公厅、国务院办公厅《关于进一步加强和完善机构编制管理，严格控制机构编制的通知》要求，各地区各部门拟订法规或法律草案不得就机构编制事项作出具体规定。为了加强会泽历史名城的管理，理顺工作关系，条例规定了会泽县人民政府应当成立名城保护委员会，负责统一协调名城保护有关部门的工作，推进综合执法工作。明确了名城保护委员会综合协调议事机构的性质定位。同时，明确街道和村(居) 委员会没有规定名城管理的职责权限，会泽县有关街道办事处和村(居) 民委员会应配合做好辖区内名城保护管理的相关工作。

(二) 设立名城保护宣传日，增强名城保护意识

为了加强对会泽历史文化名城保护的宣传工作，提高公民、法人和其他组织对名城的保护意识和积极性，结合会泽历史文化名城保护现实，根据国务院 2013 年 5 月 18 日批准会泽为国家级历史文化名城的时间节点，条例明确把每年的 5 月 18 日作为会泽历史文化名城保护宣传日。

(三) 依法界定保护范围，建立名城保护名录制度

遵循名城保护规划，名城保护是一个整体，而不仅仅是保护几个区、几条街、几幢房的问题。它实质上是对名城整体工作的一个全面认识问题和工

作的综合反映，它涉及城市规划管理的方方面面。根据国务院批准的会泽历史文化名城保护规划，会泽县人民政府应当加强名城规划管理工作。条例规定了名城保护重点是历史城区东至翠屏直街，南至金钟山顶，西至大佛寺牛家祠堂，北至通宝路，总面积2.51平方千米；白雾名村东至沙坝口铁塔、南至白雾村田园机耕路、西马家沙沟、北至后公共路上延20米，面积0.53平方千米。对名城保护对象，会泽县人民政府应当加强名城规划管理工作，建立名城保护名录制度，保护名录应当载明保护对象的名称、区位、界限、形成时间和历史价值等，并向社会公布。

（四）加强对非物质文化遗产及其传承人的保护

在会泽历史文化保护的非物质文化遗产中，斑铜的制作工艺被列入国家的非物质文化遗产保护内容。为了突出对这一非物质文化遗产的保护，条例对铜商文化与斑铜工艺、土陶工艺、庙会、堂琅古乐等非物质文化遗产的保护作了分别规定。铜商文化不属于非物质文化遗产，明确对铜商文化与斑铜工艺、土陶工艺、洞经音乐、小唱灯等非物质文化遗产实行分别保护，明确保护责任主体，培养非物质文化遗产传承人，并通过提供必要的传承场所和传承补助经费等措施，支持非物质文化遗产代表性传承人开展传承、传播活动。

（五）明确政府保护责任与所有权人、经营者之间的权利、义务关系

文物的修缮、保养是历史文化保护立法中反映的重点和难点问题，条例对所有权人、使用人的修缮保养义务及权利关系作出明确规定，切实解决好所有权人、使用人拒不履行保养修缮义务以及政府抢救性修缮后的相关问题。条例明确规定了国有不可移动文物由使用人负责修缮、保养，非国有不可移动文物及历史建筑由所有权人负责修缮、保养。非国有不可移动文物有损毁危险，而所有权人不具备修缮能力的，会泽县人民政府可以与所有权人协商产权置换；所有权人有修缮能力拒不修缮的，会泽县人民政府可以进行抢救性修缮，所需费用由所有权人承担；不能通过上述两种方式处理的，会泽县人民政府可以依法征收。此外，针对保护中由主观原因或不可抗力造成损毁的情况，条例明确规定因保护不力导致历史建筑有损毁危险的，由会泽县人民政府责令所有权人、使用人限期进行修缮；因不可抗力原因导致历史建筑有损毁危险的，会泽县人民政府责令所有权人、使用人及时采取补救措施。

四、结语

全面依法治国是“四个全面”的战略思想和战略布局要求之一，也是促进社会公平正义、维护社会和谐稳定的根本要求。落实到历史文化名城保护，就是要推进地方法规、规章及其配套政策建设，将会泽历史文化名城保护工作全面纳入法治化、规范化轨道。会泽历史文化名城、娜姑历史文化名镇、白雾历史文化名村是我国历史文化遗产的重要组成部分。切实保护好这些历史文化遗产，是保持民族文化传承、增强民族凝聚力的重要文化基础，也是建设社会主义先进文化、深入贯彻落实科学发展观和构建社会主义和谐社会的必然要求。随着国民经济和社会的发展，城镇化进程明显加快，建设与保护的矛盾日益突出，需要在法治化的实践中，发挥规划引领作用，增强保护意识，加大法律法规执行力度，推进会泽文化名城、名镇、名村保护工作步入良性的法治轨道。

设区市地方立法“有特色”的实现路径分析
——以云南省曲靖市等7个设区市人大及其常委会制定的实体性地方性法规为例

程 旭 吕 静*

摘要：“有特色”是提高设区市地方立法质量的重要途径，是保持地方立法活力的重要因素。在设区市人大及其常委会制定实体性地方性法规的实践中，“有特色”具体体现为：在立法选题方面，贴近本地实际，反映了民众需求；在法规篇幅和形式方面，体例完整；在法规内容方面，与本地实际有较高的契合度。2016年以来，云南省所有设区的市的立法工作已全面展开，但在具体实践中存在缺乏地方特色的问题。学界对设区的市人大及常委会制定地方性法规“有特色”的研究视角主要围绕法律规范的视角进行研究，对其进行实证视角的研究不够。经验表明，设区的市人大及其常委会立法的特色可以通过准确把握“不抵触”的边界，找准设区市地方立法“有特色”的空间，准确定位设区市地方立法的目的等路径来实现。

关键词：设区的市立法 ；“有特色”；途径

“法向人类开放出了诸多全新的可能性并赋予了人类以一种支配自己命运的新的力量观或权力观”。[1]立法作为人类社会文明的表现方式，作为实现社会资源分配或再分配的手段和创制社会规制的载体，在调整社会关系、引领和推动实现社会发展进步中发挥了极大作用。对于现代国家而言，立法权的

---

* 程旭：昆明理工大学法学院2016级法学理论专业研究生，云南省曲靖市人大常委会内司委办公室主任；吕静：云南省宣威市人大常委会办公室副主任。

〔1〕［英］哈耶克：《法律、立法与自由（第一卷）》，邓正来等译，中国大百科全书出版社2000年版，第113页。

行使决定着整个社会权力配置的状态，关系着国家和社会的基本格局。新修订的《中华人民共和国立法法》（以下简称《立法法》）赋予了设区市在城乡建设与管理、环境保护、历史文化保护等方面具有制订地方性法规的权力，可以看到，中国目前正处在一个立法空前繁荣的时代。地方立法权主体的扩容，不仅迅速回应了一定区域内社会关系中出现的新问题，而且弥补了一些中央立法的空白，避免了一定区域内社会关系出现失范状态。地方立法权主体的扩容这一现状，积极而迅速地回应了设区市社会关系中凸显出的新情况，一定程度上填补了中央立法的某些空白，同时还避免了设区市社会关系所出现的失范样态。然而，地方立法权主体的扩容，也产生了不少负面的影响，如低层次立法、抵触立法、重复立法、冲动立法等，其所导致的后果就是“立法质量与法律权威性下降，立法不能与其他法治环节协调统一发展，从而有害于社会主义法制的完善。”〔1〕“有特色”是提高设区市地方立法质量的重要途径，“有特色”始终是地方立法保持活力的要素，是衡量地方立法质量的重要标准，也是检验地方立法能力水平的试金石。”〔2〕学界对于地方立法特色的边界与内省探讨相对丰富，但是，把设区市地方立法实践和立法成果中凸显“有特色”作为考察对象，进行的实证研究相对单薄。本文梳理了云南省7个设区的市在不同的地域、经济社会的发展水平、文化的独特性当中的立法实践和成果，并进行粗浅的实证分析，掌握设区市地方立法在“有特色”这一关键问题上的实际状况，以期发现规范、学理与实践之间的距离并提出解决路径。

一、地方立法“有特色”的提出和法律渊源

（一）肇始提出地方立法“有特色”

1979年7月，首次以国家法的形式确定了地方立法权。〔3〕上海市人大常委会在1983年的《上海市人大常委会工作报告》中提出地方立法要“具有地方特

〔1〕参见黄晓明：《寻求立法数量与质量的平衡——对中国立法现状的分析与思考》，法律出版社1998年版，第269页。

〔2〕参见李适时：“扎实推进设区的市地方立法工作 为‘四个全面’战略布局提供坚实法治支撑”，载《地方立法研究》2016年第1期。

〔3〕1979年颁布实施的《中华人民共和国地方各级人民代表大会和地方各级人民政府组织法》规定，省级人大及其常委会根据本行政区域的具体情况和实际需要，在和国家宪法、法律、政策、法令、政令不抵触的前提下，可以制订和颁布地方性法规，并报全国人民代表大会常务委员会和国务院备案。

色”，〔1〕在这个报告中陈述了“制订具有地方特色的地方性法规”的缘由系回应全国人大常委会的要求。可以说，行使地方立法权的起始阶段，缺乏立法实践的锤炼，对于地方立法应当体现地方特色，更多的是理论上的逻辑演绎抑或是回应上级要求，对于地方立法应当“具有地方特色”，立法实践中没有具体的应用，理论研究也没有深入的探讨。加之改革开放初期，改革还处于摸索过程中，地方立法的主要任务是解决“无法可依”的问题，“快速立法”“本地的实际和需求”〔2〕成为20世纪80年代地方立法的重要任务，所造成的地方立法的与上位法冲突和无秩序，在90年代受到了一定的关注，1992年学界提出了“地方立法要体现地方特色”〔3〕并进行了理论方面的阐释。到21世纪初期，经过20年的快速立法，各地“无法可依”的问题基本得到解决。

2000年3月，《立法法》的颁布实施，使立法权限划分、立法的基本程序有了比较明确可靠的法律依据。在探索提高地方立法质量的历史过程中，2001年全国人大常委会李鹏委员长第一次提出“地方立法要体现地方特色”，2002年全国人大常委会工作报告对地方特色作了方向性的界定〔4〕。此后，学界开始对地方立法特色的关注度越来越高，出现了从对地方立法性质的特色研究转向地方立法实体内容的特色研究，“有特色”也被立法理论界和立法实践者公认为地方立法必须遵守的“三原则”之一。近年来，通过凸显地方立法特色提高立法质量，已经成为学界和地方立法实践者的共识。但值得注意的是，这个共识往往是停留在泛泛而谈的“立法原则”的层面，在理论内涵方面的研究显得单薄，对“有特色”的实践价值也没有深入地探索。因此，何为地方立法的特色？地方立法“有特色”要怎样实现？这是一个需要长期探索和不断实践的课题。

（二）“有特色”的法律渊源

关于地方立法“有特色”的问题，《中华人民共和国宪法》《以下简称

〔1〕 1983年上海市第八届人民代表大会第一次会议上的《上海市人大常委会工作报告》提出：“制定地方性法规，必须以国家宪法和法律为依据，从本市的实际情况出发，因地制宜，具有地方特色。”

〔2〕 参见郭道晖主编：《当代中国立法》（上），中国民主法制出版社1998年版，第53页。

〔3〕 参见唐孝葵主编：《地方立法比较研究》，中国民主法制出版社1992年版，第60页。

〔4〕 2002年的《全国人民代表大会常务委员会工作报告》中提出：“地方特色”就是“从本地的具体情况和实际需要出发，需要规定什么就规定什么，使地方性法规有针对性和可操作性，真正对地方的改革、发展、稳定工作起到促进和保障作用”。

《宪法》》中并未作出规范。但是，“八二宪法”出台以后，《中华人民共和国地方各级人民代表大会和地方各级人民政府组织法》（以下简称《地方组织法》）虽然经过多次的修改，在地方立法方面的规定均是“根据本行政区域的具体情况和实际需要”〔1〕的要求，这其实可以认为是地方立法“有特色”的法律源头。2000 年出台的《立法法》，首次以国家法律的方式，对地方立法的范围进行了完整的表述〔2〕。在地方立法理论研究的层面，十分值得注意的一点是，关于地方立法“有特色”的问题，国家层面的法律首次明确“地方性事务”这一概念，在语境和实质中已经包含了地方特色的内容，但并未在条文中予以明确体现。

二、地方立法“有特色”的内涵

（一）地方立法“有特色”的评析

立法实务界对地方立法“有特色”的理解通常是“符合本地的具体情况和实际需要”〔3〕。立法理论界对地方立法“有特色”也进行了积极探讨，主要有以下几个方面：一是地方立法“有特色”，是指地方立法要反映本地的特殊性，也就是说地方立法要能够充分反映当地的经济、政治、法制、文化、风俗、民情等立法调整的需要，在此基础上，地方立法不但要有强烈的针对性，还要把解决当地的突出问题作为目标；〔4〕二是地方立法“有特色”，是指地方立法首先不与中央立法冲突，从一定行政局域内经济发展、自然环境、

---

〔1〕 1982 年和此后修正的《中华人民共和国地方各级人民代表大会和地方各级人民政府组织法》均规定：“省、自治区、直辖市的人民代表大会根据本行政区域的具体情况和实际需要，在不同宪法、法律、行政法规相抵触的前提下，可以制定和颁布地方性法规，报全国人民代表大会常务委员会和国务院备案。”

〔2〕 2000 年出台的《中华人民共和国立法法》第 64 条规定：地方性法规可以就下列事项作出规定（一）为执行法律、行政法规的规定，需要根据本行政区域的实际情况作具体规定的事项；（二）属于地方性事务需要制定地方性法规的事项；（三）除本法第八条规定的事项外，其他事项国家尚未制定法律或者行政法规的，省、自治区、直辖市和较大的市根据地方的具体情况和实际需要，可以先制定地方性法规。2015 年修改后的《立法法》第 73 条仍保留了与此基本相同的表述。

〔3〕《中华人民共和国立法法》第 72 条第 1 款、第 2 款的规定：“省、自治区、直辖市的人民代表大会及其常务委员会根据本行政区域的具体情况和实际需要，在不同宪法、法律、行政法规相抵触的前提下，可以制定地方性法规；设区的市的人民代表大会及其常务委员会根据本市的具体情况和实际需要，在不同宪法、法律、行政法规和本省、自治区的地方性法规相抵触的前提下，可以对城乡建设与管理、环境保护、历史文化保护等方面的事项制定地方性法规。”

〔4〕 参见周旺生：《立法学》，法律出版社 2009 年版，第 282 页。

民族风俗、历史水平的实际出发，总结立法实践的经验，讲究立法的创新，在有操作性的基础上，还要体现鲜明的时代性和显著的地方性；[1]三是地方立法“有特色”，就是指地方立法者在选定立法事项和确定立法时机时的选择因素；[2]四是中央立法主要是解决普遍性、综合性、规律性的问题，地方立法的关注点应当放在当地的经济社会发展水平差别性和多样性，充分考虑本地经济社会、生态环境、自然地理、历史文化、民族习惯、风土人情等情况，通过地方立法创造性地解决地方事务中的问题。[3]

（二）地方立法“有特色”的内涵

笔者认为，尽管学界对地方立法“有特色”的概念进行了深入研究，作出了不同的表述，但是，可以提炼出“有特色”的内涵。首先，达成地方立法“有特色”的目标，首要的条件是地方人大及其常委会制定的地方性法规不与宪法、法律和行政法规抵触，在此基础上，还要反映出所调整的社会关系的独特性、差异性、特殊性。其次，地方立法“有特色”，其核心是应有效衔接本地经济、政治、文化、社会、风俗、历史等立法需求，符合当地的实际情况。最后，地方立法“有特色”，最为关键的是地方立法要能够解决本地突出的而中央立法尚未解决、不宜解决或难以解决的问题。

三、设区市地方立法“有特色”的实证分析

（一）曲靖市等7个设区的市出台地方性法规概况

2015年11月26日，云南省十二届人大常委会第二十二次会议决定授予昭通等7州市人民代表大会及其常务委员会自2016年3月1日起开始制定地方性法规的职权。2016年7月28日，云南省十二届人大常委会第二十八次会议决定授予楚雄等8州市人民代表大会及其常务委员会开始制定地方性法规职权。至此，云南省除昆明市外的其他15个设区的市和自治州人大及其常委会具备了制定地方性法规的职权。本文选取了曲靖、玉溪、保山、昭通、丽江、普洱、临沧等7个设区的市（以下简称曲靖市等7个设区的市）制定的

---

〔1〕参见孙政主编：《地方立法框架下——立法技术研究》，沈阳出版社2009年版，第28页。

〔2〕参见张伟：“评价地方性法规的若干标准”，载山东省人大常委会法制工作室编：《地方立法研究》，山东人民出版社1991年版，第140页。

〔3〕参见李高协：“再议地方立法的不抵触、有特色、可操作原则”，载《人大研究》2015年第9期。

地方性实体法规作为分析样本，基于上述关于“有特色”的内涵的分析，我们把曲靖市等7个设区的市制定的地方性法规中的程序性法规剔除，把已经形成“《条例（草案）》”并正在公开征求意见的实体性条例纳入分析范畴，以期为当下的立法实践提供及时的支持。

表1　云南省曲靖市等7个设区的市制定地方性法规具体情况表

设区的市	制定法规名称	法规（草案）
曲靖市	《曲靖市人民代表大会及其常务委员会立法条例》 《曲靖市建设工程施工现场管理条例》	《曲靖会泽历史文化名城保护条例（草案）》
普洱市	《普洱市古茶树资源保护条例》	
昭通市	《昭通市人民代表大会及其常务委员会制定地方性法规条例》 《昭通市城市管理条例》	
玉溪市	《玉溪市新平哀牢山县级自然保护区条例》 《玉溪市城镇绿化条例》 《玉溪市森林防火条例》	
保山市	《保山市昌宁田园城市保护条例》	《保山市龙陵松山抗战遗址保护条例（草案）》
丽江市	《丽江市城市管理条例》	《丽江市人民代表大会及其常务委员会制定地方性法规条例（草案）
临沧市》	《临沧市人民代表大会及其常务委员会制定地方性法规条例》 《临沧市古茶树保护条例》 《临沧市南汀河保护管理条例》	《临沧市城乡清洁条例（草案）》

注：本表所列数据截止时间为2018年9月30日。

（二）对云南省曲靖市等7个设区的市制定的实体性地方法规“有特色”的实证分析

1. 在立法选题方面，基本上贴近本地实际，反映了民众的普遍需求

从对13部地方性法规《审查结果的报告》的甄别来看，目前从这13部地方性法规的选题和立法目的上看，均以解决本地的突出问题为目标。例如：

随着城市化进程的快速推进，昭通市、丽江市的城市建成区范围不断拓展，在城市管理体制上长期存在职责不清、职能交叉、多头执法以及占道经营、噪音扰民、违法建设等问题，迫切需要制定城市管理条例，推进城市管理综合行政执法，两地人大常委会分别制定了当地的城市管理条例。普洱市、临沧市均拥有丰富的古茶树资源和悠久的种茶、制茶历史，近年来，随着古茶树茶叶产品价格提升，受经济利益的驱使，一些地方出现了乱采滥挖、伐树采摘、采挖移植古茶树等破坏古茶树资源的现象，古茶树的生存、资源生态受到严重威胁。为了加强对古茶树资源的保护，规范古茶树资源管理和开发利用活动，普洱、临沧两地的人大常委会分别制定了古茶树（资源）保护条例。曲靖市作为云南省人口最多和经济发展速度最快的地级市，近年来，建筑业企业总数和从业人员逐年猛增，加之建筑企业综合素质参差不齐，监管部门在开展工作的过程中，发现有的法律、法规规定过于原则性，处罚的界限不清，导致执法和监管的难度较大。为了规范建设工程施工现场的管理，曲靖市人大常委会制定了《曲靖市建设工程施工现场管理条例》。昭通市针对在城市管理体制机制方面长期存在的职责不清、体制不顺、行政管理资源分散、多头执法等问题，制定了《昭通城市管理条例》。为打造良好的生态环境和优美的田园景观，建设生态宜居山水田园城市，保护昌宁县城田相映、山水相依、城镇村落有机融合的田园城市风貌，保山市人大常委会所制定的《保山市昌宁田园城市保护条例》属于创制性立法，没有直接上位法。

2. 在法规篇幅和形式方面，内容和体例较为完整

曲靖市等7个设区的市从被授予地方立法权以来，截至2018年9月30日，共制定17部地方性法规和法规（草案），地方性法规的程序性法规3部、实体法规10部。此外，尚有《保山市龙陵松山抗战遗址保护条例（草案）》《曲靖历史文化名城保护条例（草案）》等3部实体性地方性法规和《丽江市人民代表大会及其常务委员会制定地方性法规条例（草案）》正在公开征集公民意见。我们纳入本文分析的13部地方性实体法规，其中城乡建设与管理方面的地方性法规6部，环境保护方面的地方性法规5部，历史文化保护2部，13部地方性实体法规在体例方面均采用了“条例”的体例，共计503条。13部地方性法规条款最少的一部是《保山市龙陵松山抗战遗址保护条例（草案）》有23条，其次是《玉溪市新平哀牢山县级自然保护区条例》29条，条款最多的是《临沧市城乡清洁条例（草案）》有61条，其次是《玉

溪市森林防火条例》48 条。11 部地方性法规采取了分章结构，章的数量在 5 章至 7 章之间，未采用分章结构的只有 2 部［《昭通市城市管理条例》《保山市龙陵松山抗战遗址保护条例（草案）》］。

3. 在法规内容方面，与本地实际的契合度比较高

观察 13 部地方性实体法规的条文内容，均与本地的经济社会、生态环境、自然地理、历史文化贴合度比较高。例如，《临沧市城乡清洁条例（草案）》第 4 章“城乡容貌建设和管理”当中的第 38 条规定，市、县（区）、乡（镇）人民政府、街道办事处所在地的建筑和农村的建筑应当突出传统文化、民族特点、地域特点，其造型、色调和风格应当与周围环境、景观相协调，并保持整洁、美观。《临沧市城乡清洁条例（草案）》第 25 条对生活垃圾由住（用）户清扫、分类、定点倾倒和环卫部门分类收集、清运、处理进行了规定，在第 52 条规定“违反第 25 条规定，不按照要求倾倒垃圾的，给予警告，并责令改正，拒不改正的，处以 200 元以下罚款”属于创制性的条款。《临沧市古茶树保护条例》第 25 条规定“有关生产、加工、流通企业和个人，在古茶树产品经营活动中掺杂使假的，由市、县（区）市场监管行政部门会同有关部门依法查处；构成犯罪的，依法追究刑事责任。”其所设定的处罚没有法律法规参照，而是根据古茶树管理需要设定。在《临沧市古茶树保护条例》中引用的相关法律法规处罚条款，多数只有上限，没有下限设置。而在《条例》法律责任的设置上，在上限不变的前提下，增设了下限，缩小了处罚自由裁量权空间。《保山市昌宁田园城市保护条例》第 5 条规定了昌宁田园城市保护范围设定三级保护区对昌宁田园城市保护范围实行分区保护。《曲靖会泽历史文化名城保护条例（草案）》第 13 条规定“名城保护区范围由核心保护区、建设控制区、风貌协调区构成”。

四、云南省曲靖市等 7 个设区的市制定的实体性地方法规在“有特色”方面存在的问题

通过上文的分析可以看出，云南省曲靖市等 7 个设区的市的地方立法实践回应了本地需要的立法理念，选题具有较强的针对性，有的条例在内容上是对上位法的细化，有的条例在一定程度上填补了一些制度方面的空白，进而丰富了地方社会治理的制度资源。但就我们纳入分析的这 13 部设区市人大常委会制定的地方性法规在“有特色”方面而言，也凸显出一些问题：

（一）“多次立法”——在立法技术方面“有特色”没有得到凸显

从纳入分析的13部地方性法规的具体条文来看，授权条款普遍存在，有部分法规还要求政府据其出台具体实施办法，其实就是还需要“多次立法”才能建立较为明确的权利和义务分配模式，例如：《玉溪城市管理条例》第52条规定“市、区人民政府可以根据本条例制定城市管理的具体实施办法”。从新闻报道的阐述看：“根据《玉溪城市管理条例》赋予的权力，玉溪市人民政府研究制定出台了《玉溪市城市绿化办法（试行）》《玉溪市城市集贸市场管理办法（试行）》《玉溪市城市二次供水卫生管理办法（试行）》《玉溪市城市养犬管理办法（试行）》等10个配套办法。这是否意味着设区市的地方性法规未能结合本地实际作出具体的细化？地方治理中对有效的途径是否还是政府的红头文件呢？从实践的情况看，政府的红头文件，尤其是政府各个部门的红头文件，跟地方性法规相比，往往更具体、更具可操作性。然而，这给地方治理所带来的隐患是毫无疑问的。那么，立法作为制度设计，从立法通过法律规范权利义务的功能又在哪里呢？这是不是‘良法劣质运行’的现象反映？从设区市的立法的实践来看，立法过程中各方意见分歧较大、利益冲突比较激烈，为此立法者对各方意见进行了相当程度的平衡，从而使各方在利益冲突和意见分歧当中选择了妥协。当然，这符合立法的基本规律，也契合‘立法是妥协的艺术’的事实。透过现象我们可以看到的是，立法者可能也认识到，仅依据所制定的地方性法规，所调整的主体对自身的行为不能作出清晰合理的预期，不能准确地对立法成本、适用对象的守法成本和违法成本进行比较，进而合理决定自己的行为。这种沿袭上位法常用方法的立法技术使得位于我国社会主义法律体系最底端的设区的市立法难以承担落实国家赋予设区的市立法权以推动提升地方治理法治化水平的意图。”

（二）“方便管理”——行政管理色彩浓郁

立法作为一种管理、处理问题的手段，较重视对现有管理体制的维护，在13部地方性实体法规中，带有“管理”的有4部，其他带有“保护+管理”性质有7部。从这13部法规的立法目的的说明中可以看出，立法者的动因是“不好管”，立法的目的是“便于管理”。其实质是行政机关以对社会管理权力的片面强化为目的，通过借助地方立法的手段，主要规定行政机关，特别是行政执法机关对社会的管理职权，强化其管理公民法人和其他社会组织的强制手段，强调公民的守法义务以及对公民违反地方性法规的处罚和强制措施。另一方面，地方性法规对于行政机关权力的监督和制约视而不见，在制定地方性法规时，忽视对公民合法权益的保障。应该说，立法的精神应当聚焦于充分保障和完全实现公民、法人和其他组织合法权益，并以构建制约公权力，保障和实现私权利为最高目的。

(三)“无视规则”——部分条文增加公民义务

例如《临沧市南汀河保护管理条例》第 11 条第 2 款规定：“任何单位和个人都有依法保护南汀河流域生态环境、参与防汛和抢险救灾的义务。”关于保护环境的义务，《中华人民共和国环境保护法》第 6 条规定“一切单位和个人都有保护环境的义务”，《临沧市南汀河保护管理条例》规定“任何单位和个人都有依法保护南汀河流域生态环境”的义务，在这里毋庸置疑。但是，关于参与防汛和抢险救灾的义务，《中华人民共和国防洪法》第 6 条的规定是“任何单位和个人都有保护防洪工程设施和依法参加防汛抗洪的义务”，《中华人民共和国河道管理条例》第 9 条的规定是：“一切单位和个人都有保护河道堤防安全和参加防汛抢险的义务。”上位法只规定了一切单位和个人有参加“防汛抗洪”和“防汛抢险”的义务，并未对“救灾”行为作出义务性规范，《临沧市南汀河保护管理条例》第 11 条第 2 款的规定与上位法的规定和精神相悖，属于增加公民、法人和其他组织义务。

五、对设区市地方立法“有特色”实现路径的思考

马克思说：“立法者应该把自己看作是一个自然科学家。他不是在创造法律，也不是在发明法律，而仅仅是在表述法律。他用有意识的实在法把精神关系的内在规律表现出来。……如果一个立法者用自己的臆想来代替事物的本质，那么我们就应该责备他的极端任性。”[1]设区的市地方立法在中国特色社会主义法律体系建设中居于最底端的位置，其承担着确保《宪法》、法律、行政法规和本省、自治区、直辖市的地方性法规有效落实到本行政区域法治实践中的重要职能，设区市地方性法规的内容的特色状况决定了其立法质量的高低，也是法规针对性、可操作性的具体体现。设区的市地方立法要实现“有特色”，大致可以从以下几个方面入手：

---

〔1〕 马克思：“论离婚法草案”，载《马克思恩格斯全集》（第 1 卷），中共中央马克思·恩格斯列宁斯大林著作编译局译，人民出版社 1956 年版，第 183 页。

（一）准确把握“不抵触”的边界

首先，设区市地方立法“有特色”的第一层次的维度是维护“法制的统一性”，抑或是遵守“不抵触”原则，《立法法》对设区市制定地方性法规首要的限制性规定是“根据本行政区域的具体情况和实际需要”和“不同宪法、法律、行政法规和本省、自治区的地方性法规相抵触的前提下”。如此，“法制统一性”和“不抵触”是地方立法的“有特色”的基础，从设区市地方立法的从属性来看，既不能与《宪法》、法律、行政法规和本省、自治区、直辖市的地方性法规相抵触，当然也不能与《宪法》、法律、行政法规和本省、自治区、直辖市的地方性法规的原则精神相抵触，即直接抵触和间接抵触。设区市地方立法中地方特色当中的“特”不是特殊，如果设区市地方立法违背了“法制统一性”的要求，超出了权限，那最终的后果只会是无效。其次，设区市地方立法“有特色”的另一个维度是要排除“地方保护主义”或者是“部门利益保护主义”。“有特色”与地方保护主义、部门利益保护主义的性质完全不同，“有特色”是设区市地方立法的生命线，是设区市地方立法存在的价值和根本条件；而地方保护主义和部门利益保护主义违背的是法律公平正义的基本精神，也违背设区市地方立法的基本原则。破坏的是国家法制统一性。如果设区市人大及其常委会借地方立法“有特色”之名，行地方保护主义部门利益保护主义之实，将地方保护主义和部门利益法制化，最终的结果就是把地方立法带入歧途。

（二）无法律依据不得违法增加公民、法人和其他组织的义务

从政治学和社会学的视角看，公民承担的义务角色所构成的是对公民行为的一种限制，是公民个人进入公共交往的承诺，于此，公民将要对义务行为付出努力和辛苦，因为履行义务去解除他人所处的的苦难困境，需要自己付出努力，这种付出努力包括了痛苦的因素，那么公民内心要产生义务感，则一定要克服这种痛苦，产生快乐。而当不幸发生时，没有其他人可以依靠，人们会感到自己责无旁贷。但是他人的需求不会立刻变成义务感，当不幸或灾难对公民造成刺激以后，公民期望通过自己的努力与付出来减弱不幸或者灾难，当看到他人和社会恢复了平静与安乐，会让公民感到自己有力量、有能力去挽救他人、给社会创造福祉，个人对他人的社会义务通过间接的社会义务和直接的社会义务表现出来，这些义务的设定不同于血缘关系基础之上的自然义务，也不同于根据自由竞争价值观或社群团结所设立的宪法基本义

务，义务就是权利的边界，公民的权利义务由法律的规定而获得，义务产生于法律对责任的界定，有些义务即使是"对世权"其设定也需要限制。在我国，公民直接的社会义务在逐年增加，但是按照《立法法》的精神和原则，只能由法律来设定公民直接的社会义务。

（三）找准设区市地方立法"有特色"的空间

有学者认为，地方立法的功用主要体现在三个方面：一是实施性。就是地方立法的主要任务是实施国家法律、行政法规，其性质是对上位法的进一步细化和补充。二是地方性。通过地方立法自主解决具有地方特殊性的事项。三是先行性。在《宪法》和《立法法》设定的国家专属立法权之外，国家没有立法的情况下，可以进行先行先试，为国家立法提供一定的立法实践经验[1]。由此把地方立法分为执行性、自主性和先行性的地方立法。一般认为，自主性地方立法和先行性地方立法的地方特色较为明显，执行性地方立法不具有地方特色或地方特色很弱。笔者认为，设区市地方立法的"有特色"存在于各类地方立法之中。执行性地方立法除了贯彻执行国家的法律、行政法规之外，另一个重要的任务就是要结合设区市的实际情况和客观需求，目的要关注于解决地方的实际问题，执行性地方立法一方面是为了贯彻执行国家的法律、行政法规，另一方面还要结合设区市地方的具体情况和实际需要，着眼于解决地方的实际问题，在现有法律框架内对其中部分条款根据地方的实际需要进行细化、明确化和具体化。它是将法律的普遍性和地方的特殊性有机地结合起来，在某种程度上弥补了中央立法之不足，是要体现地方特色的。与执行性地方立法相比，自主性地方立法和先行性地方立法的地方特色更为鲜明。自主性地方立法不是为了执行上位法，也不需要上级机关的授权，而是按照《宪法》、《地方组织法》和《立法法》的规定，对本地的经济、教育、科技、文化、卫生、体育等地方性事务自我决定是否立法以及立法内容等。地方性事务是"与全国性事务相对应的、具有地方特色的事务，它不需要由国家法律、行政法规来做出统一规定"[2]，而应由地方在维护国家法治权威的前提下，根据本地的实际自主进行立法，因地制宜、灵活多样地解决

〔1〕 参见罗铭、藏博："地方立法要突出地方特色"，载《南方日报》2015年6月8日。

〔2〕 参见王崟屾：《地方立法权之研究——基于纵向分权所进行的解读》，浙江工商大学出版社2014年版，第111页。

本地方的特殊问题，突出立法的地方特色。设区市地方先行性地方立法是指设区的市的人大及其常委会依据《宪法》第5条第3款、《立法法》第72条第2款[1]、《地方组织法》第7条[2]的规定，在中央专属立法事项[3]之外，对国家尚未制定法律、行政法规在城乡建设与管理、环境保护、历史文化保护等方面的事项，根据设区市地方的具体情况和实际需要制定地方性法规的行为。先行性地方立法要充分彰显地方特色，既应立足于当地实际，也应尽可能地增加一些前瞻性、创新性的条款，运用先进的立法理念和科学的立法手段，充分发挥地方立法的导向作用。

(四) 准确定位设区市地方立法的目的

彭真同志指出："马克思主义的活的灵魂，就在于具体地分析具体的情况，由地方依据中央总的方针，从自己的实际情况出发来立法，可以更好地解决本地的问题。"[4]设区市地方立法的根本任务是解决当地社会生活中的问题，可以说，这是设区市地方立法的基本方针。设区市地方立法要以设区市地方社会生活中存在的问题为导向，实施精准立法和精细立法，才能充分发挥设区市地方立法在解决设区市地方社会生活中最急迫解决的问题的作用。一是要找准设区市地方立法的方向。要与当地的社会生活的实际有效衔接开

---

〔1〕《中华人民共和国立法法》第72条第2款规定，设区的市的人民代表大会及其常务委员会根据本市的具体情况和实际需要，在不同宪法、法律、行政法规和本省、自治区的地方性法规相抵触的前提下，可以对城乡建设与管理、环境保护、历史文化保护等方面的事项制定地方性法规，法律对设区的市制定地方性法规的事项另有规定的，从其规定。设区的市的地方性法规须报省、自治区的人民代表大会常务委员会批准后施行。省、自治区的人民代表大会常务委员会对报请批准的地方性法规，应当对其合法性进行审查，同宪法、法律、行政法规和本省、自治区的地方性法规不抵触的，应当在四个月内予以批准。

〔2〕《中华人民共和国地方各级人民代表大会和地方各级人民政府组织法》第7条第2款规定，"设区的市的人民代表大会根据本市的具体情况和实际需要，在不同宪法、法律、行政法规和本省、自治区的地方性法规相抵触的前提下，可以制定地方性法规，报省、自治区的人民代表大会常务委员会批准后施行，并由省、自治区的人民代表大会常务委员会报全国人民代表大会常务委员会和国务院备案。"

〔3〕按照《中华人民共和国立法法》第8条的规定，中央专属立法事项是指"国家主权的事项；各级人民代表大会、人民政府、人民法院和人民检察院的产生、组织和职权；民族区域自治制度、特别行政区制度、基层群众自治制度；犯罪和刑罚；对公民政治权利的剥夺、限制人身自由的强制措施和处罚；税种的设立、税率的确定和税收征收管理等税收基本制度；对非国有财产的征收、征用；民事基本制度；基本经济制度以及财政、海关、金融和外贸的基本制度；诉讼和仲裁制度；必须由全国人民代表大会及其常务委员会制定法律的其他事项"。

〔4〕《彭真文选》，人民出版社1991年版，第387页。

展立法，要有的放矢，这是设区市地方性法规具有可行性和有效性的重要保障。二是要增强设区市地方立法的可操作性。有学者提出，“地方的立法早已不是单纯地对中央立法的重述，在现行的立法体制下基于地方之间竞争与民众需求的压力，各地的立法都在寻求制度性创新，尽管这种创新都是在先行先试的法定条款下进行的”〔1〕“法律目的的权威性和法律秩序的整合性来自更有效率的法律制度的设计”〔2〕。因此，设区市地方立法最根本的任务是在有针对性的基础上，通过地方性法规对本行政区域内权利义务分配模式的创新，同时要注重立法的经济效益，以最优的权利义务分配模式解决本地的实际问题。三是要避免设区市地方立法文本的趋同。要避免设区市地方立法文本与法律法规，省、自治区、直辖市的地方性法规的趋同性，不能简单移植法律法规，省、自治区、直辖市的地方性法规的内容，还要避免设区市地方相互之间的趋同，不同的地方的社会生活千差万别，其权利义务分配模式固然迥异，故要避免设区市地方立法的趋同性，就应在衔接地方的特殊需求中凸显设区市地方立法的个性化与差异化，形成鲜明的地方特色。四是选准设区市地方立法的体例。设区市地方立法体例是设区市地方立法的地方特色的外在体现，具有十分重要的作用。设区市地方立法要以解决地方的实际问题为皈依，不能以追求立法文本形式上的完整性为目的，搞“大杂烩”，使得所制定的地方性法规冗长不堪。

六、结语

总之，对当前快速发展的中国来说，已经营建出了设区市地方立法发展的热土，但同时，我们应当看到，设区市地方立法的道路并不是一蹴而就的，在这个过程中还有许许多多的问题需要我们去面对和解决。笔者始终认为，在“不抵触”的前提下，充分的发挥设区市地方人大及其常委会的积极性和主动性，才能真正地了解和挖掘当地的立法特色，并把所挖掘的地方特色充分融入设区市地方立法的实践中，设区市地方立法才会真正发挥其在保障和促进当地经济和社会发展，构建和谐的社会关系的职能作用，设区市地方立

〔1〕 徐清飞：“权能分治下的我国地方立法：法律与实践”，载《学术研究》2011年第9期。

〔2〕［美］P. 诺内特、P. 塞尔兹尼克：《转变中的法律和社会：迈向回应型法》，张志铭译，中国政法大学出版社2004年版，第89页。

法才有其根植的土壤。同时也应当看到，设区市地方立法是国家立法整体中的重要组成部分，其产生和发展过程凝聚了设区市地方人大及其常委会的经验。只有精准地把脉国家的发展路线和方针政策，通过自身的经验来弥补中央立法的不足之处，才是地方立法质量提高的有效对策。

论“全覆盖”语境下监察权的“谦抑”行使

——以监察委员会对人大代表作出政务处分为中心

陈胜强*

摘要：国家监察体制改革因修宪和制定《中华人民共和国监察法》（以下简称《监察法》）而获得正当性。作为与“一府两院”平阶的二级权力结构，监察委员会嵌入并重塑了“八二宪法”体制。在反腐无禁区、监察“全覆盖”语境下，监察委员会成为握在人民手中的监督公职人员依法、廉洁履职的一把“利刃”。然而，监察“全覆盖”并没有预设一个凌驾于其他公权力之上的“权力特区”，《监察法》对监察委员会的宽泛授权应在权限规范和程序规范的具体限定下理解。在人民代表大会制度下，各级监察委员会对人大代表作出政务处分时应遵循依法且“谦抑”的原则，从严适用《公职人员政务处分暂行规定》（以下简称《政务处分暂行规定》）相关条款。在未来，制度匹配与衔接应是监察领域“二级”立法或修法活动的中心工作。

关键词：监察委员会；“八二宪法”体制；人大代表；政务处分；“全覆盖”与“谦抑”

当前，我国的国家监察体制改革已然进入“深水区”，并以2018年修宪和制定《监察法》为标志而形成了中国特色监察体制的“四梁八柱”。根据《中华人民共和国宪法》（以下简称《宪法》）规定，各级监察委员会（以下简称监察委）的性质是“监察机关”（第123条）、其地位与“一府两院”平阶（第3条、第126条）。《监察法》进而将各级监察委界定为行使国家监察职能的“专责机关”，宽泛规定了各级监察委拥有三项职能（第3条）、三项

* 陈胜强：河南大学法学院副教授，法学博士。

职责（第11条），并以详尽的权限规范和程序规范辅之，以实现监察“全覆盖”、反腐无禁区的目标，最终推进国家治理体系和治理能力的现代化。

在监察“全覆盖”语境下，各级人大及其常委会机关的公务员（乃至人大代表）均在监察对象之列，监察委有权对作出职务违法行为的他们予以政务处分。2018年4月，中共中央纪委、国家监察委出台了《政务处分暂行规定》，明确了监察委对公职人员作出政务处分的依据、手续和程序。然而，进行法条的仔细比对后，我们发现《政务处分暂行规定》与《监察法》并非“无缝对接”：根据《监察法》，作为“机关”的监察委是次于人大的“二级权力结构”〔1〕，产生于人大、对人大负责并受其监督；但监察委又可对“个体”意义上的人大及其常委会机关中的公务员进行监察。作为《监察法》第11条之细化，《政务处分暂行规定》第11条规定了对公职人员给予政务处分所应履行的手续，但涉及人大代表的规定中没有使用《监察法》第15条中“人大及其常委会机关中的公务员”的用语，而是以“人大代表”泛称，这就有引发歧义之虞。本文便从此切入，分析了国家监察体制改革对“八二宪法”体制的适应与重塑，并从法条理解的“原旨主义”出发阐明了“全覆盖”语境下监察权应当“谦抑”行使的理据。

一、国家监察体制改革“于宪有据”

国家监察体制改革是事关全局的重大政治体制改革，自试点地区先行先试以来便备受关注。这项宏大改革在中央的顶层设计下，充分汲取了历史和域外经验，以“三驾马车”向“一马当前”的转型为显著特征。〔2〕2018年修宪和制定《监察法》后，国家监察体制改革进入了“深水区”并形成了中国特色监察体制的“四梁八柱”。在表层意义上，修宪和立法赋予国家监察体制改革以合法（宪）性、正当性；在深层意义上，国家监察体制改革是“八二宪法”体制对变迁中国社会的宪制回应，而监察委的设立则有机嵌入并重塑了“八二宪法”体制。

首先，国家监察体制改革是“八二宪法”体制对变迁中国社会的宪制回

〔1〕参见秦前红等：《国家监察制度改革研究》，法律出版社2018年版，第11~12页。

〔2〕参见秦前红：“困境、改革与出路：从‘三驾马车’到国家监察——我国监察体系的宪制思考”，载《中国法律评论》2017年第1期。

应。马克思主义学者的共识是，经济基础决定上层建筑，但上层建筑又具有能动的反作用。制度经济学者进而强调，制度质量对一国经济社会发展绩效具有决定作用。改革开放以来，中国重新回到世界舞台的中央，其秘诀在于科学总结了中国社会的主要矛盾并通过良好的制度供给回应社会需求。在1978年实现了伟大的历史转折后，党中央把党的八大对我国社会主要矛盾的表述精简凝练为“人民日益增长的物质文化需要同落后的社会生产之间的矛盾”，制定和坚持了正确的路线方针政策。现行宪法将“一个中心、两个基本点”这一党的基本路线法定化，发挥着“定海神针”作用。由于在社会的发展变化中内因起主要作用，改革便成为“中国发展生产力的必由之路”“决定中国命运的一招”。[1]社会发展不停歇，改革开放不止步。现行《宪法》公布实施以来，中国共产党领导中国人民根据社会情势变化及时修宪、制法，着力打造法治化、现代化、国际化的营商环境。于是，非公有制经济、市场经济体制、依法治国、人权保障等内容依次“入宪”，并以法律法规等次级制度加以匹配。丰裕的制度供给，造就了中国奇迹。党的十八大以来，中国特色社会主义取得了全方位、开创性的历史成就，推动我国社会在需求和生产两个方面发生了深刻变化，我国社会主要矛盾已经转化为“人民日益增长的美好生活需要和不平衡不充分的发展之间的矛盾”。在这样的背景下，“四个全面”成为新时代中国特色社会主义建设的战略布局。为了落实“四个全面”战略布局，也为了更好地回应人民在公正、法治等方面的关切，党中央启动了国家监察体制改革，以修宪赋予其宪制正当性、以立法明晰监察委在“八二宪法”体制中的“二级权力结构”地位。在新时代，极富弹性的“八二宪法”体制通过“做加减法”满足了社会主要矛盾变化情势下的制度供给需求。

其次，监察委作为“二级权力结构”嵌入“八二宪法”体制。人民拥有制宪权是立宪主义的原点。新中国的制宪权源于中国共产党领导中国人民取得新民主主义革命胜利并掌握国家政权的事实，“人民政权的性质决定了制宪权的人民性与自主性”。[2]在人民掌握制宪权的基础上，中国共产党领导中国人民[3]根据社会情势的变化先后制定了“共同纲领”、“五四宪法”、“七五宪

[1] 《邓小平文选》第3卷，人民出版社1993年版，第136、368页。

[2] 周叶中主编：《宪法》（第三版），高等教育出版社2011年版，第87页。

[3] 陈端洪教授将“中国人民在党的领导下”视为我国宪法的“第一根本法”，参见陈端洪：“论宪法作为国家的根本法与高级法”，载《中外法学》2008年第4期。

法”、“七八宪法”和“八二宪法”。作为民主事实法律化的基本形式，这些宪法文本的核心议题是如何将中国共产党与中国人民、中国共产党与中华人民共和国之间的中国特色政治关系予以法律化表达。〔1〕“八二宪法”继承了“共同纲领”以来的历部宪法性文件所确认的社会主义民主政治传统，把党的领导、人民当家作主和依法治国的有机统一确认为核心政治原则，并把人民代表大会制度作为落实这一核心政治原则的基本载体。

人民代表大会制度的主要内容有二：一是关于人大的产生、组织和职权方面的制度，二是人大与其他国家机关相互关系的制度。〔2〕“八二宪法”关于人民代表大会制度的“总揽性”规定体现为《宪法》正文第2条、第3条。其中，第2条宣示了人民主权的原则，并以各级人大作为人民行使国家权力的基本途径；第3条将第2条规定细化为民主集中制的国家机构组织与活动原则：各级人大产生于人民、对人民负责、受人民监督，是作为主权者的人民之下的“一级权力结构”；“一府两院”产生于人大、对人大负责、受人大监督，是人大领导下分工负责、相互制约的“二级权力结构”。人大与人民的受权和监督关系、“一府两院”与人大的受权和监督关系，是人民代表大会制度的精髓。国家监察体制改革启动以来，监察委整合了纪委、检察机关和政府监察部门的职权，实现了对公职人员的“全覆盖”，这与之前相比做了“加法”；但监察委又以公职人员的廉洁履职情况为监督的行为对象，这与之前相比做了“减法”。“做加减法”有力促进了集中统一、权威高效的中国特色国家监察体制的形成，也巩固了反腐败斗争的压倒性胜利态势。2018年修宪和制定《监察法》将试点地区总结出的经验予以推广，并给予监察委以法定地位——行使国家监察职能的专责机关。但需要指出的是，作为新权力的监察权并非与人大的领导权平行，而是在人大领导权之下。《宪法》和《监察法》中关于监察委与人大之间的“受权和监督”关系、人大常委会组成人员与监察委“人员不兼容”、监察权与行政权“剥离”、监察委与“一府两院”“互相配合、互相监督”等规定将监察权置于“二级权力结构”地位，监察委也就有机嵌入到了“八二宪法”体制之内。

最后，监察委重塑了“八二宪法”体制。自从国家监察体制改革启动以

〔1〕参见翟志勇：“监察委员会与‘八二宪法’体制的重塑”，载《环球法律评论》2017年第2期。

〔2〕参见蔡定剑：《中国人民代表大会制度》，法律出版社2003年版，第25~26页。

来，监察权的性质、监察委的地位始终是学界讨论的热点。在张建伟教授看来，学界关于监察权性质的讨论或者奉行“依现代国家和政治的原理和规则”，或者“不在乎现代之所谓国家和政治的原理和规则，以实用为取向”，于是，“若以三权学说划分国家权力，新的监察权仍属于行政权范畴；若不以三权学说自囿，监察权当然可以视为立法权之下与行政权、司法权并立的权力”。[1]要廓清围绕在监察权性质和地位问题上的迷思，需要在新中国宪制安排对前共和时代中国政治传统的承继与更新中审视。一般认为，前共和时代的中国并无权力分立的传统，而是形成了皇权体制下的权力分工传统——皇权“受命于天”，是一切权力的原点（最高决策权），在皇权之下，行政权、军事权、监察权分工制约。新中国的政权组织模式肇基于中国共产党领导的新民主主义革命，在革命过程中承继并更新了前共和时代的政治传统，即在政权合法性论证上延续了“先进集团——先进理念——政治斗争——民心和天下”的思维框架，在宪法秩序上实现了民主集中制对君主集权制、公民身份对臣民身份、依法治国方略对法律工具论的更替。思维框架的承继说明了中国始终是中国，宪制安排的更替则说明了社会主义中国又绝非封建王朝。在当代中国，人大领导下的“一府一委两院”的分工负责制是基本宪制安排。因此，徒然将监察权绳之以三权学说，有悖于我国系民主集中制国家的现状。

实际上，监察权就位以后，“八二宪法”体制经历了重塑，形成了功能意义上的决策、执行、监督分工制约的新体制。这即是，人大（在政协辅助下）作为“一级权力结构”发挥着决策的功能，“一府两院”作为人大之下的“二级权力结构”发挥着执行的功能，而同样作为“二级权力结构”的监察委则发挥着常态化监督的功能。这样一来，在整体意义上，决策、执行、监督各权需要相互尊重、分工合作以保证各权的自洽与它们之间的互洽；在个体意义上，监察委作为常态化监督机制对所有溢出职务的违法行为（包括各级人大及其常委会机关公务员的职务违法行为）进行监督以保证公职人员依法、廉洁用权。在嵌入“八二宪法”体制的同时，监察权有着独立的宪制地位，正强化着中国宪制安排的“话语”、整合着中国宪制安排朝功能主义迈进。

---

〔1〕 参见张建伟：“法律正当程序视野下的新监察制度”，载《环球法律评论》2017 年第 2 期。

二、监察“全覆盖”没有预设“权力特区”

监察权“入宪”并匹配以立法，为监察委依法独立行使职权提供了法律依据。《宪法》通过专节规定监察委、调整涉及监察委（或监察权）的相关条款进行了授权，《监察法》则融组织规范、（监察官）身份规范、权限规范、程序规范于一体，将《宪法》中的授权规定予以具体化。作为常态化的监督主体，监察委拥有督促公职人员依法、廉洁履职的宽泛职权；作为国家公权力的一部分，监察委又要“防止灯下黑”，做到“打铁自身硬”。不仅政治纪律要求纪检监察人员秉公用权、廉洁从政，《监察法》本身也对监察权设置了权力的边界。这即是说，监察“全覆盖”并没有给监察委预设一个可以豁免或减轻责任的“权力特区”。具体而言：

一方面，《宪法》《监察法》对作为机关的监察委施加了流程控制。依法治国首先是依宪治国。《宪法》第 127 条规定，各级监察委应当依法独立行使监察权，并且在办理职务违法和职务犯罪案件时应与审判机关、检察机关和执法部门互相配合、互相制约。这一条文与《宪法》中的“受权和监督”规定、“人员不兼容”规定、“与行政权剥离”规定蕴含着监察权的运行应当以宪法和法律为根本遵循的精神。《监察法》作为《宪法》的“施行法”、监察领域的“基本法”，通过事先的组织和权限法定、事中的分工制约机制、事后的监督机制，给监察委行使职权画了轨迹、描了路线。根据《监察法》，第一，监察委作为人大之下的“二级机关”，其职权来自于人大的授权，凡人大未通过立法授予的权力，监察委不得行使。第二，监察委具体行使职权时，既要恪守“法无明文规定不得为”的原则，又要接受来自系统内部和外部的制约力量。对于监察委的处理决定，当事人有权在监察系统内部寻求复审和复核救济；检察院对于监察委移送的案件拥有裁量权；行政执法部门和法院分别通过特殊调查措施的实施权和审判权发挥着制约作用。第三，监察委还面临着事后的监督机制的约束，这表现为人大的权力监督、人民政协的民主监督、公民法人和其他组织的社会监督、新闻媒体的舆论监督。从这些规定来看，作为机关的监察委实际上被置于全流程控制之中，这与其“二级权力结构”的宪制地位正相称。

另一方面，《监察法》中组织规范与权限规范、程序规范的辩证关系又要求监察委工作人员审慎用权。《监察法》的一个亮色是实现了公职人员的监察

“全覆盖”。根据《监察法》第15条的规定，上至中央党政机关、下至基层群众性自治组织、横向至受托行使社会公共权力的公共机构中的所有公职人员皆在监察对象之列。明晰了监察对象后，接下来的问题是监察委的监察内容。从《监察法》第11条的规定可以看出，各级监察委主要实施廉洁监察，至于说被废止的《中华人民共和国行政监察法》（以下简称《行政监察法》）中提到的执法监察、效能监察则不甚彰显（或者说不是监察工作的重心）。〔1〕要解决这一问题，需要在实践中总结经验并最终上升为立法的明确规定。但即便是廉洁监察本身，《监察法》第3条、第11条的概括规定与第4章“监察权限”、第5章“监察程序”的具体规定之间的关系也需详加斟酌。

《监察法》第3条赋予监察委对所有行使公权力的公职人员进行监察、调查职务违法和职务犯罪、开展廉政建设和反腐败工作三项职能，第11条赋予监察委监督、调查、处置三项职责。〔2〕从职能、职责的汉字语义和《〈中华人民共和国监察法〉释义》（以下简称《〈监察法〉释义》）的解读来看，监察委在廉洁监察方面拥有宽泛的权力，涵盖了事先预防、事中调查和事后处置的全过程。如果把这两个条文和第15条结合起来理解，我们会发现所有公职人员在廉洁从政方面接受着全方位的常态化监督。那么，监察委的宽泛职能或职责如何实现呢?《监察法》第4章“监察权限”、第5章“监察程序”分别从实体和程序两大方面进行了具体规定。其中，在政务处分方面，中纪委、国家监察委又出台了《政务处分暂行规定》将《监察法》第11条、第45条的规定具体化。法律（法规）的权威在于实施。在制度依据已备的前提下，监察委在实践中如何具体行使职权呢?这就涉及公法原理上的一个重要命题：组织规范的宽泛授权（概括授权）与行为规范的具体要求如何协调。

我们先从一个典型例证开始。《中华人民共和国人民警察法》第6条第（2）项和第7条对人民警察进行了概括授权。根据这些规定，人民警察有维护社会治安秩序、制止危害社会治安秩序行为的职责；人民警察对违反治安管理或者其他公安行政管理法律法规的相对人依法可以实施行政强制、作出行政处罚。这种概括授权赋予了人民警察在行政执法中的广泛裁量权。但这

〔1〕 这种倾向实际上在中央对试点地区的授权方案和决定中就可以看出端倪。对此问题的分析，参见李忠：“国家监察体制改革与宪法再造”，载《环球法律评论》2017年第2期。

〔2〕 参见中共中央纪律检查委员会、中华人民共和国国家监察委员会法规室编：《〈中华人民共和国监察法〉释义》，中国方正出版社2018年版，第63、88~95页。

并不意味着人民警察在具体的行政执法时就可以“直接依据有关警察任务和职权的概括条款规定，合义务性裁量采取必要的手段”，全面依法行政要求人民警察开展具体执法活动（特别是作出即时强制决定）时“必须要有个别法律的具体授权”。〔1〕这实际上表达了：对国家机关的概括授权规范不宜成为其实施具体行为之依据的公法原理。以此视之，对于专责行使国家监察权的监察委而言，《监察法》第3、11条的概括规定应当在第4章“权限规范”、第5章“程序规范”的具体限定下理解。换言之，各级监察委在监察实践中要以这些具体规范以及其他法律法规（如《中华人民共和国公务员法》（以下简称《公务员法》）《行政机关公务员处分条例》等）的具体规定为依据，而非单纯地从概括规定中宽泛裁量采取必要的手段，这对依规治党、依法治国至关重要。此外，遵从“上位法优于下位法”的原则，也是作为公权力行使部门的监察委的应尽职责。

综上而论，夺取反腐败斗争的压倒性胜利要求构建集中统一、权威高效的国家监察体制，设立“双重负责”的监察委是落实这一目标的“关键一招”，监察委的独立宪制地位有其法理、制度和实践之逻辑。但即便是在监察“全覆盖”语境下，基于人民代表大会制度、基于廉洁秉公用权要求，作为机关的监察委要受到事前、事中和事后的全流程控制，监察委工作人员要处理好授权规范（概括规范）与权限、程序规范（具体规范）的关系、“上位法与下位法”的关系，依法、审慎行使监察权。

三、全面依法治国要求监察权“谦抑”行使

《监察法》出台后，各级监察委开展工作有了“基本法”，再加上《公务员法》《中华人民共和国法官法》《中华人民共和国检察官法》《中华人民共和国企业国有资产法》《行政机关公务员处分条例》《事业单位人事管理条例》《事业单位工作人员处分暂行规定》《国有企业领导人员廉洁从业若干规定》《农村基层干部廉洁履行职责若干规定（试行）》等法律法规规章，各级监察委开展监察工作的依据基本齐备。在对公职人员进行政务处分方面，中共中央纪委、国家监察委出台的《政务处分暂行规定》进一步明确了前述法律法规规章的“依据”地位，基本上形成了一个要素齐备、结构严谨的体系。既

〔1〕 余凌云：《行政法案例分析和研究方法》，中国人民大学出版社2008年版，第154页。

然监察"全覆盖"没有预设"权力特区"，各级监察委在实践中就应依法、审慎行使职权，尤其是涉及对人大代表作出政务处分之时。于是，本文的落脚点便是监察委对职务违法的人大代表作出政务处分应当遵循依法且"谦抑"的原则。理由在于：

其一，人大代表的"特殊性"要求监察委作出政务处分时应依法且"谦抑"。《宪法》第2条在确认人民主权原则的基础上，将各级人大作为人民行使国家权力的基本途径。进而，《中华人民共和国全国人民代表大会和地方各级人民代表大会代表法》（以下简称《代表法》）第2条明确了全国人大代表和地方各级人大代表的地位——国家权力机关组成人员，第5条并将人大代表在人大会议期间和闭会期间的活动都视为"执行职务"。接下来的问题是，人大代表如何执行职务？《中华人民共和国全国人民代表大会组织法》（以下简称《全国人大组织法》）第4条第1款规定，全国人大代表按照选举单位组成代表团，第2款进而以"代表团在会议举行前""代表团在会议期间"的表述方式规定了人大代表的职权。《中华人民共和国全国人民代表大会议事规则》第7条、《代表法》第8条以及《中华人民共和国地方各级人民代表大会和地方各级人民政府组织法》（以下简称《地方各级人大和地方各级政府组织法》）相关条文有着类似规定。这些规定说明了，在各级人大会议期间，人大代表是以集体的形式行使提案权、建议权、选举决定权等权力。在各级人大闭会期间，根据《代表法》第20条的规定，代表在闭会期间的活动以集体活动为主，以代表小组活动为基本形式；《代表法》第40条进而把县级以上人大常委会的办事机构和工作机构作为代表执行职务的集体服务机构，而《地方各级人大和地方各级政府组织法》第14条把乡（民族乡）镇人大主席、副主席作为联系本级人大代表并安排组织代表开展活动的服务机构。在具体开展活动时，《代表法》基本上采用了"代表根据安排"进行视察、专题调研、列席相关会议的表述方式。在此方面，《全国人大组织法》《地方各级人大和地方各级政府组织法》中有着类似规定。这同样说明了，在各级人大闭会期间，人大代表也是以集体的形式行使着《宪法》和相关法律所赋予的权力。根据公法原理，代议机构享有自律和自治之权，在人民代表大会制度下，人大不独是代议机构更是权力机关，故对于人大代表以集体形式行使的立法、监督、决定、任免等权力，监察委员会不得施以监察。〔1〕为此，《监察法》第15条规定的监察对象是人大及其常委会机关的公务员。

根据《〈监察法〉释义》，"人大及其常委会机关的公务员"包括县级以上各级人大常委会领导人员，乡镇人大主席、副主席；县级以上各级人大常委会工作机构和办事机构的工作人员；各级人大专委会办事机构的工作人员。〔2〕根据宪法和相关组织法的规定，县级以上人大常委会组成人员、乡镇人大主席、副主席不得担任"一府一委两院"的职务，他们由各级人大从人大代表中选任，而一般认为，县级以上各级人大常委会的领导人员包括正副主任(或委员长)、秘书长、副秘书长，故本条释义表现出"限定性"。进而，我国县级以上人大常委会普遍设立办公厅、法工委、代表资格审查委员会等办事机构和工作机构，县级以上人大设立专委会，这些机构的组成人员（如人大常委会工作机构的主任、副主任、委员，人大专委会的主任、副主任、委员）也在人大代表中选任。但这些机构除了组成人员外，尚有众多并非各级人大代表的工作人员，故本条释义在涉此类主体方面既表现出"限定性"，又表现出"扩张性"。此外，按照职务身份来分，我国各级人大代表可分为党政领导干部和普通人大代表。以全国人大代表为例，在2980名第十三届全国人大代表中，党政领导干部代表1011名，占33.93%；一线工人农民代表468名，占15.70%；专业技术人员代表613名，占20.57%。〔3〕人大代表职务构成的多样性、广泛性，决定了本条释义应当根据代表的职务身份来理解。

因此，在不得监督"集体"的基础上，《〈监察法〉释义》对本条的理解显示了：①作为监察对象的"人大及其常委会机关的公务员"具有"限定性"，它限于从人大代表中选任的人大及其常委会机关的领导人员、办事机构和工作机构的领导人员（秘书长、副秘书长，主任、副主任）；②作为监察对象的"人大及其常委会机关的公务员"又具有"扩张性"，它还包括不具有人大代表身份的人大及其常委会办事机构、工作机构的工作人员；③既担任

〔1〕参见秦前红："监察体制改革的逻辑与方法"，载《环球法律评论》2017年第2期。

〔2〕参见中共中央纪律检查委员会、中华人民共和国国家监察委员会法规室编：《〈中华人民共和国监察法〉释义》，中国方正出版社2018年版，第109页。

〔3〕《2980名十三届全国人大代表的代表资格确认全部有效 具有广泛代表性》，载中国人大网：http://www.npc.gov.cn/npc/cwhhy/12jcwh/2018-02/25/content_2038370.htm，最后访问日期：2018年10月10日。

党政领导干部，又是人大代表的，一般应理解为不在本条释义所涵盖范围之内，而应列入一般公务员的范围；④既非人大及其常委会机关公务员，又非党政领导干部的人大代表，一般应认为不在监察对象之列；⑤在监察对象之列的上述人员，受监督的行为主要是行使职权但又溢出职务的那些行为如贪污贿赂、渎职失职等职务违法和职务犯罪行为。这即是说，人大代表行使职权的方式、人大代表来源构成的特殊性，决定了监察委作出处分应依法且“谦抑”。

其二，维护社会主义法制统一和尊严的宪法原则要求监察委对人大代表作出政务处分时应依法且“谦抑”。《中华人民共和国立法法》（以下简称《立法法》）第8条和第9条作出了“法律保留”，第73条规定地方性法规可以在第8条规定的事项外且无上位法依据并有现实需要时可以进行“自主性立法”，第80、82条规定行政规章应主要是执行性的且在无上位法依据的情况下不得减损公民、法人和其他组织的权利或增加其义务。《立法法》的这些规定是《宪法》第5条维护社会主义法制统一和尊严的宪法原则的具体化。既然监察委依法独立行使监察权、不受行政机关、社会团体和个人非法干涉，既然监察委对人大代表作出政务处分时尤应审慎，那么监察委“所依何法”便是关键的问题。在政务处分方面，《政务处分暂行规定》第2条规定的“依据”有法律、行政法规和部门规章，如果涉及地方公职人员，还可能包括地方性法规和政府规章。

依法治国首先是依宪治国，依法执政关键是依宪执政。《宪法》和《中国共产党章程》（以下简称《党章》）分别对国法体系和党规体系预设了一个位阶体系，内在要求下位法遵从上位法。一方面，《中国共产党党内法规制定条例》第2~4条对党内法规的制定权限、名称作出规定，第25~27条对党内法规的效力位阶予以明确。以此审视，《政务处分暂行规定》由中共中央纪委发布，在党规体系内，《政务处分暂行规定》属于党内法规，其效力低于《党章》和党的中央组织所制定的以准则、条例为名称的中央党内法规。另一方面，《宪法》《立法法》和相关组织法的规定构建了一个“一元两级多层次”的立法体制，[1]从行使立法权的主体来看，主要有一般立法（由有权的人大及其常委会为之）、行政立法、军事立法三个类别。正由于此，国法体系内形

〔1〕 参见周旺生：《立法学》，法律出版社2009年版，第149~150页。

成了宪法、法律、行政法规、地方性法规、规章的效力位阶。以此审视,《政务处分暂行规定》由国家监察委发布,并不属于国法体系内的五种类别之一。但如果考虑国家监察委在国家机构中的地位,它应当能发布"监察法规",其效力可与行政法规相当(但这需要《宪法》和《立法法》在将来予以明确)。此外,《中国共产党党内法规和规范性文件备案规定》第14条要求,建立党内法规和规范性文件备案审查与国家法规、规章和规范性文件备案审查衔接联动机制。既然中央纪委和国家监察委合署办公,它们联合发布的《政务处分暂行规定》在党规体系至少与省级党委制定的党内法规效力相当,在国法体系中至少与地方性法规效力相当。但毋庸置疑的是,无论是在党规体系内理解,还是在国法体系中理解,《政务处分暂行规定》的效力是低于法律的。根据前文对《监察法》第15条涉及人大代表规定的理解,在下位法遵从上位法原则下,各级监察委对人大代表作出政务处分在实体和程序上应当主要以《监察法》和相关法律为依据,在适用《政务处分暂行规定》时应当相当审慎。

那么,各级监察委如何依法且"谦抑"地对人大代表作出政务处分呢?笔者以为,在当前,各级监察委需要做好两个方面的工作:其一,以《监察法》和《代表法》为遵循,严格解释《政务处分暂行规定》中"人大代表"的用语。根据《政务处分暂行规定》第11条第(3)项的规定,监察委按照管理权限依法对各级人大代表给予政务处分时应向其所在的人大常委会通报。根据前文分析,本项中的"管理权限"应当理解为在监察委的管辖范围内且属于《监察法》第15条第(1)项中所列的人大及其常委会机关中的公务员。这就意味着:①监察委按照管理权限作出政务处分的对象应当限定在县级以上人大常委会领导人员、乡镇人大主席、副主席,县级以上人大常委会工作机构和办事机构的工作人员,县级以上人大专委会的办事机构的工作人员;②对于党政领导干部类人大代表应当按照其党内、行政内职务身份而参照《公务员法》给予政务处分;③对于既非人大及其常委会工作人员,也非党政领导干部的普通人大代表(包括县级以上人大常委会的普通委员、县级以上人大常委会工作机构的普通委员、县级以上人大专委会的普通委员,以及其他普通人大代表)应当不在监察对象之列;④本项中"通报"也不能仅仅理解为事后的、程序性的报告,而是要在《宪法》《代表法》及相关组织法的框架内理解,即尊重人大及其常委会自律权基础上的报告义务。对于人大及其常委会机关中公务员的职务违法行为，监察委在查明情况后应向同级权力机关报告，尽量由人大及其常委会自行作出政务处分。

其二，严格遵从政务处分的实体和程序条件。由于人大代表行使职权方式和人大代表来源构成的特殊性，即便在少数情况下要由监察委作出政务处分，监察委也应严格遵从政务处分的实体和程序条件。这即是：①职务违法的认定依据应当是《政务处分暂行规定》第3条所列依据中的法律、法规，规章作为认定依据应当有严格的限制；②职务违法应当是人大及其常委会机关公务员利用公职身份实施的贪污贿赂、渎职失职等方面行为，而非他们执行立法、决定、监督等职权行为；③对于作出政务处分前的调查阶段所采取的措施（特别是留置措施），要履行《代表法》和其他相关法律所规定的报批或报告义务；④对人大及其常委会机关公务员作出政务处分要以《政务处分暂行规定》的程序为依据，但这种依据要在上位法规定的程序下理解；⑤充分发挥监察机关“双重负责制”的优点，下级监察委在给予人大及其常委会机关公务员政务处分中遇到疑难问题应及时层报至国家监察委，由其与人大有关机关（如全国人大常委会法工委或全国人大宪法和法律委员会）协商后作出权威性解释。

当然，涉及对职务违法的人大及其常委会机关公务员作出政务处分，最终的解决方案是由全国人大及其常委会制定统一的《中华人民共和国公职人员政务处分法》，并在其中明确“人大及其常委会机关公务员”的具体范围、职务违法行为种类以及政务处分的特殊程序。此外，在统一的国家立法过程中，还需全国人大及其常委会协调好与《宪法》《监察法》《代表法》等相关法律规定的关系。

民法典编纂背景下的账债抵押

——基于“分编草案”的立法思考

雷秋玉 许 盛*

摘 要： 民法典编纂背景下，应当重新审视我国的“应收账款”质押制度。该制度存在显著的体系性矛盾，以抵押规则改造质押规则，存在明显的体系倒错问题。应当将现行的“应收账款”质押制度调整至物权编的“抵押权”制度中，分别设立账债的浮动抵押与固定抵押规范。同时，为形成合理的规范配置，应当参考大陆法系主要国家民法的权利质权立法经验，清理和建构符合民法体系性的一般金钱债权的质权规范，由此最终形成民商法合一体制下的民商事债权担保规范适度分离的合理格局。

关键词： 民法典；账债抵押；浮动抵押；固定抵押；金钱债权质押

民法典分编的编纂工作早已启动，其中《民法典各分编（草案）》（以下简称“分编草案”），业已上网征求社会各界的立法意见。民法典分编的编纂工作完成以后，将与《中华人民共和国民法总则》（以下简称《民法总则》）合并形成民法典的雏形。“分编草案”中值得关注的问题甚多，其中，第187条浮动抵押与第236条应收账款（简称“账债”）质押隐含的体系性矛盾与缺陷，完全没有引起民法学界的注意，这或许是现在这两个条文依然——与《中华人民共和国物权法》（以下简称《物权法》）中的条文配置一样——堂而皇之地在“分编草案”中得以分置于不同版块并各成体系的原因。

有必要重新审视账债质押与动产质押的体系性背离问题，也有必要从民

* 雷秋玉：昆明理工大学法学院教授，法学博士，硕士研究生导师；许盛：昆明理工大学法学院2017级民商法专业硕士研究生。

商合一的大背景下审视民商适度分离的问题。由此，将一元化的账债质押修正为账债质押与账债抵押的二分体系，将账债质押限定在民事法的体系内并使之恪守动产质押的相关规则，同时将账债抵押限定在商事法的范围之内，将之圈定在抵押权法律关系变动的制度范围内。

一、账债质押制度的重新审视：体系悖离问题的浮出与克服

（一）现状与问题分析：体系倒错

我国《物权法》第223条第6项明确将账债列为可以出质的权利，第228条将规定账债质权的设立以在征信机构办理质押登记为条件。而关于账债的出质登记程序，主要由中国人民银行的《应收账款质押登记办法》与中国人民银行征信中心的《中征动产融资统一登记平台操作规则》予以规制。

权利担保各种规则的核心之一，在于确保权利在担保之后担保权人对权利的可控性。权利质押所面临的最大问题是，是将动产质押的一般的权利人控制规则移用于权利质押，还是采用不同于一般的权利人控制规则？如果将动产质押的权利人控制规则沿用于权利质押，将面临一些实际的问题，例如，有些权利，比如股权、知识产权等，无法像动产那样交付给质权人控制，因此需要采用折衷的办法，而登记恰好可以对这样的权利进行控制；而有些权利，比如债权，虽然无法完全像动产那样交付给质权人控制，但是却可以拟制动产交付控制的程式，以通知债务人的方式或者移转债权文书等方式，达到让质权人实际控制债权的目的。故债权质权，亦即账债的质押，以债权让与通知的方式进行，这是其固有的原理。《德国民法典》第1279条第1句[1]、《日本民法典》第364条，[2]以及我国台湾地区“民法典”的第902条[3]等规定，都遵循了这一原理。我国《物权法》第228条反其道而行之，以质押登记为账债质押权设定的公示方式，悖离质权设定的一般原理。当然，《物权

〔1〕 参见《德国民法典》第1279条第1句：债权上的质权，准用第1280条至第1290条的特别规定。其第1280条规定：让与合同对于其转让即已足够的债权的出质，仅在债权人将之通知债务人时，始有效力。

〔2〕 参见《日本民法典》第364条：以债权为标的之质权之设定（含以现在尚未发生之债权为标的者），非按第467条之规定，通知第三债务人其质权之设定或第三债务人承诺之者，不得以之对抗第三债务人及其他第三人。

〔3〕 参见我国台湾地区“民法典”第902条：权利质权之设定，除依本节规定外，并应依关于其权利让与之规定为之。

法》并非不可以以特别规定悖离权利质权设定的一般原理，但应以完全无法依一般原理操作为前提。

质押担保的另一层意义，在于将质押的权利交付于质押权人，从而对其进行封闭性控制，以此确定质权的实现。由是观之，质押担保均为固定担保，而无浮动担保。相比较而言，抵押担保的意义则在于将抵押物或者抵押的权利仍置于抵押人的控制之下，抵押人对抵押物或者抵押权利的控制，可以是封闭性的，也可以是开放性的，故抵押有固定担保与浮动担保的区别。为了实现固定担保，采用交付占有为其固定的公示方式，登记或能实现同一目的，亦可采用；而为了实现浮动担保，则只能通过登记公示，因为只有通过登记的方式，方可将担保物仍同时置于担保人的控制之下，从而使得浮动成为可能。正是在这一意义上，我国《物权法》第16章同时配置了固定抵押与浮动抵押制度。但是，将债权的浮动抵押规则置于质押制度之中，却是一种严重的制度错位。账债“质押”虽然被置于《物权法》第17章“质权”之中，却并非纯粹的固定担保制度，因为质押登记规则的设定，使得被质押的账债仍置于质押人的控制之下，故其实则可以容纳浮动担保，尤其是作为财团的债权的浮动担保。而浮动担保，按照我国担保权制度的体系性，应属于抵押担保的范畴，于是担保权的体系被完全搅乱了。

（二）历史描述：未解的学术悬案

在我国《物权法》的立法过程中，动产抵押是第4编“担保物权”编所着重讨论的话题之一。

就国内当时的立法现状与社会实践的情况看，动产抵押被严格地限定在“动产”的范围之内，其规则散见于《中华人民共和国担保法》（以下简称《担保法》）及其它相关的法律法规当中。《担保法》第34条规定，可以抵押的动产包括：①机器、交通运输工具；②当事人的其他财产。司法部颁布的《公证机构办理抵押登记办法》对《担保法》中所规定“其他财产”进行了明确，认为它包括：①个人、事业单位、社会团体和其他非企业组织所有的机械设备、牲畜等生产资料；②个人所有的家具、家用电器、金银珠宝及其制品等生活资料。原国家工商局在其颁布的《企业动产抵押物登记管理办法》（已失效）中也规定，除航空器、船舶、车辆外，企业还可用以下财产进行抵押：企业设备、企业的原辅材料、企业的产品或商品、企业其他可以依法抵押的财产。在实务中，用于抵押的动产范围较广，既包括机动车、船舶、飞机、珠宝等价值较大、不易贬损价值并且容易变现的动产外，还包括原材料、企业的库存品、农产品等变动性较大的动产，但贷款人出于规避风险的目的，多将变动性比较大的动产用于担保短期债权。

在《物权法》立法过程中，对于动产抵押的范围是否应当进行限制，学术界有两种相反的观点。一种意见认为，动产抵押的范围不宜过宽。其理由是：国外的立法例表明，动产抵押一般限于大型机器设备、交通运输工具等经济价值比较大的动产；动产抵押的公示问题很难解决；我国自《担保法》实施以来，在实践中，真正进行抵押的动产主要是机器设备、交通运输工具等价值较大的动产，其他动产进行抵押的情况很少。持相反观点者则认为：扩大动产抵押范围，有利于融资；现代《担保法》发展趋势是扩大动产抵押的范围；动产抵押的公示问题可以通过制度设计予以解决；1995 年的《担保法》其实对动产抵押的范围没有进行限制。[1]上述的所有讨论中，均未提及账债在动产抵押中的地位。

由上述情况并不能得出一个当然的结论：账债抵押的问题从未进入过立法的考虑之中。2004 年 5 月 11 日至 25 日，我国全国人大常委会法制工作委员会民法室的工作人员赴英国、意大利和我国香港特别行政区，对担保法律制度进行了考察，回来后对企业浮动抵押制度有过一通汇报：①英国的企业浮动抵押："在英国，企业浮动抵押制度的适用非常普遍，几乎所有的公司向银行借款时都会使用浮动抵押。英国的公司法案允许当事人设定浮动抵押，但没有对浮动抵押的具体作详细规定。"②我国香港特别行政区："我国香港特别行政区的企业浮动抵押制度在实践中适用得很普遍。该制度立足于公司注册处的登记制度，《公司条例》第 80 条对浮动抵押的登记作出了规定。"浮动抵押物具有以下三个特征：第一，浮动抵押物是公司全部或者一类资产，不论是现有或是将来的；第二，所抵押的一类资产之内的各项目，可随公司的业务变换；第三，浮动抵押的重要特征是公司在设定浮动抵押后仍享有处置抵押物的权利，除非抵押权人依法采取行动封押。③意大利："意大利民法中没有浮动抵押制度"[2]从这些有限的描述可以看出，包含着账债抵押的企

〔1〕 参见全国人大常委会法制工作委员会民法室编著：《物权法（草案）参考》，中国民主法制出版社 2005 年版，第 435~436 页。

〔2〕 参见全国人大常委会法制工作委员会民法室编著：《物权法（草案）参考》，中国民主法制出版社 2005 年版，第 463~464 页。

业浮动抵押制度，在我国《物权法》立法的准备过程中，已经被纳入立法考虑的范围。对于账债抵押规则取舍的最终结果，反映于2005年7月8日公布的《物权法》草案中的第204条，就是浮动抵押与动产抵押的一个结合："经当事人书面协议，企业、个体工商户、农村承包经营户可以将现有的以及将来的动产抵押，债务人不履行债务时，债权人有权就约定实现抵押权时的动产优先受偿。"该条文中所使用的"动产"，应从狭义来理解，即为有体动产，不包括任何无形的财产权利。对于这一结局，官方并未给出正面的解释，学术的探讨也语焉不详，为一学术悬案。

(三) 体系悖论克服的初步设想

新近公布的《民法典各分编（草案）》第236条重蹈覆辙，照搬了《物权法》第228条关于"应收账款质押"的相关规定，无视其体系性上可能存在的悖离，实为立法中败笔。而草案的第187条所规定的"浮动抵押"，依旧照搬了《物权法》第181条关于浮动抵押的规定，历史曾经的选择在此时被完全复制，一个不完全的、排除了账债浮动抵押的单纯的浮动抵押制度在没有得到任何改进的前提下，照搬进入了草案"物权"编的第十七章。同样的移植，同样地进行了无视民法体系性的大挪移，将账债的抵押自"浮动抵押"中移至了权利质权中；也同样没有任何解释说明。这难道是立法史的惯性所致吗？对此初步的建议是，鉴于我国民商合一的传统，一个可行的选择是将我国法律制度中存在的"应收账款"质押的相关规则调整至"抵押权"相关的制度之中，将现行的"应收账款质押"改成"应收账款浮动抵押"，以消除体系上的矛盾，回复"应收账款质押"的账债抵押之本来面貌。

二、体系矛盾的克服之立法模式设计：独立浮动抵押VS从属企业担保

即便使账债担保向抵押权回归，使之归属于浮动抵押的范畴，仍有必要考虑一个相关的问题，即采用独立的浮动抵押模式，还是采用从属性的企业担保模式？这一问题事实上暗藏着另一问题，即账债担保的立法，是采用民法典之中的立法，而是采用民法典之外的特别法模式？由于单独采用独立浮动抵押模式的立法无法独立成编，故独立浮动抵押的模式与以民法典或者其他民商事特别法涵摄账债担保的立法模式等同；而从属企业担保的立法模式，已有比较法上的立法经验，是就企业担保单独立法，使浮动抵押从属于企业担保，故从属企业担保的立法模式与特别法的立法模式基本可以等同。

（一）英国法上的独立浮动抵押模式

在英国，大约在19世纪后半叶之前，从可获取的相关法律资料中可查询到的各种物权担保都是“特定化的”的财产的抵押，有体动产和不动产，均可以非常好地体现出这种“特定化”的要求。有体动产或者不动产被甄选出来，交付或登记后，动产和不动产处置权利，以期待权的方式让渡于担保权人，动产或者不动产的归属关系或许可能发生变化，但是动产或者不动产本身是不变的，担保权人可以很方便地在一个稳定的担保客体之上行使其权利。同时，无论是动产抵押还是不动产抵押，一般情况下法律都赋予了担保人未经担保权人同意处置其财产的可能。这是一种相当稳定的担保方式，对于担保权人十分有利。19世纪50年代后，来自商人的压力导致了这种稳定方式之外的变革，这就是浮动担保，浮动担保使得账债作为抵押权的标的成为可能。英国法院在1862年、1867年和1870年三个成功的案例中确认了出抵整个企业的做法，这种做法实际上就是现今浮动抵押制度的萌芽。

19世纪的后半期，尤其是上述三个判例发生的时间，恰好处在英国工业革命完成之后的近20年间，或者处于英国工业革命的尾声期。[1]市场交易应当处在繁荣之后的衰落前期或者衰落期，企业融资正遭受前所未有的瓶颈。此时，作为社会中坚力量的商人，促成了浮动担保尤其是有利于担保人的账债的让与担保制度的形成与发展。尽管并无直接的资料可以揭示出英国商人在19世纪后半期所具有促成法律制度变革的力量，但是15、16世纪的资料或许可以间接证明英国商人所拥有的巨大的、促成法律变革之力。据史料记载，15、16世纪，伦敦政权是以财富为基础的，这与我们现在所了解到的资本主义社会政治力量形成的基础是一致的。财产资格制度的存在，使得地方政府的官职都落入了商人之手。14、15世纪，伦敦商人还属于中世纪市民等级时，便已经逐渐活跃于政治舞台之上。作为当时纳税的第三等级，他们通过选派代表参加议会的方式，代表伦敦城市在议会行使权力。至16世纪，其政治权力进一步扩大，完全控制了伦敦城，把持了城市的政权，形成了商人

---

〔1〕《剑桥欧洲经济史》《欧洲经济史》《全球通史：1500年以后的世界》所认定英国工业革命的时间稍有出人，前两者所认定的时间均为1780年到1850年之间，后者认定的时间为1770年至1870年之间。参见萧国亮、隋福民：《世界经济史》，北京大学出版社2007年版。本文取混合值。

寡头集团。[1]商人的力量由此可见一斑。商人与商法规则的关系应当较为直接，往往是商人在具体的商事交易中形成规则惯例，之后又通过商人或者商事惯例的巨大影响力，使得商事惯例得以上升为国家的法律规范。

可以推断，正是在商事交易的惯性作用之下，1903 年的英国，浮动担保或者说浮动抵押的概念与制度开始形成，当然，浮动抵押概念与账债抵押的制度本身就蕴含在浮动担保的概念与制度之中。1903 年英国上诉法院法官罗莫（Romer. LJ）在审理 Yorkshire Woolcombers Association Ltd.（下称 YWAL）案时，在其判决文书中出现了关于浮动抵押的界定。案情大致如下：YWAL 通过保证人保证的方式借了很多钱，1900 年 4 月 23 日 YWAL 通过信托方式设定了浮动抵押担保，将它所有的账债（book debts），包括现有的和未来的，以及其它欠款性质的货币债权，以浮动方式抵押给了债权人。然而，该浮动抵押未在公司登记机关登记。因 YWAL 无法清偿债务，债权人起诉，主审法官 Farwell 认为，以信托之方式转让账债及其他欠款之书面文件或者书面的意思表示（契据），事实上已经构成一项特殊的抵押，即浮动抵押。可是，由于欠缺登记，这项抵押无效。Farwell 的判决得到了上诉法院的肯定，上议院又肯定了上诉法院的判决。在此案件中，上诉法院的法官 Romer 在其判词中第一次阐明了浮动抵押的三个特征，这三个特征也在学界多为人知：第一，以公司现在及将来所有的一类资产为基础；第二，资产的形态将在正常的经营过程中，随时间而流动变化；第三，除非抵押协议持有人提出清偿请求，否则公司可以继续在正常的经营过程中利用抵押的资产。[2]

这一案件以账债的浮动抵押为基础，创设了英国浮动抵押的一般概念与规则，可见账债抵押在浮动抵押中，具有相当重要的法律意义。这一案例也确立了浮动抵押的两个基础性规则：一是浮动抵押可以某类的企业资产设立，从而从根本上与财团抵押区别开来；二是浮动抵押的资产可在正常经营中被抵押人予以处分。关于第二条规则，在解释上有“许可”理论、“债务人营业的权力”理论为其支撑。另一方面，我们看到，账债的概念在司法实践中慢慢得以放宽，Automatic Sales Ltd. v Knowles and Foster 一案中，法院明确指出，

---

〔1〕 参见赵秀荣：《1500~1700 年英国商业与商人研究》，社会科学文献出版社版 2004 年版，第 184~185 页。

〔2〕 参见孙春华：“论英国法上的浮动担保”，载《国际商法论丛》第 1 卷，法律出版社 1999 年版。

“不管是否实际记入账簿，也不管是否到期，只要是由营业产生的债项均属账面债项的范围”。英格兰法律委员会也在积极推动法律术语的转移，即以应收账款取代账债，以扩大可登记担保权的范围，促进应收账款融资的发展。〔1〕在实践中，公司登记部门也会接受就银行账户设定的固定抵押，尽管会计实务通常不会将公司银行账户上的贷方余额视为账债。〔2〕

（二）日本法上的继受：企业担保模式

目前除中国外，经查询可确切得知的适用浮动抵押制度的大陆法系国家是日本。有学者认为，德国的债权让与担保制度系继受英国浮动抵押制度的结果。〔3〕本文认为，这是一种不太确切的观点：一是欠缺任何根据，二是债权让与担保是一种固定担保，三是债权让与担保以债权的让与为前提，而浮动抵押恰恰与此相反。

日本的企业担保法，是以英国的浮动抵押制度为其构成基础，在1958年建立起来的法律制度；这种担保制度与英国的浮动抵押制度类似。企业担保是指由《企业担保法》（昭和33年法第106号）所承认的特殊担保，其特殊性表现为：①担保的对象具有特殊性，即它是为担保股份公司的债券而创设的一种担保类型；②担保的客体也较为特殊，即它是以股份公司“总财产”为客体而设立的担保物权类型。这种担保形式的出现，有其独特的时代及制度背景：一是财团抵押已经不能适应新时代融资的要求。日本大约是在19世纪末和20世纪初的时候，才兴起财团抵押的制度，其经济背景是产业资本的严重缺乏。当时的日本，刚刚在日清和日俄战争中取得胜利，生产热情高涨，但是可用来支持生产的资本却极为匮乏。在这种情况下，较为便利的方式，便是发行公司债券，为企业生产掠取足够的资本。为此，日本制定了“附担保的公司债券信托法”（1905年）。但是，在债券的发行中，如果没有足够的担保作为支撑，发行的债券将乏人问津。因此，与“债券信托法”配套，日本制定了诸多的抵押法，包括工厂抵押，铁道和矿业抵押等。〔4〕截止到我妻

〔1〕 参见孙超：“应收账款融资的法律问题研究——以促进债权流转为中心”，山东大学2011年博士学位论文，第14~15页。

〔2〕 参见［英］艾利斯·费伦：《公司金融法律原理》，罗培新译，北京大学出版社2012年版，第399~400页。

〔3〕 参见徐冬根：“对浮动担保制度各模式发展与演化的探讨”，载《国际法与比较法论丛》第12辑，中国方正出版社2004年版。

〔4〕 参见［日］近江幸治：《担保物权法》，祝娅等译，法律出版社2000年版，第214页。

荣时代，特别法中承认的财团抵押包括九种类型：工厂之财产、矿业之财产、铁路之财产、轨道之财产、运河之财产、渔业之财产、港湾运输事业之财产、道路交通事业之财产、旅游设施之财产等的抵押，几乎涉及各种主要的基础设施。这九种财团抵押又可分为两类：第一类称为不动产财团抵押。这类财团抵押以工厂财团为主，旁涉矿业、渔业、港湾和旅游设施。第二类为物的财团抵押，它以铁路财团为主，包括轨道与运河财团。[1]但是这种划分还是存在一定的逻辑问题。在本质上，所谓的“物的财团”与“不动产财团”实际上并无区别，在物的体系中，轨道和航道等与工厂设施一样，均属以不动产为主的财产集合。财团抵押受限于财团的构成，以工厂抵押中的工厂财团为例，它包括：①土地及其上的建筑物，这是最有交换价值的不动产；②各种各样的附属设施，例如机械设施、纷繁复杂的工具及电器、配套的输电设施、各种管道设施、用来运输的轨道，等等；③各类权利，包括地上权、工业产权（例如专利、著作权以及商标权等）、债权（包括可得以转让的租赁权）、特定的使用权（比如堤坝之使用权）。需要说明的是，列入财团抵押的债权，包括金钱债权即账债。账债可以包含在财团抵押之内，然而，一旦列入财团抵押的目录，则只能收取，不能处分。除了法律规定的上述内容以外，即使记录在财团目录上，也不能成为财团的构成物。财团抵押一个最大的缺陷是，无法保障财团的中标人能够完全继承企业本身来继续其营业，例如，商号系维持企业价值的重要因素，但是它非属于财团的构成物。二是二战期间，基于战时经济的考虑，一些担保重要国策性任务的特殊公司及其法人，经特别法承认，为实现公司债券融资以及金融融资，可在其法人总财产上设立一般优先权。二战结束后，这些法人解散。但是，战后为实现复兴的特殊公司、公团、公库以及事业团体等，要求承认其具有战时特殊公司、法人的总财产优先权设置的权利的呼声，也日益高涨。进而，除特殊的法人外，将这一制度广泛用于股份公司的呼声也越来越强烈。正是因为上述两个原因，企业担保制度应运而生。

企业担保的性质可从以下几个方面予以描述：①标的物。企业担保的标的物为“目前属于公司的总财产”。这一总财产包括流动原料、材料、库存品、债权等，实际上也是一个被打包的财团。与财团抵押不同的是，这一总

---

〔1〕 参见［日］我妻荣：《新订担保物权法》，徐慧译，中国法制出版社 2008 年版，第 506 页。

财产是一个不断变动的整体。②公示方式。在公司总财产上设立企业担保，通过特殊的公示方式进行。总体来说，企业担保权的设立必须根据公证证书来签订企业担保权的设立契约。设立人为股份公司及其企业担保权人，被担保债权仅限于企业债券。在订立担保契约之后，于设立股份公司的总部所在地的股份公司登记册上进行登记。在登记的时候，对于单个财产而言，即使是不动产，亦无须进行登记公示，所有的财产也不需要制作财产目录。③企业担保权优先权顺序。就企业的“总财产”而言，在出现企业担保权二重设立的情况下，优先权的顺序根据登记的先后次序决定。在确定企业担保权后，如果在企业的单个财产上设立抵押权和质权，各个标的物上的这些抵押权和质权，优先于企业担保权。企业担保权在未确定之前，也不能排除一般债权人对公司各个财产的强制执行。

日本企业担保权与浮动抵押有别。我妻荣认为，可以将企业担保权视为“物权”，而不是作为抵押权。虽然如此，日本企业担保权在不移转标的物占有，以及保持债务人用益等方面，都与抵押权相似。有的内容准用抵押权的规定，包括不可分性、利息、顺位转让和放弃、时效消灭等方面，均准用抵押权的规定。[1]与英国的浮动抵押相比，较为明显的区别是，浮动抵押可在某类财产上设定，也可在企业的总财产上设定；而企业担保，须在企业的总财产上设定。

在这种情况下，账债的抵押，在日本法中，实际上被隐藏在汪洋一般的、在企业总财产上设立的企业担保权之中了。也就是说，日本的账债抵押并非一种独立的抵押，这与英国的浮动抵押制度为独立的抵押制度不同。然而，本质的东西还是可以浮现出来，即日本的企业担保制度与英国的浮动抵押制度之间，还是有一个本质上的相同点，即它们都是集合性财产抵押，虽然集合的程度有不同的要求，浮动抵押不可能是单个财产的抵押，而当浮动抵押的抵押标的物覆盖到企业的方方面面的财产时，其实质上也就是一种企业担保；但当浮动抵押只是涉及企业的某一类财产时，例如仅涉及账债，这时候，它就只能视作是一种浮动抵押，而非企业抵押。

（三）比较分析：独立浮动抵押模式优于从属企业担保模式

如上所述，日本对英国浮动抵押制度移植的结果，是建立了其企业担保

---

〔1〕参见［日］我妻荣：《新订担保物权法》，徐慧译，中国法制出版社2008年版，第523页。

制度。相较于独立的浮动抵押而言，企业担保是以企业的总财产作为担保物权的客体，总财产具有浮动性。但是英国的浮动抵押，既可以设立于企业的总财产也可以设立于某一类财产上。从灵活度及适应市场经济的能力看，英国的浮动抵押制度（包括固定抵押制度）是账债可用于抵押担保的较佳制度选择。如果仅是选择企业担保的制度模式，账债充其量只能作为企业担保总财产的较小组成部分被抵押或者被浮动抵押。但是，在实际的经济生活中，企业最为灵动的财产还是各类账债，如若能够以其为客体独立设定固定抵押或者浮动抵押，对于企业盘活资产，加强其应对市场风险的能力，无疑具有积极的作用。

然而，独立的浮动抵押立法模式仍存在变数，即账债浮动抵押乃至于整个浮动抵押的制度仍有可能通过民商事的特别立法，在民法典之外进行体外循环。在这种情况下，需要解决另两个立法论上的问题：第一，独立的浮动抵押制度是规定在民法典之中，还是规定在民商事特别法上较为妥当？第二，账债的浮动抵押制度回归“抵押权”制度之后，如何从规范配置的角度妥当安置固定抵押与账债之外的一般金钱债权的担保规范？

三、立法体系矛盾克服的另一重思考：民商合一下的适度分立与规范配置

对于上述问题的回答是：无论是沿着历史惯性还是从体系性立法的角度思考，在民法典中规定浮动抵押是妥当的立法安排；而从规范配置的角度看，在抵押权制度中同时配置固定抵押的规范是必要的，也是可行的；此外，现行的“应收账款”质押规则从“质权”制度中的删除后，应补之以一般金钱债权的质押规则，以此作为金钱债权担保制度的民事部分，形成与账债抵押的呼应，确立民商合一传统下的民商适度分离格局。

（一）修改《物权法》纳入民法典还是修改民商事特别法

英国的账债抵押制度，是建立于《公司法》之上的。正因为如此，可以账债设定抵押的，为其《公司法》规定的各类公司。我国将来如采用同样的立法途径，将账债的抵押（无论浮动还是固定）纳入到《公司法》中，由于《中华人民共和国公司法》（以下简称《公司法》）所规定的公司类型，较之英国《公司法》有较大差异，其范围更窄，那么我国将来可以账债设定抵押的主体就仅限于有限责任公司与股份有限公司。这样一来，将与我国现行

《物权法》所规定的浮动抵押制度不一致。我国《物权法》第 181 条规定："经当事人书面协议，企业、个体工商户、农业生产经营者可以将现有及将有的生产设备、原材料、半成品、产品抵押，债务人不履行到期债务或者发生当事人约定的实现抵押权的情形，债权人有权就实现抵押权时的动产优先受偿。"这一条文的关键之处有三点：第一，浮动抵押的主体包括企业、个体工商户、农业生产经营者；第二，动产被限定于现有的及将有的生产设备、原材料、半成品、产品；第三，抵押是浮动的，即实现抵押权时，债权人有权就"实现抵押权时的动产"优先受偿。债权人仅能就"实现抵押权时的动产"优先受偿，意味着在抵押存续期间，抵押人可以"在其正常经营过程中对抵押物进行处分"。[1]如果采《公司法》修订的方式纳入账债抵押制度，可抵押的主体将被大大缩减，虽然可能在一定程度上维护了金融安全，但是市场融资能力将受到很大限制。故还是以《物权法》的修订作为纳入账债抵押制度的方式较佳。

与上述叙述同理，在立法上也不可能通过零散地修改其他民商事特别法的方式达到立法的普遍性。涉及企业的相关的立法，我国除了《公司法》外，还存在《中华人民共和国合伙企业法》《中华人民共和国中外合作经营企业法》《中华人民共和国个人独资企业法》《中华人民共和国外资企业法》等大量立法文件。规制个体工商户主要有《个体工商户条例》。对于农业生产经营者，我国并无独立的立法文件予以规制。在这种情况下，基于我国民商合一的传统，如果不能在民法典中对浮动抵押包括账债的浮动抵押加以规定，势必造成立法碎片化。故单纯从整合、普遍性的角度看，修改《物权法》将账债浮动抵押纳入到"分编草案"中的物权编"抵押权"部分，可以达到体系性最优也是最有效率的立法结果。

（二）固定抵押与浮动抵押的规范配置：固定抵押立法的商事化

在民法典中将账债抵押纳入到浮动抵押，并不意味着账债只能进行浮动抵押，而不能进行固定抵押。固定抵押与浮动抵押的规范相互配置与呼应，才能形成完整的账债抵押制度。在此可以有三个规范配置方案以供讨论：

第一，解释论方案。"分编草案"的第 186 条（与现行《物权法》第 180 条相同）从解释论的角度阐释，事实上解决了固定抵押的问题。"分编草案"

[1] 孙宪忠主编：《中国物权法：原理释义和立法解释》，经济管理出版社 2008 年版，第 455 页。

的第186条第1款第7项以不穷尽列举的方式规定，债务人或者第三人有权处分的“法律、行政法规未禁止抵押的其他财产”可以作为抵押权的客体。由于现行法律、行政法规并未禁止债权的抵押，故依该条的规定，账债得以单独或以集团的方式作为抵押权的客体无疑。另据“分编草案”第186条第2款，账债亦可以作为组成成分加入到集团性的固定抵押之中，成为抵押权的客体。这一方案的优势在于立法上的简省，但是它的劣势也较为明显，即它可能带来法律适用上的不确定性，在债权普遍不被承认为固定抵押权客体的大传统之下，很难预测它是否可以确定地在法律适用过程中被适度地扩展至账债的固定抵押。

第二，商事立法论方案。此立法论明确将“分编草案”第186条中固定抵押的客体扩展至集团性账债。集团性账债抵押可以凸显账债抵押担保的商事性。[1]这一方案明确排斥非商人（商事主体）的金钱债权作为抵押权的担保客体，也明确将商人的非集团性账债排除在金钱债权抵押之列。其根据在于商事活动与商法的效率原则。具体做法是：在“分编草案”第186条第1款中增加一项，规定“集团性账债”。这一方案的关联结果有二：其一，它限缩了对“分编草案”第186条进行扩展解释的空间；其二，使得对非集团性账债与一般金钱债权进行质押规范的设置成为必要。

第三，混合立法论方案。这一方案可分为两个不同的分方案。第一分方案是折衷，即在“分编草案”第186条中增加1款，规定“集团性金钱债权”，其特点是不区分商人与非商人，只要是集团性金钱债权均可进行固定抵押；第二分方案是最大程度的混合，即在“分编草案”第186条中增加1款，规定“金钱债权”，其特点是不区分商人与非商人，亦不区分集团性金钱债权与非集团性金钱债权，所有的“金钱债权”均可依“分编草案”第186条进行固定抵押。从私法自治的角度讲，混合方法论方案最能体现民法的自由价值，但是它可能与法的效率价值相违背，譬如，非商人的集团性债权可能价值不高，且两个以上的金钱债即可组成“集团”，容易造成法律运用的效率低下；如果允许单个金钱债权用于固定抵押，抵押登记的效率则无法保障。从立法的效率原则出发，宜适度抑制私法自治原则适用范围，在法律可以提供其它孔道以实现民法的自由价值的前提下，应当考虑并在局部制度的设置中

---

〔1〕参见雷秋玉、陈兴华：《应收款债权担保研究》，云南大学出版社2016年版，第7~9页。

优先适用效率原则。故混合立法论方案总体上较为差强人意。

从法律适用的明确性、法的效率原则与私法自治原则的语境比较角度，采用第二个立法案即商事立法论方案，是可行的。

（三）民商合一下的适度分离：金钱债权质押的纯民事化

在将零散或者单一的金钱债权与非商人的金钱债权（即非账债）排除在固定抵押的范畴之后，在立法上以质权规范涵摄所有的账债之外的一般金钱债权担保规则成了必然的立法选择。这一立法选择，是将一般金钱债权的质押规范完全民事化。鉴于民法与商法之间的一般法与特别法之规范关联，无特别法时适用一般法，故即便将一般金钱债权定位为纯粹的民事法规范，也并不排除商人对它的利用。

我国《物权法》第 17 章第 2 节及“分编草案”第 18 章第 2 节保持相当的一致性，这种一致性事实上是以民法物权体系性的丧失为代价的。按照主流的大陆法系国家与地区的民事立法，由于权利质权规范是拟制动产质权规范的产物，故必须遵守拟制立法的一般规则：规范的相似性。如果权利质权的规范与动产质权的规范完全没有什么关联，则无将之确立为质权规范的可能性。

试以“分编草案”第 18 章的相关条文为例分析：第 232 条规定“没有权利凭证的，质权自办理出质登记时设立”；第 234 条规定“以基金份额、股权出质的，质权自办理出质登记时设立”；第 235 条规定“以……知识产权中的财产权出质的，质权自办理出质登记时设立”；第 236 条规定“以取得应收账款、不动产收益的权利出质的，质权自办理出质登记时设立”。这些条款连在一体，构成权利质权设立的一般规则。这种规则与动产质权设立的一般规则可谓差之千里。

大陆法系主要民法国家和地区关于权利质权的立法均与我国立法条文不同，这里也举几例予以说明：第一，《德国民法典》物权编第 8 章“动产质权和权利质权”的第 2 节“权利质权”的主干条文包括第 1274 条与第 1279 条、第 1280 条，其中第 1274 条规定：“（1）权利质权的设定，依关于权利的转让的规定为之……。（2）以某项权利是不可转让的为限，不得对之设定质权。”第 1279 条与第 1280 条规定，债权质权的设定，以通知债务人为生效要件。第二，《日本民法典》物权编第 9 章第 4 节“权利质”部分的有效条文仅有三条，其主干条文为第 363 条与第 364 条，第 363 条规定权利质应当适用总则、动产质与不动产质的规定，这是一般规定。第 364 条专门适用于债权质，该条规定："以债权为标的之质权之设定（含以现在尚未发生之债权为标的者），非按第 467 条之规定，通知第三债务人其质权之设定或第三债务人承诺者，不得以之对抗第三债务人及其他第三人。"[1]第三，我国台湾地区"民法典"物权编第 7 章"质权"第 2 节"权利质权"有法律条文 16 条，包括第 900 条"权利质权之标的"、第 901 条"动产质权规定之准用"、第 902 条"权利质权之设定"、第 903 条"出质人处分质权标的物之限制"、第 904 条"债权质权书面设定"、第 905 条"金钱给付实行债权质权"、第 906 条"非金钱给付实行债权质权"、第 906 条之一"不动产物权设定或移转权利质权之实现"、第 906 条之二"质权人拍卖质物清偿"、第 906 条之三"质权人行使债权"、第 906 条之四"债务人提存或给付质权人通知出质人"、第 907 条"第三人清偿"、第 907 条之一"债务人取得出质人债权不得抵销"、第 908 条"证券质权之设定"、第 909 条"证券质权之实行"、第 910 条"证券质权效力范围"。[2]在这 16 个条文中，与民法物权编的体系性直接相关的条文计有第 901 条、第 902 条、第 908 条。其中，第 901 条规定对动产质权规范的拟制；第 902 条规定权利质权的设定应以权利转让的方式为之，此为对第 901 条规定的明确化；第 908 条规定证券质权的设立应以证券转让的方式进行。

通过上述比较，应当可以明晰我国"权利质权"（含一般金钱债权质权）的规范与主要大陆法系国家民事立法的区别，也由此基本可以断定这种体系背离的普遍性与严重性。应当以体系性为前提，在全面清理《物权法》第 17 章第 2 节的基础上，给一般金钱债权质权规范以恰当的法律地位。其基本的做法应是：仿照《德国民法典》第 1274 条与第 1279 条、1280 条等相关条款，重新构建我国权利质权乃至一般金钱债权质权规范体系。这一做法不仅仅是一种体系上的纠错，也是一般金钱债权质权规范的纯民事化回归。

四、结语

"分编草案"第 187 条、第 236 条以及相关条文（例如第 186 条）隐藏的

---

[1] 参见王融擎编译：《日本民法条文与判例》，中国法制出版社 2018 年版，第 252~254 页。

[2] 参见陈忠五主编：《新学林分科六法——民法》，台湾地区新学林出版股份有限公司 2012 年版，第 C265~C276 页。需要注意的是，我国台湾地区的权利质中有不动产质，系受日本民法影响，此为变态担保，与大陆法系主要国家的民法规则相异。

民法体系性矛盾至今被主流民法学界漠视，使得我国在《物权法》上的体系缺陷可能继续存在于新制订的民法典中。民法的体系性是达至民法科学性的必由之途，漠视民法的体系性，走一条完全与民法传统背离的立法之路，可能使得体系性的裂隙越来越大。

单从账债担保来看，清理、修改现行的“分编草案”物权编第 18 编势在必行，在参考比较法经验的基础上，应删除、重置并完成相关法律规范的配置，以形成商事的账债抵押（含账债浮动抵押、集团性账债抵押）与民事的一般金钱债权质押的合理体系与规范格局。

专题：环境保护立法

地方环境立法的宣示抑或实用*

吴满昌　温　宇**

摘要：新的《中华人民共和国立法法》（以下简称《立法法》）第72条赋予了设区的市地方环境立法权，这对我国环境保护事业的发展提供了更有力的法治保障。然而，地方环境立法权主体的扩大也会带来一些新的问题。本文通过对《云南省环境保护条例》（以下简称《条例》）进行简要评估和分析后认为，地方环境立法存在过多重复上位法的宣示性条款，在实用性上存在明显的不足，从而导致了地方环境立法的有效性不足，没有充分发挥在地方环境治理中的法律支撑作用。地方环境立法应更加明确以实用性为价值导向，并合理划分省和设区的市的地方环境立法权权限，避免重复立法，更好地发挥地方环境立法的功能。

关键词：地方环境立法权；实用性；生态环境治理

众多的宣示性条款、重复立法成了地方环境立法的老大难问题。《立法法》的修订以及新《中华人民共和国环境保护法》（以下简称《环境保护法》）的实施，为地方环境立法带来了一个良好的机遇。在《立法法》赋予了设区的市地方环境立法权的背景下，如何更好地发挥地方环境立法的功能，为环境保护提供更充分的法治保障是一个值得深入探讨的问题。如果地方环境立法仅为了适应上位法而修改，没有明确其自身的功能定位和价值导向，

---

* 基金项目：教育部人文社科基金项目“环境影响评价与排污许可制度衔接与整合机制研究（18YJA820020）”；云南省哲学社会科学创新团队“云南生态环境治理制度创新研究（2018cx02）”；云南省环保厅委托项目“《云南省环境保护条例》修订研究”。

** 吴满昌：昆明理工大学法学院教授，法学博士，博士生导师，主要从事环境法律与政策研究；温宇：昆明理工大学法学院环境与资源保护法学硕士研究生。

则地方环境法规只会流于形式，浪费立法资源。

一、地方环境立法权主体扩大的评析

《立法法》性质属于宪法性法律，其法律地位仅次于《中华人民共和国宪法》（以下简称《宪法》）。地方环境立法权的扩大在《立法法》中得到明晰，对于我国的地方环境保护工作是机遇也是挑战。地方环境立法权的扩大从历史的角度而言是由我国的环境保护现状所决定。一方面反映了我国环境问题的严峻性，体现了国家治理环境问题的决心；另一方面也极大地考验着地方环境立法部门——如何制定地方环境法规才能够发挥最大限度地实现经济发展与环境保护的协调一致，促进生态文明建设。

1. 地方环境立法权主体扩大为地方环境保护注入新活力

地方环境保护立法权主体的扩大的积极作用主要有以下几方面：首先，地方环境立法有法可依。合法性是地方权力机关和地方政府机关行使国家权力的基础，也是树立其权威和公信力的重要保障和依据。《立法法》第72条、第73条明确设区的市享有环境保护方面的立法权，为设区的市在制定有关环境保护方面的地方性规定提供了法律依据。其次，规范了地方环境立法权。地方环境立法权扩大到设区的市既是对地方环境立法权的扩张和延伸，也是对地方环境立法权的规范。从立法主体、程序、内容、必要性等方面提升地方环境立法的规范性，发挥人大主导立法，更能体现人民对环境保护的迫切需求。再次，有利于理顺中央和地方在环境保护方面所发挥的作用，使地方环境保护更能结合实际，更具有针对性及灵活性，从局部改善来促进我国环境质量的整体提高。中央环境保护立法旨在明确环境保护的基本目标和任务，有关的规定原则性较强，可操作性弱，而地方环境立法有利于弥补中央环境立法的宏观性，从而促进中央立法目标和任务的实现。

2. 地方环境立法权主体扩大对地方环境立法带来新的挑战

地方环境立法权限扩大到设区的市，其实施过程中对权利主体、程序、期限、范围、事项等内容如何规定才能做到既合法，又合理，同时还凸显地方特色，并且对地方环境保护能确实起到保护作用仍然是一个具有挑战性的问题。尽管《立法法》力图对地方立法权和行政权的行使进行规范化，但是在今后的一定时期，地方环境立法存在的一些问题仍然没有解决，其中较为突出的问题是如何处理地方环境立法中宣示或实用性立法的矛盾。地方环境立法权的扩大从规范意义上而言仅为地方环境立法权的主体扩大，并未涉及地方立法权限的扩大。地方环境立法权的主体扩大是否能真正有效地促进当地环境质量的改善仍存在许多不确定的因素。首先，设区的市作为享有环境立法权的新兴主体，其与省级环境立法权的权限区分并未在法律层面上得到明确。从《立法法》对立法权的分割来看，国家享有法律的全面立法权，而其他立法主体的权限则难以界定。就效力层级而言，法律具有最高的效力层级，设区的市制定的环境法规则的效力属于较低的层级，省级地方环境立法的效力处于二者之间的中间区域。如果不划分好省、市之间的环境立法权权限，则设区的市的环境立法权实施可能会为环境保护添乱。如何解决跨行政区域的环境问题的地方立法之间的冲突？泸沽湖就有云南省的保护条例和四川省的保护条例的双重立法保护。其次，地方环境立法权主体的扩大，对设区的市一级立法和行政部门的环境保护工作提出了更高的要求和期待。在立法内容上，设区的市地方环境法规不可能也不应该与省级地方环境保护法规重合，在具体条文设计上应该对本辖区的环境问题有更强的针对性和实用性，这对于一个新兴的立法层级来说未尝不是一大挑战。

二、地方环境立法权的功能定位

地方环境立法权扩大到设区的市在某种程度上必将丰富我国的地方环境法规，然而在现有制度背景下，地方环境立法的功能发挥与预期相去甚远。地方环境立法一方面面临着与上位法的适应性修改，另外一方面也在保守立法〔1〕和制度创新之间艰难抉择。为此，众多的地方环境法规是否真正发挥了其功能仍然值得深入探讨。以《条例》为例，《条例》自1992年制定实施以来，其在地方环境执法和环境司法领域的引用率极低。作为地方环境立法，《条例》并没有真正解决云南省突出的环境问题。《条例》在具体的制度内容中能够真正凸显云南环境问题特殊性的规定并具有实质性的内容比较少，且在制度创新方面并没有能够与中央环境立法形成一种具有地方环境立法优势

〔1〕 保守立法是指立法受保守主义的影响，在立法中持谨慎、稳重的态度，一方面，要肯定保守主义对立法的积极作用，但另一方面，过度的保守对立法中的制度创新会带来极大的阻碍。“保守和激进是褒义和贬义兼有的范畴，代表着一种态度、倾向和行为方式。保守代表着谨慎、稳重，还可能意味着过度犹豫、踌躇不前。”引自陈银珠：“《刑法修正案（八）》的保守与激进：立法、民意和理论”，载《湖南大学学报（社会科学版）》2012年第4期。

的环境保护法律规范，反而因为大量条款与上位法的重合以及效力层级的原因使得其在环境司法及环境执法中引用极少。这让《条例》在云南省环境保护法律法规体系中成为一件可有可无的摆设。然而，这在地方环境立法实践中绝非孤例。我国许多省份的环境保护条例自实施以来对当地的环境保护的贡献"既无大功，也无大过"，全国环境质量仍未得到较大的改善。我国环境保护的法律规定都过于宏观，宣示性的条款比较多。因此，在地方环境立法时就难以避免对有关的规定进行细化，而在细化过程中如何实现制度的有效设计，同时不逾越上位法的规定，使整个法律体系有机统一是一个理论和实践并存的问题。

造成地方环境立法权的功能定位不清晰的原因主要在于地方环境立法制度创新与保守立法之间的矛盾一直难以解决。地方环境立法流于形式，既未凸显地方环境立法的特色，也未发挥对地方环境保护应有的作用。环境立法作为环境守法、执法、司法的根据，社会对环境立法活动提出了更高的要求也是理所应当。然而，实践中地方环境立法的制度创新极为困难，受上位法的影响，如何做到合法合理并且确实符合当地环境保护需求的制度创新极难把握。更多的地方环境立法是在上位法的基础上进行中规中矩的立法。因此，在肯定地方环境立法活动中保守立法的谨慎、稳重带来法律制度的稳定性和连续性的同时，也不能忽视保守立法的犹豫和徘徊对地方环境立法制度创新带来的阻碍。

三、地方环境立法的价值导向

地方环境立法权之宣示性抑或实用性的价值导向问题深受立法机关价值定位的影响。设区的市享有地方环境保护的立法权为宣示抑或实用之间提供了一定的制度指引——实用性和可操作性。《立法法》第6条第2款明确"法律规范应当明确、具体，具有针对性和可执行性"，以实用性为价值定位的地方环境立法能够避免地方法规"浮在空中"，更加具体和明确，更具有可操作性。

1. 地方环境立法之适应性修改的价值定位

根据我国的立法体制，中央的环境法律进行制定或修订后，地方环境立法应进行适应性的制定或修改。但是地方环境立法更应以地方环境问题为出发点，寻求比适应性修改更为深刻的地方环境立法目标——实用性。法律的生命力在于实施，如前文所述，地方环境立法如果只是为了适应上位法而进行修改，将导致地方环境立法价值导向的缺失。适应性修改在地方环境立法中应该主要是从制度内容的适应性角度出发，以《环境保护法》中新增的基本制度修改为重点内容，在进行细化时应该考虑到地方环境保护的特殊性，在不与上位法冲突的基础上作出更加明确的规定，提高地方环境保护法规解决实际环境问题的能力，提高其在地方环境执法、环境司法中的引用率。而要实现这一目标需要更多的地方的环境保护实践经验支撑，也需要更多的理论探讨。

2. 地方环境立法权行使之权限划分之实用性导向

实用性是设区的市的环境法规应该具备的特性之一。从我国行政区域的划分来看，设区的市属于比较低的行政层级，如果在环境立法中进行宣示性立法显然不符合立法从粗到细的纵向分布规律。纵观我国现在的环境立法体系，环境立法权从中央到地方逐级分布，在纵向领域的权限分布必须保持环境法律体系的完整，在地方层面必须考虑省级行政区域内省级和设区的市之间的环境法规的差异性与统一性的平衡，绝不能使设区的市的环境法规成为地方主义的保护伞。要实现地方环境立法的良性发展，科学划分省与设区的市的环境立法权限至关重要。从地方环境保护的目标及国家管理现代化的角度来看，设区的市是省的下级行政区，二者在地方环境立法权上必定要有所差异才能够体现设区的市拥有环境立法权的意义，重叠立法只会造成立法资源的浪费。设区的市在立法领域所立的法效力等级低于省环境立法，必须更加重视和考虑辖区内的环境保护目标，更加具有可操作性，否则难免成为上位法的传声筒和留声机，难以体现其存在的价值。

四、结语

从《立法法》第72条第2款来看，赋予设区的市地方环境保护立法权是对我国环境问题的回应，也是对地方环境立法需求一定程度的满足。对新兴的地方环境立法权主体而言，这是一个希望与挑战并存的机会。地方环境立法应树立起以实用性为立法的价值导向，使之更具有针对性和可操作性，从而更好地做到与上层环境保护制度的有效衔接，并在法律允许的范围内，适当地进行制度创新，从而最大限度地促进地方环境保护事业的发展。

参考文献：

[1] 郑毅:“对新《立法法》地方立法权改革的冷思考”，载《行政论坛》2015年第4期。

[2] 庞凌:“依法赋予设区的市立法权应注意的若干问题”，载《学术交流》2015年第4期。

[3] 王春业:“论赋予设区市的地方立法权”，载《北京行政学院学报》2015年第3期。

[4] 程庆栋:“论设区的市的立法权：权限范围与权力行使”，载《政治与法律》2015年第8期。

[5] 戚渊:“立法权概论”，载《政法论坛》2000年第6期。

[6] 崔卓兰、赵静波:“中央与地方立法权力关系的变迁”，载《吉林大学社会科学报》2007年第2期。

[7] 胡旭东:“地方立法权在中国法治中的双重角色”，载《中国党政干部论坛》2008年第9期。

[8] 陈银珠:“《刑法修正案（八）》的保守与激进：立法、民意和理论”，载《湖南大学学报（社会科学版）》2012年第4期。

对环保行政自由裁量基准地方立法的思考

马慧娟　张　睿*

摘　要：制定行政自由裁量基准成为各地规范和控制行政权的主要方式，尽管存在争议，但裁量基准的制定能够有效避免行政权行使的任意性、压缩权力寻租的空间、指引行政人员进行科学有效的管理。环保领域的行政有其特殊性，多以行政许可和行政处罚的方式进行管理，因为经济发展的不均衡，法律设置的处罚幅度存在较大的裁量空间，有必要根据当地情况设置适宜的裁量基准。对于各地设置裁量基准存在的问题，应当从统一裁量基准的制定主体、细化制定环保行政处罚裁量基准的标准、规范裁量基准制定的程序三个方面进行解决和完善。

关键词：行政自由裁量基准；环保行政管理；地方立法

随着我国经济高速发展，环境问题日益严重。近几年，我国相继对环保相关法律、法规进行了修改，随着“生态文明”入宪，党中央和国家对于环境问题的重视达到了一个新的高度。与此同时，《中华人民共和国宪法》和《中华人民共和国立法法》（以下简称《立法法》）还同时赋予地方在环保方面的地方立法权，以期各地根据当地经济、环境状况制定适宜当地的环保地方性法规及规章。根据地方立法应当遵循的具体化原则，最为重要的一个立法内容是如何在上位法业已设置的行政裁量幅度内科学地细化相关行政裁量基准。对此，理论界尚存在争议，各地实践并不一致，有待进一步厘清相关问题。

一、行政自由裁量基准的理论争议

自20世纪中期以来，伴随“福利国家”观念在世界范围的盛行，行政管

* 马慧娟：云南财经大学教授；张睿：云南财经大学讲师，法学博士。

理事务急剧膨胀，立法机关难以就如此大量的行政事务进行事无巨细的规定，同时也欠缺相应的专业知识，所以通过委任立法和设定裁量的方式交由行政机关自行决断，井室力就对行政自由裁量的基础进行过论述：“承认行政裁量的根据，可以作出如下考虑：立法者对有可能发生的事实未作设想；对有关事态事先作出应采取的具体措施的规定较为困难或立法者尊重行政担当者的专门知识或政治判断；委任其作出具体的判断等。”〔1〕田中二郎也曾精辟地指出，行政法的精髓在于裁量，“法律终止之处，乃是自由裁量权发轫之地。”〔2〕可以说，在现代国家，离开了裁量，行政机关将毫无作为。然而，裁量权的大量存在使得行政效率和灵活性提升的同时，也带来了裁量权滥用的危险，为权力寻租和腐败提供了可能。

因此，在加强法治政府建设的过程中，各地就如何有效规范行政裁量权的行使进行了诸多探索，通过制定行政自由裁量基准对行政自由裁量权的行使进行规制正是其中的一种尝试。浙江省金华市公安局在2004年率先实行“行政处罚裁量基准制度”，并得到国务院的肯定，各地纷纷展开了裁量权基准的探索和立法，仅2004年至2010年各地制定的相关文件就有20多件。从各地制定的行政自由裁量基准的规则来看，已经基本形成了一定的立法规则：第一，区分不同的行政行为类型制定不同的行政自由裁量基准，比如行政处罚的裁量基准、行政许可的裁量基准等；第二，通过细化行政相对人的行为的情节、危害后果、行为表征等，对应设定不同的行政行为的具体标准；第三，将行政自由裁量基准作为对行政主体具有效力的约束规范，设定相应的义务和责任，对于不遵循行政自由裁量基准作出的行政行为往往规定了被撤销或违法的法律后果。

尽管各地均展开了行政自由裁量基准的规范制定和立法，但一些学者仍对此提出了质疑。主要集中于：首先，行政自由裁量是一种正当权力而非负面权力，其存在具有正当性与合理性，不能为其设置禁区。其次，行政自由裁量基准消灭了行政自由裁量的自由选择的本质属性，使得自由裁量行政行为实质上与羁束行政行为没有区别。第三，行政自由裁量的幅度和种类是法

---

〔1〕［日］井室力：《日本现代行政法》，吴微译，中国政法大学出版社1995年版，第88页。

〔2〕王锡锌：“自由裁量与行政正义——阅读戴维斯《自由裁量的正义》”，载《中外法学》2002年第1期。

定的，如果对其裁量幅度作出碎片化的分割，“必然会触动裁量空间的整体性和法定性。对整体性的破坏则可能无法再用裁量理论认可本是裁量的行政行为，而对法定性的破坏就必然使行政法之权威进一步缺失而不是进一步强化。”〔1〕此外，还有论点认为裁量基准会损害个案正义，并且从技术层面而言，太过细化的规则会使裁量僵化，如果留有一定幅度则仍然有残留裁量空间，背离控权的目的。〔2〕

与此同时，也有许多学者坚定地捍卫行政自由裁量基准立法的正当性：首先，从实践来看，各地的行政自由裁量基准均是自下而上进行的，是对行政管理实践的总结和梳理，体现着行政的自我控权品质，并非是对行政自由裁量设置禁区；〔3〕其次，行政自由裁量基准是行政自制功能的具体实现，这一功能的实现又是以外部行政法为前提和制约的，并不会触动行政裁量的法治根基，且能够凸显作为行政自制规范的裁量基准的补缺功能；〔4〕最后，行政裁量基准作为行政的自我治理，并非是机械式的自我压制，“通过行政裁量运行系统内部各种功能要素的自我合理建构，来充分展现其固有的能动性和实现个案正义的内在品质。”〔5〕

二、制定地方性环保行政自由裁量基准的必要性分析

对于行政自由裁量的相关争议业已影响到国务院及司法机关对于各地制定行政自由裁量基准的态度，针对各地制定裁量基准的主体较为混乱这一问题，国务院曾在《关于规范行政裁量权的指导意见》（征求意见稿）中明确表示只有省级政府及国务院各部门有权制定使用规则。在司法实践中，“周文明诉文山交警不按红头文件行政处罚案”中，对于云南省公安厅制定的《云南省道路交通安全违法行为罚款处罚标准暂行规定》，二审法院文山州中级人民法院对其效力并不予以认可。笔者认为，这些情况的出现，主要来自于对

---

〔1〕关保英：“行政自由裁量基准质疑”，载《法律科学（西北政法大学学报）》2013年第3期。

〔2〕参见崔卓兰、刘福元：“析行政自由裁量权的过度规则化”，载《行政法学研究》2008年第2期。

〔3〕参见崔卓兰、刘福元：“行政自制理念的实践机制：行政内部分权”，载《法商研究》2009年第3期。

〔4〕参见周佑勇、熊樟林：“对裁量基准的正当性质疑与理论回应”，载《比较法研究》2013年第4期。

〔5〕周佑勇：“裁量基准的制度定位——以行政自制为视角”，载《法学家》2011年第4期。

于行政自由裁量基准的理论论证还不足够充分，且制定行政自由裁量基准的规范不具有相应的立法位阶，多以规范性文件的形式设置，法院并无参照作出判决的法定义务。事实上，行政裁量基准的设置尤其具有必要性，其价值不仅仅在于可以有效地实现行政机关的自我控权，更可以就具体的行政管理行为形成清晰的指引。在当前我国行政人员素质参差不齐，行政管理能力有待进一步强化的背景下，制定具体细化的行政裁量基准无疑是十分必要的。

具体到环境保护行政管理中，环保行政处罚中也存在大量自由裁量权，环境保护涉及事项繁多，法律法规及各地条例中对于环保行政裁量权赋予了较大的自由空间，具体体现在：第一，我国环保相关法律、法规中规定的处罚种类有警告、罚款、责令停止、责令限期整改等，其中大多以选言命题的形式进行规定，执法者可以在两种或数种处罚类型中进行选择；第二，环保行政处罚种类中最为常见的是罚款，但对于罚款的幅度均未作细化界定，如《中华人民共和国固体废物污染环境防治法》第 82 条规定："违反本法规定，造成固体废物污染环境事故的，由县级以上人民政府环境保护行政主管部门处 2 万元以上 20 万元以下的罚款；造成重大损失的，按照直接损失的 30%计算罚款，但是最高不超过 100 万元。"其中罚款的上限与下限之间有 50 倍的巨大裁量空间，可能使得同种行为受到不同的处罚数额，极易损害个案之间的实体正义；第三，许多处罚的前提需要依据行为情节来判定，但是这些情节都是酌定情节，比如"根据不同情节""视情节轻重"等，同样给了行政机关以宽泛的解释空间。

在国家大力推进环境保护的背景下，环境保护的行政管理事项势必更加繁杂，仅依靠相关环保法律的抽象性规定，显然难以适应环保行政的需要。与民政行政管理不同的是，环保行政管理主要还是依靠行政许可和行政处罚这样的传统行政行为进行，恰恰我国法律在行政许可和行政处罚的立法规定中留下了大量的裁量空间，给相关行政主体及其工作人员的行政行为留下了权力寻租的可能性。

对此，2009 年环保部通过并发布了《规范环境行政处罚自由裁量权若干意见》，对行政部门在实践中如何更恰当地行使行政处罚裁量权作了细化、量化的规定，对遏制执法的随意性、主观性，以及实现依法行政的目的有所帮助，具体体现在：第一，规范和约束环保行政处罚的自由裁量权，防止同案异罚；第二，增强环保行政处罚裁量行为的透明度，提升环保行政执法的效率；第三，为环保执法人员提供量罚标准，降低环保执法风险。[1]然而，这些意见还有赖于各地结合当地实际进一步制定出适宜当地的裁量基准，因为环境保护的问题具有极强的地域特征，每个地方的经济发展状况不同，污染物不同，环境问题表现形式不同，因此在处罚的幅度上和行政许可的门槛设置上亦应呈现出相应的差别。

三、环保行政自由裁量基准立法的困境及解决

在《立法法》已经明确将环保事项的地方立法权赋予设区的市以后，根据上位法制定细化的环保行政自由裁量基准在设区的市一级行政单位已不存在合法性问题。然而实践表明，虽然设定行政处罚裁量基准有利于规范行政机关裁量权的正当行使，但也存在一些问题亟待解决：

首先，设定环保行政处罚基准的主体混乱，环保部的意见并未明确环保行政处罚裁量基准的制定主体，从实践看各级各类行政主体都在制定裁量基准，甚至在裁量基准制定上呈现出“运动化”的趋势导致基准存在差异，造成执法人员行使职权时在基准选择上存在困难，妨碍了执法统一，比如湖南省各级环保行政部门制定的裁量基准就存在矛盾和不一致。

其次，裁量基准制定的标准仍较为原则且缺乏灵活性，尽管在环保部及各地出台的基准文件中对处罚种类和幅度进行了细化，但对违法情节仍缺乏细化分类，往往只规定主要考量因素和一般考量因素，缺乏针对个案特殊性所应予以酌情考量的因素的规定，导致执法标准僵化，同时会使执法人员形成懒政思维，不考量应该考量的因素。

最后，处罚裁量基准的制定程序缺乏规定，裁量基准作为执法的依据，应该以符合规范的形式发布，但在现实中，各级各类主体均制定裁量基准，缺乏规范性的同时，在不以法规和规章形式制定时，往往缺乏严谨的立法程序，缺乏民众参与和专家论证，导致裁量基准的科学性和民主性不足。基于此，笔者认为在裁量基准的制定问题上，应从以下几方面着手进行：

第一，明确裁量基准制定主体。对于裁量基准的制定主体的确定，学者存在争论，有学者认为“对那些直接由国务院进行垂直管理的执法部门，应

---

〔1〕 参见周佑勇、钱卿：“裁量基准在中国的本土实践——浙江金华行政处罚裁量基准调查研究”，载《东南大学学报（哲学社会科学版）》2010 年第 4 期。

该由国务院相关部门制定相应的裁量基准。对那些直接由属地管理的执法部门，应该由省级相关的行政执法部门去制定有关的裁量基准，这个标准在该省级行政区域内实行。"[1]其基于基准的统一性和制定主体的权威性考虑，但却与制定基准的目标背道而驰，裁量基准尽管是为了约束裁量权的滥用，但不是为了消灭裁量权，而裁量的要义则在于基于复杂的客观事实予以灵活的行政处理，在刻板的法条构建的形式正义之外加以实现实质正义的可能性。因此，裁量基准制定的核心基础就不来自于主体的权威性和统一性，恰恰来自于执法的实践性和地区的差异性，因而裁量基准的制定应该是自下而上的经验总结，而非自上而下的人为理性建构。并且，尽管当前各法律法规并未明确裁量基准的制定主体，但从法理分析，只要享有行政处罚裁量权的主体均拥有裁量基准的制定权，因为裁量基准的确定即是行使法律法规赋予他们的裁量权。但如前所述，制定主体的不统一很有可能导致执法标准的混乱和冲突，因此有必要进行一定的限制。从操作层面，笔者建议应由省级生态环保行政主管部门联合相关部门就裁量基准的一般问题进行起草，包括裁量基准制定的一般原则、制定的一般程序以及一般技术等，防止各地在基准制定上各行其是，出现不同的价值取向，并最终交由省级政府制定政府规章明确环保行政自由裁量基准的一般规定，在时机成熟以后，最好由省人大制定地方性法规以提高相关裁量基准的权威性。更为细致的量化标准则可由基层行政执法机关根据执法经验并结合当地实际进行起草并交由当地设区的市政府制定政府规章，因为每个地区的企业、行业、污染源、经济状况和违法形态均不同，只有身处一线的执法者才有着更加深刻的认识和把握。同时，为了防止各地在裁量基准制定上滥用裁量权，应根据《立法法》充分发挥地方立法备案制度的作用，上级行政机关及同级人大应及时就相关裁量基准的规定进行审查。

第二，细化制定环保行政处罚裁量基准的标准。裁量基准主要关注两个方面，其一是考量因素，其二是处罚种类和幅度，前者决定后者。首先，针对前述分析提到的考量因素主要集中在主要考量因素和一般考量因素上，且

[1] 江凌：《规范行政执法自由裁量权 建立行政处罚裁量基准制度》（在第六次全国地方推行行政执法责任制重点联系单位工作座谈会上的讲话），http://www.whfzb.gov.cn/Article.2822.html，最后访问日期：2018年4月25日。

过于原则和宽泛，无法准确判断违法行为的轻重程度，所以需要进一步丰富和细化。除了现有法律、法规中规定的主要考量因素和一般考量因素之外，需要结合地区经济状况、环境容量等情况进一步丰富考量因素，纳入酌情考量的因素，这样能够更好地在经济与环境共同发展中寻求平衡，酌情考量的因素可包括：违法次数、违法动机、违法主观状态、行为表现形式、行为危害后果、共同违法行为中的作用等。同时，还要注意执法的动态性，考量因素并不是一个静态不变的概念体系，而是处于不断发展变化的过程中，因此需要随着层出不穷的新型环保案件不断更新考量因素，做到保持处罚基准稳定性的同时能够不断适应新的变化。

第三，规范环保行政处罚裁量基准制定程序。既往的实践中，制定裁量基准属于行政机关自我管理基础上进行的抽象行政行为，并且往往以规范性文件的形式进行制定，因为欠缺《立法法》及相关法规、规章制定程序条例的规定，制定程序较为随意且混乱，因而受到学者和民众诟病，认为其欠缺民主性，虽然各地近些年已经开始加强规范性文件的制定程序，但应同时将裁量基准的制定纳入规范的程序中，以体现抽象行政行为的科学性、民主性，避免抽象行政行为的失范。但根据上一条建议，笔者认为在将裁量基准纳入地方政府规章甚至地方性法规之后，应同时严格根据规章制定程序和地方法规制定程序的相关规定进行裁量基准的制定，具言之，在行政裁量基准的制定上应包括提议、立项、起草、专家论证、征求民众意见、审议、决定及公布等这些必要的制定程序，并且所有裁量基准的法规或规章均应及时公之于众，允许公众查阅，以确保执法依据的可预期性。

环境刑罚的不足与完善

——兼论环境刑罚的立法实现途径

蒋涤非 *

摘　要：现行环境刑罚以自由刑和财产刑为主，不能很好地抗制环境犯罪。环境犯罪是市场经济活动以及工业化生产方式共同作用的必然产物，是法定犯罪。因此，环境刑罚应突破传统刑罚体系，将刑罚的功能转移到预防犯罪和受损生态修复上。理想的环境刑罚应具有生态修复性、生产经营活动的规范性、公开性以及多功能性；具体的刑罚手段措施类比行政处罚，手段多样灵活。新环境刑罚不宜采用刑法修正、附属刑法立法、编纂法典、司法解释等方式实现立法与司法的结合，而宜采用指导案例的方式，由下而上，逐渐推广。

关键词：环境刑罚；自由刑；罚金刑；生态修复措施；环境刑种

环境刑罚是环境犯罪的刑罚手段。根据现行《中华人民共和国刑法》（以下简称《刑法》）规定，我国环境刑罚主要由自由刑与财产刑组成。[1]环境犯罪表现为污染和破坏自然环境资源，并非专门针对人身和财产的犯罪。司法实践中以自由刑和财产刑为主体的环境刑罚由于未能准确打击环境犯罪的痛点，抗制犯罪的效果并不理想。

犯罪与刑罚是"一体两翼"，罪刑相适应才能实现犯罪治理目标。这里，罪刑适应，既包括罪责轻重与刑罚力度强弱适应，也包括犯罪与刑种相适应。就后者而言，犯罪与刑种的适应，需要考虑犯罪产生的原因，才能有的放矢。

---

* 蒋涤非：昆明理工大学环境科学与工程学院环境资源规划与管理专业2009级博士研究生，云南省人民检察院经济犯罪检察处检察官助理。

〔1〕 参见王蕴哲、翟子羽："环境犯罪的刑罚配置与完善"，载《人民论坛》2013年第5期。

环境犯罪是人类工业化进程的产物，是法定犯罪而非自然犯罪，是新型犯罪而非传统犯罪。法定犯罪的“罪恶”不是根源于社群中的伦理意识传承，而是源于社会治理的需要，法定犯罪的种类往往会随着社会发展阶段的不同而不同，现阶段的法定犯罪可能在下一阶段会消失，也可能因为社会伦理意识的吸收而成为自然犯。所以，针对自然犯罪的刑罚体系在应对法定犯罪时，会因为适用对象错误而产生错配现象。法定犯罪随社会发展阶段不同而不同的特性，决定了法定犯罪的刑罚需要区别于适用于自然犯罪的刑罚。环境犯罪与环境刑罚的关系亦应同理理解。有论者指出，将“运用于杀人、抢劫等传统自然犯罪的思维简单套用在环境犯罪中，……（这种）思维模式造成了修复性刑罚措施的缺位，导致环境刑罚未能发挥其在环境犯罪中应有的作用。”〔1〕因此，什么样的环境刑罚才是抗制环境犯罪的适当刑罚，值得进一步分析。基于此，本文将从以下方面展开讨论：①环境犯罪产生的原因是什么；②以自由刑和财产刑为主的环境刑罚对于抗制环境犯罪是否适当；③是否有更加理想的环境刑罚措施，新环境刑罚措施应具有什么样的特点；④新环境刑罚措施融入环境刑法的途径。

一、环境犯罪产生原因概述

人类破坏环境的行为古已有之，并非现代特例。与历史相对，现代社会关注环境违法行为，将环境污染、自然资源破坏列为犯罪还是 20 世纪 60、70 年代的事。西方发达国家的环境立法始于工业革命之后。〔2〕1969 年巴西通过《宪法修正案》第 172 条，首次在宪法中规定了环境方面的处罚，即公共权力机构（各级国家机关）被责成对那些破坏性地使用土地的人科以罚款。1970 年，日本国会通过了《关于危害人体健康的公害犯罪制裁法》，以单行刑事法规的形式规定了有关惩治环境犯罪的内容。〔3〕此后，相继出现了“韩国 1991 年的《关于环境犯罪处罚的特别处置法》、美国 1984 年的《综合犯罪控制

〔1〕 钟祥福：“环境犯罪中修复性刑罚之提倡”，载《鸡西大学学报》2015 年第 9 期。

〔2〕 参见吕欣编著：《环境刑法之立法反思与完善——以环境伦理为视角》，法律出版社 2012 年版，第 15 页。

〔3〕 参见付立忠：《环境刑法学》，中国方正出版社 2001 年版，第 111 页。

法》、澳大利亚新南威尔士州1989年的《环境犯罪与惩治法》”。[1]与域外立法相比，我国环境刑法的立法源于“1979年《刑法》”。“1979年《刑法》”在分则“破坏社会主义经济秩序罪”一章中规定了“盗伐、滥伐林木罪（第128条）”、“非法捕捞水产品罪（第129条）”以及“非法狩猎罪（第130条）”。从立法体例上看，当时的刑法并没有单列环境犯罪，而是将破坏环境的行为视为是破坏市经济秩序的犯罪。之后，1995年和1996年我国又颁布了《中华人民共和国大气污染防治法》《中华人民共和国固体废物污染环境防治法》和《中华人民共和国水污染防治法》。1997年新《刑法》颁行，新《刑法》专辟一节（分则第6章第6节）对“破坏自然资源保护罪”进行规定，标志着我国环境刑法的立法初步完成。

环境刑法的立法活跃出现在20个世纪后半叶，这不是偶然。就西方国家而言，20世纪60、70年代前后正是二战后全球范围内经济增速最为强劲的时期。工业化积累模式以其所具有的生产效率在全球范围内得到迅速传播，在第三世界国家，工业化的倾向也得以确立。[2]就中国而言，20世纪80、90年代，正是中国私有经济成分获得制度解放，公、私有制经济成分齐头并进，迅速发展，工业化进程正式启动的年代。特别是邓小平南行讲话后的几年，中国开放程度加大，市场经济体制建设进入快速发展期，“从1992年到1999年，中国经济每年的经济增长率都超过了10%”。[3]综合两方面经验，可以大致判断，现代社会的环境犯罪现象发生与各国经济发展方式由农业经济向工业经济、市场经济转变这一质的变化密切相关，是所有跨越或正在跨越工业化进程国家所面临的共性问题。有学者就此指出，近代以前，生态问题主要是地方性、区域性的问题，问题的主要根源是人口增长所引起的资源需求的增加，进而导致对生态环境的破坏；近代以后，生态环境变成了一个全球问题，而且“不是从以前的地方性、区域性的问题简单地扩大到全球的问题，而是一个在破坏的方式、内容、程度和后果，并且归根到底在性质上不同于

---

〔1〕 蒋兰香：“新南威尔士州《环境犯罪与惩治法》的立法特色及启示”，载《中国地质大学学报（社会科学版）》2013年第1期。

〔2〕 参见［法］米歇尔·波德：《资本主义的历史——从1500年至2010年》，郑方磊、任轶译，上海辞书出版社2011年版，第248页。

〔3〕［美］傅高义：《邓小平时代》，冯克利译，生活·读书·新知三联书店2013年版，第636页。

以前的新问题。"[1]这里，所谓"性质上的不同"就是指全球化的市场经济活动和工业化的生产力与生产方式。

市场经济活动与工业化为什么会导致环境犯罪多发频发，具体原因很复杂。特别是对于各个具体的环境犯罪类型，因地区经济状况不同、教育程度不同、是否民族聚居，引发犯罪的原因也不同，不能一概而言。但从大的环境犯罪现象来看，笔者初步认为至少有三：一是，市场经济活动对自然资源的需求没有限度。生产企业为了达到经济不断增长的目的，"本质上不会接受自身之外的任何阻碍，它必然要冲破一切阻力，一意孤行地致力于它的资本增殖事业，而不考虑任何对于生物圈的负面效应。"[2]市场经济活动"所包含的世界观、价值观、社会结构和技术都是为不断的物质增长服务的，也就是说在没有彻底颠覆它的前提下，工业化体系是不可能减少对自然资源的消耗的"。[3]二是，工业化时代发明的新技术不仅提高了劳动生产率，也提高了自然资源的油耗能力。正如"杰文斯悖论"所表达，新技术在提高自然资源利用效率的同时，增加而不是减少对这种资源的需求。如蒸汽机的每一次成功改进都进一步加速了煤炭的消费。[4]三是，激烈竞争使市场经济活动主体对自然资源的争夺更加残酷。竞争是市场经济活动的常态，是"经济学家的主要范畴，是他最宠爱的女儿。"[5]激烈的竞争，一方面使自然资源的消耗速度加快；另一方面持续推高资源价格，引发更为激烈的资源争夺。

因此，环境犯罪其实可以被看作是生产力与生产方式变革的必然产物，是社会发展到工业化、市场化特定阶段的必然现象，本质上应当被看作是生产型、发展型犯罪。当然，遵循这样的逻辑，我们其实也可以预测，当科技发展再造高能生产方式，进入又一波颠覆现有生产力及生产方式的运行周期，

---

〔1〕 俞金尧："资本主义与近代以来的全球生态环境"，载《学术研究》2009年第6期。

〔2〕 詹敬秋："资本与生态：一对不可调和的矛盾——福斯特对资本主义制度的生态学批判"，载《苏州大学学报（哲学社会科学版）》2011年第6期。

〔3〕［美］格雷姆·泰勒：《地球危机》，赵娟娟译，海南出版社2010年版，第86~87页。

〔4〕 参见解保军、李建军："福斯特对资本主义的生态批判"，载《南京林业大学学报（人文社会科学版）》2008年第3期。

〔5〕［德］马克思、恩格斯：《马克思恩格斯全集》（第1卷），中共中央马克思恩格斯列宁斯大林著作编译局译，人民出版社1956年版，第611页。

现行刑法所规定的环境犯罪也许会消失，取而代之的则是新类型的环境犯罪。[1]

二、现行环境刑罚的不足

环境犯罪是生产型、发展型犯罪，其产生于生产活动中，是生产活动的伴随产物，犯罪行为与犯罪结果之间因果关系链条既长又复杂，被害人不特定。与传统的杀人、伤害、强奸、抢劫、盗窃、诈骗犯罪相比，一是对两者的伦理恶性评价不一样，二是对两者的惩罚及治理预期不一样。具体而言，传统犯罪的伦理恶性评价一面来源于人“以牙还牙、以血还血”的自然本性，另一面经过代代相传，已经成为民族、国家的文化基因，社会群体对这些传统犯罪行为的判定以及刑罚反应固化，成为常识。对于传统犯罪，死刑、自由刑与财产刑能够与被侵害的人身、财产法益建立直接联系，刑罚的适用完全来源于“杀人偿命、欠债还钱”的社会共识，刑罚的实害与利益在被告人与被害人之间合理分配，刑罚反应与社会预期之间具有较高的一致性。而环境犯罪作为新型犯罪、法定犯罪，社会公众对于环境犯罪的观念认识还处于培育阶段，伦理观念上的犯罪恶性评价具有不确定性（有的环境犯罪企业是犯罪地的纳税和用工大户），因此运用自由刑、财产刑手段来抗制环境犯罪，由于实际刑罚措施与环境犯罪的被侵害法益之间关联性弱，与规范生产企业的市场行为、规范竞争行为没有关联，缺乏社会共识基础，效果低于预期。

（一）环境刑罚的自由刑不足

自由刑是剥夺人身自由，将犯罪分子拘束于一定处所并施以刑事矫治的刑罚手段。现行环境刑罚中的自由刑主要是有期徒刑、拘役和管制。但自由刑着眼于对犯罪分子的自由剥夺，于被损害的环境法益而言，没有实益，存在不足。

第一，自由刑不能达到预防环境再犯的目的。环境犯罪与合法环境行为之间的区别，不在于环境是否受到污染和破坏，只在于环境行为“非法性”“违法性”的有无。正如合法砍伐树木与非法砍伐树木，区别不在于树木是否被砍倒，而在于砍伐行为的合法与否。法定犯罪的缘由也在于此。而就市场

---

〔1〕参见曾粤兴、蒋涤非：“科技发展对环境刑法适用的影响分析”，载《昆明理工大学学报（社会科学版）》2014 年第 5 期。

经济活动的现实来看，“合法”与“非法”的选择，关键在于“成本控制”，在于市场竞争的经济压力大小。市场经济中的成本、竞争压力是不以人意志为转移的客观存在。如此，即便对被生产规律、市场规律裹挟的环境犯罪分子施以自由刑，一段时间内切断其与外界经济世界的联系，切断竞争压力对其的影响，但当其重返社会后，生产成本、竞争压力这些诱导犯罪的因素依然存在，再犯罪仍不可避免。换言之，自由刑没有办法减除引发环境犯罪的客观因素，或者说不能在引发环境犯罪的客观因素与犯罪分子之间建立有效隔离，不可能对犯罪分子的规范生产意识产生影响，达不到预犯再犯的目的。

第二，自由刑无法与受损资源的恢复与治理建立联系。自由刑对犯罪分子的人身自由加以限制，自由的束缚切断了犯罪分子与环境治理之间的直接关系，使犯罪分子成为受损环境治理的旁观者。由于犯罪分子不能亲力亲为受损环境的治理工作，其行为造成的环境资源破坏恶果由社会其他成员来承担和补救，一方面难说这是一种正义的刑罚。因为，将罪犯监禁在监狱内，除了一种对大众的心理安慰外，受刑人大量耗费着纳税人用血汗所挣来的银钱，远离职场竞争，远离社会压力的纷扰，过着衣食无忧的生活，在某种程度上，不见得就是一种社会公平正义的实现。〔1〕另一方面，环境犯罪既然破坏了环境，那么环境刑罚就应当着眼于环境修复，这是社会民众的朴素正义观。贵州瑶族的习惯法就规定，破坏森林资源的罚种树、罚修路。〔2〕而自由刑与社会所期望的受损环境治理之间完全没有关系，不仅对环境修复没有益处，而且还使刑罚与社会期待发生错位，不利于民众环境法治意识的培养。

（二）环境刑罚的财产刑不足

现行环境刑罚体系中，除《刑法》第 341 条这一个条文规定了“或者没收财产”外，《刑法》第 6 章第 6 节的所有环境犯罪刑罚配置中都有单处或并处罚金的规定。因此，所谓环境刑罚的财产刑，其实也可以说就是专指罚金刑。

罚金刑是判令犯人缴纳一定数额金钱的刑罚。当代世界，罚金刑的适用范围极广，几乎涉及所有的犯罪种类。萨利克法律就规定，自窃盗至谋杀，

---

〔1〕 参见蒋涤非：“‘欲望人’假定与刑罚模式的重构——略论刑罚的根基”，载《华中法律评论》（第 1 辑 · 第 2 卷），华中科技大学出版社 2008 年版，第 113 页。

〔2〕 参见杜琪：“少数民族环境保护习惯法与刑法的冲突及协调——以破坏森林资源犯罪为视角”，载《贵州民族研究》2013 年第 3 期。

都可以用金钱来赔偿。[1]由于罚金刑有多种优点，有学者指出，在当代世界刑罚向轻缓方向发展的大潮流影响下，刑罚体系的中心由过去的以死刑、身体刑为中心转变为以自由刑和罚金刑为中心。[2]

环境犯罪产生于市场经济和工业化进程，犯罪目的当然指向经济利益获取。因此，环境刑罚中包括罚金刑，指向犯罪分子的犯罪动机，欲使犯罪分子受到经济上的损失，突出了刑罚的经济惩罚功能。但罚金刑之于环境犯罪，仍存在不足。一是，罚金刑天然具有“以钱赎罪”的效果，容易使罚金成为犯罪成本的金钱表示方式，对环境犯罪的抗制效果有限。环境犯罪产生于经济活动中，是广义上的经济犯罪。经济犯罪的典型特征是犯罪分子都精于计算犯罪成本。虽然一般预防理论认为，犯罪成本高低是吓阻行为人实施犯罪的重要因素。[3]但用金钱量化的“罚金成本”来吓阻经济犯罪，无异于与赌徒讲概率，不仅不会压制犯罪分子的犯罪意思，还会促成更胜一筹的投机思想，预防再犯罪效果差。二是，《刑法》第338条至346条虽然规定了环境刑罚的罚金刑，但条文规定以及司法解释并没有进一步说明“罚金”数额如何确定。“环境犯罪采用的是无限额罚金形式，罚金数额确定的随意性较大，容易形成同案不同判。”[4]而且罚金数额不明确，如何使犯罪分子产生拒绝犯罪的反对动机也存有疑问。三是，罚金刑与受损环境法益的恢复之间没有形成直接联系。环境犯罪是造成自然资源破坏的犯罪，受损环境修复是犯罪后的必然结果。目前，罚金数额与修复工作所花费费用之间没有联系，两者之间存在天然“利差”。一面可能使犯罪分子通过罚金“白占便宜”，一面又意味着犯罪分子可以通过缴纳罚金的方式，避开自然资源修复工作，向社会转嫁犯罪责任。

与罚金刑的分析原理相同，没收财产刑也存在刑罚与环境资源修复之间联系不强，以钱赎刑的问题。特别是在《刑法》第341条（非法猎捕、杀害珍贵濒危野生动物罪，非法收购、运输、出售国家重点保护的珍贵濒危野生

---

〔1〕 参见［美］约翰·列维斯·齐林：《犯罪学及刑罚学》，查良鉴译，中国政法大学出版社2003年版，第314页。

〔2〕 参见李洁：《论罪刑法定的实现》，清华大学出版社2006年版，第196页。

〔3〕 参见马克昌主编：《近代西方刑法学说史略》，中国检察出版社2004年版，第52~53页。

〔4〕 重庆市第一中级人民法院课题组：“惩治环境犯罪——护航美丽中国”，载《人民法院报》2013年10月31日。

动物、珍贵濒危野生动物制品罪）的适用中，没收财产刑也只是突显出刑罚的报复报应功能，而对于珍贵濒危野生动物的物种保护而言，没有益处。

（三）现行环境刑罚的总体评价

从因果联系上看，自由刑与财产刑之所以在环境犯罪的抗制过程中效果不佳，原因在于两者所剥夺的犯罪分子利益与环境修复之间没有关联。但更深层次的原因在于，现行环境刑罚依旧承续传统自然犯的惩罚逻辑，突出刑罚的报应功能来为环境刑罚配置刑种，导致环境刑罚未能发挥其在环境犯罪中应有的作用，这样的认识需要改变。

环境犯罪的立法史表明，环境犯罪有别于其他犯罪。当代意义上的环境犯罪，在立法史上最早出现于20世纪60年代，是真正的新型犯罪。这里的“其他犯罪”不仅包括传统意义上的自然犯，而且包括在传统自然犯基础上不断分化演进出来的其他法定犯罪。传统意义上的自然犯，不仅包括故意杀人、抢劫、盗窃、强奸等针对人身、财产的犯罪，还包括针对国家安全、货币秩序、生产秩序的犯罪。如诈骗分化演进出金融诈骗、合同诈骗、骗取贷款、非法吸收公众存款；伪造货币分化出擅自设立金融机构、擅自发行股票、公司、企业债券；毁坏生产工具分化出非法经营、破坏生产经营、违规生产致生产事故等。由于这些“其他犯罪”在犯罪谱系上能够从传统犯罪那里找到犯罪关联，有社会共识支撑，因此适用死刑、自由刑、财产刑，能够在刑罚剥夺利益、被害人损失以及犯罪后社会关系修复方面建立起相互关联的利益链条，刑罚能够在报应、预防和社会关系修复三个方面实现最大程度的统一。而环境犯罪，在犯罪谱系上没有传统犯罪的源头可以追溯，〔1〕犯罪行为指向

〔1〕 通说认为，《韩非子·内储说上》记录的“殷法刑弃灰”是我国环境犯罪的最早立法，环境犯罪是古老犯罪。但《韩非子·内储说上》是韩非为君主治理国家提供的“七术”。全篇分两部分，前部分是“七经”；后部分是“七说”。“七经”部分简述“七术”的基本内容，“七说”部分则用具体的事例解释“七经”的内容。“殷法刑弃灰”记录在《韩非子·内储说上》“经二·必罚”部分。何为“必罚”，韩非认为“爱多者则法不立，威寡者则下侵上，是以刑罚不必则禁令不行。”这段话的大意是说，法令不严厉（爱多），就没有权威（威寡），社会秩序就会混乱（以下犯上），所以法令不能施行的原因在于刑罚不能得到有效的执行（刑罚不必）。“殷法刑弃灰”虽然是针对环境的立法，但这种环境刑法的立法出发点并不着眼于环境卫生的保持。“殷法刑弃灰”最根本原因在于防止人民争斗，维护社会秩序，最终实现国家治理。这种由小及大的逻辑其实也是中国历史传统中“由家及国”家天下逻辑的具体表现。相反，如果硬要将“保持环境卫生”视为是“殷法刑弃灰”最初的立法初衷，则我们反倒不能理解为什么这种以“环境卫生保持”为目的的立法能够成为韩非宣讲法家思想、治国霸术的重要素材。

自然环境资源（并不直接指向人身权、财产权的侵犯），有的环境犯罪中被害人不特定甚至没有具体的被害人，更重要的是我国的自然环境资源除了小部分具有集体产权外，其余均归于国家，事实上等于自然资源没有产权或产权不明，因此仍然适用自由刑、罚金刑，只能实现刑罚的报应功能（有人员伤亡的情况下，判处自由刑、罚金也能说实现了一定程度的被害人利益和社会关系修复），预防再犯罪的功能弱（需要进一步数理统计后予以验证），关键是缺失了环境资源修复的功能设计[1]，导致环境刑罚整体效能低下，难以实现刑罚抗制环境犯罪、修复受损生态的目的。有学者也提出，自由刑和罚金刑虽然对犯罪具有震慑和预防的功能，但对被污染和破坏的环境来说，却得不到恢复和补偿，需要国家和社会承担巨额的环境损害修复费用，不符合“污染者负担”原则。“因此，环境刑罚制度应该充分地发挥其预防功能和恢复环境的功能。”[2]

三、环境刑罚的设计构想

环境犯罪是工业化生产方式以及市场经济活动极端竞争共同作用的产物，而且环境犯罪的犯罪行为与犯罪结果之间，要么时间跨度长，要么呈现出行为与结果的共时性特征，典型如“边生产边破坏”；环境犯罪恶果治理时间长，少则几年，多则几十年；环境犯罪的被害人不特定。此外，环境犯罪的社会认知程度差，普通公众缺乏将环境破坏与犯罪、与自身生存联系起来的意识，也使得环境犯罪分子即便被定罪处罚，回归社会后，也少有周边群众对其进行再犯罪可能性的监督。鉴于此，理想的环境刑罚总体上应具有规范犯罪分子的依法生产意识，向社会传导规范竞争，标定生产经营行为底线的功能（预防功能）。同时，环境犯罪造成自然资源被破坏的恶果，因此环境刑罚还要考虑犯罪分子对受损生态环境的恢复与治理（生态修复功能）。

（一）理想环境刑罚的特点

针对环境犯罪的上述特点，本文认为环境刑罚应有以下特点：

第一，环境刑罚要具有规范生产经营、规范市场竞争的指导性。一般而言，环境行为的实施以法律许可为前提。环境犯罪是法定犯罪，因此环境行

---

〔1〕参见钟祥福：“环境犯罪中修复性刑罚之提倡”，载《鸡西大学学报》2015年第9期。

〔2〕李玉玲：“对我国环境刑罚制度的反思与重构”，载《湖北警官学院学报》2013年第6期。

为是否“违反法律法规”是认定犯罪成立的基本要素。实践中，环境犯罪表现为，要么未按法律规定报经行政批准就自行实施破坏环境行为，要么采用欺骗手段骗取行政审批，要么超行政审批范围进行生产经营，要么不按照行政审批的内容要求进行生产经营。就犯罪治理而言，这些犯罪行为除了应当在环境犯罪认定时予以评价外，还应当在环境刑罚的实施中对这种非法行为予以纠正。因此，对法定犯罪的刑罚惩罚必须表现出“法定意识”的恢复。换言之，“犯罪是一段恶缘，意味着犯罪是对规范秩序的破坏。规范关系意味着社会当中的底线秩序。刑法的功能在于恢复社会关系当中被犯罪所破坏的规范关系、规范秩序”，〔1〕规范和维护好底线秩序。对于如何通过刑罚来规范生产经营、市场竞争行为，有论者提出对于这些违法生产的企业和个人，应采用注销法人资格、生产资格等非刑罚处理方式来进行纠正。〔2〕但环境犯罪既然是市场经济和工业化生产方式下的必然现象，那么注销法人资格、关闭企业的做法就未必有效。因为，市场化条件下，企业法人资格的注销和取得门槛极低，注销甲企业又可以用乙企业的名义再次注册成立。与自然人相比，法人可以永生。因此，在法人不死的背景下，与其提倡资格限制、资格取消的抗制策略，不如提倡“亡羊补牢”规范生产经营的策略。如强制要求企业在限定期限内完成特定资格审批，完成特定生产设备、生产设施、生产工艺、生产流程的整改，这些措施既可以减少新办企业带来的不必要重复投资，还可以通过刑罚强制要求犯罪企业、个人规范生产审批手续，规范竞争行为，体现环境刑罚从生产、经营的源头参与环境治理的思路。

第二，环境刑罚应与生态修复相挂钩，体现生态修复的功能定位。环境犯罪破坏生态环境，环境刑罚就应当恢复生态环境，这是最朴素的正义观。2006年，重庆两老汉粗心烧山案，一审判处两被告人有期徒刑，二审同时改判两被告人有期徒刑缓期执行，并责令两人回家后在失火山头种树。〔3〕二审改判引来媒体一片叫好，就是这种社会正义观的体现。因此，自由、财产剥夺不应是环境刑罚的第一要义，环境刑罚必须具有生态修复的功能，这才是环境刑

---

〔1〕参见周光权：“论常识主义刑法观”，载《法制与社会发展》2011年第1期。

〔2〕参见吴情树、陈开欢：“附属刑法规范的理性分析与现实选择”，载《福建警察学院学报》2008年第5期。

〔3〕参见石经海：《量刑个别化的基本原理》，法律出版社2010年版，第336~337页。

罚的应有之义。目前，也有学者提出环境刑罚的生态修复观点。[1]但局限于将生态修复措施放到《刑法》第37条中的“非刑罚处罚措施”中进行理解，如论者指出，“针对环境问题，在所有的应对措施中，刑罚惩罚并不是最适当的，必须考虑环境问题、环境犯罪的特殊性来选择合适的处罚措施，尤其是在刑罚运用基础上采取其他非刑罚措施或多样化措施作为辅助手段，体现利益增进的观念，以达到更好保护环境利益的目的。”[2]但刑罚和非刑罚处罚措施是完全不同的两个概念，具有完全不同的法律后果。因此，不能将环境刑罚本身应有的生态修复功能，通过非刑罚处罚措施来予以弱化。

第三，环境刑罚的行刑期限要与生态治理的长期性匹配，行刑期限不固定。古典刑法理论认为，罪刑法定原则包括行刑期限应事先确定，反对无固定期限的刑罚。但环境犯罪不是传统犯罪，环境损害是环境犯罪分子对社会的“公共债”，环境刑罚就是环境犯罪分子对社会偿还“公共债”的过程。既然私法上的“私债”不因时间长短而消灭，那么环境犯罪分子向社会偿还“公共债”的时间就不应具有时间期限限制，这既是“债”原理的要求，也是环境治理的长期性在环境刑罚中加以体现的要求。同时，无固定期限的行刑也会促使环境犯罪分子加快环境治理进度，开发治理技术，确保生态修复有效。

第四，环境刑罚具有多功能性，刑罚手段也应具有多样性。有学者提出，未来的刑罚制度改革，要考虑增设刑种，尤其要增设非监禁的主刑，从而使刑罚手段更为多元、灵活，符合转型社会的需要。[3]环境刑罚尤其如此。环境犯罪既可能造成环境损害又造成人员伤亡，也可能只造成环境损害。因此，环境刑罚既承载报应功能，又要承载预防和生态修复功能，其刑种配置必然要求多样。如在造成人员伤亡、财产损失的场合，以自由刑、财产刑为主的刑罚可以平复被害人心理；但在没有人员伤亡的场合，就应该减少、限制或排除自由刑的适用[4]，而转向生态修复刑罚。就生态修复而言，自然环境资源可以恢复的场合，适用生态修复措施；在不具有恢复可能性的场合，应考

---

〔1〕参见钟祥福：“环境犯罪中修复性刑罚之提倡”，载《鸡西大学学报》2015年第9期。

〔2〕任彦君：“基于利益增进思想的环境刑罚构想”，载《郑州大学学报（哲学社会科学版）》2010年第5期。

〔3〕参见周光权：“转型时期刑法立法的思路与方法”，载《中国社会科学》2016年第3期。

〔4〕参见于阳：“环境犯罪刑事制裁的方式与选择——以刑罚轻缓化为分析视角”，载《山东警察学院学报》2016年第2期。

虑适用生态修复转移的措施，如对滥采滥挖矿藏资源的犯罪，由于矿藏资源不可再生，就可以考虑对犯罪分子适用修路、种树、荒山复绿、水体治理等生态修复转移性措施。可以肯定，只有环境刑罚的手段具有多样性，才能适用不同类型的环境犯罪抗制。

第五，环境刑罚应具有公开性。刑罚理论的通说认为，刑罚可以公开宣判，但不能公开执行。公开执行刑罚有损犯罪分子的人权，不人道。但，一方面环境犯罪不是传统犯罪的演化产物，环境犯罪的认定缺乏社会共识（仍需培养），伦理上的恶性评价不确定（仍需讨论），环境刑罚如果仍然秘密执行，无异于杜绝社会公众认识环境犯罪的途径，也不利于犯罪分子再犯罪的监督与预防。如贵州少数民族地方，对于破坏自然资源的行为，会依习惯法让违法者游街喊寨、公开认错。〔1〕另一方面，如果环境刑罚的生态修复措施不公开执行，不在犯罪分子与受损生态治理之间建立公开联系，还会引发犯罪分子是否实施生态治理，如何实施，由谁实施的疑问，有损司法公正。再一方面，公开执行环境刑罚中的生态修复措施，能够向社会公众传导依法生产，规范竞争行为的观念。

第六，环境刑罚应具有犯罪分子的亲历性。在死刑、自由刑、财产刑的体系下，刑罚必须具有亲历性，不言自明。但本文所提倡的生态修复措施刑罚，由于不能限制在监狱等固定行刑场所执行，且生态修复措施可以通过市场购买的方式实现，因此强调“亲历性”尤为重要。环境刑罚的亲历性，应要求受罚者必须亲自参加生态修复工作，对其个人承担的生态修复工作的工作量应以量化，禁止以完全市场购买方式来完成整个刑罚。

上述特点，决定了环境刑罚与传统刑罚相比，是完全不同的全新刑罚，需要重新设计。

（二）理想环境刑罚的构建

根据前述分析，本文认为，环境刑罚的刑种设计和体系构建应体现规范生产经营活动，实现环境刑罚多功能化目标的思路。

第一，增加要求执行特定行政审批、执行特定生产经营整改措施的刑种。如要求排放污水的被告人、被告单位在判决宣判后特定期限内执行生产污水

---

〔1〕 参见杜琪：“少数民族环境保护习惯法与刑法的冲突及协调——以破坏森林资源犯罪为视角”，载《贵州民族研究》2013 年第 3 期。

处理系统的改造，改造结束后要经过行政部门的检查验收。要求被告人、被告单位在宣判后特定期限内进行生产经营整改并行政申报，取得特定资质。

第二，增加实施特定生态修复措施的刑种。如水体治理、空气治理、植被恢复、土壤改良、筑路修堤、市政道路绿化、垃圾回收，等等。这些特定生态修复措施在刑罚宣告时要有明确的治理指标要求；刑期应该与受害环境的治理难度相匹配，采用无固定期限，或有科学依据的期限。同时，此类刑罚执行过程中，需要明示被告人、被告单位有定期报告工作进度的义务，到期检查验收的结果要求。在此类刑种的设立中，还需要设计生态资源修复措施转移制度，当犯罪分子所造成的环境资源侵害不可治理、不可恢复时予以补充。如捕杀珍稀濒危野生动物后，由于被捕杀动物不可再生，因此可以转移适用筑路修堤、种树环卫等其它环境刑罚。

第三，增加环境刑罚执行公示的刑罚执行方式。公示方式可以采用在被告人、被告单位生产经营场所的外立面、大门外加挂“环境刑罚被执行单位”的醒目标牌；在环境刑罚执行区域，如特定道路、特定水道、特定林区、特定区域加挂“环境刑罚执行公示牌”，列明刑罚被执行单位（个人），执行目标，执行进度，预计执行完成时间等信息。公示与刑罚执行时间一致。刑罚执行完毕，公示牌方可取消。

第四，增加环境刑罚执行的亲历性检查方式。如要求被告人、被告单位定期向执行监管机关报送亲历执行环境刑罚的视频；要求被告人、被告单位在环境刑罚执行区域安装电子监测设备，由执行机关不定期通过电子警察方式进行抽查等。

第五，对自由刑的执行方式进行改良，使自由刑的执行与生态资源修复措施能够相互配合。环境犯罪本没有适用自由刑的必要，但在造成不特定人身、财产损失的情况下，适用自由刑也是遵循社会共识，平复被害人心理的必要手段。但单纯对被告人执行监禁式的自由刑，正如前文所述，对被实际破坏的环境而言，没有实益。所以，改良环境刑罚的自由刑执行方式，使自由刑与生态资源修复措施相衔接，是必然的选择。可以特别规定环境刑罚的自由刑执行方式，如在自由刑执行到原判刑期三分之一时，即可假释出狱执行生态资源修复措施。

第六，改良罚金刑，将罚金数额与犯罪行为后果或犯罪结果治理两者之一进行挂钩，使罚金数额能够与环境犯罪行为的恶性相联系。实践来看，环境犯罪行为会产生两方面的经济成本：一是犯罪行为所造成的自然资源损失成本，二是治理受损自然资源的治理成本。两个成本都与犯罪行为相关，都是能够客观量化的数额。将罚金数额与这两个成本之间的一个挂钩联系，能够使罚金数额的确定有依据、不随意，形成客观化的量刑标准，符合社会公众的认知。当然，罚金并非环境刑罚的主刑，因此在适用罚金刑时，如果主刑已经适用了生态修复措施刑罚，则罚金的确定就只应该和犯罪行为所造成的自然资源损失成本挂钩。主刑与附加刑之间应该形成配合。

需要说明的是，上述环境刑罚的设计构想同时包括了一些行政管理的手段，如强制要求犯罪单位执行特定行政审批、执行特定生产经营整改措施、刑罚执行公示、向执行机关报告生态修复进展工作情况等，会使读者认为本文的构想中环境刑罚与环境行政处罚相互混淆，并不妥当。然而，本文认为：①“抗制生态风险，最为有效的手段应该是朝着理性行政的方向发展，制定有效的行业、企业、产业生产标准体系，从源头而非从末端抓起。”〔1〕因此，在环境领域行政治理普遍失灵的情况下，以刑罚之名行“行政处罚”之实，一面以国家强制力推进该环境行政治理，符合生态治理的基本原理；另一面用刑罚之名行“行政处罚”之实，行政处罚也就具有了刑罚的身份，产生了刑罚的后果，名实并不重要。②严格区分刑罚与行政处罚的理念来源于“刑罚必然是报应”的传统刑罚观念。然而，刑罚作为一种社会现象、文化现象，不仅刑种、刑罚执行方式会随着时代的发展而变化，而且社会大众对刑罚的功能预期也会发生变化。也就是说，刑罚的功能、刑罚的定位在每一个时代都会有所不同。如，我们可以说封建时代的残酷刑罚是刑罚“1.0 时代”，现代社会的人道主义刑罚就是刑罚的“2.0 时代”。为什么要称后者是“2.0”，关键就在于人道观念的提倡，罪责相适应、罪刑法定原则的引入。③就环境刑罚而言，环境刑罚的功能定位不能局限于报应，预防再犯和受损生态修复才是社会大众对环境刑罚的预期。因为，当下的社会已经进入风险社会，风险社会的刑法已由一套注重于事后惩罚的谴责体系，而渐渐蜕变为一套偏好于事前预防的危险管控体系，体现出国家通过刑罚进行社会治理的功能主义

〔1〕 刘艳红：“象征性立法对刑法功能的损害——二十年来中国刑事立法总评”，载《政治与法律》2017 年第 3 期。

立场。[1]因此，当环境刑罚为了达到预期功能，创制性的采用类行政处罚手段的刑罚来抗制犯罪，环境刑罚所统合的社会功能就远远超过了人道主义刑罚的“2.0版”进入到了刑罚介入社会治理的“3.0时代”。这是刑罚的又一次整体升级，是刑罚的进化。④一种措施，既然可以成为行政处罚措施，那么其也可以成为环境刑罚的刑种，行政处罚与刑罚只是法律后果不同，不代表着两种法律手段在违法行为纠正、犯罪处罚方面存在实际效果差别。如罚金既是行政处罚，又是刑罚。

四、环境刑罚设计构想的实现途径

环境犯罪不是传统犯罪的分化演进，环境刑罚也不同于传统刑罚。因此，环境刑罚的设计构想要由纸面上的讨论变成现实中的法，需要有可行的实现途径。

第一，《刑法》修正的实现途径。自“97《刑法》”颁行以来，我国《刑法》就严格遵循集中统一立法的要求进行《刑法》的修正和补充工作。到目前为止，我国除一部《刑法》外，已经颁布了10个《中华人民共和国刑法修正案》。修正内容既包括罪名的增删，也包括刑罚配置的调整。因此，通过刑法修正实现环境刑罚的升级迭代，应当是比较优位的选择。但环境刑罚与传统刑罚相比，在报应、预防及社会关系修复三方面，功能着重点不同；较之传统犯罪，社会民众对环境刑罚具有新的预期。因此，在现有刑法体系内，通过刑法修正的方式实现环境刑罚由“2.0版”向“3.0版”的整体升级，难免会使现行《刑法》的内在逻辑以及价值定位产生不协调。特别是环境刑罚公示制度、生态资源修复措施转移制度、自由刑执行三分之一假释制度与现行刑罚体系所秉承的理念多有冲突；环境刑罚整体上具有使用刑罚参与社会治理的倾向，更是与一直以来刑罚应当谦抑，要与社会管理保持距离的观念相左。因此，通过刑法修正方式来实现环境刑罚的整体升级，会面临较大的理论挑战。

第二，附属刑法的实现途径。附属刑法是指在除刑法之外的法律中，规定犯罪与刑罚的刑法规范。[2]与单一刑法的立法方式相比，附属刑法是分散立法的典型。因为附属刑法的立法方式较为灵活，由各专门领域的法律对本

[1] 参见劳东燕：“风险社会与功能主义的刑法立法观”，载《法学评论》2017年第6期。

[2] 参见孟庆华：“附属刑法的立法模式问题探讨”，载《法学论坛》2010年第3期。

领域内的犯罪加以规定，可以在不同法律规范间实现行为的连续性梯度评价，能够较好实现民法（商法）、行政法（经济法）、刑法之间的“法法衔接”，较好应对社会发展中出现的新问题。所以，近年来在环境刑罚领域，多有研究者提倡附属环境刑法立法。[1]典型的附属刑法立法模式，虽然罪刑规范在整个法律体系中分布较广，但就单个附属法律而言，文本中的罪刑规范较少，被附属的法律本身体系明晰、主题明确。但我国的环境犯罪，目前在整个刑法中自成章节，条文较多，体系独立；理想的环境刑罚刑种多样，执行方式灵活，也有自成体系的倾向，若通过立法条文来表述，其条文规定也不会少。因此，要通过附属刑法的方式实现环境刑罚与环境犯罪的体系化联结，有可能打乱相应被附属法律现有的体系结构，有喧宾夺主的嫌疑。

第三，独立环境法典或单行环境犯罪刑法的实现途径。独立环境法典，是指将所有涉及环境资源类的法律规定、先例规则等按一定顺序加以编纂排列，形成的专门法典。法典编纂是专门部类法律发展成熟到一定阶段的产物，是法律文化、立法技术、司法技术高度发达的体现。通过编制环境法典，实现环境犯罪与环境刑罚的体系化表述，实现环境犯罪、环境违法以及环境行为的分类聚焦、分类治理，是环境法研究的最高理想状态。而我国环境犯罪的研究起步较晚，对环境犯罪的产生规律及控制规律还处于探索及理解阶段，对环境行为、环境违法以及环境犯罪的区别联系还在继续深化研究，全国每年发生的环境安全事件还很多，大量的环境犯罪疑难问题还有待讨论，因此很难说我国现阶段已经具备编纂环境法典的现实基础。所以，通过环境法典来实现理想化的环境刑罚，还有待时间。同理，现阶段制订单行的环境犯罪法，因对环境犯罪的犯罪类型尚有不同认识，对环境犯罪的刑罚抗制手段尚有争议，立法条件也不成熟。

第四，司法解释或刑事司法政策的实现途径。《刑法》第 37 条规定了“予以训诫或者责令具结悔过、赔礼道歉、赔偿损失，或者由主管部门予以行政处罚或者行政处分”的非刑罚处罚措施。由于刑法对非刑罚处罚措施的规定比较概括，且有“由主管部门予以行政处罚或者行政处分”的规定，因此只需要根据环境刑罚所面对的实际问题，由司法解释或刑事司法政策对此作出明确规定，即可实现环境刑罚的整体升级。这是最为经济也最为高效的实

---

〔1〕 参见谢司：“附属环境刑法规范的立法漏洞及其完善”，载《法制与社会》2007 年第 10 期。

现途径。但，一方面非刑罚处罚措施不论如何解释，其本质就不是刑罚，不具有刑罚后果。因此，即便通过司法解释、刑事司法政策的途径使前述环境刑罚的设计构想进入到司法实践，由于解释的前提就限定了“非刑罚”，因此并不能体现出刑罚的实效，不能实现环境刑罚的整体升级效果；另一方面，非刑罚处罚措施的适用对象是“犯罪情节轻微不需要判处刑罚的”，而环境犯罪轻则导致环境污染和破坏，重则引发大规模的环境灾难，致人员死伤。因此，环境犯罪从后果上看不属于“犯罪情节轻微不需要判处刑罚的”的类型，将前述环境刑罚措施解释到非刑罚处遇措施中，反而可能使社会公众产生误解，认为环境犯罪不是犯罪，不利于环境法治观念的培育。

第五，司法指导案例的实现途径。自 2010 年起，最高人民法院以及最高人民检察院相继公布了 20 批次的指导案例。指导案例制度与西方国家的判例制度相比，最大的区别在于指导案例都是中国基层法院、检察院办理的案件，而不是最高司法机关的裁判案例。[1]虽然指导案例不是最高司法机关的裁判案例，不具有判例约束力，不表明最高司法机关在具体案件处理上的意见，但每一个指导案例，都是经过最高司法机关遴选后予以发布，反映出了最高司法机关对具体司法问题的肯否态度。环境刑罚的整体升级是新鲜事物，容易引起社会各界的关注与讨论，不宜整体打包推出。因此，本文认为，通过指导案例这种只体现“态度”，不表示意见的制度，由下而上，先行先试，逐渐推出，引发争论，在过程中不断完善，既给社会各界一个重新认识环境刑罚的渠道，也为决策者提供了不断修正改善制度的条件，这可能是目前环境刑罚整体升级的最佳路径。类似的情况可参照民族地方习惯法与《刑法》冲突的变通处理情形。如《中华人民共和国宪法》规定，民族自治地方可以根据本地情况制定适用《刑法》适用的变通规定，但目前为止，全国没有一个民族自治地方行使过该权利，“对习惯法与国家法冲突的协调，主要是由民族自治地方的司法机关在个案裁断中对刑法规定予以变通而实现的。”[2]司法指导案例的方式，没有立法修法成本，而且待经验成熟、争论充分、措施完善

---

〔1〕 参见陈兴良、张明楷、车浩：“立法、司法与学术——中国刑法二十年回顾与展望”，载《中国法律评论》2017 年第 5 期。

〔2〕 田钒平：“罪刑法定约束下民族自治地方刑法变通的边界辨析——以少数民族习惯法与国家刑法之间冲突的协调为分析视角”，载谢晖、陈金钊主编：《民间法》（第 13 卷），厦门大学出版社 2014 年版，第 198 页。

后，再行采用环境犯罪单行刑法的方式予以立法推行，应是目前比较稳妥的实现途径。

综上，环境刑罚是传统刑罚“3.0 版”的升级形态，由于涉及刑罚观念的升级迭代，因此宜通过司法指导案例的方式，地方试点，最高司法机关推广，渐次而行。

域外镜像

美国电子化行政立法的发展走向及其对我国的启示*

曾 娜**

摘要：电子化行政立法涵盖了将信息技术应用在行政立法过程中的一系列活动，目的是促进有效的公众参与和提高立法质量。当前的电子化行政立法实践已取得明显的成效，但总体上看仍局限在将传统的纸面立法过程简单地复制到互联网上，立法中的电子革命还遥遥无期。相比在该领域的巨大投入，行政机关和公众获得的回报并不成比例。不过，考虑到电子化行政立法的效果尚难评估，未来应鼓励行政机关继续开展新的、适度的试点，同时进一步扩大公众参与行政立法的权利，其成功与否将取决于能否在法律、民主政治和专家判断之间达成适当的平衡。

关键词：美国；电子化行政立法；信息技术；规章制定

现代行政国家的出现所伴随的行政裁量权的扩大，使行政立法的重要性不断上升并在很大程度上取代了议会立法。作为一种“必要之恶”，传统上主要通过适用法律保留原则和授权明确性原则，由法院对行政立法进行审查以确保行政服从于法治。然而，在立法机关已习惯于弃置自己的权限的现实下，司法权的介入效果并不理想。对此，行政法的回应最终是制规程序的民主化。〔1〕问题是，若要实现公众对行政立法的有效参与，不仅需要耗费大量的行政资源，管理上也存在相当的困难。如何才能现实地期望行政机关有效处理洪水般涌入的公众意见？“信息重负”导致过去传统的纸面立法不再适合，行政机关必须使用信息技术来协助处理大量的立法信息。如学者所言，作为现代政

---

* 资助项目：昆明理工大学人文社会科学研究培育项目“地方环境立法权限配置研究”。

** 曾娜：昆明理工大学法学院副教授，法学博士，主要从事宪法与行政法研究。

〔1〕 参见张千帆等：《比较行政法——体系、制度与过程》，法律出版社2008年版，第762页。

府最伟大发明的行政立法，正在经历一场静悄悄的电子政务革命。[1]

一、美国电子化行政立法的产生背景

电子化行政立法，在美国被称为电子化规章制定或在线规章制定（e-rulemaking, online rulemaking），从字面意思看，其实就是将信息技术应用在行政立法过程中的一系列活动，涵盖了从法案起草一直到正式文本的公布过程中的各项立法活动。根据法瑞拉教授的观点，这些活动包括："①协助制定拟议中的规章；②使规章制定材料可以更广泛地通过在线方式访问，以及提供搜索、分析、解释和管理所获得的信息的工具；③促进更有效、更多样化的公众参与。"[2]比如，在网站上张贴拟议规章及其最终文本的公告；在线共享信息；接受公众在线评论；管理电子卷宗；以及举办在线公众会议或利用社交媒体、博客或其他 Web 应用程序，提高公众参与立法的意识，等等。

近年来，随着行政法的概念基础逐渐转向促进冲突利益调和的方法，行政法日益服务于提供一个替代的政治过程，以确保广泛受影响的利益能在行政决策过程中获得公平的代表。[3]相应地，对行政立法的合法性控制，从过去的传送带模式下由法院适用禁止授权原则，在实体上约束国会授予行政机关的立法权，转为诉诸利益代表模式，对所有利害关系人予以适当考虑的观念就是这种模式的一个理想。[4]在此情况下，通过对行政立法实行事前和过程的程序上的控制，确保其是基于民主的参与过程的产物，自然就成为行政立法程序完善的优先课题。

在互联网广泛应用之前，各种因素制约了公众对行政立法过程的实际参与。例如，美国环境保护署发布的 24 项规章草案共收到的 1500 多条评论中，公民个人只提交了不到 6%的评论，企业和行业组织提交了大约 60%的评论，

---

〔1〕 Beth Simone Noveck, "The Electronic Revolution in Rulemaking", *Emory Law Journal*, 2004, Vol. 53, p. 433.

〔2〕 Cynthia. R. Farina, "Achieving the Potential: The Future of Federal E-Rulemaking (2009)", *Administrative Law Review*, 2010, Vol. 62, p. 281.

〔3〕 Henry. H. Perritt, "Negotiated Rulemaking before Federal Agencies: Evaluation of Recommendations by the Administrative Conference of the United States", *Astrophysical Journal*, 1986, Vol. 74, p. 1632.

〔4〕 参见［美］理查德·B. 斯图尔特：《美国行政法的重构》，沈岿译，商务印书馆 2002 年版，第 127 页。

地方、州或联邦层次的政府官员提交了大约25%的评论。[1]低水平的公民个人参与所导致的参与主体的极度失衡，使行政立法无法真切地体现民意，立法中的寻租与俘获现象也由此成为常态。然而，若是公民的参与热情真的被有效激发，潮水般的评论涌向行政机关后，又将成为不堪忍受的重负。在行政立法过程中，对公众意见的收集、处理与回应已成为一个沉重的负担，以至于行政机关有时更倾向于抵制参与的扩大化。

很明显，实践中使参与具有现实可行性的工具的缺乏已经削弱了公众参与权利的实现。鉴于此，学者们强烈建议通过信息技术，增加普通公众接近、参与行政立法的机会。例如，在美国最早的一些关于电子化规章制定的讨论中，有学者预测信息技术将积极改变规章制定过程，扩大公众参与和教育公众。[2]总之，电子化行政立法的出现，有望使公众参与更具有实践性，不仅仅是作为一个以法院作事后救济的程序性权利，而是作为一套民主的实践，实现一种"现在进行时的民主"（doing democracy）。[3]

二、美国电子化行政立法的发展现状及存在的问题

20世纪90年代初期，美国行政会议（现已不存在）发布了由行政法学者Henry H. Perritt提出的关于在规章制定过程中使用信息技术的几份报告。[4]一些行政机关开始尝试电子化行政立法，1998年美国交通部成为第一个在线公开规制卷宗的机构，到了世纪之交，美国环境保护署牵头建设电子化规章制定系统。迄今为止，美国的电子化行政立法实践已取得显著成效，联邦层面15个政府部门中有170多个不同的规章制定实体和一些独立规制委员会正在使用电子化规章制定系统。[5]相比纸面卷宗，该系统帮助联邦政府在五年内节

---

〔1〕 Cary Coglianese, "The Internet and Citizen Participation in Rulemaking",: *SSRN Electronic Journal*, 2004, Vol. 1, p. 38.

〔2〕 Cary Coglianese, Stuart Shapiro & Steven. J. Balla, "Unifying Rulemaking Information: Recommendations for the New Federal Docket Management System", *Social Science Electronic Publishing*, 2005, Vol. 57, p. 629.

〔3〕 参见王贵松："论立法中的电子革命"，载《法学家》2005年第5期。

〔4〕 Cary Coglianese, Stuart Shapiro & Steven. J. Balla, "Unifying Rulemaking Information: Recommendations for the New Federal Docket Management System", *Social Science Electronic Publishing*, 2005, Vol. 57, p. 629.

〔5〕 Cynthia . R. Farina, "Achieving the Potential: The Future of Federal E-Rulemaking (2009)", *Administrative Law Review*, 2010, Vol. 62, p. 281.

约了 3000 万美元的行政成本。[1]在改善公众参与方面，美国交通部 1998 年首次将规制卷宗上网时，当年公布的 137 件规章草案共收到 4341 条评论，而在 2000 年公布的 99 件规章草案共收到 62 944 条评论，相当于每一草案收到的评论数量增加了 20 倍。[2]

美国环境保护署、交通部、劳工部及核能规制委员会等机构对电子化行政立法的发展起到了领导性作用，近年来这些机构主要通过电子卷宗和在线对话方面的改进，加强公众对立法过程的参与。电子卷宗可以促进互动式讨论的发展，帮助公众在具备充分信息的基础上开展对话沟通，而类似在线讨论的公开方式可以加深作为门外汉的公众对政策问题的理解，比传统的听证会更具动态性、交互性。通过这些努力，行政立法曾经的全纸面过程（all-paper process），即在纸面的联邦公报上发布的纸面立法公告；公众亲手送到或邮寄到行政机关的纸面评论；以及将所有纸面记录归档放置在文件柜等，很大程度上被电子过程所取代。[3]

不过，这些进展总体上看仍局限在将《美国联邦行政程序法》规定的公告评论程序在线化，并未增加新的特征。即使这样也谈不上完全获得成功，还有许多突出的结构性和政策性问题需要解决。根据美国律师协会行政法与规制实践部的报告，这些问题主要有：首先，电子化行政立法在构建上注重机构间的统一性，未给行政机关的个性化需求留下自主空间。为确保公众对电子化行政立法具有一种“统一的外观和感受”，美国联邦政府建设了一个统一、集中的电子化规章制定系统。关于该系统的基本设计，行政机关之间没有什么争议，与之相关的应用程序和 Web 演示文稿的开发却受到白宫管理和预算办公室的严格限制，导致该系统不能满足在立法数量和立法需求上存在巨大差异的不同行政机关的要求。

其次，电子化行政立法工作的推进缺乏独立的资金来源，制约了行政机关扩大参与的意愿。目前电子化规章制定系统的建设和运行资金来自于参与

---

〔1〕 Bridget. C. E. Dooling,“Legal Issues in E-Rulemaking”, *Administrative Law Review*, 2011, Vol. 63, p. 896.

〔2〕 Cary Coglianese, “Citizen Participation in Rulemaking: Past, Present, and Future”, *Duke Law Journal*, 2006, Vol. 55, pp. 955~956.

〔3〕 Jeffrey. S. Lubbers, “A Survey of Federal Agency Rulemakers' Attitudes about E-Rulemaking”, *Administrative Law Review*, 2010, Vol. 62, p. 452.

的行政机关，而不是国会的独立预算，此种方式带来了意想不到的不良后果：一是因行政机关常常需要挪用从事其他活动的资金来支持电子化行政立法工作，以致其倾向于不支持扩大公众参与。而且，在参与机关之间分摊电子化规章制定系统运行费用的做法，也削减了行政机关对电子化行政立法的热情，原因是通过系统收到的公众评论越多，需要支付的系统运行成本就越高。二是各参与机关对电子化规章制定系统的设计与未来发展享有平等的发言权，其结果是导致一个复杂的、多层次的集体决策结构。在实际运行中，这样的决策结构不仅非常耗时，实质上存在的多主体否决权也倾向于形成规避风险的决策。

最后，电子化行政立法在具体环节设计上反映的是“内部者”的视角，缺乏对公众需求的关注。联邦政府在设计电子化规章制定系统时，因缺乏行政机关以外的潜在用户的持续性、系统性参与，一些熟悉立法活动的工作人员的观点左右了系统设计，更多关注行政机关对信息的管理而低估或误解公众的需求。由此导致该系统对公众而言，既不直观也不容易使用，即使是那些熟悉规章制定的外部人士也不例外。[1]总之，在电子化行政立法的应用中，无论是行政机关的需求还是公众的需求均未得到充分的满足。

三、美国电子化行政立法对行政机关的影响

信息技术为行政立法的民主化提供有效技术手段时，也对行政立法中的所有游戏者，如行政机关、议会、法院及公众，造成程度不一的影响。考虑到行政机关是电子化行政立法的主要推动者和最重要的应用者，对其受到的影响展开实证分析，可以帮助决策者作出更好、更现实的决策。

（一）一般性考虑因素

任何关于电子化行政立法过程的设计本身就是一个政策选择，行政机关在决定是否以及如何采纳技术工具之前，应当认真考虑它们对行政立法过程的影响。归纳言之，一般性的考虑因素有：①时间，从行政立法程序开始到最终法案公布为止，电子化行政立法花费的时间是更多还是更少？②成本，电子化行政立法需要行政人员投入更多的时间分析公众评论吗？当公众参与

〔1〕 Cynthia. R. Farina, “Achieving the Potential: The Future of Federal E-Rulemaking (2009)”, *Administrative Law Review*, 2010, Vol. 62, p. 281.

扩大时，行政机关是否相应地增加浏览、回应公众评论的时间？③回应，行政人员怎样回应公众意见？他们是将公众意见作为建设性的观点还是作为负担？他们是否更关注个别参与人的意见而不是服务于更广大的公共利益？④角色，行政人员是否认为他们作为决策者的角色出现任何变化？电子化行政立法是否削弱或改变他们作为专家的地位？⑤协商，透明性的提高使行政人员与公众之间的协商是更容易还是更困难？⑥结果，相对于现状，电子化行政立法有无任何改善？〔1〕通过分析这些因素，可以大致判断出电子化行政立法相比传统的纸面立法，对行政机关所造成的不同影响。

(二) 具体的影响分析

为了在更精确的层面上了解电子化行政立法对行政机关造成的影响，必须超越改善公众参与或提高立法质量这样的简单化讨论，开展更具体的分析。美国学者 Jeffrey S. Lubbers 从行政机关的角度出发，设计了一系列问题，分别对 13 个联邦机构进行调查，其中包括美国交通部、环境保护署、劳工部和联邦通讯委员会等重要的规章制定机构，从中可以发现电子化行政立法在各个细微目标上的实现程度。

表 1　电子化行政立法的积极影响

序号	问　　题	平均分数
1	主动向对拟议规章感兴趣的公众发布通知	5.51
2	识别和发现合适的利益相关者	4.81
3	传播与拟议规章相关的信息，以产生更知情的评论	5.67
4	向公众提供与拟议规章相竞争的或多重替代性的方案	4.73
5	一般性地促进公众评论	5.33
6	一般性地对公众评论进行排序和分析	5.02
7	获得就拟议规章特定部分或段落提交的公众评论	4.64
8	对拟议规章的特定部分提出的公众评论进行排序和分析	4.70
9	使用“回复评论”的概念	5.44

〔1〕 Cary Coglianese, “The Internet and Citizen Participation in Rulemaking”, *SSRN Electronic Journal*, 2004, Vol. 1, p. 38.

续表

序号	问　　　　题	平均分数
10	更快地将单方面交流的摘要放入立法记录中	5.16
11	通过允许多数人阅读相同的制规记录，内部协调立法活动	5.70
12	与白宫管理和预算办公室或其他相关政府实体的外部性协调	5.23
13	立法中的互动性程序，例如“协商性规章制定”	4.19
14	为正式立法文本起草序言，内容包括对评论的回应以及所有相关的研究和分析	5.05
15	制定并实施与规章制定相关的适当的档案管理做法	5.25
16	定期评估和审查规章	5.19

很明显，所有问题的得分都超过了“4”（该分数代表电子化行政立法的效果等同于纸面评论的传统方式），其中有11个问题的得分超过了“5”，意味着信息技术对大多数立法活动均具有积极的影响。同时，通过各项问题得分的高低，可以判断出电子化行政立法应用中的短板，如在立法互动性方面的效果最差。

表2　电子化行政立法的消极影响

序号	问　　　　题	平均分数
1	对规章制定程序的外部干预（黑客攻击）	3.32
2	被公众提交的评论附件感染病毒	3.31
3	制规卷宗中可能包含的商业秘密信息的不当披露	3.11
4	制规卷宗中可能包含的版权材料的不当披露	3.20
5	制规卷宗中可能包含的不雅或淫秽语言或材料的不当披露	3.30
6	制规卷宗中可能导致国家安全问题的信息的不当披露	3.82
7	规章制定过程中的资料损坏或其他不可挽回的信息风险	4.09
8	将电子邮件或电子方式提交的评论与纸面评论相整合	4.14
9	评论的真实性	3.81
10	确保评论者的隐私保护	3.13

以上10个问题的平均分数，有8个低于“4”（该分数代表电子化行政立法的效果等同于纸面评论的传统方式），意味着信息技术的应用加剧了行政机关的一些担忧，尤其体现在商业秘密信息的不当披露上。

表3　电子化行政立法的其他影响

序号	问　　题	平均分数
1	公众提交的评论数量是否增加	5.36（总分7，意味着评论数量有所增加）
2	评论是否提供新的、有用的信息或观点	3.80（意味着相比以前，评论在有用性上没有发生变化）
3	评论是否仅提出意见，而没有支撑性的事实或观点	2.81（意味着大多数公众仅提出意见，而未提供支撑性的事实或观点）
4	评论相同或几乎相同	2.59（意味着大多数评论是或几乎是相同的）
5	普通公众提交的评论的价值	4.27（意味着电子化行政立法并未导致行政机关看低普通公众提交的评论的价值）
6	根据你的经验，随着电子化行政立法的应用，你看到更多的评论者对其他人的评论做出回应吗？	赞成（20人）、反对（16人）、不知道（14人）
7	根据你的经验，随着电子化行政立法的应用，你看到更多的评论者引用制规卷宗中的经济分析或其他支撑性文件吗？	赞成（7人）、反对（22人）、不知道（20人）
8	你所在的办公室收到的关于规章制定中的问题的数量	4.21（意味着有轻微的增加）
9	作为一个立法起草者，你有多少机会与其他机关的同行就电子化行政立法中的争议相互协商？	没有（13.5%）、很少（42.3%）、适度（30.5%）、很多（13.5%），即超过半数的调查者认为，这种机会未达到适当的程度
10	总的来讲，电子化行政立法的应用，使你所在的行政机关在制定规章上更有效率还是更没有效率？	4.61（意味着大多数机关认为立法效率有所增加）
11	总的来讲，电子化行政立法的应用，使你所在的行政机关更容易或更不容易制定更高质量的规章？	4.36（意味着虽有部分机关认为立法质量有所提高，但多数机关认为相比以前没有发生变化）

在美国，人们最初对电子化行政立法的评价是："公众的福音、机关的祸根（a boon for the public but a bane for the agency）"，现在的看法已彻底改变。从行政机关的角度而言，尽管电子化行政立法带来的好处还不明显，但他们已普遍接受这一方式，并期望在不久的将来电子化行政立法能进一步发挥其潜在的能力，证明电子化行政立法比以前基于纸面的系统更加高效。[1]

四、美国电子化行政立法的未来发展

电子化行政立法的出现明显值得肯定，这是因为行政管理本身存在着从纸面到电子的长期发展趋势。在前互联网时代，行政立法草案很少能够吸引普通公众发表意见。然而，现在发生变化了吗？从美国的情况看，结果令人沮丧，调查显示，62%的公民认为电子政务可以使政府更加负责，当进一步问到怎样提高负责性时，29%的公民认为可以让他们更快、更方便地提出意见，可是对于参与质量上的改进，情况就不乐观了。[2]公众倾向于表达简单的支持或反对立场，很少提供关于规章内容的实质意见，亦即，互联网带来了更多的评论，但并未产生更有用的信息，或者更有回应性或更合理的评论。

如果电子化行政立法的应用不能为行政机关提供新的、重要的观点，那么在该领域所投入的资源将得不到适当的回报，有无必要继续扩大该领域的投资就成为一个问题。毕竟，在投入电子化行政立法所需要的时间、资金和人力前，行政机关、利益相关者和公众都有权要求"投资回报率"。然而，上述认识存在一定的偏颇。即使电子化行政立法在提高参与质量进而提高立法质量上助益不大，但也不宜低估其取得的一些形式上的利益，这些利益可能大于行政机关为此投入的资源。比如，仅仅是公众参与数量上的增加，哪怕行政机关从中没有获得有用的观点，仍有相当的意义，行政机关借此可以了解公众对争议问题的意见大小和情绪分布。当行政机关对公众的预期反应有了全面的认识后，可以更好地起草规章，并事先预测规章实施后可能面临的公众抵制。更重要的是，电子化行政立法才刚刚起步，更多的改变还没有尝试，互联网潜在的能力也尚未获得行政机关的充分利用。因此，目前尚不能

---

〔1〕 Cary Coglianese, "Citizen Participation in Rulemaking: Past, Present, and Future", *Duke Law Journal*, 2006, Vol. 55, pp. 955~956.

〔2〕 Barbara H. Brandon, Robert D. Carlitz, "Online Rulemaking and Other Tools for Strengthening Our Civil Infrastructure", *Administrative Law Review*, 2002, Vol. 54, p. 1454.

轻易地评估电子化行政立法的效果，更不应轻率地得出电子化行政立法不值得投入的结论。

基于以上考虑，美国在电子化行政立法的未来发展上，首先，继续鼓励行政机关针对电子化行政立法的应用开展新的、适度的试点。原因是电子化行政立法效果的不明显性导致反对在该领域进行巨大的投资，但对其可能具有的潜力的不确定性，又支持开展额外的试点，以获得更多的信息。[1]因此，一个合理的方案是适度推进而不是追求过度的有野心的社会变革。行政机关在开展电子化行政立法工作时，应将之视为民主的实验室，采取偏重实证的研究试点而不是脱离实际的思考，逐步有秩序地推进试点工作。

其次，以提高公众参与质量为目标，形塑电子化行政立法的技术方向。信息技术领域不断取得的进步为电子化行政立法提供了丰富多样的技术工具，它们各有不同的目标适合性，这就要求行政机关清楚地界定电子化行政立法的目标并根据这些目标选择相应的技术手段。从电子化行政立法产生的背景看，主要的意图是使公众更容易接近立法信息并与行政机关交流他们的意见，其目标是改善参与的质量或提供更有用的观点而不是简单地增加参与，据此，更高质量而不是更多地参与就成为行政机关选择技术工具时考虑的因素。如果设计得当，有助于将目前对公众参与的被动式反应转变为实现公众与行政机关之间的协商互动，公众在政策制定中将发出更强的声音。

有必要看到，随着未来进一步加大信息技术的应用，无法回避的一个问题是，行政立法中需要更多地参与吗？行政立法程序是一个准立法程序，模仿的是立法机关代议的、政治的过程，参与的重要性在这一领域不言而喻。不过，对信息技术带来的后果也不能过于乐观，参与的扩大可能对代议民主构成严重冲击，导致行政立法过程异化为全民公决，同时，透明性的提高也将以行政效率为代价，使行政立法程序僵化，这就需要协调好参与目标的追求与行政自主性、专业性之间的冲突。

五、对我国的启示

经过多年发展，电子政务已经深入到我国经济社会发展的各个领域。具

---

〔1〕 Stuart Minor Benjamin, "Evaluating E-Rulemaking: Public Participation and Political Institutions", *Duke Law Journal*, 2006, Vol. 55, p. 940.

体到行政立法，信息技术已初步应用于立法程序的每一个步骤，通过互联网公开立法草案，接受公众以在线方式提交的意见，并在网上公布最终法案，已成为行政立法中的通行做法。尽管互联网带来的技术革新正在塑造着行政立法过程，但总体而言，当前的实践仅触及电子化行政立法的表层，表现在：一是侧重于消极的意见收集而非积极的促进参与，更多体现在用在线方式取代信函或传真作为公众传递意见的工具；二是着眼于方便行政机关的管理，多用于管理海量的信息而未充分利用信息技术的互动性潜力，最大的效果就是吸引公众注意。一言概之，对行政机关来讲，电子化行政立法与传统的纸面立法无任何不同之处，只是利用电子手段实现而已。

从美国电子化行政立法的发展看，一个重要的启示是信息技术的应用虽具有极大的吸引力，但认为技术能够治愈民主的弊病则是不可能的。现实中制约公众参与的主要不是技术上的障碍，因此，电子化行政立法的应用若仍旧定位于便利公众发表意见以及提升行政机关的信息管理能力，可能并不值得继续推进。在行政立法过程中是否及怎样使用信息技术的决定，是一个政策选择而不是单纯的技术问题，这就需要决策者仔细斟酌公众参与的利弊，决定当前究竟需要什么样的公众参与。同时，还应该认识到参与问题归根结底是对政府治理能力的挑战。如果能够构建一个有效应对该挑战的强大而灵活的电子化行政立法系统，公众和行政机关都将从中受益。今天的技术选择决定了明天的实践，在信息技术的帮助下，电子化行政立法在发展思路上应朝向扩大公众参与行政立法的权利的方向，提高程序的参与性和协商性，使公众不再是立法的被动接受者，而是成为治理国家的主体。

六、结论

“电子化规章制定可以从根本上改变立法过程，或者只是现有纸面流程的简单数字化。”〔1〕评估目前的电子化行政立法实践后，确定无疑的是没有任何革新的标志出现在地平线上，立法中的电子革命遥遥无期。理论上，电子化行政立法应当超越法律规定的公告评论程序，因为后者是基于纸面世界设计的。就此而言，电子化行政立法未来在应用方面需要更多的革新性手段，以

〔1〕 Cary Coglianese, “Citizen Participation in Rulemaking: Past, Present, and Future”, *Duke Law Journal*, 2006, Vol. 55, pp. 955~956.

回应互联网提供的技术潜力，当然，此举也将导致行政立法更多地由公众意见而不是专家判断驱动。电子化行政立法的未来反映了行政法面临的基本挑战：怎样通过程序和制度的设计，在法律、民主政治和专家判断之间形成适当的平衡。[1]

---

〔1〕 Cary Coglianese, "The Internet and Citizen Participation in Rulemaking", : *SSPN Electronic Journal*, 2004, Vol. 1, p. 38.